老北大讲义

传承百年学术重镇薪火与精华

明史讲义

孟森 著

时代文艺出版社

图书在版编目（CIP）数据

明史讲义 / 孟森著．—长春 : 时代文艺出版社，2019.5

ISBN 978-7-5387-5736-1

Ⅰ. ①明… Ⅱ. ①孟… Ⅲ. ①中国历史－研究－明代 Ⅳ. ①K248.07

中国版本图书馆CIP数据核字（2018）第002982号

出 品 人　陈　琛
产品总监　郭力家
责任编辑　方　伟
助理编辑　胡　军
装帧设计　孙　利
排版制作　毛倩雯

明史讲义

孟森 著

出版发行 / 时代文艺出版社
地址 / 长春市净月高新技术产业开发区生态大街与福祉大路交会西行200米
出版集团A座15楼　时代文艺出版社　邮编 / 130000
北京开发部 / 010-63108163
官方微博 / weibo.com / tlapress　天猫旗舰店 / sdwycbsgf.tmall.com
印刷 / 三河市万龙印装有限公司
开本 / 710mm × 1000mm　1 / 16　字数 / 263千字　印张 / 22
版次 / 2019年5月第1版　印次 / 2019年5月第1次印刷　定价 / 48.00元

图书如有印装错误　请寄回印厂调换

出版说明

自1898年建校以来，北京大学作为中国第一所国立大学，当仁不让地成为一座重镇。我们很难在“重镇”的前面加上合适的定语，如果挂一漏万地勉强做一下尝试，那么，如下关键词应该无法忽略：教育、学术、思想、文化传承；如果再在这些严肃的字眼前做个补充，我们应该谨慎地加上——心目中。

因此，这句话完整地表述出来，或许是这个样子的——北大是我们心目中一座教育、学术、思想和文化传承的重镇。

从语法的角度来看，离中心词越远的形容词，它的定语功能越弱，因此，这个“心目中”的限定作用其实很让人怀疑——难道事实不是这样吗？难道北大只是无数人在心中塑造的神圣殿堂吗？

确实如此，在我们没有条件走入北大的课堂，在我们没有聆听教授们的传道、授业、解惑，甚至在我们没有阅读这套《老北大讲义》之前，它只不过存在于我们渴求学业、探求人文理想的心目中。如今的我们很难跨越时空触摸“五四”时期的红楼，也再无可能听到黄侃挤兑胡适的精彩言辞——但好在，校址课堂可以变换，教授先生可以逝去，但这套《老北大讲义》，仍然使这座学术思想的重镇触手可及般呈现在我们的面前，而不仅仅再让我们于心目中憧憬和描摹。事实上，又有什么比文字著述能流传得更远更久，同时又能连缀百年与今日、先贤与遗产呢？

这套《老北大讲义》，就是这样与我们"心目中"的那座殿堂如此接近，它来自于塑造这座重镇所需的基石——现在我们依然无法用准确的词汇总结出给神殿做基石所必要的成分。好在北大建校百年后的大洋彼岸，美国斯坦福大学明确拒绝了国务卿赖斯重回母校任职的申请。一位教授这样阐述他的理由：赖斯为之服务的政府破坏了正义、科学、专业、正直等基本的学术价值观，斯坦福不应该再让她回来。美国人在现代文明中体会到"学校"的本质精神，而早在百年前社会思想纷杂的乱世中，北大的学者便在这个基础上加上了"勇气"二字，因为，他们面对的是启蒙。

正是基于勇气之下的正义、科学、专业、正直，老北大的讲义直到如今，依然在现代学术和思想史上具有无可替代的价值。原因似乎很简单：它只为良知负责，而不掺杂任何功利；原因却也很复杂：能够做到这一点，并不是仅有愿望和坚持那么容易。因此，我们很难想象，这套《老北大讲义》，是如何能够穿越百年风云，在思想的多次变革和社会的动荡过后，依然能够熠熠闪光。

或许所有的答案早在蔡元培先生的一句话中："循思想自由原则，取兼容并包之义。"这是北大的立校之基，是北大的教育准绳。但是，如果我们抛开了学校与教育的因素，就会清晰地看到现代学术与思想发轫的源头。正是本着这种精神，这套《老北大讲义》呈现出大多数人意想不到的面貌：

其一，它涵盖了文学、史学、艺术、哲学甚至更多的边缘学科。而我们大概很难想到那些目前几近符号化定格的先贤竟会如此"跨学科"，在某个非专项的细小考证上侃侃而谈；

其二，在同类学术问题的思考上，各教授的观点未必一致甚或相左。课堂上也经常有明讥暗讽、互相贬低之类的掌故。但这并不妨碍落了下风的一方以独立的精神和学术的品格坚守自己；

其三，在当时的情况下，教授们对西方现代哲学思想或历史观念的了解并不很深，哪怕对本国正在发生的白话文运动也多有不成熟的看法，但这并不妨碍以客观踏实的精神大胆探求；

其四，即或放在今天，我们依然看到著述中鲜活的思路和治学原则。或许其所述内容业已陈旧，但其字里行间跳动的思想却是今天的某些所谓巨著中缺少的灵魂。

正因为如此，《老北大讲义》不仅仅是小小课堂的教学工具，更是现代学术和思想发轫的第一媒介。因为有了李大钊的《史学要论》，才有了马克思主义唯物史观在中国的首次公开而正式的传播；因为有了胡适的西方哲学讲义，才有了国人对西方文明尤其是现代思潮的进一步了解；因为有了钱玄同和刘半农的汉语研究，才有了推动白话文运动的基本依据……

当我们无法亲临北大课堂，当我们无法回到那个大师辈出的年代时，这套《老北大讲义》像是一座桥梁沟通了时空，轻易地在我们脚下搭建了一条通往中国学养源头的路。

然而，对这些珍贵思想文化遗产的整理和推广，看似轻易简单，实则困难重重。在首批推出的著述中，我们不得不仔细考虑作者的成就与影响，也不得不考量每一本书的内容价值，甚至还得兼顾品种的丰富性和学科的完整性，因此，难免有遗珠之憾。

此外，有些影响较广的著述，此前亦有各种单行本见于市面。编者虽然力求呈现出更多的新品种，填补文化传承上的空白，但考虑到这是国内首次完整地以“老北大讲义”的概念进行编纂出版，所以，我们也在严谨衡量的基础上推出了这类“旧作”。

以往，老北大讲义有很多著述仅有存目，出版本十分罕见。但让我们十分快慰的是，在此次编选的过程中找到了一些孤本，不日将陆续付梓——在兴奋与欣喜之余，我们也不免惧怕，如果再不出版，它们，这些凝聚一流学者的毕生心血的思想学术经典，恐怕后人再难读到了。

正因如此，我们希望这套书的出版，能够延续我们“心目中”的那座殿堂，否则，很难说再过百年后，北大是不是一座空中楼阁，会不会只是个在口头传颂的一段传奇。

孟森与《明史讲义》

张中行先生对孟森的回忆是所有纪念文章中最为传神的。其中说："(孟森上课时）眼睛永远在讲义之上，不往讲台下看。他只会写，不会口头发挥，所以所谓讲课就是念讲义，认真，准确，一字不差……也就因为潜心治学，在明清史方面有突出的造诣。学生有时候形容他，说现时白菜多少钱一斤他不知道，可是成化或雍正年间，谁打谁一个嘴巴，他必记得清清楚楚。"

孟森（1869—1937)，字莼孙，号心史，世称孟心史先生。他被公认为中国近代清史研究的杰出奠基人，其著作是近代清史研究第一代的最高水平。

孟森早年着意于学术、政治、经济等诸多领域，曾撰写翻译了一些有关法学及经济学的著作。中年时又为著名实业家张謇亲近幕友，曾参与了清末立宪运动。清末民初，孟森逐渐脱离政治活动，开始专力于治史。

1929 年起，孟森受聘于南京中央大学，讲授清朝入关前历史，撰成讲义《清朝前纪》。1931 年，受聘于北京大学历史系，讲授"满洲开国史"等课程。编纂《明元清系通纪》，著有《明史讲义》、《清史讲义》，对史实进行考订叙述，多有发明创见，所作评议，亦具精辟独到之处。

孟森治史，在传统方法上吸收了近代史论研究方法，开创了明清断代史研究之先河。清史专家王钟翰先生给予孟森史学研究成果极高评价：其“不过三十余年，而撰述之富，成就之大，影响之深，自非后辈末学所能望其肩背者也”。

这部《明史讲义》是孟森先生20世纪30年代在北京大学授课时的讲义。孟森先生在北京大学历史系所授课程有四门：为“明清史”、“满洲开国史”、“明清史料择题研究”与“清史研究”。其中，第一次开设“明清史”课，是在1932至1933年度，为一年的学时。以后每隔一年开课一次，到1937年夏为止，总共开过三次。从1935年秋天起，“明清史”一课，不再仅是二年级必修科，也是一、三、四年级学生必修科。而在1936至1937年度第三次开课时，授课内容与计划做了重大调整。简单来说，就是因为史实太过丰富，不能讲得过于简略，所以实际上将“明清史”分为“明史”、“清史”两课，分别为一年的课时，隔年授课。其中，《明史讲义》全书分为二编：第一编总论明史在史学上的地位和明史体例；第二编分为开国、靖难、夺门、议礼、万历之荒怠、天崇两朝乱亡之炯鉴、南明之颠沛七章，对明朝各个时期的史实进行了考订，多有发明创见。

目 录

第一编

总　　论

第一章　明史在史学上之位置

凡中国所谓正史，必作史者得当时君主所特许行世。然古多由史家有志乎作，国家从而是认之；至唐，始有君主倡始，择人而任以修史之事，谓之敕撰。敕撰之史，不由一人主稿，杂众手而成之。唐时所成前代之史最多，有认一家之言，亦有杂成众手之作；唐以后则修史之责皆国家任之，以众手杂成为通例。其有因前人已成之史，又经一家重作而精密突过原书者，惟欧阳修之《新五代》足当之，其余皆敕撰之书为定本，私家之力固不足网罗散失以成一代之史也。《明史》即敕修所成之史。在清代修成《明史》时，有国已将及百年，开馆亦逾六十载，承平日久，经历三世。着手之始，即网罗全国知名之士，多起之于遗逸之中，而官修之外，又未尝不兼重私家之专业，如是久久而后告成，亦可谓刻意求精矣。既成之后，当清世为史学者，又皆以尊重朝廷之故，专就《明史》中优点而表扬之，观《四库提要》所云，可以概见。然学者读书，必有实事求是之见，如赵翼之《廿二史札记》，世亦以为称颂《明史》之作，其实于《明史》疏漏之点亦已颇有指出，但可曲原者仍原之，若周延儒之入《奸臣传》，若《刘基》《廖永忠》等传两条中所举，史文自有抵牾之处，一一又求其所以解之，惟《乔允升》《刘之凤》二传，前后相隔止二卷，而传中文字相同百数十字，不能不谓为纂修诸臣未及参订（三条皆见《廿二史札记》卷三十一）。其实《明史》疏漏，并不止此，间有重复，反为小疵（卷二百九十二《忠义》四《张绍登传》附张国勋等云："绍登知应城县，（崇祯）九年，贼来犯，偕训导张国勋、乡官饶可久悉力御之。国勋曰：'贼不一创，城不易守。'率壮士出击，力战一日夜，斩获甚众，贼去。邑侍郎王瑊之子权结怨于族党，怨家潜导贼复来攻，国勋佐绍登力守，而乞援于上官，副将邓祖禹来救，守西南，国勋守东北，绍登往来策应。会贼射书索权，权惧，斩北关以出，贼乘间登南城。绍登还署，端坐堂上，贼至，奋拳击之，群贼大至，乃被杀。贼渠叹其忠，以冠带覆尸埋堂侧。国勋，黄陂岁贡生。贼既入，朝服北面拜，走捧先圣神主，拱立以待。贼遂焚文庙，投国勋于烈焰中。"又卷二百九十四《忠义》六《谌吉臣传》附张国勳等云："应城陷，训导张国勳死之。国勳，黄陂人。城将陷，诣文庙，抱先师木主大哭，为贼所执，大骂，肢解死，妻子十余人皆殉节。"此张国勋与张国勳同为应城训导，城陷被杀。明是一人，而名字微不同，死时情节亦微异。果属传闻异辞，当并在一传作两说，史乃截然分作两人），根本之病，在隐没事实，不足传信。此固当时史臣所压于上意，无可如何，亦史学家所不敢指责者。且史既隐没其事实矣，就史论史，亦无从发见其难于传信之处，故即敢于指摘，而无从起指摘之意，此尤见隐没事实之为修史大恶也。

《明史》所以有须隐没之事实，即在清代与明本身之关系。清之发祥，与明之开国约略同时，清以肇祖为追尊入太庙之始，今核明代《实录》，在成祖永乐间已见肇祖事迹，再参以《朝鲜实录》，在太祖时即有之。至清之本土所谓建州女真部族，其归附于明本在明太祖时。建州女真既附于明，即明一代二百数十年中，无时不与之相接触。《明史》中不但不许见建州女真，并凡女真皆在所讳，于是女真之服而抚字，叛而征讨，累朝之恩威，诸臣之功过，所系于女真者，一切消除之。从前谈明、清间史事者，但知万历以后清太祖兵侵辽沈，始有冲突可言，亦相传谓清代官书所述征明等语必不正确，而《明史》既由清修，万历以后之辽东兵事叙述乃本之清代记载，求其不相抵触，必不能用明代真实史料，而不知女真之服属于明尚远在二百年之前。凡为史所隐没者，因今日讨论清史而发见《明史》之多所缺遗，非将明一代之本纪、列传及各志统加整理补充，不能遂为信史。而于明南都以后，史中又草草数语，不认明之系统，此又夫人而知其当加纠正，不待言矣。从古于易代之际，以后代修前代之史，于关系新朝之处，例不能无曲笔，然相涉之年代无多，所有文饰之语，后之读史者亦自可意会其故，从未有若明与清始终相涉，一隐没而遂及一代史之全部。凡明文武诸臣，曾为督抚镇巡等官者，皆削其在辽之事迹（如《王翱》《李秉》《赵辅》《彭谊》《程信》诸传，均于建州有抚治或征讨之绩，史均略去，间留一二语，亦不辨为对何部落，以何因由启衅。又如马文升，以抚安东夷自著专书记其事，《史》本传亦叙其事，而使读者不能辨为建州女真事实。宦官《汪直》及《朱永传》亦然。惟伏当伽为建州一酋之名，转见于《宪宗本纪》及《汪直传》，当是史臣自不审伏当伽之为何部酋，故漏出其名），或其人生平大见长之处在辽，则削其人不为传。甚有本《史》中一再言其人自有传，而卒无传者（如顾养谦及宦官亦失哈等于辽事极有关，遂无传。而王象乾、张宗衡两人，于《王洽传》中叙会议款虏，云见《象乾》《宗衡传》，然卒无传。又于《忠义·张振秀传》叙及宗衡之徇烈，云宗衡自有传，而仍无传），在《史》亦为文字之失检，而其病根则在隐没而故使失实。此读《明史》者应负纠正之责尤为重要，甚于以往各史者也。

第二章　明史体例

史包纪、志、表、传四体，各史所同，而其分目则各有同异。《明史》表、传二门，表凡五种：其《诸王》《功臣》《外戚》《宰辅》四种为前史所曾有，又有《七卿表》一种则前史无之。明之官制，为汉以后所未有，其设六部，略仿周之六官，魏以录尚书事总揽国政，六曹尚书只为尚书省或中书省之曹属，直至元代皆因之，明始废中书省，六部尚书遂为最高行政长官。又设都御史，其先称御史大夫，承元代之御史台而设，谓之都察院。六部一院之长官，品秩最高，谓之七卿。此制由明创始，故《七卿表》亦为《明史》创例。

传则《后妃》《诸王》《公主》文武大臣相次而下，皆为前史所已有。其为专传者，除《外国》《西域》两目亦沿前史外，尚有十五目，而前史已有者十二目，前史未有者三目。前史已有者：《循吏》《儒林》《文苑》《忠义》《孝义》《隐逸》《方伎》《外戚》《列女》《宦官》《佞幸》《奸臣》；前史所无者：《阉党》《流贼》《土司》。此亦应世变而增设，其故可得而言。

宦官无代不能为患，而以明代为极甚。历代宦官与士大夫为对立，士大夫决不与宦官为缘。明代则士大夫之大有作为者，亦往往有宦官为之助而始有以自见。逮其后为他一阉及彼阉之党所持，往往于正人君子亦加以附阉之罪名而无可辨。宪宗、孝宗时之怀恩，有美名，同时权阉若梁芳、汪直，士大夫为所窘者，颇恃恩以自壮，后亦未尝以比恩为罪。其他若于谦之恃有兴安，张居正之恃有冯保，杨涟、左光斗移宫之役恃有王安，欲为士大夫任天下事，非得一阉为内主不能有济。其后冯保、王安为他阉所挤，而居正、涟、光斗亦以交通冯保、王安为罪，当时即以居正、涟、光斗为阉党矣。史言阉党，固非谓居正、涟、光斗等，然明之士大夫不能尽脱宦官之手而独有作为。贤者且然，其不肖者靡然惟阉是附，盖势所必至矣。其立为专传为《明史》之特例者一也。

集众起事，无根据，随路裹胁，不久踞城邑者，自古多有。自汉黄巾以下，其事皆叙入当事之将帅传中，无有为立专传者。惟《唐书》列《黄巢传》谓之逆臣，与安禄山等并列。明自唐赛儿起事，于永乐年间为始，其后正统间之叶宗留、邓茂七，天顺间之李添保、黄萧养，成化间之刘千斤、李胡子，正德间之刘六、刘七、齐彦名、赵疯子及江西王钰五、王浩八等，四川蓝廷瑞、鄢本恕等，嘉靖间之曾一本，天启间之徐鸿儒，崇祯初之刘香，亦皆见于当事将帅传中。其特立《流贼》一传，所传止李自成、张献忠，盖以其力至亡明，与黄巢之亡唐相等，特为专传。明无拥兵久乱之逆臣可以连类，遂直以此名传。而民变之起，则由民生日蹙，人心思变，可为鉴戒。其立为专传为《明史》特例者二也。

西南自古为中国边障，《周书 · 牧誓》有庸、蜀、羌、髳、微、卢、彭、濮之人，武王率以伐纣。战国时庄跻王滇，汉通西南夷，唐设羁縻州。自湖广而四川，而云南，而贵州，而广西，广阔数千里，历代以来，自相君长，中朝授以官秩，而不易其酋豪，土官土吏，久已有之。但未能区画普遍，至元而司府州县额以赋役，其酋长无不欲得中朝爵禄名号以统摄其所属之人，于是土司之制定矣。明既因元旧，而开国以后亦颇以兵力建置，其官名多仍元代，曰宣慰司，曰宣抚司，曰招讨司，曰安抚司，曰长官司，率以其土酋为之，故名土司，但亦往往有府、州、县之名错出其间。嘉靖间，定府、州、县等土官隶吏部验封司；宣慰、招讨等土官隶兵部武选司。隶验封者，布政司领之；隶武选者，都指挥领之。文武相维，比于中土，盖成经久之制，与前代羁縻之意有殊，但终与内地郡县有授任之期有考绩之法者不同，故与郡县相别叙述。其立为专传，为《明史》之特例者三也。

附　明代系统表

史家记载历代帝皇，有年号，有庙号，有谥法，有陵名。述史者举某一朝之事，任举其一端，或称年，或称庙，或称谥，或称陵。文法不一，所当熟记。又世次之先后，各帝即位之年，享国之数及其干支之纪岁，任举其朝某事，一屈指而得其上下之距离，时代之关系，所谓知人论世不可少之常识。兹就明代历帝以表明之，冀便记忆。

表 1

世数	庙号	谥法	年号	享国	陵名	干支	御名	即位	崩年
一	太祖	高	洪武	三十一年。革除初，以建文在位之四年并作洪武三十五年。后渐弛。	孝陵	自戊申至戊寅	元璋。明国姓朱。惟太祖有字，曰国瑞。	四十一岁。以元顺帝至正十二年，二十五岁从郭子兴举兵。二十七年，四十岁，韩林儿已亡，乃称吴元年。明年乃即帝位，元亦亡。	七十一岁
二 太祖嫡长孙，承祖嗣。	惠宗。弘光时追尊。	让。弘光时谥。清又追谥恭愍惠皇帝。史用清所上谥。	建文。革除时废。后渐见文字中。至隆武时，始奉命复称。	四年		自己卯至壬午	允炆	即位之岁不详。会要云生于洪武十年十一月己卯。	崩年难定
三 太祖第四子，篡嗣。	成祖。先称太宗，嘉靖十七年改称。	文	永乐	二十二年	长陵	自癸未至甲辰	棣	四十三岁	六十五岁
四 成祖长子嗣。	仁宗	昭	洪熙	一年	献陵	乙巳	高炽	四十七岁	四十八岁
五 仁宗长子嗣。	宣宗	章	宣德	十年	景陵	自丙午至乙卯	瞻基	二十七岁	三十七岁

续表

世数	庙号	谥法	年号	享国	陵名	干支	御名	即位	崩年
六 宣宗长子嗣。	英宗	睿	正统、天顺。明一帝皆一年号，惟英宗被执，景帝嗣位七年，复辟后改号。	正统十四年，中间隔景泰七年，天顺复位八年。	裕陵	正统自丙辰至己巳，天顺自丁丑至甲申。	祁镇	九岁	三十八岁
七 以宣宗次子当土木之变兄英宗被执时代立。后又经英宗复辟，介在英宗一世之中，本难定其世次，惟嗣位极正，退强虏，返英宗，功在社稷，不能夺其世次，故定为七世，而以宪宗为八世。	代宗。弘光时追尊。	景	景泰	八年。八年正月壬午，英宗夺门复位，二月乙未，废为郕王，迁西内。癸丑崩，称郕王薨。是年即改天顺元年，而景泰止以七年计数。		自庚午至丙子，以七年计。	祁钰	二十二岁	三十岁

续表

世数	庙号	谥法	年号	享国	陵名	干支	御名	即位	崩年
八 英宗长子嗣。	宪宗	纯	成化	二十三年	茂陵（会要误作献陵）。	自乙酉至丁未	见深	十八岁	四十一岁
九 宪宗长子嗣。	孝宗	敬	弘治	十八年	泰陵	自戊申至乙丑	祐樘	十八岁	三十六岁
十 孝宗长子嗣。	武宗	毅	正德	十六年	康陵	自丙寅至辛巳	厚照	十五岁	三十一岁
十一 武宗无子，以宪宗孙由兴王待袭之世子入嗣。与武宗为同辈。	世宗	肃	嘉靖	四十五年	永陵	自壬午至丙寅	厚熜	十五岁	六十岁
十二 世宗第三子嗣。	穆宗	庄	隆庆	六年	昭陵	自丁卯至壬申	载垕	三十岁	三十六岁

续表

世数	庙号	谥法	年号	享国	陵名	干支	御名	即位	崩年
十三 穆宗第三子嗣。	神宗	显	万历	四十八年。四十八年七月丙申崩。八月丙午朔，光宗即位。九月乙亥朔，光宗崩。已定明年改元泰昌，因熹宗又即位，改明年为天启。而泰昌之号无所附丽，遂以八月以后为泰昌元年，而万历之年止于是年七月。	定陵（会要误作永陵）	自癸酉至庚申，以四十八年计。	翊钧	十岁	五十八岁
十四 神宗长子嗣。	光宗	贞	泰昌	一年不足，即在万历四十八年之八月以后五个月。	庆陵	庚申	常洛	三十九岁	是岁
十五 光宗长子嗣。	熹宗	哲	天启	七年	德陵	自辛酉至丁卯	由校	十六岁	二十三岁

续表

世数	庙号	谥法	年号	享国	陵名	干支	御名	即位	崩年
十六 熹宗无子，弟信王嗣。	思宗，弘光时定。毅宗，弘光时又改。威宗，隆武时定。怀宗，清初先定。后去庙号不用，而于谥上冠庄烈二字。	烈，弘光时上。端，清初先上。庄烈愍，清初又改。遂或称庄烈帝，或称愍帝。	崇祯	十七年。第十七年即清顺治元年。	思陵。清初就所葬田贵妃圹加陵名。	自戊辰至甲申	由检	十八岁	三十五岁
南明一 以神宗孙嗣福王入嗣。	安宗，永历时上。当隆武时，上尊号曰圣安。南明文字称圣安皇帝。	质，隆武时豫谥。简，永历时上。	弘光	一年不足。弘光元年五月初十日辛卯夜出走太平。十五日丙申，南都破，清兵追弘光至荻港，黄得功战而死，田雄挟弘光降。		乙酉半年。七月以后为隆武元年，是为清之顺治二年。	由崧		

世数	庙号	谥法	年号	享国	陵名	干支	御名	即位	崩年
南明二 以太祖子唐王第八世孙嗣王被拥戴。	绍宗，永历时上。当时又追上尊号曰思文。南明文字称思文皇帝。	襄，永历时上。	隆武 二年八月二十八日辛丑，被执。明臣又戴桂王，而广州奉思文弟唐王，改元绍武。是年十二月，广州破，绝食投缳死。	二年不足。桂王改元永历，以丁亥为元年。然鲁王在浙仍称隆武三年，不奉永历号。至隆武九年三月，乃去监国号，奉表入桂。		自乙酉七月至丙戌。即清顺治二年至三年。	韦键		
南明三 以神宗孙嗣桂王被拥戴。			永历	十五年。十三年三月入缅甸，为缅所留，明臣迎之不能出，是年十月戊子朔犹颁明年历于缅。十二月初三日戊申，为缅甸执献清军。		自丁亥至辛丑。即清顺治四年至十八年。	由榔		

第二编

各　　论

第一章　开　国

中国自三代以后，得国最正者，惟汉与明。匹夫起事，无凭借威柄之嫌；为民除暴，无预窥神器之意。世或言明太祖曾奉韩林儿龙凤年号，为其后来所讳言，此不考史实而度以小人之心者也。明祖有国，当元尽紊法度之后，一切准古酌今，扫除更始，所定制度，遂奠二百数十年之国基。渐废弛则国祚渐衰，至万历之末而纪纲尽坏，国事亦遂不可为。有志之人屡议修复旧制，而君相已万万无此能力，然犹延数十年而后亡。能稍复其旧制者反是代明之清，除武力别有根柢外，所必与明立异者，不过章服小节，其余国计民生，官方吏治，不过能师其万历以前之规模，遂又奠二百数十年之国基。清无制作，尽守明之制作，而国祚亦与明相等。明主中国二百七十七年，清主中国二百六十八年。故于明一代，当措意其制作，措意明之制作，即当究心于明祖之开国。

第一节　太祖起事之前提

《明史》断代起于洪武元年，而叙明事者不能以洪武纪元为限，当以太祖起事之始为始。《史》《本纪》如此。陈鹤《明纪》，自注起元顺帝至正十一年，夏燮《明通鉴》起至正十二年，皆与《本纪》相应合。

夫言明一代之史，除一支一节之纪述不可胜数外，自以正史为骨干。而变其体，则有《纪事本末》、有编年之《纪》及《通鉴》。《纪事本末》成于《明史》之前，其取材不限于《明史》。后来《明史》既成，清代又以勅修名义成《通鉴辑览》之《明鉴》及《纲目三编》。《明纪》及《明通鉴》乃敢准以下笔。清代之治《明史》者终不免有应顾之时忌，此俟随时提清。今欲知史之本义，莫重于为法为戒。人知明之有国，为明驱除者群雄，不知群雄亦当时之人民耳。何以致人民起而称雄，颠覆旧王朝，而使应时而起者得取而代之？此非群雄之所能自为，乃统治人民之元帝室迫使其民不得不称雄，不得不群雄中造就一最雄者而与天下更始也。叙群雄者，以至正八年起事之方国珍为始。其实民得称雄，已为较有知识、较有作用之健者，其人已不肯冒昧首祸犯令于清平之世，一皂隶缚之而遂就法，盖已知纲纪尽弛，行之可以得志而后动也。故推元末之乱本，不能不溯元室致乱之故。

元之武力，自古所无，大地之上，由亚而欧，皆其兵力所到，至今为泰西所震惊。乃入中国不过数十年，遂为极散漫、极脆弱之废物。其故维何？所谓“马上得之，马上治之”，不知礼法刑政为何事。凡历朝享国稍久者，必有一朝之制度。制度渐坏，国祚渐衰。有经久难坏之制度，即有历久始衰之国祚。有周之制度，即有周之八百年；有汉之制度，即有汉之四百年；唐宋皆然。惟元无制度，其享国即在武力之上，其能钳制人民数十年而后动者，即其武力之横绝历代也。元之无制度，若但为其书不传，则亦正有《元典章》等传本，岂知元即有因袭前代之文物，元之当国者正绝不行用。此当从《元史》中于奏疏文求其反证，乃可得之。

顺帝至正三年，监察御史乌古孙良桢以国俗父死则妻其后母，兄弟死则收其妻，父母死无忧制，遂上言：“纲常皆出于天，而不可变。议法之吏乃云：‘国人不拘此例，诸国人各从本俗。’是汉人、南人当守纲常，国人、诸国人不必守纲常也。名曰优之，实则陷之；外若尊之，内实侮之。推其本心，所以待国人者不若汉人、南人之厚也。请下礼官有司及右科进士在朝者会议。自天子至于庶人皆从礼制，以成列圣未遑之典，明万世不易之道。”奏入不报。又至正十五年正月辛未，大鄂尔多儒学教授郑咺建言：“蒙古乃国家本族，宜教之以礼，而犹循本俗，不行三年之丧；又收继庶母叔婶兄嫂。恐贻笑后世，必宜改革，绳以礼法。”不报。元至至正，已为末一年号，不过数年，濒于亡矣，而犹以夷俗自居，曰“列圣未遑之典”，可知开国以来无不如是。其曰“议法之吏”，则固未尝不言立法，惟法特为汉人、南人设耳。

元之国境广大，民族众多，蒙古谓之国人，中国本部谓之汉人，自余谓之各国人，亦云色目人。色目之中，西藏亦一色目，而又以信佛之故，纵西僧为暴于国中。录《元通鉴》一则为例：

> 武宗至大元年戊申正月己丑，西番僧在上都者，强市民薪，民诉于留守李壁。壁方询其由，僧率其党持白梃突入公府，隔案引壁发，捽诸地，棰扑交下，拽归闭诸空室。久乃得脱，奔诉于朝，僧竟遇赦免。未几，其徒龚柯等与诸王妃争道，拉妃堕车殴之，语侵上，事闻，亦释不问。时宣政院方奉诏，言：“殴西僧者断其手，詈之者截其舌。”皇太子帝母弟仁宗。亟上言：“此法昔所未有。”乃寝其令。

此时尚为元之全盛时代，混一中国未及三十年，其了无制度如此。至元之兵力，西人至今震慑，然考之《史》，元亦并无经久之兵制，一往用其饥穷为暴、胁众觅食之故伎，侵掠万里，既得温饱，即伎俩无复存焉，非若历代军制既定，威令久而后渝者比。再录《元通鉴》一则见例：

成宗元贞二年丙申十月，赣州民刘六十聚众至万余，建立名号。朝廷遣将讨之，观望退缩，守令又因以扰良民，盗势益炽盛。江南行省左丞董士选请自往，即日就道，不求益兵，但率掾吏李霆镇、元明善二人持文书以去，众莫测其所为。至赣境，捕官吏害民者治之，民相告语曰："不知有官法如此。"进至兴国，距贼营不百里，命择将校分兵守地待命，察知激乱之人悉置于法，复诛奸民之为囊橐者，于是民争出自效，不数日，六十就擒，余众悉散。军中获贼所为文书，具有旁近郡县富人姓名，霆镇、明善请焚之，民心益安。遣使以事平报于朝，博果密召其使，谓之曰："董公上功簿耶？"使者曰："某且行，左丞授之言曰：'朝廷若以军功为问，但言镇抚无状，得免罪幸甚，何功之可言！'"因出其书，但请黜赃吏数人而已，不言破贼事。时称其不伐。

当成宗时，去统一中国仅十余年，元贞二年，距世祖之死仅二年，而蒙古在中国之兵力已如此。有事每倚汉人，惟宰相尚为世祖时顾命旧臣，能容汉人，汉人因亦乐为之用，间有盗乱，旋即平之。至顺帝时之群雄，其起因大有可言矣。《明史》叙群雄以方国珍为始，起于至正八年，顺帝即位之第十四年。其前至元三年，顺帝亦用至元纪年，与世祖同年号，亦其无法度之证。顺帝即位之第五年，广州朱光卿反，汝宁棒胡反，以后各地蜂起，久者亘数年不定。而元之所以处分此事，则蒙古既不足用，又仇汉人使不为用，夫然后群雄乃起，而群雄中遂有明太祖其人，固知能成大事者，非轻逞其一朝之忿者也。其时中国之不能不反元者，据述之如下：

至元三年广州变起之后，四月癸酉，禁汉人、南人、高丽人不得执持军器，有马者拘入官。是为因乱事而益歧视人民。是月，诏省院台部宣慰司廉访司及部府幕官之长并用蒙古、色目人。是为歧视人民而绝多数人登进之路。五月戊申，诏汝宁棒胡、广东朱光卿、聂秀卿等皆系汉人，汉人有官于省台院及翰林集贤者，可讲求诛捕之法以闻。是为以种族之嫌忌，令已仕者皆不安于职。八月癸未，弛高丽执持军器之禁。是为无自卫权者独有汉人。又其前二月己丑，汝宁献所获棒胡弥勒佛小旗、伪宣敕，并紫金印、量天尺，时大臣有忌汉官者，取所献班地上，问曰："此欲何为邪？"意汉官讳言反，将以罪中之，侍御史许有壬曰："此曹建年号，称李老君太子，部署士卒以敌官军，反状甚明，尚何言？"其语遂塞。是又以逆臆之心料汉官或为汉人轻减反者罪名，则可将汉官皆坐以逆党，而一律铲除之以为快。是岁，巴延请杀张、王、刘、李、赵五姓汉人，帝不从。是为宰相起意屠戮汉人，先就人数最多之姓为始。以姓分应杀不应杀，设想已极不道，帝虽不从，此风声已不可令天下闻矣。后于至正十一年，巴延已败，托克托代为相。六月，《通鉴》又书云："丞相托克托议军事，每回避汉人、南人；方入奏事，目顾同列，韩伯高、韩大雅随后来，遽令门者勿纳。入言曰：'方今河南汉人反，宜榜示天下，令一概剿捕。蒙古、色目因迁谪在外者，皆召还京师，勿令诖误。'于是榜出，河北之民亦有变而从红军者矣。"红军者，是年刘福通起，用红巾为号，谓之红军。未几，芝麻李、徐寿辉相继起，皆用红巾，红军遂遍各行省。明年，郭子兴起于濠，濠为太祖所居，遂亦相从而走险矣。《明史》所立群雄之传，以方国珍为起事之最先，其以前之旋起旋灭者不计，即其以后如芝麻李之不久为元所灭者亦不计，以太祖所托始之故，郭子兴不但有传，且序于群雄之首。所为传者共八人，其后三人：扩廓帖木儿、陈友定，虽起自义兵而能自发展，与群雄略同。然既尽忠于元，在明代修《元史》时当入之，如扩廓之义父察罕帖木儿，已入《元史》矣，扩廓事亦附见。但从顺帝出亡后，尚有屡图兴复之兵，《元史》竟截去不载。友定之殉元，尚在顺帝未遁之时，何以亦不与察罕为同类？至把匝剌瓦尔密，尤为元之宗室，据其封国，不肯降明而死，何为与群雄同列？《元史》无宗室传，故不辑为有系属之传，然有《诸王表》，亦未于云南王忽哥赤之后列至把匝剌瓦尔密，遂以最后殉国之宗王，亦不入《元史》。至《明史》乃纪之为群雄之列。清修《明史》因之，于《明史》中列元臣传。清又于《明史》中遗张煌言、李定国、郑成功等，今乃入《清史稿》。此与明修《元史》有意漏落扩廓等若相应和。此一异也。

附　群雄系统表说

第一　史实之系统表

方国珍　至正八年起黄岩。二十七年，入朝于吴，是年明祖称吴元年。居京师，受官以善终，无名号。

刘福通　至正十一年起颍州。十五年，觅得韩林儿于武安山中，奉为主，称帝，建国号宋，纪元龙凤。其党四出，掠地甚远，他股归附，奉宋年号者亦多。二十二年，为张士诚将吕珍所破，杀福通。明祖救宋，击退珍，以林儿归滁州，尚奉其号。明年，太祖乃以林儿之命，由吴国公晋封吴王。二十六年，林儿死。明年，太祖乃称吴元年。又明年，遂称明，改元洪武。太祖无所藉于林儿，惟以人心思故宋，林儿既称宋，故用其号。刘福通起事，以红巾为号，故称红军。同时起而应之者，若芝麻李、徐寿辉、郭子兴皆称红军。余各股称红军者尚多，史所不甚详，从略。

芝麻李　至正十一年起徐州。本名李二，以曾出芝麻一仓救饥民，为众所推。所号召为河工夫，元末童谣：“石人一只眼，挑动黄河天下反。”系以此咎贾鲁之治河。其实鲁治河为后世法，为百年利，元之政不足善河工之后耳。十二年，为元丞相脱脱所破，余党并入濠州，亦与濠同附宋而终，无名号。

徐寿辉　至正十一年起蕲州，称帝，国号天完，纪元治平。掠地亦广。二十年，为其将陈友谅所弑。

陈友谅　至正二十年弑寿辉称帝，改国号汉，纪元大义。二十三年，与明祖战，败死。其子理嗣，改元德寿。明年，降吴，授爵归德侯，并封友谅父承恩侯。

明玉珍　亦寿辉将，据蜀。闻友谅弑寿辉，二十二年称陇蜀王，明年称帝，国号夏，纪元天统。二十六年，玉珍死，子升嗣，改元开熙。洪武四年降，授爵归义侯。

郭子兴　至正十二年起濠州。明祖家于濠，子兴既起，明祖谋避兵不果，遂从子兴起。未几，子兴为芝麻李余党来奔者彭大、赵君用所制，不安于濠，依明祖于滁州。十五年卒，无名号。子天叙，犹与明祖同领所部，未几战死。洪武三年，追封子兴滁阳王。

张士诚　至正十三年起于泰州，称诚王，国号大周，纪元天祐。十七年降元，去号。二十三年再称吴王。世以其居平江，称东吴。而明祖先称吴国公，居建康，谓之西吴。二十七年徐达等破平江，士诚自缢死。

第二　史传之系统说

《郭子兴》《韩林儿》两传为一卷。子兴以太祖初起依倚，且娶其养女，即后称高皇后者，用旧恩冠群雄首。林儿听命于刘福通，且起事由福通，数年后乃入军中，拥空名号。史不为福通立传。林儿以称宋后，用宋号为明祖所暂戴，亦用旧义次子兴。

《陈友谅》《张士诚》《方国珍》《明玉珍》四传为一卷。友谅、玉珍皆由天完将分继天完所据土地，立国僭号。友谅先以篡弑，取江汉于天完。玉珍闻之，不服属友谅，亦自据蜀立国。天完徐寿辉首事，立国建号，史不为之传。至正十七年，明祖取太平，与天完邻，遂与友谅相战伐。史止叙友谅、玉珍为传。张士诚起较后，方国珍起最先，皆类传于一卷中。

《扩廓帖木儿》《陈友定》《把匝剌瓦尔密》三传为一卷。此与群雄性质不同。扩廓父事察罕帖木儿，父子以起兵为元平乱受元官职。察罕已入《元史》，扩廓在元未亡以前，事亦附见，独留从亡以后事不叙，遂于《明史》中列《群雄传》。友定亦由起兵平乱全有福建，忠于元。其起兵之年不详，《史》但言至正中应汀州府判蔡公安募讨贼，陈友谅屡遣将侵闽，友定战却之，尽复失地。以二十六年为福建平章。二十八年，明祖已称洪武元年，明兵平福建，友定死之，事在春正月。是年八月，徐达始入大都，元帝北遁。友定始终为元臣。把匝剌瓦尔密为元世祖第五子云南王忽哥赤之裔。《元史》不立诸王传，自忽哥赤以下即无传。惟《诸王表》见云南王忽哥赤之名，略系其后嗣，而并不列把匝剌瓦尔密。于是元宗藩之最后尽忠者，竟不见于《元史》，而入明之《群雄传》。

第二节　太祖起事至洪武建元以前

三代以下，名为禅让，实乃篡夺，得国惟以革命为正大。革命之起，急于称帝称王者，篡夺之心理也，惟以吊民伐罪为号召，则必不以己身之名号驾乎为国为民之上。亦有虽不知革命意义，而自量其不足争名号，惟挟其狡健乘乱以侥一时之利者，若群雄中之方国珍，不称名号，而反侧甚久，虽无大志，究不失自知之明，其卒以善终，即其智足自卫。至元之遗忠，由《明史》强列于群雄者，自当别论，其余则无不急于窃号以自娱。太祖依郭子兴以起，子兴起于濠州，与孙德崖辈四人局处一城，未久即为芝麻李余党彭大、赵君用所凌占。彭、赵据濠以称王，子兴反恃太祖得滁而走依之，然即欲称王于滁，为太祖劝阻而勉辍，遂无聊而死。至太祖既下集庆，元集庆路，太祖改应天，即今南京。又得沿江诸郡，始设元帅府及行中书省，自总省与府之事以统军民之政，不过仍元代官署之名为治理之作用而已。元惟仇视汉人，于南人尤甚。太祖起自南方，所至礼其贤隽，得徽州后，邓愈荐徽儒李升，召问治道，对以“高筑墙”“广积粮”“缓称王”三语，太祖善之。就此三语，即可见非当时群雄所能了解。高筑墙，则非流转飘忽之劫盗；广积粮，则非妨农旷土随地因粮之饥军，必如此而后可以救离乱；再以缓称王为不窃名号之表示。太祖善之，此实可信其非浮慕，有事实可证也。至正十六年三月，始下集庆，前一年，先由和州取太平，其间分徇近邑，兵事正剧，乃十七年五月，纪书：“上元、宁国、句容献瑞麦。”其急倡农务可知。十八年二月，太祖以军兴民失农业，乙亥，以康茂才为营田使。此皆并世所无之事，不惟倡乱之群雄所未暇，即元之行省又何尝念及此也。至称号一事，终以仍用元代官名无从表异于为元之义军，故于十六年七月称吴国公，而先于十五年奉韩林儿之通檄用宋年号，此非心服刘福通及林儿，为种族之见，人心思宋，奉宋则名义较安耳。嗣后，至林儿为张士诚军所覆灭，福通见杀，太祖以林儿归，时已至正二十三年，陈友谅败死、张士诚穷蹙之后，乃用林儿名义，进号吴王，犹用林儿龙凤年号。至二十七年，乃以吴纪年，仍无年号，则在林儿已死之后也。林儿本由太祖救安丰时拔回，置之滁州。二十六年，遣廖永忠迎归应天，至瓜步，覆其舟，林儿死。《永忠本传》言：“帝以咎永忠。及大封功臣，谕诸将曰：‘永忠战鄱阳时，忘躯拒敌，可谓奇男子，然使所善儒生窥朕意，徼封爵，故止封侯而不公。’”此可知永忠自希太祖旨，而太祖竟无意于此，特林儿本毫无可拥之呆竖，生死不足计，不以此正永忠之罪耳。太祖自始非受林儿丝毫庇荫，非借林儿丝毫权势，天下大定，若林儿不死，太祖必有以处之。如汉如夏，力屈来降，犹封以侯爵；郭子兴则追封王爵；若封林儿亦必比于滁阳，及身而止，岂虑其尚有余焰复然邪？廖永忠之瓜步沉舟，实为多事，然太祖若正其罪，反拟以名分归林儿，亦可不必，但心鄙之而已。后来儒生以太祖初用龙凤年号为失策，如《明通鉴》所论，其实亦重视空文，所见与廖永忠相类。总之，不足深论也。

至其戡乱之成功，应外来之机会者半，恃自有之胜算者亦半。当微弱之时，不无以身试验之事；逮规模稍定，即纯以法度裁之，无侥幸求济之事，此为数百年基业所由奠，非奸雄规一时之利者所能及也。太祖当困极为僧之日，居濠之皇觉寺，红军已遍起于徐、颍、蕲、黄，郭子兴以濠应之。太祖思避兵，卜于神，谋所向，去留皆不吉；卜从乱，乃大吉。此非真听命于神也，元之可取，明者知之，但匹夫能否取而代之，此非人谋所能料，从乱军以救死，毫无凭借，将依倡乱之人为凭借，其人又非素有倚信之人，欲往从之，只可以济否托诸命运，故以卜决疑。读史者不当信其卜之有神，但窥其当疑而疑，便非奸人走险举动。夫子兴则平常一倡乱者耳，收容太祖非有真知，猜疑太祖亦无定识，幸自始即得其以养女马公女相配，所配又即最有意识之高皇后，得向子兴妻时时调护，而太祖乃由子兴所任军职之名义外出收军，豪杰归向，一朝开国诸元勋大半结纳于此时。人才之所由聚，大抵由元忌南人，南人尤多在草泽，特无可与共事之人而未出耳。共有效死之计，得可信重之人而效命，宜其相踵而至耳。在子兴军中有亲冒矢石之危，且曾为孙德崖军所执而欲加害，有张姓者力止之，乃与子兴所执之德崖交换释还，此皆微弱时之不无赖有天幸也。

既得应天，领有江南数郡之地，斯时应付三方，其于中原，则纯恃机会。元之兵虽窳败，若得肯奉职之将，究以朝命征调，国威震慑，绝非倡乱者所易敌。脱脱以丞相督师，一平芝麻李如拾芥，再攻张士诚，几下其都高邮州城，以谗去，士诚乃幸免。前平芝麻李时，李余党遁入濠州，脱脱遣贾鲁围濠，亦几陷，贾鲁忽以暴疾卒，围解，否则郭子兴一军亦无噍类，太祖或与并尽矣。脱脱亦已非元臣之知大体者，然尚有为元用命之心，元帝信谗窜逐之，后惟荒淫无道，邪僻用事。刘福通红军四出，其将关先生、破头潘、冯长舅、沙刘二、王士诚趋晋、冀，遍及山西，分出京东，毁上都宫殿，上都为元世祖始都，即今多伦地。从此元帝无北巡之事，陷辽阳，直抵高丽；白不信、大刀敖、李喜喜趋关中，陷兴元，今汉中南郑。入凤翔，为察罕帖木儿所破，乃入蜀，又分陷宁夏、灵武诸边地；毛贵出山东北犯，元义兵万户田丰亦降福通，遍陷山东诸郡，合毛贵逼畿辅，顺帝至议迁都，遍征四方兵入卫；福通自出没河南北，取宋旧都为韩林儿都，宋之名号行于中国者大半。元之国势如此，自无暇复问江左，惟义兵中有察罕一军，力遏红军，由陕东下，破宋都，又平山东，几欲荡定中原，骎骎南下。太祖亦已遣使通好，察罕报书而留使不遣。未几，察罕为降人田丰等所刺死，子扩廓仍统其军，来归前使。其时元命户部尚书张昶、郎中马合谋来授太祖为江西行省平章政事，太祖以察罕已死，不受命，杀马合谋，留张昶用之。扩廓虽能继察罕之事，而与察罕同起事者不服，又元将之稍能军者孛罗帖木儿日夜与扩廓相攻，以故太祖终无北顾忧。逮孛罗挟元帝肆虐见诛，元亦不可为矣。此所谓予太祖以机会者也。

至陈友谅、张士诚二敌，实为太祖翦除之资。太祖起淮西，士诚起淮东；太祖取集庆，士诚取平江。江左一隅，同时分占，旁收列郡，所在接触。友谅则在长江上游，以池、太之间为兵冲。以兵力言，陈悍于张；以战事言，张繁于陈。常情必悉力于张矣，太祖则知张为自守虏，陈锐于展拓，急攻张则陈必合而相图；急攻陈，张不遽合，后顾之忧较缓，故反诱友谅速来。友谅与太祖将康茂才有旧，茂才亦新自集庆降太祖，太祖使其以愿为内应诱友谅直趋建康。当是时，友谅来侵，势张甚，欲迎敌，则虑其偏师缀我，乘建康之空虚，顺流捷下，覆我根本，诸将至有议乞降者。太祖与刘基决策，诱其深入，设伏以待于境，大破之。士诚自惧，不敢动。此以筹略胜也。既乘胜略定上游列郡，而士诚又自淮东攻安丰，今寿县。时韩林儿之汴都为察罕所破，刘福通挟以退安丰，太祖虑士诚得安丰则难制，急救安丰，刘基劝阻，不听。士诚将吕珍已攻杀福通，太祖击退珍，取林儿归置滁州，弃安丰不守，为元将竹昌等所袭取，亦听之。友谅先据龙兴，为江西要地，至是已降太祖，友谅急攻之，朱文正、邓愈等力守不下，太祖自安丰归后救之，大战鄱阳湖中。史载太祖危而获济，有刘基促太祖易舟免炮击、周颠用洞元术祭风、张中预克决胜时日诸异迹，此皆不足深论。惟太祖于胜后谢刘基，谓："不听劝阻，从事安丰，使友谅不顿兵于洪都，太祖取龙兴，改名洪都。后改南昌。直取建康，则大事去矣。"此则亦微有侥幸也。友谅以此役中流矢死，其太尉张定边自军中挟友谅之子理回武昌，僭帝号，明年亦降。于是士诚益无能为。士诚先以其弟士德为太祖所获，士德为略取浙西最有力之人，被擒，大沮丧。太祖欲留士德招士诚，士德密通信士诚，令降元以图建康，不食而死。士诚因去号受元官，又不能守臣节，后平江既破，家属自焚死，士诚亦自缢，其兄弟皆不屈。友谅、士诚皆平，方国珍自降，于是克福建，陈友定殉节仰药死，徐达等北伐，遂入大都，元帝北遁。是年，太祖始建元洪武，克大都，则洪武元年之八月庚午也。先是，上年十月，既平张士诚，即议北伐，常遇春谓："南方已定，兵力有余，直捣元都，都城既克，余皆建瓴而下。"太祖曰："元建都百年，城守必固，悬师深入，顿于坚城之下，馈饷不继，援兵四集，非我利也。先取山东，撤其屏蔽；旋师河南，断其两翼；拔潼关而守之，据其户槛。天下形势，入我掌握，然后进兵元都，彼势孤援绝，不战而克。既克元都，鼓行而西，云中、九原以及关、陇，可席卷而下。"于是北伐以山东为始。洪武元年二月，山东悉平，移师河南，四五月间，行省平章梁王阿鲁温送款，阿鲁温即察罕帖木儿之父也。迭克陕、虢，遂取潼关，关中诸将李思齐、张良弼辈西窜。声援已绝，进取元都，太祖谕徐达："克城之日，毋掳掠，毋焚荡，毋妄杀人，必使市不易肆，民安其生，凡元之宗戚，皆善待之。"以闰七月规取河北，兵不留行，拒战甚少。是月二十七日丙寅，遂入通州，元主宵遁。八月二日庚午，师至元都齐化门，即填壕登城而入，仅执杀监国宗室淮王帖木儿不花、太尉中书左丞相庆童等数人，封府库，籍实物，故宫殿门，以兵守之，宫人妃主，令其宦寺护视，号令士卒无侵暴，人民安堵。是为明祖代元有国之日。就《明史》言，以洪武纪元为始；就历代史书系统言，则以大都克后为元亡，乃成统一之明帝国也。

其开国之兵事，虽不能截清于元亡以前，然亦大致已定。此后成两种事状：一、迅扫之余孽；二、永久之防御。平汉、平吴、平闽，已略叙于前。元之两广，广东属江西行省，广西属湖广行省，广西又辖海北海南道及播州安抚司，盖以南方荒服视之也。平汉之后，已取江西、湖广两行省，然未暇遽问两广。至吴元年，即至正二十七年，十月，始命湖广行省平章杨璟取广西。而取广东则海道为便，故于平闽之师既取福建沿海诸郡，即移水师入广东，事在洪武元年，即至正二十八年。二月，广西稍有战事，广东则元左丞何真保境归降。何真亦由义兵起，平诸郡乱，元遂授以江西行省之广东左丞，有威惠，为众所归，知明祖之能定中国，兵至即降。取广东之师在后，而广东反先平，会湖广之师定广西，真之力也。两广之平，亦在洪武元年之秋，与北伐克元都为同时。至蜀与滇，仅能自守，无意于境外之事，故至洪武四年而后平夏，洪武十四五年而后平滇。此皆有征无战，以不嗜杀之心俾定于一而已。北方则大都下后，王保保即扩廓帖木儿。方据山西，奉元帝诏图恢复，出兵攻大都。徐达不与迎敌，委大都于守将孙兴祖、华云龙，先本奉诏入山西，元年十一月，王保保兵由雁门缘边向北平，明取大都，改名北平。达军乘虚取太原，保保还救，又大败，保保走甘肃，山西遂平。二年三月，移兵入陕西，时陕西直辖甘肃境，其兵皆察罕同起之李思齐所统，大军以次削平，或降或斩，至是年八月，陕西悉平。惟保保入甘肃后，拥兵塞上，犹时时扰西北边。三年正月，再命徐达、李文忠、冯胜、邓愈、汤和等大发兵肃清沙漠。六月，大破保保兵，擒故元王公贵官一千八百余人，士卒八万四千余人，马驼杂畜巨万计。保保挟妻子奔和林，而元主于四月丙戌崩于应昌，子爱猷识里达腊嗣。元主为宋少帝入元后所生之子，生于元仁宗延祐七年庚申，距宋太祖开国之年为第六庚申。先是相传宋太祖因陈抟有“怕听五更头”之言，故全宫中四更末即转六更，终宋世皆然。六更者，更鼓将尽，作繁声以结之，谓之虾蟆更。宋祖未悟更之为庚，后于第五庚申而元世祖即位，越十七年而灭宋，第六庚申而顺帝生，遂以亡元，仍为汉人所得。帝北遁之次年，太行隐士葛溪权衡作《庚申外史》著其事。明祖诏书中亦称顺帝为庚申君；又诏宁王权编《通鉴博论》，直书瀛国外妇之子，绵延宋末六更之谶。清代学者颇主此说，全谢山并详考《元史》中，帝之生于塞外，及文宗徙之高丽，再徙广西，谓非明宗之子，帝即位，追封其生母迈来迪后及以皮绳马尾拴召虞集之事，佐证实多，非汉人思宋而托为此言以自慰也。爱猷识里达腊早为太子，嗣位于应昌，时李文忠追元主，克兴和，取开平，兴和、开平皆在宣府。开平为元之上都，非今滦州之开平。闻元主崩，疾趋应昌，元嗣主再北遁和林，用王保保自辅。文忠获元帝孙买的里八剌及后妃诸王官属数百人，得宋元历代册实等物，驼马牛羊无算，穷追至北庆州而还，又降元兵民数万。王保保辅元嗣主，屡扰边。五年正月，再命徐达等北征。五月与王保保战，败绩，死数万人，自是明兵不复大举出塞。八年，王保保卒。元嗣主篡夺相寻，十余年而五易其主。自二十年平海西，元左丞纳哈出降，元无复治理中国遗迹，亦遂去帝号而称汗。终明之世，时而顺服，时而侵扰，以致九边设备，解严之岁较稀。凡此皆濠、滁起事以来，以武戡乱之余波，故虽延及洪武年间，仍附于开国以前之武事，以明其所谓马上得之者如此。

第三节　明开国以后之制度

自有史以来，以元代为最无制度，马上得之，马上治之。当其清明之日，亦有勤政爱民，亦有容纳士大夫一二见道之语，然于长治久安之法度，了无措意之处。元以兵力显，试观《元史·兵志》，止有佥军、补军、调军、遣军之法，别无养军、练军之法，是仍裹胁趋利之故技，其他非所问也。元以兵耀万古，于兵之无制度且然，其他刑罚、食货，一切苟简，所谓无规矩而信离娄之明公输子之巧，无六律而任师旷之聪者也。明承法纪荡然之后，损益百代，以定有国之规，足与汉唐相配。唐所定制，宋承之不敢逾越；明所定制，清承之不敢过差，遂各得数百年。明祖开国规模，惟《纪事本末》立有专篇，欲录之不胜录也，且即尽录之，亦尚未足见太祖制度之真相也。史载一朝之制度，各为专志，古人言："读史要能读志。"此说是矣，然即读志而仍未能了然也。今于明祖创意所成之制度，于史志以外，略举他书，疏通证明之，见明祖经理天下之意。以一二端为例，学者可循是以求之。

国之兴亡系于财之丰耗，阜财者，民也；耗财者，军也。此就经制之国用言。若夫无道之糜费，如土木、淫祀、私恩设官、后宫滥赏，一切不如法而人人知为弊政者，不在议论之列。先言民事。

《食货志》：太祖籍天下户口，置户帖、户籍，具书名、岁、居地，籍上户部，帖给之民，有司岁计其登耗以闻。及郊祀，中书省以户籍陈坛下，荐之天，祭毕而藏之。其视户籍之重如此。洪武十四年，诏天下编赋役黄册，以一百十户为一里，推丁粮多者十户为长，余百户为十甲，甲凡十人，岁役里长一人，甲首一人，董一里一甲之事，先后以丁粮多寡为序。凡十年一周曰排年，在城曰坊，近城曰厢，乡都曰里。里编为册，册首总为一图。鳏寡孤独不任役者，附一甲后为畸零；僧道给度牒，有田者编册如民科，无田者亦为畸零。每十年有司更定其册，以丁粮增减而升降之。册凡四：一上户部，其三则布政司、府、县各存一焉。上户部者册面黄纸，故谓之黄册，年终进呈，送后湖东西二库庋藏之，岁命户科给事中一人、御史二人、户部主事四人厘校讹舛。其后黄册只具文，有司征税编徭则自为一册，曰白册。

按此段又见《范敏传》。为敏所定之法，文字略同。惟文意当申言之，云："每十年有司更定其册。"又云："黄册年终进呈，岁命给事中、御史、主事等官厘校讹舛。"则十年造册，乃年年有所更改，阅十年而清造一次，非十年中不动也。其后黄册为具文，自指太祖以后。当太祖时，户部与司、府、县均直管此册，并郊祀荐天。黄面以充御览，遣科道司官负厘校之责，若有发觉飞洒诡寄之弊，干连者众，并且常在御览之中，夫子视此为国本，荐于郊祭。其后，造册之制，由清袭用而延至于今，惟黄册早为具文，已浸失太祖重民之指矣。

洪武四年九月丁丑，帝以郡县吏每额外征收，命有司料民田，以田多者为粮长，专督其乡赋税。粮万石，长副各一人，输以时至，得召见，语合，辄蒙擢用。八年十二月，并定粮长有杂犯死罪及流徙者，许纳铜赎罪。

按明粮长之制，屡革屡复而终革，原其为制，非永制也。

始以定里长之法而革粮长，以里长代之，旋又复。景泰间，革湖广及江北各府及福建等处粮长。自都北京后，南粮运道太远，宣德间改军民兑运，民运止达淮安瓜洲，兑与卫所官军，运载至北，粮长更无召见之路。后来非官累粮长，即粮长扰民，革之犹不尽，时时赖臣工条列其弊，以禁令为之补救而已。然在太祖定法，则以此为天子自与人民亲接之一端，见之史者，如《孝义·郑濂传》，濂以粮长至京，帝问治家长久之道，对曰："谨守祖训，不听妇言。"帝称善。据《今言》，洪武时又有诏天下民年五十以上来朝京师，访民疾苦，有才能者拔用之；其年老不通治道，则宴赉而遣之。自是来者日众。二十六年，诏免天下耆民来朝，则见《本纪》。此则来者任其自愿，不用其言，亦邀宴赉，其来遂无限制，久而不得其益，乃罢之。此皆惟太祖可行之制。充太祖亲民之意，不欲专就选士俊士中求言，绝非后来帝阍难扣之象，而一时浮收中饱，惠泽不下之弊，早不禁而自绝矣。

《元通鉴》：至正二十六年二月辛巳，吴下令禁种糯稻，以塞造酒之源。

洪武元年，太祖初立国，即下令：凡民田五亩至十亩者，栽桑、麻、木棉各半亩，十亩以上倍之。麻，亩征八两；木棉，亩四两；栽桑，以四年起科。不种桑，出绢一匹；不种麻及木棉，出麻布、棉布各一匹。此农桑丝绢所由起。九年，定布绢与米麦相折之价。

按此用《食货志》文。据《杨思义传》，为思义任户部尚书所请定。当时四方军事正亟，而劝课之为尤亟如此，乌有听其荒废或任种有害之物之理。

十四年，上加意重本抑末，下令：农民之家，许穿细纱绢布；务贾之家，止许穿布；农民之家，但有一人为商贾者，亦不许穿细纱。出《农政全书》。十八年，谕户部曰："人皆言农桑衣食之本，然业本必先于黜末，自什一之涂开，奇巧之技作，于是一农执耒而百家待食，一女躬织而万夫待衣，欲民之毋贫得乎？朕思足食在于禁末作，足衣在于禁华靡，宜令天下四民，各守其业，不许游食，庶民之家不许衣锦绣。”出《洪武实训》。

按阜民以节俭为始，治世皆然，何论国难。但必非在上者以奢导民，而徒以禁令束民所能使其耳目归一，不自厌其质朴也。姑就《纪事本末》所载者证之，至正二十六年时太祖尚称吴王。六月，命有司访求古今书籍，因谓侍臣詹同等有曰：“每于宫中无事，辄取孔子之言观之，如‘节用而爱人，使民以时’，真治国良规。孔子之言诚万世师也。”十二月，以明年为吴元年，建庙社，立宫室。己巳，典营缮者以宫室图进，太祖见雕琢奇丽者命去之，谓中书省臣曰：“千古之上，茅茨而圣，雕峻而亡。吾节俭是宝，民力其毋殚乎？”吴元年至正二十七年九月癸卯，新内三殿成，曰奉天、华盖、谨身。左右楼曰文楼、武楼。殿之后为宫，前曰乾清，后曰坤宁，六宫以次序列，皆朴素不为饰。命博士熊鼎类编古人行事可为鉴戒者，书于壁间；又命侍臣书《大学衍义》于两庑壁间。太祖曰：“前代宫室，多施绘画；予用此备朝夕观览，岂不愈于丹青乎？”是日，有言瑞州出文石，可甃地。太祖曰：“敦崇俭朴，犹恐习于奢华，尔不能以节俭之道事予，乃导予侈丽！”言者惭而退。洪武元年三月乙酉，蕲州进竹簟，命却之，谕中书省臣曰：“古者方物之贡，惟服食器用，无玩好之饰；今蕲州进竹簟，未有命而来献，天下闻风，争进奇巧，则劳民伤财自此始矣，其勿受。仍令四方：“非朝廷所需，毋得妄献。”八月，有司奏造乘舆服御诸物，应用金者特命以铜为之，有司言：“费小不足惜。”上曰：“朕富有四海，岂吝于此？然所谓俭约者，非身先之，何以率下？且奢侈之原，未有不由小至大者也。”十月甲午，司天监进元所置水晶刻漏，备极机巧，中设二木偶人，能按时自击钲鼓。上览之，诏侍臣曰："废万几之务，用心于此，所谓作无益害有益也。"命左右碎之。先是至正二十四年，平汉后，江西行省以友谅镂金床进，太祖观之，谓侍臣曰："此与孟昶七实溺器何异耶？一床工巧若此，其余可知，穷奢极侈，安得不亡？"命毁之。十二月己巳，上退朝还宫，太子诸王侍，上指宫中隙地谓之曰："此非不可起亭台馆榭为游观之所，诚不忍重伤民力耳，昔商纣琼宫瑶室，天下怨之；汉文帝欲作露台，惜百金之费，当时国富民安。尔等常存儆戒！"六年十一月，潞州贡人参。上曰："人参得之甚艰，毋重劳民，往者金华进香米，太原进葡萄酒，朕俱止之，国家以养民为务，奈何以口腹累人？"命却之。凡此皆洪武初年之事。太祖惟率先恭俭，而后立法以整齐一国，则人已以朴为荣，以华为辱矣，况复有法令在耶！其中如毁元宫刻漏一事，此亦中国巧艺不发达之原因；但使明祖在今日，亦必以发展科学与世界争长，惟机巧用之于便民卫国要政，若玩好则仍禁之，固两不相悖，决不因物质文明而遂自眩其耳目。

二十年，命国子生武淳等分行天下州县，随粮定区，区设粮长四人，量度地亩方圆，次以字号，悉书主名及田之丈尺，编类为册，状如鱼鳞，号曰鱼鳞图册。先是黄册之制，以户为主，详具旧管、新收、开除、实在之数，为四柱式；而鱼鳞图册以土田为主，诸原、坂、坟、衍、下、湿、沃、瘠、沙、卤之别毕具。于是以鱼鳞图册为经，凡土田之讼质焉；黄册为纬，凡赋役之法定焉。其有质卖田土者，备书其税粮科则，官为籍记之，于是始无产去税存之患。

鱼鳞区图之制，为田土之最要底册，明祖创之，清代仍用，然在江南则有之，江苏之江北即不能皆具。要之，此法沿自明代，今各国之所谓土地台账，即此法也。明于开国之初，即遍遣士人周行天下，大举为之，魄力之伟大无过于此，经界由此正，产权由此定，奸巧无所用其影射之术，此即科学之行于民政者也。当时未措意科学，而尽心民事者自与之暗合；苟不勤民，即科学发达，人自不用，此以见政治科学即由勤政精思以得之耳。

又以中原田多荒芜，命省臣议，计民授田，设司农司，开治河南，掌其事。临濠之田，验其丁力，计亩给之，毋许兼并。北方近城地多不治，召民耕，人给十五亩，蔬地二亩，免租三年。每岁，中书省奏天下垦田数，少者亩以千计，多者至二十余万。官给牛及农具者，乃收其税；额外垦荒者，永不起科。设司农司在三年五月，时中书省犹未废，故志文如此。二十六年，核天下土田，总八百五十万七千六百二十三顷，盖骎骎无弃土矣。

以上两节皆《食货志》文。再证以列传中事实，《循吏·方克勤传》：洪武四年，以方克勤为济宁知府，时中原初定，诏民垦荒，阅三岁乃税，吏征率不俟期，民以诏旨不信，辄弃去，田复荒。克勤与民约，税如期，区田为九等，以差等征发，吏不得为奸，野以日辟。盖虽有韶，而奉行仍赖良吏，惟贤有司得行其志。可见诏旨未尝不信，但吏奸宜戢耳。至二十六年而奏大效，殆仍以贤有司不易得乎？克勤，方孝孺之父也。

观明祖之劝课农桑，作养廉俭，已足藏富于民矣。夫其军事方亟，大军四出，取天下而统一之，华夏略定，又有出塞大举。加以百废待举，建官署，设兵卫，坛庙宫殿，城垣仓庾，学校贡举，颁爵制禄，时当开创，虽洪武中叶，兵事粗定，而需费浩繁，取于民者似不容缓，且当时专仰田赋，盐法则借开中以代转运，不为帑项之所取盈。乃自吴元年起，陆续免征，正在军事旁午之际，至十三年，并普免天下田租，其余部分之蠲免，且有一免累数年者。盖足国之要在垦土，有土此有财；丰财之要在自克其欲，移挥霍于私欲者以供国用，则虽用军之际，不但军给而并时时有以惠被兵之民，此为定天下之根本。兹汇举明祖开国时蠲赋之事略如下：

至正二十五年，常遇春克赣州。汉将熊天瑞守赣，常加赋横敛民财，及其降，有司请仍旧征之，太祖曰："此岂可为额耶？"命亟罢之，并免去年秋粮之未输者。《元通鉴》。

吴元年至正二十七年，正月乙未，谕中书省："太平、应天诸郡，吾创业地，供亿最劳。"戊戌，下令："免太平租二年，应天、镇江、宁国、广德各一年。"

五月，令："徐、宿、濠、泗、寿、邳、东海、安东、襄阳、安陆等郡县，及自今新附之民，皆复田租三年。"六月戊申，赐民今年田租。自五月旱，减膳素食，及是日大雨，群臣请复膳，乃有是令。

洪武元年正月甲申，诏遣周铸等一百六十四人往浙西核实田亩，谕中书省臣曰："兵革之余，郡县版籍多亡，今欲经理以清其源，无使过制以病吾民。夫善政在于养民，养民在于宽赋。其遣周铸等往诸府县核实田亩以定赋税，此外无令有所妄扰。"

按此出《纪事本末》。据《明史·章溢传》，处州田赋，以军兴加至十倍。至是复旧。又《刘基传》，处州粮复旧，视宋制犹亩加五合，惟青田不加，太祖曰："使伯温乡里世世为美谈也。"处州非浙西也，元之浙西道廉访司辖杭、嘉、湖、严、苏、松、常、镇、太各属地。《食货志》："初，太祖定天下官民田赋，凡官田，亩税五升三合；民田，减二升；重租田，八升五合五勺；没官田，一斗二升。惟苏、松、嘉、湖，怒其为张士诚守，籍诸豪族及富民田以为官田，按私租簿为税额，而杨宪为司农卿，又以浙西膏腴，亩加二倍，故浙西官民田赋视他方倍蓰，亩税有二三石者。大抵苏最重，嘉、湖次之，杭又次之。"志文如此。盖至是始遣铸等往核，其后迭有轻减，而至今犹为田赋独重之地。太祖以喜怒用事，是其一失，然究是对于偏隅，其大体固能藏富于民，深合治道也。

二月乙丑，命中书省定役法。上以立国之初，经营兴作，恐役及贫民，乃议验田出夫。于是省臣议：田一顷，出丁夫一人，不及顷者，以别田足之，名曰均工夫。寻编应天十八府州、江西九江、饶州、南康三府均工夫图册。每岁农隙，赴京供役三十日，遣归。其田多而丁少者，以佃人充夫，而田主出米一石资其用；非佃人而计亩出夫者，亩资米二升五合。

按此为古法。地与丁皆民所应输于国，至清代康、雍两朝，摊丁于地，始不复计丁，而人口亦愈难统计矣。

闰七月，诏免吴江、广德、太平、宁国、和、滁水旱灾租。

二年正月庚戌，诏曰："朕淮右布衣，因天下乱，帅众渡江，保民图治。今十有五年，荷天眷佑，悉皆戡定。用是命将北征，齐、鲁之民，馈粮给军，不惮千里，朕轸厥劳，已免元年田租，遭旱，民未苏，其更赐一年。顷者，大军平燕都，下晋、冀，民被兵燹，困征敛，北平、燕南、河东、山西今年田租，亦予蠲免。河南诸郡归附，久欲惠之，西北未平，师过其地，是以未遑。今晋、冀平矣，西抵潼关，北界大河，南至唐、邓、光、息，今年税粮悉除之。"又诏曰："应天、太平、镇江、宣城、广德，去岁蠲租，遇旱，惠不及下，其再免诸郡及无为州今年租税。"

三年三月庚寅朔，诏免南畿、河南、山东、北平及浙江、江西广信、饶州今年田租。是月戊戌，蠲徐州、邳州夏税。

四年正月戊申，免山西、浙江被灾田租。二月，免太平、镇江、宁国田租。五月，免逝江、江西秋粮。八月甲午，免中都、淮阳及泰、滁、无为等州田租。十一月，免河南、陕西被灾田租。

是年十二月，汉中府知府费震坐事逮至京师。震，鄱阳人，以贤良征为吉水知州，有惠政，擢守汉中。岁凶多盗，震发仓粟十余万石贷民，约以秋成收还，民闻皆来归，邻境民亦争赴之。震令占宅自为保伍，籍之得数千家。上闻其事，曰："此良吏也，宜释之以为牧民者劝。"越二年，设宝钞局提举，擢震任之。十一年，帝诏吏部曰："资格为常流设耳，有才能者当不次用之。"超擢者九十五人，而拜震户部侍郎，寻进尚书，奉命定丞相、御史大夫岁禄之制，出为湖广布政使，以老致仕。此从《明通鉴》及《震本传》辑。明祖用人，以能勤民事者为标准，天下自然多循吏，而乱后之民得苏息矣。

五年六月，振山东饥，免被灾州县田租。又自五月至七月，凤翔、平凉二府雨雹，伤豆麦，诏免其税。又苏州府崇明县水，诏以所报恐未尽，令悉免之。八月，免通州、海门县被水田租。十月，免应天、太平、镇江、宁国、广德诸郡县田租。

地方报灾，不予驳查，反恐所报未尽，令免通县之税，民斯劝矣。此下太祖蠲赋在各地方者不概列，以省烦复。

洪武十三年五月甲午，雷震谨身殿。己亥，免天下田租。

按修德以消天变，古来政论如此。果能修德，自有益于民生，即恒以天变为警动而为之，仍盛德事也。汉文、景之世，恒有赐民数年田租之事。明祖当天下初定，已能如此，非自处于撙节以爱养天下，何以得之？

洪武十五年五月丙子，广平府吏王允道言："磁州产铁，元时置官，岁收百余万斤，请如旧。"帝曰："朕闻王者使天下无遗贤，不闻无遗利。今军器不乏，而民业已定，无益于国，且重扰民。"杖之，流岭南。

明祖时时以言利为非帝王之体，至杖流言利者。就明代言之，万历间言利之细人蜂起，矿使四出，无矿而指为矿，以讹索破民之家，则与太祖开国之法意正相反。《食货志》：“徐达下山东，近臣请开银场。太祖谓：‘银场之弊，利于官者少，损于民者多，不可开。’其后有请开陕州银矿者，帝曰：‘土地所产，有时而穷，岁课成额，征银无已，言利之臣，皆戕民之贼也。’临淄丞乞发山海之藏，以通宝路。帝黜之。”此皆洪武年间之事。不害民即所以利国，深合中国圣贤遗训。万历时尽反其所为，货财积于宫中，民穷为乱，外患乘之，一代兴亡之龟鉴如此。

二十年九月，户部言：“天下税课，视旧有亏，宜以洪武十八年所收为定额。”上曰：“商税多寡，岁有不同，限以定额，岂不病民？”不许。

税额按近年酌定，令必如额，尚非甚病民也，而明祖且不许。万历间，税监四出，无税者起税，无所谓额，阉人横行，有司稍计民命，即奏予重谴，下狱有至十余年者。前后相较，兴亡之故了然。

二十七年三月庚戌，上谕工部曰：“人之常情，饱则忘饥，暖则忘寒。卒有不虞，将何以备？比年以来，时岁颇丰，然预防之计不可不早。其广谕民间，如有隙地，种植桑枣，益以木棉，并授以种法，而蠲其税。岁终具数以闻。”

按军兴时以食为急，种糯米恐其酿酒，则禁之。及是时岁丰食足，上年二十六年，已核垦田至八百五十万七千六百二十三顷，骎骎全国无弃土，乃于足食之外，计赡其衣被之需，及丰其制造农具之木植。明祖可谓尽心民事矣。且桑、枣、棉之田免税，其余裕又足以惠民。此制直至清末，吾乡田亩，尚有免赋之桑枣田，各乡各图皆有此种田额若干，其实已不种桑枣。其乡有公正之董事，以此为地方公产，否则为豪强所擅有之无粮田。盖良法美意，日久间有废弛，然其初时德意不可忘也。又苏州最称赋重，太仓旧本属苏，亦在重赋之列，清中叶以后，以地多产棉，遂援《赋役全书》中棉田免税之例，请得蠲减。此皆沿旧时明制之惠。后来蚕丝为输出之大宗，民间以种桑利厚，不拘桑枣地之免税，虽仍纳普通田税，亦愿种桑。至各县之桑枣额田，今未知其存否矣。

是年八月乙亥，遣国子监生分行天下，督修水利。上谕工部曰："湖堰陂塘，可蓄泄以备旱潦者，因地势修之。"复谕诸生曰："周时井田制行，有潴防沟遂之法，故虽遇旱潦，民不为灾。秦废井田，沟洫之利尽坏，于是因川泽之势，引水溉田而水利兴，惟有司奉行不力，则民受其患。今遣尔等分行郡县，毋妄兴工役，毋掊克吾民。"寻给道里费遣之。明年冬，河渠之役，各郡邑交奏，凡开塘堰四万九百八十七处，河四千一百六十二处，陂渠堤岸五千零四十八处。水利既兴，田畴日辟，一时称富庶焉。

此与上洪武二十年定天下鱼鳞图册，均遣国子监生而不遣官吏，是明初以社会之事任用学生之成绩。水利为农田根本，今天下旧有之堰闸皆坏，河渠失修，旱潦之患，动辄数千里为一灾区。明祖于天下初定，全国大举为之，建设之伟，无过于此。

明初用国子监生为此两大事，皆以全国为量，以民生为本。可知其求于士者，绝非后此溺于八股之意。又有一事可以互证者，二十五年七月，岢岚州学正吴从权、山阴教谕张恒给由至京师，上问民间疾苦。皆对曰："职在课士，民事无所与。"帝怒曰："宋胡瑗为苏湖教授，其教兼经义治事；汉贾谊、董仲舒皆起田里，敷陈时务；唐马周不得亲见太宗，且教武臣言事。今既集朝堂，朕亲询问，俱无以对，志圣贤之道者固如是乎？"命窜之远方，榜示天下学校以为鉴戒。此事见《纪事本末·开国规模》篇，而《明史》则载《门克新传》内。太祖之期待学校师生本意如此。

次言军事：

《明史·兵志序》："明以武功定天下，革元旧制，自京师达于郡县，皆立卫、所，外统之都司，内统于五军都督府，而上十二卫为天子亲军者不与焉。征伐则命将充总兵官，调卫所军领之。既旋，则将上所佩印，官军各回卫所。盖得唐府兵遗意。"夫所谓得唐府兵遗意，后人于唐府兵之本意，初不甚了然，即于明之兵制，亦沿其流而莫能深原其本。即如唐以藩镇割据而亡，此在玄宗以前乌有是事之牙蘖。唐之府兵，一变而彍骑，此不过宿卫改用募士耳，犹之明于永乐间改立三大营，景泰中又改团练营，皆不过京营之变迁。至唐变方镇而开割据之门，明变召募而成民变之祸，则皆纯乎忘其本矣。今惟由明之卫所军以窥见唐之府兵，且知明与唐之初制，其养兵皆不用耗财，而兵且兼有生财之用，兵制之善，实无以复加。此不可不稍详其制度，以为谈中国兵事者作一大参考也。

第一、先考明卫所兵是否即唐之府兵。

《新唐书·兵志》："初，府兵之置，居无事时，耕于野，其番上者，宿卫京师而已。若四方有事，则命将以出，事解辄罢，兵散于府，将归于朝。故士不失业，而将帅无握兵之重，所以防微渐绝祸乱之萌也。"据此文，即知与《明兵志》文适合。

第二、再考明卫所兵饷械之所出是否与唐府兵之制同。

《唐兵志》："凡府三等：兵千二百人为上，千人为中，八百人为下。府置折冲都尉一人，左、右果毅都尉各一人，长史、兵曹、别将各一人，校尉六人。士以三百人为团，团有校尉；五十人为队，队有正；十人为火，火有长。火备六驮马。凡火，具乌布幕、铁马盂、布槽、锸、镬、凿、碓、筐、斧、钳、锯皆一，甲床二，镰二；队具火钻一，胸马绳一，首羁、足绊皆三；人具弓一，矢三十，胡禄、横刀、砺石、大觿、毡帽、毡装、行縢皆一。麦饭九斗，米二斗，皆自备，并其介胄戎具，藏于库。有所征行，则视其入而出给之。其番上宿卫者，惟给弓、矢、横刀而已。”又云：“军有坊，置主一人，以检察户口，劝课农桑。”据此文，兵一人至一火、一队，皆有应自备之食粮及用具，而此外又有介胄戎具，则不在内。其尚未能明了者，此所备之时限，是否为每一年期所纳之数。既劳其力为兵，又令自备各具与粮，自必因其所耕之田由国家所给，即以此代租税为出征时之用，而平常之给养自仰于田之收获，不待言也。观其军中置有坊主以检察户口，劝课农桑，可知军有军之户口农桑，绝与无田无宅借饷以糊口之兵不同。至介胄戎具出自何所，《唐兵志》皆未言明。此则证以明制，则知皆出于兵之所供，而兵之能供此费，皆由应纳之赋税，有具粮械以纳者，尚有如民田所应纳之租者在，此应据明制而推知者也。

《明史·兵志》：“太祖下集庆路，为吴王，罢诸翼统军元帅，置武德、龙骧、豹韬、飞熊、威武、广武、兴武、英武、鹰扬、骁骑、神武、雄武、凤翔、天策、振武、宣武、羽林十七卫亲军指挥使司。革诸将袭元旧制枢密、平章、元帅、总管、万户诸官号，而核其所部兵，五千人为指挥，千人为千户，百人为百户，五十人为总旗，十人为小旗。天下既定，度要害地，系一郡者设所，连郡者设卫，大率五千六百人为卫，千一百二十人为千户所，百十有二人为百户所，所设总旗二，小旗十，大小连比以成军。其取兵，有从征，有归附，有谪发。从征者，诸将所部兵，既定其地，因以留戍；归附，则胜国及僭伪诸降卒；谪发，以罪迁隶为兵者。其军皆世籍。此其大较也。”

定军卫法，《本纪》不载，《纪事本末》系之洪武元年二月，《洪武圣政记》则系之元年正月。《刘基传》：“太祖即皇帝位，基奏定军卫法。”则可知自在元年之初，且此为刘基所奏定。《圣政记》亦云然。

初定之兵数，较洪武元年所定之数略少，非少也，初定时，但定军制，未定军籍，故止计兵数，官长不在内。洪武元年所定，则以卫系籍，兵与官皆附卫为籍，世世不改，则并计人数而较增多耳。附籍之后，受地执业，有室家，长子孙。一家之内，为军及官者一人；其余人丁，官之子弟为舍人，兵之子弟为余丁，既为出缺时充补，又为正兵及官调发时或勤操练时执耕稼之事。于是兵非浮浪之人，充兵非消耗之业，养兵非糜费之事矣。其受地执业之制，出于屯田。明之初制，无军不屯。此卫所之根本制度，亦即府兵之根本制度也。

《食货志》:“屯田之制：曰军屯，曰民屯。太祖初立民兵万户府，寓兵于农，其法最善。又令诸将屯兵龙江诸处，惟康茂才绩最，乃下令褒之，因以申饬将士。洪武三年，中书省请税太原、朔州屯卒，命勿征。明年，中书省言：‘河南、山东、北平、陕西、山西及直隶淮安诸府屯田，凡官给牛种者十税五；自备者十税三。’诏：‘且勿征，三年后，亩收租一斗。’六年，太仆丞梁埜仙帖木尔言：‘宁夏境内及四川，西南至船城，东北至塔滩，相去八百里，土膏沃，宜招集流亡屯田。’从之。是时，遣邓愈、汤和诸将屯陕西、彰德、汝宁、北平、永平，徙山西、真定民屯凤阳。又因海运饷辽，有溺死者，遂益讲屯政，天下卫、所、州、县军民皆事垦辟矣。其制：移民就宽乡，或召募，或罪徙者为民，皆领之有司；而军屯则领之卫所。边地，三分守城，七分屯种；内地，二分守城，八分屯种。每军受田五十亩，为一分，给耕牛、农具，教树植，复租赋，遣官劝输，诛侵暴之吏。初，亩税一斗。三十五年定科则：军田一分，正粮十二石，贮屯仓，听本军自支；余粮为本卫所官军俸粮。”

《明史》以屯田为田赋之一种，故入《食货志》，此史馆诸臣之不注意于兵事也。今详为推考，不但知明代兵制之善，并知唐代府兵之真意。又史臣以屯田为《食货志》中一事，故民屯与军屯相杂，其言民屯乃移民垦荒，固为足食之一事；军屯则既可不弃地利，又能使国无养兵之费，而兵有保卫地方之实。夫责兵以卫民，曰汝职务宜然，此以名义相责，非以身家之利害相共也。兵为无产之人，受甚薄之给养，而为有产之人作保障，其势不可必恃，来不知其所从，去不知其所向，此种雇倩无根之人而假之以武器，习之以战阵，谓能使见利而不起盗心，见害而不思苟免，是以劳役待兵，而又以圣贤望兵也。人受田五十亩，兵有产矣；一家占为此籍，兵与地方相共矣，既无从出没为非，更不能恝视身家所在之地。国必有兵，兵必有制。明兵制之善，史臣不能发挥之，此亦书生之不解世务也。

当洪武之世，极力兴举屯政，然不急于升科，以坚其企业之意。至三十五年乃定科则，三十五年即建文四年，革除以后之纪年矣。军田一分即五十亩，纳正粮十二石，每亩合二斗四升，是为其受产之负担。贮屯仓听本军自支，所支者兵之月粮，又为其受役之报酬。考明之兵饷，《食货志·俸饷》类："天下卫所军士月粮，洪武中，令京外卫马军，月支米二石，步军，总旗一石五斗，小旗一石二斗，军一石，城守者如数给，屯田者半之，民匠充军者八斗，牧马千户所一石，民丁编军操练者一石，江阴、横海水军梢班碇手一石五斗。阵亡病故军给丧费一石，在营病故者半之。籍没免死充军者，谓之恩军，家四口以上一石，二口以下六斗，无家口者四斗。又给军士月盐，有家口者二斤，无者一斤。在外卫所军士以钞准。"据此，则一年支粮十二石为军饷原则，马军、水军较有例外加增，但是少数。惟军为屯军，则利在田业，饷额减半。据军屯分配成数，边地三分守城，七分屯种；内地二分守城，八分屯种。其三七与二八，并非指定七成或八成之军永为农民，只是全军中轮流抽出三成或二成专任军役，如是则恒有七八成之兵可在农亩，即恒有七八成之兵只需半饷。夫七八成半饷之兵，是即等于三四成额军不需给饷也。以三四成余剩之额饷，给二三成城守之额兵，实余额饷一二成，为官长及马兵、水兵等之加额，及上级官之俸给，皆有余裕，而军械亦括于其中。据唐府兵之制而互证之，可以了然矣。惟边地屯种之军，成数较少，设粮秣不足，运购尤艰，明初更立"中盐"一法，与筹饷相辅而行。盐既开中，又兴商屯，既给军，又垦荒，孔子所谓"因民之所利而利之，惠而不费"。真谋国之至计也。

《食货志》："有明盐法，莫善于开中。洪武三年，山西行省言：'大同粮储，自陵县运至泰和岭，路远甚烦，请令商人于大同仓入米一石，太原仓入米一石三斗，给淮盐一小引。凡大引四百斤，小引二百斤。商人鬻毕，即以原给引目赴所在官司缴之，如此则转运费省而边储充。'帝从之。召商输粮而与之盐，谓之开中。其后各行省边境，多招商中盐，以为军储，盐法边计，相辅而行。四年，定中盐例，输米临濠、开封、陈桥、襄阳、安陆、荆州、归州、大同、太原、孟津、北平、河南府、陈州、北通州诸仓，计道里近远，自五石至一石有差。先后增减则例不一，率视时缓急，米直高下，中纳者利否，道远地险，则减而轻之。编置勘合及底簿，发各布政司及都司卫所，商缴粮毕，书所纳粮及应支盐数，赍齐赴各转运提举司照数支盐。转运诸司亦有底簿，此照勘合相符，如数给与。鬻盐有定所，刊诸铜版。犯私盐者罪至死，伪造引者如之，盐与引离，即以私盐论。"

按《史·志》文微有含混，明初中盐，当系令商运官粮赴边远之地，粮入仓后，给商盐引，赴产盐所在之官署，仍纳盐之场价，领盐赴销盐之地，照官定岸地出售。商人习于转输，以运粮之劳费，易得盐引为报酬，领盐又加运盐之劳费，运至销盐之岸，官为定价，使商有可图之利。又计销盐之地，民欲得盐，所必需之费，可胜负担者，而定其价，期不病食盐之民，而有利于运盐之商，即更有利于待饷之兵。至国家所课盐利，仍在官定场价之中，并不因商之开中而有加损，所谓一举而数善备也。惟洪武四年之则例所定如是，故一小引二百斤之盐，至少需中米一石；道里近者至需五石之多。是可知其纯以运费计算，非以米价计算也。至云："先后增减则例不一，率视时缓急，米直高下，中纳者利否，道远地险，则减而轻之。"其中有"米直高下"一项，则是令商纳米矣。此后来改则例之所定。故《志》文又云："宣德三年。户部尚书夏原吉以北京官吏军匠粮饷不支，条上预备策，言：'中盐旧则太重，商贾少至，请更定之。'乃定每引自二斗五升至一斗五升有差，召商纳米。"明一代米价无甚变动，至其末造，俸饷折价，尚以银一两作米二石。洪武至宣德初，中盐之米，额数多寡大异，盖则例屡改，纳米之法亦不同，《史》漏未叙明也。其后至弘治时，废中盐之法，令商以银纳课，边储遂乏，说见下。

《食货志·屯田》下云："明初，募盐于各边开中，谓之商屯。迨弘治中，叶淇变法，而开中始坏，诸淮商悉撤业归，西北商亦多徙家于淮，边地为墟，米石直银五两，而边储枵然矣。"《叶淇本传》："淇居户部六年，直亮有执，能为国家惜财用，每廷议用兵，辄持不可。惟变开中之制，令淮商以银代粟，盐课骤增至百万，悉输之运司，边储由此萧然矣。"

中盐之法，军守边，民供饷，以盐居其中，为之枢纽，故曰开中。其始但令商司运，既而改则例直令纳粟，盖又兴商屯之法，指边之旷地，军所垦不尽者，令商得兴屯，所获之粟，即以输边，易引以贩盐。商更无远道运粮之费，而有领地营垦之利，国家则又多一辟土足食之助力，又所谓一举而数善备也。开中法废，商不需屯，淮商固弃垦而归淮，西北商之业淮盐者，亦徙家于淮。以专务纳课贩盐，盐遂与边储无涉，而多集课银，徒供暴君污吏之挥霍。边备既虚，转饷一事，劳扰天下，而仍不济急，民穷财尽，铤而走险之祸遂以亡明。此其目光，但见一时见金之充积，而不知即使得金不浪用，仍以济边，妨屯弃地，购粟运远，已万万不偿所失，况一得见金，徒长奢费，不复急顾边储，非至边军窘急，不筹救济。而奢费既开，更无复归节约之日，谓亡明之因即种于此，无不可也。

中盐之制本起于宋，宋不重视，以为有得有失。明中盐之为善法，正在商屯，诚实业盐之商，信国家之法令，盐垦兼营，不趋歧径。当时近淮之豪民怂恿变法，不任饷边之劳，而欲占行盐之利，以增课之说动叶淇，淇以乡情而中其说。《明史》不详其原委，今更以《明通考》补说明之。

《续通考》:“弘治五年八月，令两淮等盐引俱召商开中，纳银类解户部太仓，以备边储。初，各边开中商人招民垦种，筑台堡自相保聚，边方菽粟无甚贵之时。成化间，始有折纳银者，然未尝著为令也。至是户部尚书叶淇，淮安人，《淇本传》，山阳人。盐商皆其亲识，因与淇言:‘商人赴边纳粮，价少而有远涉之虞；在运司纳银，价多而得易办之利。’淇然之。内阁徐溥，淇同年最厚，淇遂请召商纳银运司，类解太仓，分给各边，每引输银三四钱有差，视国初米值加倍，明初中盐每小引，未详纳米若干，宣德初以为重，而改为至多二斗五升。时米值每石不过银五钱，纳银至三四钱，可得米七八斗矣，故曰:‘视国初米值加倍’也。而商无远运之苦，一时太仓之银，累至百余万。然赴边开中之法废，商屯撤业，菽粟翔贵，边储日虚矣。”

华钰《盐策议》曰:“洪武、永乐时，内地大贾争赴九边，垦田积粟，以便开中。朝中暮支，价平息倍，商乐转输，边免飞挽，士饱马腾，缓急有备，策至良也。岁引初无定额，皆资主客兵饷，从边庾受券，不令轻纳盐鹾司也。自司农叶淇为淮商地，此淮商盖不安于屯垦者。疏盐一引，输粟二斗五升，轻请增额，准改折色，径于运司上纳，于是每引纳银三钱五分，或四钱二分。又令客商，谓非淮商。无见盐，淮商在淮有场产盐，在边则有屯产粟，故有见盐。许本场买补，西北商，即客商。胥内徙便转贩，而边计大坏。今正引虽仍赴边中，余课悉如淇议矣。正引仍赴边中者，原额二斗五升之值仍解边也。余课悉如淇议者，增纳之银，均由运司解户部太仓也。屯废而边缺粟，粟价大增，而解以从前之价，如边计何？”

由以上两端，见明初之民事军事制度，纯以土地与财政相权，有生财，无耗财。凡以养兵而病国者宜深鉴之。《续通考》：明初制，在外兵马尽是屯兵，官俸兵粮，皆出于是。帝尝曰：“吾养兵百万，要不费百姓一粒米。”故京师屯田，有以远田三亩易城外民田一亩者。

史家之言制度，具在各《志》。今专提民事军事之与财政相通者郑重言之，实以民生之与国计为维系不亡之根本。此外就各《志》言制度历数之如下：

《志》第一《天文》。《志》第二《五行》。

以上两《志》，不关制度，其学科亦各有专门，当别为研究，不入此讲义。

《志》第三《历》。

历法在明代，实仍元旧，而开参用阳历之端。太祖始为吴王，于元至正二十七年，改称吴元年，十一月乙未冬至，御史中丞兼太史院使刘基等上戊申大统历，戊申为明年洪武元年。《大统历》为明一代历书之名，其法实仍元之《授时历》，但用《大统》为历名，以为一代之制而已。洪武元年，改太史院为司天监，又置回回司天监。回回司天监，本元旧有，元《历志》：“世祖至元四年，西域札马鲁丁撰进《万年历》，世祖稍颁行之。”此为《回回历》行于中国之时。时元未并宋，在中国只行于北方。此历当是用回回法之阴阳合历。《元史》谓《万年历》已不传，无以明其详状。但《回回历》以彼国之年为纪元之始，建国之日为元旦，其纪元在唐武德五年，其第一元旦为阴历六月三日。明自置回回司天监，后于洪武三年，与司天监均改为钦天监。三十一年，又罢回回钦天监，以其历法隶本监，分为四科：曰天文，曰漏刻，曰回回，曰历。盖回回历与各占一科耳。正德以后，始觉用《授时历》法连推日食皆不合，议改而未成，惟以《回回历》供《大统历》参考。万历末，天主教徒利玛窦等始来中国，受其学者始议修历，直至崇祯末始定新历法为《大统历法》，未施行而明亡，遂为清之《时宪历》所取用矣。

《志》第四《地理》。

明之幅员远逊于元，元除属地庞大无伦不计外，其辖于中书省及行省者，尚非明之所能尽有。元之为省十二，中书省一，行中书省十一。其中书省及辽东行省，明已不全，其岭北行省、征东行省，明盖无之。明全国俗称两京十三省，北京、南京两辖境皆称直隶，余分十三区，各设布政司，即两直隶与十三布政司也。其建置沿革事属专门，不入此讲义。

《志》第五《礼》。

礼之为用，制节谨度，纳民轨物，凡有国者所同，孔子所谓“与奢宁俭”，此为为国以礼之本意。前于民事中已见大略。其余俟礼学专门研究。至帝制时之郊庙坛壝，朝觐山陵，多非当务之急。官民阶级，今亦难为区别。至为庶民定制，志文虽不多，亦在礼学专门范围。

《志》第六《乐》。《志》第七《仪卫》。《志》第八《舆服》。

以上三《志》，乐属专门；仪卫、舆服乃帝制时代之物，因帝制时代而繁复，今当并入礼制而言，亦俟专门肄之。

《志》第九《选举》。

明选举之法有四，末流专重科目，几乎只有科举取士、铨选任官两事。四为：一、学校，二、科目，三、荐举，四、铨选。

学校之制，至明而始普及，且为经制之普及。古时只有国学、郡县学；守令得人则兴，去官辄罢。或因尊师而设书院，皆人存政举之事。洪武元年七月，带刀舍人周宗上疏，请天下府州县开设学校。上嘉纳之。事见《纪事本末》。周宗史无传，惟《兴宗孝康皇帝传》："洪武元年正月，立为皇太子，带刀舍人周宗上书乞教太子，上嘉纳。"盖其人专以教育为念，每上书皆及此事。而天下府州县设学，尤开前古所未有。屡荷嘉纳，亦不闻重用其人，特以带刀舍人言事，可见开国人才之多也。是为天下遍设学校之始。太祖特重学校，往往任国学生为民事奔走全国，说已见前。《续通考》又载："洪武十六年九月，命给事中及国子生、各卫舍人分行天下，清理军籍。"则清军事亦使国子生分任之，又不仅民事而已。《志》言："洪武二十六年，尽擢监生刘政、龙镡等六十四人为行省布政、按察两使及参政、参议、副使、佥事等官。其一旦而重用之至于如此，其为四方大吏者盖无算也。李扩等自文华、武英擢御史，扩寻改给事中兼齐相府录事，盖台谏之选，亦出于太学。其常调者，乃为府州县六品以下官。初以北方丧乱之余，人鲜知学，遣国子生林伯云等三百六十六人分教各郡，后乃推及他省，择其壮岁能文者为教谕等官。太祖虽间行科举，而监生与荐举人才参用者居多，故其时布列中外者太学生最盛。"府县学生则以贡入太学。《志》又言："贡生入监，初由生员选择，既命各学岁贡一人，故谓之岁贡。其例亦屡更：洪武二十一年，定府州县学以一二三年为差；二十五年，定府学岁二人，州学二岁三人，县学岁一人。"此皆举洪武年事，见太祖于学校定为造就人才之正路。各布政司以佥事为提学官。提学官在任，三岁两试，每试录取生员，府学四十人，州县以次减十。师生月廪食米人六斗，有司给以鱼肉。学官月俸有差。应科举者亦必出自学校，是为学校与科举合一。此终明之世皆然。惟国子监生之不足取重于世，则太祖置学校之本意失矣。

科目沿唐、宋之旧，而稍变其试士之法，专取《四书》《五经》命题，仿宋经义，然代古人语气为之，体用排偶，谓之八股，通谓之制义。据《志》所言，代古人语气而用排偶者，谓之八股；其他通谓之制义。则制义不尽用八股体，但仿宋经义，则其本指耳。洪武三年，始设科举，所取之士，宠遇甚厚，乃未几谓："所取多后生少年，能以所学措诸行事者寡。"遂令有司察举贤才，而罢科举不用。至十五年复设。十七年始定科举之式。盖太祖时初未以科举为取士一定之法，其曰后为永制者，乃太祖以后之迁流也。本由唐、宋历代所行，明代专用经义为试文之体，实由重视宋儒之讲学，欲得如朱、陆大儒之师法，以矫古科目专尚词赋之弊。在太祖犹为可行可止，常与学校、荐举相参，决不专任科目也。然自专重科目之后，并学校之课程亦集中于八股，提学所以试士者皆以八股文为殿最，则科目固不足尽得士之用，学校更失其造士之本原，此绝非明祖所及料。惟遍设学校实始于明。若后世学校之制，参用明祖之意，教以实用之学，使学校不为虚设，而取士则仍凭考试，不以学校之绩分为准，所重视者在考试，而学校中求得之机械式文凭，自无所用之矣。至明科举制中，举人、进士、翰林之名目，乡、会试之年份，典试、同考之派遣，厘正文体，防杜关节，一切事实，在科举废后，已非必需之知识，专门求之，以订史实，此行有余力之事也。

荐举一途，在汉为得士惟一之路，汉以后亦用之，而参以门第之见，所谓九品中正，设有专官，当时谓"上品无寒门，下品无世族"。此乡举里选之积重也。唐之行科举，正以矫其流弊，在唐尚未尽脱门第求才之习，然终以科举制之加密，而孤寒登进之路日宽。至宋则为纯粹之考试矣。明承宋后，太祖尽复荐举之法。始克金陵，即辟儒士范祖幹、叶仪；克婺州，召儒士许元、胡翰等日讲经史治道；克处州，征耆儒宋濂、刘基、章溢、叶琛，至建康，创礼贤馆处之。此皆在太祖起事草创之年，所从荐举之得人已如此。元至正二十四年，太祖即吴王位，犹称龙凤十年，始建百官，即敕中书省，令州县岁举贤才及武勇谋略通晓天文之士，间及兼通书律者。既而严选举之禁，有滥举者逮治之。是为荐举定为制度之始。吴元年，遣起居注吴林、魏观等以币帛求遗贤于四方。洪武元年，征天下贤才至京，授以守令。其年冬，又遣文元吉、詹同、魏观、吴辅、赵寿等分行天下，访求贤才，各赐白金而遣之。三年，开科举。然是年仍谕廷臣曰："六部总领天下之务，非学问博洽才德兼美之士，不足以居之，虑有隐居山林或屈在下僚者，其令有司悉心推访。"至六年，则又罢科举，别令有司察举贤才，以德行为本，而文艺次之。其目：曰聪明正直，曰贤良方正，曰孝弟力田，曰儒士，曰孝廉，曰秀才，曰人才，曰耆民，皆礼送京师，不次擢用。而各省贡士亦由太学以进。于是罢科举者十年，至十七年始复行科举。而荐举之法并行不废。时中外大小臣工皆得推举，下至仓库司局诸杂流亦令举文学才干之士。其被荐而至者又令转荐，以故山林岩穴、草茅穷居无不获自达于上，由布衣而登大僚者不可胜数。耆儒鲍恂、余诠、全思诚、张长年辈，年九十余，征至京，即命为文华殿大学士。儒士王本、杜敩、赵民望、吴源特置为四辅官，兼太子宾客。《职官志》："洪武十三年正月，诛丞相胡惟庸，遂罢中书省。九月，置四辅官，以儒士王本等为之。置四辅时告太庙，以王本、杜祐，龚敩为春官。杜敩、赵民望、吴源为夏官，兼太子宾客。秋冬官缺，以本等摄之。一月内分司上中下三旬，位列公、侯、都督之次。寻亦罢。十五年，仿宋制，置华盖殿、武英殿、文渊阁、东阁诸大学士，又置文华殿大学士以辅导太子，秩皆正五品。二十八年，敕谕群臣：国家罢丞相，设府、部、院、寺以分理庶务，立法至为详善。以后嗣君，其毋得议置丞相，臣下有奏请设立者，论以极刑。当是时以翰林春坊详看诸司奏启，兼司平驳，大学士特侍左右备顾问而已。"盖此皆于罢中书省后以充补宰相之职者。贤良郭有道，秀才范敏、曾泰，税户人才郑沂，儒士赵翥，起家为尚书。儒士张子源、张宗德为侍郎。耆儒刘堉、关贤为副都御史。明经张文通、阮仲志为佥都御史。人才赫从道为大理少卿。孝廉李德为府尹。儒士吴颙为祭酒。贤良栾世英、徐景昇、李延中，儒士张璲、王廉为布政使。孝弟李好诚、聂士举，贤良蒋安素、蒋正言、张端，文学朱亮为参政。儒士郑孔麟、王德常、黄桐生，贤良余应举、马卫、许安、范孟宗、何德忠、孙仲贤、王福、王清，聪明张大亨、金思存为参议。凡其显擢者如此，其以渐而跻贵仕者又无算也。尝谕礼部："经明行修练达时务之士，征至京师，年六十以上七十以下者，置翰林以备顾问；四十以上六十以下者，于六部及布、按两司用之。"盖是时仕进无他途，故往往多骤贵者。而吏部奏荐举当除官者，多至三千七百余人，其少者亦至一千九百余人。又俾富户耆民皆得进见，奏对称旨，辄予美官。而会稽僧郭付由宋濂荐，擢为翰林应奉。此皆可得而考者也。洎科举复兴，两途并用，亦未尝倚重轻。建文、永乐间，犹有内授翰林，外授藩司者，而杨士奇以处士、陈济以布衣遽命为《太祖实录》总裁官。其不拘资格又如此。自后科举日重，荐举日益轻，能文之士，率由场屋进以为荣，有司虽数奉求贤之诏，而人才既衰，第应故事而已。《志》文所述略如上。人主无用贤之识，亦无求贤之诚，特殊之材遂无以自见，非俯首就场屋试，不能进身，则八股遂为五百年选士之特制矣。

铨选之法，在太祖时不甚重，天下未定，求贤求才惟恐不及，惟必得贤且才者而后用之；既用之后，发觉其非贤或恃才作弊者，诛戮不少贷，法在必行，无情可循。《史·志》以铨选为选举之一端，直是后来逐渐设立，太祖时破除资格，略无铨选成法可言。《志》言："洪武间定南北更调之制，南人官北，北人官南。其后，官制渐定，自学官外，不得官本省，亦不限南北也。”

此为太祖时一种选法，不过回避本籍而已。始以南北相避，继则仅避本省，不限南北，学官则并不避本省。

《志》又言：“初，太祖尝御奉天门选官，且谕：‘毋拘资格。’选人有即授侍郎者，而监司最多，进士监生及荐举者参错互用，给事、御史亦初授升迁各半。”

此为太祖时又一种选法。以毋拘资格为前提，内而侍郎，外而监司，俱可由选人径得之。其选人则出自进士、监生及荐举三种：进士即科举所得；监生即学校所造成，若今之毕业生；荐举，则凡官皆为举人者，惟滥举则连坐。给事为谏官，分六科，谓之科臣；御史为言官，分各道，谓之道臣。谏官得封驳诏敕，直规君上之失；言官得参论中外，不避贵近之尊。此等清贵之职，亦使初授之选人居半，定为选额，又不比侍郎监司之不为额定矣。

明初用人之不拘资格至于如此。其所以不开幸门，反能整肃官方者，当时士大夫并不因得官之易而敢于奔竞，只有招之不来之患。是何也？一有不称职，辄遭诛戮，自揣未可侥幸，即避之恐后。此当于全史中理会之，备列如下：

太祖定法律，遵用唐律，为一代之制。然于律外又特定《大诰》。洪武十八年，第一次定《大诰》，其目十条，第十条曰：“寰中士夫不为君用，其罪皆至抄札。”次年复作《续编》《三编》。《刑法志》：“凡三诰所列，凌迟枭示种诛者无虑千百，弃市以下万数，贵溪儒士夏伯启叔侄断指不仕；苏州人才姚润、王谟被征不至，皆诛而籍其家。其寰中士夫不为君用之科所由设也。”夫士夫至求不仕而断指，明祖又诛之而籍其家，且因此勒之《大诰》，定为专条，后有似夏、姚、王诸人者，皆诛死籍没。盖既被荐举，即不许遁免，可知时无奔竞之风矣。

太祖时，士大夫初以声绩著，而后不免因事诛死者，就《列传》所载，其人已夥，专辑之可成一宗类案。其以功臣典兵有威望，遭忌而致死者，尚不在其列。亦每有发为忠言，触怒而被戮者，如李仕鲁以辟佛，命武士捽搏之，立死阶下；陈汶辉亦以此忤旨，惧罪投金水桥下死；叶伯巨以言诸王分封太侈，死狱中；王朴以与帝辨是非不肯屈，戮死。如此之类亦多。

洪武中有大狱四：胡惟庸以宰相谋叛，诛之宜也，而连引至数万人；蓝玉恃功骄纵，已不当与谋反同论，死者又数万人，此犹曰贵臣牵连取忌，别有用意。其余两案，一为郭桓案，以惩贪墨，死者亦数万人，既而知审刑官希指牵引，又论审刑官极刑；又有空印案，迹近作弊，坐死者又极众。此两案皆为惩贪杜弊而起，死者如此之惨，皆令士夫惧为君用之故。再分列之如下：

一、空印案。此案《本纪》未载，惟《刑法志》言："十五年空印事发。每岁，布政司、府、州、县吏诣户部核钱粮军需诸事，以道远，预持空印文书，遇部驳即改，以为常。及是，帝疑有奸，大怒，论诸长吏死，佐贰榜百戍边。宁海人郑士利上书讼其冤，复杖戍之。"《志》以此事为洪武十五年，非也。《方征传》，征以论空印事贬沁阳驿丞，其奏中言："去年各行省官吏以用空印罹重罪。"下又言："十三年，以事逮至京，卒。"则其贬驿丞在十三年之前，其奏已言去年，则又在其前。又方孝孺《逊志斋集·先府君行状》，孝孺父克勤以洪武八年被谪，逾年释归。又以空印事被逮。九年九月，卒于京师。则是九年事也。又《郑士利传》，士利上书讼空印之冤，乃因星变求言。星变乃九年事，求言在九年闰九月，皆为空印案在九年之证。《郑士利传》："兄士元，刚直有才学，由进士历官湖广按察使佥事。荆襄卒乘乱掠妇女，吏不敢问，士元立言于将领，还所掠。安陆有冤狱，御史台已谳上，士元奏其冤，得白。会考校钱谷册书空印事觉，凡主印者论死，佐贰以下榜一百，戍远方，士元亦坐是系狱。时帝方盛怒，以为欺罔，丞相、御史莫敢谏。丞相之官亦废于十三年，案发在有丞相之日，亦可证非十五年。士利叹曰：‘上不知，以空印为大罪，诚得人言之，上圣明，宁有不悟？’会星变求言，士利曰：‘可矣。’既而读诏，有假公言私者罪。士利曰：‘吾所欲言，为天子杀无罪者耳。吾兄非主印者，固当出，需吾兄杖出乃言，即死不恨。’士元出，士利乃为书数千言，言数事，而于空印事尤详，曰：‘陛下欲深罪空印者，恐奸吏得挟空印纸为文移以虐民耳。夫文移必完印乃可，今考较书策，乃合两缝印，非一印一纸比，纵得之亦不能行，况不可得乎？钱谷之数，府必合省，省必合部，数难县决，至部乃定。省府去部，远者六七千里，近亦三四千里，册成而后用印，往返非期年不可，以故先印而后书，此权宜之务，所从来久，何足深罪？且国家立法，必先明示天下，而后罪犯法者，以其故犯也。自立国至今，未尝有空印之律，有司相承，不知其罪，今一旦诛之，何以使受诛者无辞？朝廷求贤士置庶位，得之甚难，位至郡守，皆数十年所成就通达廉明之士，非如草菅然，可刈而复生也，陛下奈何以不足罪之罪而坏足用之材乎？臣窃为陛下惜之！’书成，闭门逆旅泣数日。兄子问曰：‘叔何所苦？’士利曰：‘吾有书欲上，触天子怒必受祸，然杀我生数百人，我何恨？’遂入奏。帝览书大怒，下丞相御史杂问，究主使者。士利笑曰：‘顾吾书足用否耳，吾业为国家言事，自分必死，谁为我谋？’狱具，与士元皆输作江浦，而空印者竟多不免。”据士利言杀我生数百人，则坐死之主印长官数百人，其佐贰又数倍之，则亦必有受杖戍边者数千人矣。

二、郭桓案。《刑法志》：“其推原中外贪墨所起，以六曹为罪魁，郭桓为诛首。郭桓者，户部侍郎也。帝疑北平二司官吏李彧、赵全德等与桓为奸利，自六部左、右侍郎下皆死，赃七百万，词连直省诸官吏，系死者数万人，核赃所寄借，遍天下民，中人之家，大抵皆破。时咸归谤，御史全敏、丁廷举或以为言，帝乃手诏列桓等罪，而论右审刑吴庸等极刑，以厌天下心，言："朕诏有司除奸，顾反生奸扰吾民。今后有如此者，遇赦不宥。"《本纪》："洪武十八年三月己丑，户部侍郎郭桓坐盗官粮诛。"《七卿表》："是年二月，以罪诛者，有礼部尚书赵瑁、刑部尚书王惠迪、工部侍郎麦至德。盖皆坐郭桓案而死者。"麦至德亦以代尚书而见《七卿表》。其余六部侍郎以下，据《志》言多死者，其名不可考矣。此亦明初惩贪之一大狱。

太祖之治污吏，其奉法无私之略例：《本纪》："三十年六月己酉，驸马都尉欧阳伦有罪赐死。"《公主传》："安庆公主，宁国主母妹，《宁国主传》："孝慈皇后生。"则安庆亦马后所生之贵主。洪武十四年，下嫁欧阳伦。伦颇不法，洪武末，茶禁方严，数遣私人贩茶出境，所至绎骚，虽大吏不敢问。有家奴周保者尤横，辄呼有司科民车至数十辆，遇河桥巡检司，擅捶辱司吏，吏不堪，以闻。帝大怒，赐伦死，保等皆伏诛。"《明通鉴》："初，诏西番互市，始设茶马司于陕西、四川等处，令番人纳马易茶，并严禁私茶出境。时伦奉使至川、陕，辄载巴茶出境贸易，所在不胜其扰。陕西布政司檄所属起车载茶渡河，家人周保索车至五十两，兰县河桥司巡检被捶不堪，诉于朝。上大怒，遂坐法，并保等诛之，茶货没入官。以河桥吏能不避权贵，赐敕褒嘉。"又《胡大海传》："初，太祖克婺州，禁酿酒，大海子首犯之。太祖怒，欲行法，时大海方征越，都事王恺请勿诛，以安大海心。太祖曰：'宁可使大海叛我，不可使我法不行。'竟手刃之。"克婺州在元至正十八年，大敌未灭其一，正倚赖武人之时，而犯令必行，不容宽假如此。至于马后，患难相依，德性相服，生平恩意极笃，爱婿犯法，诛不逾时，并赏及举发者。所谓"自古皆有死，民无信不立"。信之一字，为治国之根本，必如是而后破格用人，不开幸门。其后，渐不能握此威柄，则以选政授权吏部，但慎简一吏部尚书，选法自清。又其后，吏部虽得人，仍不胜有力者无穷之请托，则以拈阄杜之，以抽签却之，遂为较公平之选法，而用才之意荒矣。然而宦官宫妾，每取中旨授官，多不由吏部，此则末世之所谓破格，足以召乱亡而已矣。

《志》第十《职官》。

明官制初仍元旧，虽多所更张，而以中书为政本，尚是魏、晋以来之传统。魏、晋以权臣当国，取前代而代之，未取代以前，便于独握政权，故以录尚书事之名总揽国政。王肃说《尚书》“纳于大麓”，破麓为录，以附会当时篡夺之制。但重臣柄国，亦未尝不合古义。古虽六官并列，实以冢宰为总枢，此则明代所取法也。明兴仍设中书省，置左右丞相，为省长官。洪武十三年正月，诛丞相胡惟庸，遂罢省。当未罢省时，六部为中书省隶属，丞相正一品，平章政事从一品，左右丞正二品，参知政事从二品，其下乃为尚书正三品，侍郎正四品。罢省，乃升六部秩，尚书正二品，侍郎正三品。始犹设四辅官，位列公、侯、都督之次。未几，即罢。十五年置大学士，秩正五品，特侍左右备顾问而已。政归六部，仿古六官之意，吏部为取人任官之官，责任尤重。二十八年，敕谕群臣：“国家罢丞相，设府都督部尚书院都御史寺列卿以分理庶务，立法至为详善，以后嗣君不得议置丞相，臣下有奏请设立者，论以极刑。”当是时，以翰林、春坊看详诸司奏启，兼司平驳。是为千余年来政本之一大改革。御史台古与省对立，明初改台为都察院，与部并立，是为七卿。外官之制，明初下集庆时，承元之旧，亦设行中书省，自领江南行中书省，时在元至正十六年。至正十八年，克婺州，置中书分省，后复略定地方，即置行省，其官惟无丞相，自平章政事以下，略同中书省。洪武九年，改浙江、江西、福建、北平、广西、四川、山东、广东、河南、陕西、湖广、山西十二行省俱为布政使司，凡行省原有平章政事、左右丞等官均罢，改参知政事为布政使。十五年，增置云南布政司。明全国区域为两直隶十三布政司。盖自永乐以后迁都北平，北平为北京，遂以北京所属府州县为北直隶。永乐十三年，又添设贵州布政司，遂成两直隶十三布政司，俗称两京十三省。初置司与六部均重，布政司入为尚书侍郎，副都御史每出为布政使。正统以后乃无之。

每布政司所辖，举世循元旧，犹称为省。省之长官，为都、布、按三司，都即都指挥使司，布即布政使司，按则按察使司也。元肃政廉访使，其初原称提刑按察司，各辖一道，各行省共分二十二道，皆隶于御史台，直隶内台者八道，称内道；隶江南行御史台者十道；隶陕西行御史台者四道。明初，下集庆时。置提刑按察司，以王习古、王德为佥事，时盖设官而未设使。吴元年，置各道按察司，设按察使。十四年，置各道分司。十五年，又置天下府州县按察分司，以儒士王存中等五百三十一人为试佥事，人按二县，凡官吏贤否，军民利病，皆得廉问纠举。今各府州县城多有察院旧址，或里巷以察院为名者。各处志书载额编留支钱粮，尚有察院门子等名色。十六年，尽罢试佥事，设定副使及佥事，多寡从其分道之数。二十九年，定分四十一道，此为后来分道之始。唐分天下为十道，乃最大之分区制，即为最高之外官。元廉访使亦分道，即按察使之职。明以道为按察分司，后又以布政使之参政、参议亦分道，遂均称道臣。清初尚因之，清中弃直以道为监司，不属两司佐贰矣。而按察使为各省之长官，与都、布并称三司。

《志》第十一《食货》。

《食货志》为一代理财之政，国之命脉在是，前已言之。太祖时慎重用财，率天下以俭之道，略已见前。其后来之变迁荒谬，别见后各篇。

《志》第十二《河渠》。

河自北宋时由北决而南，为大患数百年。至元末，贾鲁始定汇淮入海，明初亦常有小决，为河患之常。太祖时未有大举。运河，以帝都在南，太祖时亦无所注意，惟以水利兴农，洪武中修凿之迹具详《志》文。最伟之举，在二十七年分遣国子生及人才遍诣天下，督修水利，已具前。

《志》第十三《兵》。《志》第十四《刑》。

以上两《志》，兵之精义已具前。太祖用刑颇酷，说亦见前。惟所刑皆官吏，而非虐民，斯为承大乱之后，得刑乱重典之意，虽非盛德事，而于国本无伤，亦且深有整饬之效也。

《志》第十五《艺文》。

此非制度，可不必入本讲义。但须知明《艺文志》，乃专载明一代之著述，其于前代典籍存佚，不敢断定。目录家于此《志》功用较微。

第四节　洪武年中诸大事

一、命相与废相

太祖自下集庆后，自领江南行省平章与元帅府元帅，时犹以一官自处。元至正二十四年，太祖为吴王，始定官制，仿元制设中书省，以李善长为右相国，徐达为左相国。吴元年，至正二十七年。官制尚左，改善长为左，达为右。达方连年统兵，平汉平吴取中原，实不与省务。洪武元年，改相国为丞相，直至四年，皆由善长独相。四年正月，善长致仕，以汪广洋为右丞相，徐达以左丞相仍统军，旋为大将军西征，广洋独相。至六年，左迁广东参政，而胡惟庸代之，惟庸独相。至十年九月转左，仍以汪广洋为右丞相。至十二年十二月，以御史中丞言刘基为惟庸毒死，帝问广洋，对曰："无有。"帝怒其朋欺，贬广南，寻赐死。十三年正月，惟庸以谋反发觉，诛，遂罢中书省，定制不置丞相。明之有相，惟李善长、徐达、汪广洋、胡惟庸四人任之，其理省事者实止善长、广洋、惟庸三人。善长自太祖略地滁阳时迎谒，与语大悦，留掌书记，俱攻滁州，既下，即任参谋，预机务，主馈饷。太祖威名日甚，诸将来归者，为太祖察其材，而布太祖款诚，并调护其龃龉。郭子兴中流言，疑太祖，欲夺善长自辅，善长固谢弗往。太祖师行所克，取郡邑，善长预书榜禁戢士卒，民不知兵。军机进退，赏罚章程，有所招纳，则为书词；自将征讨，则命居守。定榷盐、榷茶诸法，制钱法，开铁冶，定鱼税，饶益国用，而民不困。又裁定律令，奏定官制，帅礼官定朝野礼仪制度。又监修《元史》，编《祖训录》《大明集礼》。祭祀、封建、爵赏，事无巨细，悉委善长，与儒臣谋议之，为功臣第一，比之萧何，为真宰相。富贵既极，帝稍厌其骄，以病致仕，恩礼尚隆，复以公主归其子。洪武十年，与李文忠并命总中书省、大都督府、御史台，同议军国大事。十三年，胡惟庸伏诛，善长以与相厚，他坐党死者众，而善长以功大，免，又十年，卒诛之。广洋依违无大建白。惟庸始以才当帝意，曲谨市宠，独相数年，大为奸利。徐达、刘基均以为言，会基病，帝遣惟庸以医往，遂以毒中之。与善长相结，以兄女妻其从子佑。善长耄年，竟以惟庸谋反牵染死，遂结千余年中书柄政之局。洪武间四大狱，连坐动至数万人，惟庸狱最早发，延十余年，其狱始竟，不可不稍详之。

洪武初，帝有厌李善长意，欲易相，《史·刘基传》："初，太祖以事责丞相李善长，基言善长勋旧，能调和诸将。太祖曰：'是数欲害君，君乃为之地耶？吾行相君矣。'基顿首曰：'是如易柱，须得大木，若束小木为之，且立覆。'及善长罢，帝欲相杨宪，《明通鉴考异》以此文为史有误，宪被诛在三年七月，善长罢相在四年正月，帝欲相宪，当在其前。谷氏《明纪事本末》以为刘基论相在二年十月。《基行状》叙帝责善长，基论相，皆在元、二年间。宪素善基，基力言不可，曰：'宪有相才，无相器。夫宰相者，持心如水，以义理为权衡，而已无与者也。宪则不然。’帝问汪广洋，曰：‘此褊浅殆甚于宪。’又问胡惟庸，曰：‘譬之驾，惧其偾辕也。’帝曰：‘吾之相，诚无逾先生。’基曰：‘臣疾恶太甚，又不耐繁剧，为之且孤上恩。天下何患无才，明主悉心求之，目前诸人，诚未见其可也。’后宪、广洋、惟庸皆败。”

《基传》又云：“明年，洪武四年赐归老于乡。基佐定天下，料事如神，性刚嫉恶，与物多忤。至是还隐山中，惟饮酒弈棋，口不言功。邑令求见不得，微服为野人谒基，基方濯足，令从子引入茆舍，炊黍饭令。令告曰：‘某青田知县也。’基惊起，称民，谢去，终不复见。其韬迹如此，然究为惟庸所中。初，基言瓯、括间有隙地曰谈洋，南抵闽界，为盐盗薮，方氏所由乱，请设巡检司守之。奸民弗便也。会茗洋逃军反，吏匿不以闻，基令长子琏奏其事，不先白中书省，胡惟庸方以左丞掌省事，挟前憾，使吏讦基，谓谈洋有王气，基图为墓，民弗与，则请立巡检逐民。帝虽不罪基，然颇为所动，遂夺基禄。基惧入谢，乃留京不敢归。未几，惟庸相，基大戚曰：‘使吾言不验，苍生福也。’忧愤疾作。八年三月，帝亲制文赐之，遣使护归，抵家疾笃，以天文书授子琏曰：‘亟上之，毋令后人习也。’又谓次子璟曰：‘夫为政宽猛如循环。当今之务，在修德省刑，祈天永命。诸形胜要害之地，宜与京师声势联络，我欲为遗表，惟庸在，无益也。惟庸败后，上必思我，有所问，以是密奏之。’居一月而卒，年六十五。基在京病时，惟庸以医来，饮其药，有物积腹中如拳石。其后中丞涂节首惟庸逆谋，并谓其毒基致死云。”子琏，字孟藻，有文行。洪武十年，授考功监丞，试监察御史，出为江西参政。太祖常欲大用之，为惟庸党所胁，堕井死。

按诚意之归隐韬迹，非饰为名高也，亦非矫情也，盖惧祸耳。《历朝诗集·刘诚意小传》云：“公负命世之才，丁胡元之季，沈沦下僚，筹策龃龉，哀时愤世，几欲草野自屏。然其在幕府，与石抹艰危其事，遇知己效驰驱，作为歌诗，魁垒顿挫，使读者偾张兴起，如欲奋臂出其间者。遭逢圣祖，佐命帷幄，列爵五等，蔚为宗臣，斯可谓得志大行矣。乃其为诗，悲穷叹老，咨嗟幽忧，昔年飞扬硉矹之气，澌然无有存者，岂古之大人志士，义心苦调，有非旂常竹帛可以测量其深浅者乎？呜呼，其可感也！”本此眼光读公遗著，可知大人志士，惟在乱世为有意气发舒，得志大行则皆忧危之日。其不知忧危者，必为胡惟庸、蓝玉之流；知忧危者，则公及汉之张良是也，而公犹且不尽免祸，读史诚可感矣。然以国家全体而论，当开创之后，而无检制元勋宿将之力，人人挟其马上之烈以自豪，权贵纵横，民生凋弊，其国亦不可久也。功臣遭戮，千古叹汉、明两祖之少恩，其实亦汉、明开国之功，所以能速就耳。公《史·本传》又言：“基虬髯，貌修伟，慷慨有大节，论天下安危，义形于色。帝察其至诚，任以心膂，每召基，辄屏人密语移时，基亦自谓不世过，知无不言。遇急难，勇气奋发，计画立定，人莫能测；暇则敷陈王道，帝每恭己以听，常呼为老先生而不名，曰：‘吾子房也。’又曰：‘数以孔子之道导予。’顾帷幄语秘莫能详，而世所传为神奇，多阴阳风角之说，非其至也。”公于阴阳风角之说，《史》以为非其至，其实可云达人嗜奇之一蔽。谈洋王气之谗，正以公有术数之长，而动帝听。公之料事奇中，自由正大之学问所养成之识力，于阴阳风角何预？使果有秘术，何以谈洋奏请设官，不能预防其讦；惟庸医来下毒，不能先烛其奸？临死使其子上天文书，毋使后人复习，诚悔之耳。

《奸臣·胡惟庸传》：“惟庸，定远人。归太祖于和州，太祖用计拔和州，奉郭子兴檄总其军，事在至正十五年。授元帅府奏差，寻转宣使，除宁国主簿，进知县，迁吉安通判，擢湖广佥事。至正二十四年，陈理降，始设湖广行省。吴元年，召为太常少卿，进本寺卿，《纪事本末》：惟庸故起家宁国令，时太师李善长秉政，惟庸馈遗善长黄金二百两，得召入为太常卿。洪武三年，拜中书省参知政事，已，代汪广洋为左丞。六年正月，右丞相广洋左迁广东行省参政，帝难其人，久不置相，惟庸独专省事。七月，拜右丞相，久之进左丞相，复以广洋为右丞相。自杨宪诛，帝以惟庸为才，宠任之，惟庸亦自励，尝以曲谨当上意，宠遇日盛。独相数岁，生杀黜陟，或不奏径行，内外诸司上封事，必先取阅，害己者辄匿不以闻，四方躁进之徒，及功臣武夫失职者争走其门，馈遗金帛名马玩好，不可胜数。大将军徐达深疾其奸，从容言于帝，惟庸遂诱达阍者福寿以图达，为福寿所发。御史中丞刘基亦尝言其短，久之基病，帝遣惟庸挟医视，遂以毒中之。基死，益无所忌，与太师李善长相结，以兄女妻其从子佑。学士吴伯宗劾惟庸，几得危祸，自是势益炽。其定远旧宅，井中忽生石笋，出水数尺，谀者争引符瑞，又言其祖父三世冢上，皆夜有火光烛天，惟庸益喜自负，有异谋矣。吉安侯陆仲亨自陕西归，擅乘传，帝怒责之曰：'中原兵燹之余，民始复业，籍户买马，艰苦殊甚，使皆效尔所为，民虽尽鬻子女，不能给也。'责捕盗于代县。代州，洪武二年降为县，八年二月复升为州。平凉侯费聚奉命抚苏州军民，日尝酒色。帝怒，责往西北招降蒙古，无功，又切责之。二人大惧，惟庸阴以权利胁诱二人。二人素戆勇，见惟庸用事，密相往来，尝过惟庸家饮，酒酣，惟庸屏左右，言：'吾等所为多不法，一旦事觉，如何？'二人益惶惧。惟庸乃告以己意，令在外收集军马。又尝与陈宁坐省中，阅天下军马籍，令都督毛骧取卫士刘遇贤及亡命魏文进等为心膂，曰：'吾有所用尔也。'太仆寺丞李存义者，善长之弟，惟庸婿李佑父也。惟庸令阴说善长，善长已老，不能强拒，初不许，已而依违其间。惟庸益以为事可就，乃遣明州卫指挥林贤下海招倭与期会。又遣元故臣封绩致书称臣于元嗣君，请兵为外应。事皆未发。会惟庸子驰马于市，坠死车下，惟庸杀挽车者，帝怒，命偿其死，惟庸请以金帛给其家，不许，惟庸惧，乃与御史大夫陈宁、中丞涂节等谋起事，阴告四方及武臣从己者。十二年九月，占城来贡，惟庸等不以闻，中官出见之，入奏，帝怒，敕责省臣，惟庸及广洋顿首谢罪，而微委其咎于礼部，部臣又委之中书。帝益怒，尽囚诸臣，穷诘主者，未几，赐广洋死，广洋妾陈氏从死。帝询之，乃入官陈知县女也。大怒曰：'没官妇女，止给功臣家，文臣何以得给？'乃敕法司取勘。于是惟庸及六部堂属咸当坐罪。明年正月，涂节遂上变告惟庸。御史中丞高翯，时谪为中书省吏，亦以惟庸阴事告。帝大怒，下廷臣更讯，词连宁、节。廷臣言节本预谋，见事不成，始上变告，不可不诛，乃诛惟庸、宁并及节。惟庸既死，其反状犹未尽露。至十八年，李存义为人首告，免死安置崇明。十九年十月，林贤狱成，惟庸通倭事始著。二十一年，蓝玉征沙漠，获封绩，善长不以奏。至二十三年五月事发，捕绩下吏，讯得其状，逆谋益大著。会善长家奴卢仲谦首善长与惟庸往来状，而陆仲亨家奴封帖木亦首仲亨及唐胜宗、费聚、赵雄三侯与惟庸共谋不轨。帝发怒，肃清逆党，词所连及，坐诛者三万余人，乃为《昭示奸党录》布告天下，株连蔓引，迄数年未靖云。"

胡狱坐死之功臣封侯者至二十余人，洪武功臣各本传中可辑也。其以名德特宥者，《宋濂传》："长孙慎，坐胡惟庸党，帝欲置濂死，皇后太子力救，乃安置茂州。"《孝义·郑濂传》："胡惟庸以罪诛，有诉郑氏交通者，吏捕之，兄弟六人争欲行，濂弟湜竟往，时濂在京师，迎谓曰：'吾居长，当任罪。'湜曰：'兄年老，吾自往辨。'二人争入狱。太祖召见曰：'有人如此，肯从人为逆耶？'宥之，立擢湜为左参议。"宋濂为太子师先后十余年，太子敬礼之，言必称师父。以濂学术，实为开国儒臣之首。而浦江郑氏为三百年义门，《宋史》《元史》皆有传，仅乃得免。惟庸诛后十年，而李善长见法时，复有牵染。靖宁侯叶升之以胡党伏诛，更在洪武二十五年。所谓坐诛者三万余人，其名何可胜考。此为明初第一大狱。

洪武十三年正月癸卯，诏书编之《祖训》，略云:“自古三公论道，六卿分职，不闻设立丞相。自秦始置丞相，不旋踵而亡。汉、唐、宋虽多贤相，然其中多小人，专权乱政。今罢丞相，设五府、六部、都察院、通政司、大理寺等衙门，分理天下庶务，事皆朝廷总之。以后嗣君，毋得议置丞相，臣下敢以此请者，寘之重典。”太祖以置相为秦以来事，古三公论道不任职，六官任职而无总揽之柄，政事由君上亲裁，此法自亦不谬。以帝非怠政之君，而中书省为万几之所集，作奸者有专擅而无分掣，遂成惟庸之祸，故因噎废食如此。盖帝好便给任事之才，不欲用以道自重之士，若刘基即终不能深倚，其故可知。至小人积恶之久，非谋逆无掩盖之法，天下初定，戎马之士，反测易生。废相以后，嗣君能稍勤政，必无奸雄专弄之权。此太祖之特识也。然勤政正未易言，太阿倒持，终不可免，权相之外，又有权阉，事固有出于所防之外者矣。

二、峻法与守法

明初用刑之峻，若《大诰三编》，若胡惟庸、蓝玉、郭桓、空印等四案，驭勋贵官吏特严。《大诰》于所定《大明律》之外，指定条目，处以极刑，其目有十:曰揽纳户，曰安保过付，曰诡寄田粮，曰民人经该不解物，曰洒派抛荒田土，曰倚法为奸，曰空引偷军，曰黥刺在逃，曰官吏长解卖囚，曰寰中士夫不为君用，罪至抄札。书成，颁之学宫以课士，里置塾师教之。狱囚有能读《大诰》者，罪减等。一时天下有讲读《大诰》师生来朝者十九万余人，皆赐钞币遣还。未几，复定《续编》《三编》，时惩元季贪冒，徇私灭公，立法务为严峻，于赃吏尤重绳之，其序言:“诸司敢不急公而务私者，必穷搜其原，而置之重典。”凡三诰所列，凌迟枭示种诛者无虑千百，弃市以下万数。其《三编》稍宽容，然所列进士、监生罪名，自一犯至四犯者，犹三百六十四人，幸不死还职，率戴斩罪给事。

四案中三案前已略具。蓝玉一案，亦明初大狱，兹补述之。《史·蓝玉传》："玉，定远人，开平王常遇春妇弟。初隶遇春帐下，临敌勇敢，所向皆捷，遇春数称于太祖，由管军镇抚积功至大都督府佥事。洪武四年，从傅友德伐蜀。五年，从徐达北征。七年，帅兵拔兴和。十一年，同西平侯沐英讨西番，禽其酋。明年，封永昌侯，食禄二千五百石，予世券。十四年，以征南右副将军从颍川侯傅友德征云南，滇地悉平，益禄五百石，册其女为蜀王妃。二十年，以征虏左副将军从大将军冯胜征纳哈出，纳哈出降，还至亦迷河，悉降其余众。会冯胜有罪，收大将军印，命玉行总兵官事，寻即军中拜玉为大将军，移屯蓟州。时顺帝孙脱古思帖木儿嗣立，扰塞上。二十一年三月，命玉帅师十五万征之，出大宁，至庆州，谍知元主在捕鱼儿海，间道兼程，进薄其营。敌谓我军乏水草，不能深入，又大风扬沙，昼晦，军行敌无所觉，猝至前，大惊迎战，败之，杀太尉蛮子等，降其众。元主与太子天保奴数十骑遁去，玉以精骑追之不及，获其次子地保奴、妃公主以下百余人，又追获吴王朵儿只、代王达里麻及平章以下官属三千人，男女七万七千余人，并宝玺、符敕、金牌、银印诸物，马驼牛羊十五万余，焚其甲仗蓄积无算。奏捷京师，帝大喜，赐敕褒劳，比之卫青、李靖。又破哈剌章营，获人畜六万。师还，进凉国公。明年，命督修四川城池。二十三年，施南、忠建二宣抚司叛，命玉讨平之。又平都匀安抚司、散毛诸洞，益禄五百石，诏还乡。二十四年，命玉理兰州、庄浪等七卫兵，以追逃寇祁者孙，遂略西番罕东之地，土酋哈昝等遁去。会建昌指挥使月鲁帖木儿叛，诏移兵讨之，至则都指挥瞿能已大破其众，月鲁走柏兴州，玉遣百户毛海诱缚其父子，送京师诛之，而尽降其众，因请增置屯卫。报可。复请籍民为兵，讨朵甘、百夷。诏不许，遂班师。"

以上节《玉传》所叙玉之功绩。当其北伐已建殊勋，敕书褒劳，而封国改梁为凉，赐券而镌其過。见下在玉为武人不修行检，不能怨上之寡恩。逮平湖广诸土司益禄而即诏还乡，明示以功成身退之义。玉若稍有学养，正急流勇退时，可以无多求矣。乃以西南多事，复起用之。既有功，复欲延长兵事，请讨朵甘、百夷。朵甘地为青海，百夷则缅甸所析之麓川、平缅等司。诏不许而班师，亦其时朵甘、百夷初不为患也。帝之不欲轻启边衅，识高于玉，而玉之不必复以军事自豪，亦可知矣。乃复愤愤争功，在英主之朝，宜其取祸，然至诛夷灭族，坐党者万五千人，则亦太过，非君臣相处之常理矣。

《玉传》又云："玉长身赪面，饶勇略，有大将才。中山、开平既没，数总大军，多立功。太祖遇之厚，寖骄蹇自恣，多蓄庄奴假子，乘势暴横。尝占东昌民田，御史按问，玉怒，逐御史。北征还，夜扣喜峰关，关吏不时纳，纵兵毁关入，帝闻之不乐。又人言其私元主妃，妃惭，自经死。帝切责玉。初，帝欲封玉梁国公，以过改为凉，仍镌其过于券。玉犹不悛，侍宴语傲慢，在军擅黜陟将校，进止自专，帝数谯让。西征还，命为太子太傅，玉不乐居宋、颍两公下，宋国公冯胜，颍国公傅友德。曰：'我不堪太师耶？'比奏事，多不听，益怏怏。二十六年二月，锦衣卫指挥蒋瓛告玉谋反，下吏鞫讯，狱辞云：'玉同景川侯曹震、鹤庆侯张翼、舳舻侯朱寿、东莞伯何荣何真子。及吏部尚书詹徽、户部侍郎傅友文等谋为变，将伺帝出借田举事。'狱具，族之。列侯以下，坐党夷灭者不可胜数。手诏布告天下，条列爰书，为《逆臣录》。至九月，乃下诏曰：'蓝贼为乱，谋泄，族诛者万五千人。自今胡党、蓝党，概赦不问。'胡谓丞相惟庸也。于是元功宿将相继尽矣。凡列名《逆臣录》者，一公、十三侯、二伯。"

史家叙此事，云下吏鞫讯，狱辞云云，狱具，悉诛之。其意谓狱吏所具之文如是，其为事实与否，未可定也。《明通鉴》则据明代私家记载言："初，玉征纳克楚即纳哈出归，言于皇太子曰：'臣观燕王在国，阴有不臣心。又闻望气者言，燕有天子气，殿下宜审之。'盖玉为常遇春妻弟，而皇太子元妃常氏，遇春女也。太子殊无意，而语啧啧闻于燕王，遂衔之。及太子薨，燕王来朝，颇言诸公侯纵恣不法，将有尾大不掉忧。上由是益疑忌功臣，不数月而祸作。"太子薨在二十五年四月丙子，乃四月二十五日。燕王等来朝，在正月壬寅，乃正月二十四日。至二十六年二月乙酉诛蓝玉，即二月初十日，越四日己丑，即颁《逆臣录》。其间经告发鞫讯，当更需时，玉之祸作，不得即在二月。至八月，《本纪》又书燕王等来朝。上年太子薨后，不书燕王复来朝。燕王处北平，颇任边事，亦绝不能正月来朝，至四月皇太子死而未去，又未必以太子死一岁间再朝。则所言未必尽信，或进言猜忌功臣，不必在太子死后耶？此等记载，皆足为功臣不平之现状。《明通鉴》又云："蓝玉之狱，詹徽从皇太孙录其事，玉不服，徽叱令速吐实，毋株连人，玉大呼徽即臣党，遂并坐。"此语出《名山藏·臣林记》，亦皆不平于当时之事者所为。《明史》詹徽附其父同传，但言性险刻，李善长之死，徽有力焉。蓝玉下狱，语连徽，及子尚宝丞绂，并坐诛。且《玉传》徽之与玉谋变，为蒋瓛所告，非录囚时所攀。囚攀问官，明是狡供，以此并坐，并及其子，亦非情理。故未敢以为信也。

太祖之好用峻法，于约束勋贵官吏极严，实未尝滥及平民，且多惟恐虐民，是以谨于守法而致成诸案。如永嘉侯朱亮祖父子俱鞭死，《史·道同传》，"为番禺知县，番禺故号烦剧，而军卫尤横，数鞭辱县中佐吏，前令率不能堪，同执法严，非理者一切抗弗从，民赖以少安。未几，永嘉侯朱亮祖至，亮祖以洪武十二年出镇广东，见本传。数以威福挞同，同不为动。土豪数十辈，抑买市中珍货，稍不快意，辄巧诋以罪，同械其魁通衢。诸豪家争贿亮祖求免，亮祖置酒召同从容言之，同厉声曰：'公大臣，奈何受小人役使？'亮祖不能屈也。他日，亮祖破械脱之，借他事笞同。富民罗氏者纳女于亮祖，其兄弟因怙势为奸，同复按治，亮祖又夺之去。同积不平，条其事奏之。未至，亮祖先劾同讪傲无礼状，帝不知其由，遂使使诛同。会同奏亦至，帝悟，以为同职甚卑，而敢斥言大臣不法事，其人骨鲠可用，复使使宥之。两使者同日抵番禺，后使者甫到，则同已死矣。”《亮祖传》:“亮祖诬奏同，同死，帝寻悟。明年九月，召亮祖至。与其子府军卫指挥使暹俱鞭死，御制圹志，仍以侯礼葬。”此等事，皆抑官威以伸民枉，惟失在太快，当亮祖一奏同无礼，即遣使诛同，不先一问虚实。而其时县令得自上奏，则权贵不能无所忌惮。若亮祖之武夫不学，不足深责，但使所诬者不死，亮祖亦未至以鞭死偿命，但优奖骾直之县令，深斥恣势之上官足矣，然有此等事树之风声，勋臣不无相警。史家类记其事，有临淄县令欧阳铭，抗常遇春，《铭传》附《道同传》:“遇春师过其境，卒入民家取酒，相殴击，一市尽哗，铭笞而遣之。卒诉令骂将军，遇春诘之，曰：‘卒王师，民亦王民也，民殴且死，卒不当笞耶？铭虽愚，何至詈将军；将军大贤，奈何私一卒挠国法？’遇春意解，为责军士以谢。后大将军徐达至，军士相戒曰：‘是健吏，曾抗常将军者，毋犯也。’”开平、中山固非朱亮祖比。然明初县令多能为民保障，触忤贵官，未尝非恃朝廷之能执法也。合之胡大海子以犯禁酒令而被手刃，驸马欧阳伦以私贩累有司供役而伏诛，足以见例矣。太祖之驭吏，复就《史》中揭一事言之，《杨靖传》附严德珉事云:“吴人严德珉，由御史擢右佥都御史，以疾求归，帝怒黥其面，谪戍南丹。遇赦放还，布衣徒步，自齿齐民，宣德中犹存。尝以事为御史所逮，德珉跪堂下，自言:‘曾在台勾当公事，晓三尺法。’御史问:‘何官？’答言:‘洪武中台长，所谓严德珉是也。’御史大惊，揖起之。次日往谒，则担囊徙矣。有教授与饮，见其面黥，戴敝冠，问老人犯何法？德珉述前事，因言:‘先时国法甚严，仕者希保首领，此敝冠不易戴也。’乃北面拱手，称圣恩圣恩云。”读此可以想见峻法之为用矣。民权不张之国，不能使官吏畏法，则既豢民膏，复以威福肆于民上，假国宠以殃民，即国家养千万虎狼以食人耳。故非有真实民权，足以钤束官吏，不能怨英君谊辟之持法以慑其志也。刑乱国用重典，正此之谓，岂谓对民众而用法外之刑哉？

三、纳谏与拒谏

《纪事本末》叙明祖开国规模，大约明祖能识大计，不待人言，早有定见，逮言者适与之合，有翕然水乳之合。此类事极多，《明史》列传类叙颇有法，如陈遇等传以纯儒高识，导以不嗜杀人，薄敛任贤，为帝所敬礼，言无不用，而不敢强以官。荐遇者秦从龙，帝止闻从龙名，从龙居镇江，帝遣徐达攻镇江，即属亟访从龙。达访得之，帝即遣从子文正、甥李文忠奉金绮造庐敦聘。从龙来荐遇，又发聘书，引伊、吕、诸葛为喻，尊遇至此。遇来，遂留参密议；从龙亦事无大小，悉与其谋，笔书漆简，问答甚密，左右皆不能知。二人始终敬礼，其所敷陈，无文字可见，但知为不嗜杀人及薄敛任贤等大指而已，盖亦非敢以严酷之度，一律待天下之贤。从龙死在太祖未即大位以前，常与世子亲至其家，尊礼无匹；遇死于洪武十七年，太祖屡欲官之而不受，卒成其高，又何尝敢以寰中士夫不为君用之罪相坐。盖其有益于太祖者，在救民水火一切根本之计，其品驾乎刘基、宋濂等之上。惟刘基、宋濂、叶琛、章溢诸人，则原本儒术，而文武干济，亦有实见之事功。宋濂始终以文儒侍上及教太子，未与军事，然刘基之倾倒于濂，在元代即视为天下之才，惟濂与己。盖当时之第一流，实为笃信好学、守死善道之儒者，视事功乃其末节，太祖皆得而用之，开一代之太平者，其所取之人才固不同矣。史传自一百三十五至一百三十七，数卷中皆见太祖之能容人善，崇信儒臣，绝非马上治天下之气度。至以综核精密之才，佐定法令，足以图治，其后或不得善终，则皆偏重于才，而德不足以称之。若陈修、杨思义等传附见多人，如开济即以奸狡弃市，此亦可以见太祖之尊贤用才，轻重自有分际也。

以上所谓纳其言而不待以谏名者，至其以谏自名，太祖之能纳，亦自英爽不落常套，姑举一事为例。《史·周观政传》《欧阳韶传》："觐政以荐授九江教授，擢监察御史，尝监奉天门，有中使将女乐入，观政止之，中使曰：'有命。'观政执不听，中使愠而入，顷之，出报曰：'御史且休，女乐已罢不用。'观政又拒曰：'必面奉诏。'已而帝亲出宫谓之曰：'宫中音乐废缺，欲使内家肄习耳，朕已悔之，御史言是也。'左右无不惊异者。"

> 按此是何等气象。明之奉天殿，即今太和殿，奉天门即太和门，以御史监奉天门，立法之意，自是令其防止邪僻，观政竟肯奉职，可见当时肯任官者，其抱负已不凡，帝竟纳之，已奇，纳之而听御史请，亲出门边面谢其过，此岂百世帝王所有？岂但帝王，抑岂稍有权势者所肯为？清代自高宗以来，御朝不登正殿，有终身未至太和殿者，宫禁深远。一御史叫呼于门前，传命交刑部或诛戮之，则声息可达，若既听其言，而又从宫中亲出以谢过。今试观三殿之后，复隔乾清宫门，帝起居或竟在乾清宫，其出宫已甚远，若近代帝王起居，更远在离宫别馆，乾清且为纵迹罕到之地。以太祖所为视之，真不在意计中矣。

又《欧阳韶传》："荐授监察御史，有诏曰：'命两御史诗班。'韶尝侍直，帝乘怒将戮人，他御史不敢言，韶趋跪殿廷下，仓卒不能措词，急捧手加额呼曰：'陛下不可！'帝察韶朴诚，从之。"

以上为帝纳谏之一例。若其任性戮谏臣，则亦有之。如《叶伯巨传》，伯巨以训导应星变求言诏，为明初一大文字，全文载本传，所言深以分封诸王土地太侈，恐为将来尾大不掉之祸。书上，帝大怒曰："小子间吾骨肉，速逮来，吾手射之。”既至，丞相乘帝喜以奏，下刑部狱，死狱中。迨燕王以削夺称兵，遂有天下，人乃以伯巨为有先见。又《李仕鲁》《陈汶辉传》：“帝自践祚后，颇好释氏教，诏征东南戒德僧，数建法会于蒋山，应对称旨者辄赐金襕袈裟衣，召入禁中，赐坐与讲论。吴印、华克勤之属，皆拔擢至大官，时时寄以耳目，由是其徒横甚，谗毁大臣，举朝莫敢言。惟仕鲁与给事中陈汶辉相继争之，帝不听。仕鲁性刚介，由儒术起，方欲推明朱氏学，以辟佛自任，及言不见用，遽请于帝前曰：‘陛下深溺其教，无怪臣言之不入也，还陛下笏，乞赐骸骨归田里。’遂置笏于地。帝大怒，命武士捽搏之，立死阶下。”汶辉亦“忤旨惧罪，投金水桥下死。仕鲁与汶辉死数岁，帝渐知诸僧所为多不法，有诏清理释、道二教云。”又《王朴传》：“性耿直，数与帝辩是非，不肯屈。一日，遇事争之强，帝怒命戮之，及市，召还，谕之曰：‘汝其改乎？’朴对曰：‘陛下不以臣为不肖，擢官御史，奈何摧辱至此？使臣无罪，安得戮之；有罪，又安用生之？臣今日愿速死耳。’帝大怒，趣命行刑，过史馆，大呼曰：‘学士刘三吾志之，某年月日，皇帝杀无罪御史朴也。’竟戮死。”

以上可见帝之纳谏奇，拒谏亦奇，其臣之敢谏死谏尤奇。士大夫遇不世出之主，责难之心，不望其君为尧舜不止，至以言触祸，乃若分内事也。以道事君，固非专以保全性命为第一义矣。风气养成，明一代虽有极黯之君，忠臣义士极惨之祸，而效忠者无世无之，气节高于清世远甚。盖帝之好善实有真意，士之贤者，轻千里而来告之以善，一为意气所激而掇祸，非所顾虑；较之智取术驭，务抑天下士人之气使尽成软熟之风者，养士之道有殊矣。

四、除弊与流弊

明代之弊，无过于信用宦官，《宦官传》序："太祖既定江左，鉴前代之失，置宦者不及百人，迨末年颁祖训，乃定为十有二监及各司局，稍称备员矣。然定制：不得兼外臣文武衔，不得御外臣冠服，官无过四品，月米一石，衣食于内庭。尝镌铁牌置宫中，曰：'内臣不得干预政事，预者斩。'《纪事本末》：英宗正统七年冬十月，太皇太后张氏崩，太监王振益无所惮。洪武中，太祖鉴前代宦官之失，置铁牌，高三尺，上铸"内臣不得干预政事"八字，在宫门内，宣德时尚存，振盗去之。敕诸司不得与文移往来。有老阉供事久，一日从容语及政事，帝大怒，即日斥还乡。尝用杜安道为御用监，安道，外臣也，以镊工侍帝数十年，帷幄计议皆与知，性缜密不泄，过诸大臣前，一揖不启口而退，太祖爱之，然无他宠异，后迁出为光禄寺卿。有赵成者，洪武八年，以内侍使河州市马；其后以市马出者，又有司礼监庆童等，然皆不敢有所干窃。"

《史·职官志·宦官》："太祖尝谓侍臣曰：'朕观《周礼》，奄寺不及百人，后世至逾数千，因用阶乱，此曹止可供洒扫，给使令，非别有委任，毋令过多。'又言：'此曹善者，千百中不一二；恶者常千百，若用为耳目，即耳目蔽；用为心腹，即心腹病。驭之之道，在使之畏法，不可使有功；畏法则检束，有功则骄恣。'有内侍事帝最久，微言及政事，立斥之，终其身不召。因定制：内侍毋许识字。洪武十七年，铸铁牌，文曰：'内臣不得干预政事，犯者斩。'置宫门中。又敕诸司：'毋得与内宫监文移往来。'然二十五年，命聂庆童往河州敕谕茶马，中官奉使行事，已自此始。"

《明通鉴》："洪武元年四月丙辰，禁宦官预政典兵，上谓侍臣曰：'史传所书汉唐宦官之祸，亦人主宠爱自致之耳。《易》称："开国承家，小人勿用。"此辈在宫禁，止可使之供洒扫，给使令而已。若使宦官不预政，不典兵，虽欲为乱，其可得乎？'"此出《纪事本末》而稍节其文。又

“四年闰二月，命吏部定内监等官品秩，自监正令五品以下至从七品有差。上谓侍臣曰：‘古之宦竖，不过司晨昏，供使令而已，自汉邓太后以女主称制，不接公卿，乃以阉人为常侍，小黄门通命，自此以来，权倾人主。吾防之极严，犯法者必斥去之，霜履坚冰之意也。’”此纯出《纪事本末》。

明之阉祸，古所未有，然太祖之防阉，则较前代为甚。《史》以赵成、聂庆童之奉使市马，为内臣衔命之始，似亦以作俑微归其咎，此缘后来为祸之烈，不得不深求之耳。观太祖以杜安道为御用监，则宫中给使本不必定用阉人，惜当时未有人能提废阉之议，不若清一代之士大夫，尚有陶模其人，竟请革除阉制也。古用肉刑，受腐刑者守宫，乃为刑人开利用之路，故亦谓之宫刑。后世既废肉刑，即应并废阉宦，迁延不改，其患遂至滔天。明历世患阉，要不得不谓由太祖之作俑，其变迁自见后。

其次为锦衣卫镇抚司狱。《史·刑法志》：“锦衣卫狱者，世所称诏狱也。古者狱讼掌于司寇而已，汉武帝始置诏狱二十六所，司马彪《续汉书》：“武帝置中都官狱二十六所。”历代因革不常。五代唐明宗设侍卫亲军马步军都指挥使，乃天子自将之名，至汉有侍卫司狱，凡大事皆决焉。明锦衣卫狱近之，幽縶惨酷，害无甚于此者。太祖时，天下重罪逮至京者，收系狱中，数更大狱，多所断治，所诛杀为多，后悉焚卫刑具，以囚送刑部审理。二十六年，申明其禁，诏内外狱毋得上锦衣卫，大小咸经法司。”又《职官志·锦衣卫》：“洪武十五年，罢仪鸾司，改置锦衣卫，秩从三品，其属有御椅等七员，皆正六品。设经历司，掌文移出入；镇抚司，掌本卫刑名兼理军匠。十七年，改锦衣卫指挥使为正三品。二十年，以治锦衣卫者多非法凌虐，乃焚刑具，出系囚，送刑部审录，诏内外狱咸归三法司，罢锦衣狱。”

此锦衣卫设诏狱一事，不能不谓太祖实倡其始。设自十五年，至二十年而罢，二十六年，又申禁内外狱毋上锦衣卫，此在太祖已为不远而复矣。其后复设于永乐中，以一镇抚为未足，又分北镇抚司专掌刑狱，更以卫狱为未足，又倚宦官立东厂，后更有西厂，校尉与缇骑，更迭旁午，荼毒忠正，惨不忍言，盖拾太祖已废之迹也。

又其次为廷杖，《刑法志》："太祖常与侍臣论待大臣礼，太史令刘基曰：'古者公卿有罪，盘水加剑，诣请室自裁，未尝轻折辱之，所以存大臣之体。'侍读学士詹同因取《大戴礼》及贾谊《疏》以进，且曰：'古者刑不上大夫，以励廉耻也，必如是，君臣恩礼始两尽。'帝深然之。洪武六年，工部尚书王肃坐法当笞，太祖曰：'六卿贵重，不宜以细故辱。'命以俸赎罪。后群臣罣误，许以俸赎，始此。然永嘉侯朱亮祖父子皆鞭死，事已见上。工部尚书夏祥毙杖下，故上书者，以大臣当诛不宜加辱为言，廷杖之刑，亦自太祖始矣。"夏祥乃薛祥之误，列传《薛祥传》："八年，授工部尚书，时造凤阳宫殿，帝坐殿中，若有人持兵斗殿脊者。太师李善长奏：'诸工匠用厌镇法。'帝将尽杀之，祥为分别交替不在工者，并铁石匠皆不预，活者千数。营谨身殿，有司列中匠为上匠，帝怒其罔，命弃市。祥在侧，争曰：'奏对不实竟杀人，恐非法。'得旨用腐刑。祥复徐奏曰：'腐，废人矣，莫若杖而使工。'帝可之。明年，改天下行省为承宣布政司，以北平重地，特授祥，三年治行称第一。为胡惟庸所恶，坐营建扰民，谪知嘉兴府。惟庸诛，复召为工部尚书，帝曰：'谗臣害汝，何不言？'对曰：'臣不知也。'明年，坐累杖死，天下哀之。"

廷杖亦明代特有之酷政，太祖明知其非待大臣礼，然卒犯之，为后世作则。朱亮祖诬死道同，犹为有罪；薛祥则端直长厚，坐累杖死，天下哀之，非其罪可知。祥争腐刑，在改行省制之前一年，即在洪武八年，时明律未大定，有此主张，尚不足怪。至明之廷杖虽酷，然正人被杖，天下以为至荣，终身被人倾慕，此犹太祖以来，与臣下争意气不与臣下争是非所养成之美俗。清则君之处臣，必令天下颂为至圣，必令天下视被处者为至辱，此则气节之所以日卑也。

第二章 靖难

靖难之名，为成祖篡国时所自命。成祖名棣，原封燕王，为太祖第四子，母碽妃。太祖立嗣，以嫡以长，自为吴王，即立长子标为世子，既登帝位，即立为皇太子，洪武二十五年四月丙子薨，谥曰懿文太子。是年九月，立太子第二子允炆为皇太孙。三十一年闰五月，太祖崩。辛卯，太孙即皇帝位，以明年为建文元年。建文元年七月癸酉，燕王棣举兵反，称其师曰靖难。累战至四年六月乙丑，都城陷，帝遁去，棣入即帝位，尽反建文朝政，并年号而去之，谓其时曰革除。于是，太祖开国之法度颇有变易，分别纪之，以见成祖于篡弑之恶外，在明一代之功过为何若。至仁、宣两朝，承成祖之业，未有蹉跌，合为一时代述之。

第一节 建文朝事之得失

建文一朝之政治，其真实记载，已为永乐时毁灭无遗，设有丝毫不可示人之失德，必为其时诋毁之口实，攻之不遗余力矣。然观成祖所以毁建文，不过以削夺宗藩一事为举兵之名。既篡大位，于建文朝事一切革除，初不问其当否，其临朝公言建文时政之不善者惟有变乱官制云尔。削夺宗藩，未始非帝之失策，更改官制，亦多非当务之急，然皆无罪状可言，成祖以为罪则罪之，既篡以后，谁与抗辩？然帝之善政美德，史中竟尚有存留，盖虽欲毁灭之而事实有不能也。

帝为兴宗孝康皇帝子，兴宗即懿文太子标。帝即位后，追尊为帝，靖难后，复废为懿文太子。《兴宗本传》："为人友爱，秦、周诸王数有过，辄调护之。"盖出天性。《明通鉴》于蓝玉之狱，文末叙云："初玉征纳克楚即纳哈出。归，言于皇太子：'燕王在国，阴有不臣心。'太子殊无意，而语啧啧闻于燕王，不数月而玉祸作。"此亦见太子大度，而燕王之不能为少主臣，由来久矣。

> 尹守衡《史窃·蓝玉传论》云："世传蓝玉初欲结知燕王，北征还至北平，献王名马，王不受，玉惭谢。归见太子，太子妃，开平王女也，因说太子曰：'殿下试观皇上，于诸子中最爱者为谁？'太子曰：'鸤鸠之爱，焉有轩轾？'玉顿首曰：'臣望燕王英武，得人心，威名日盛，皇上所钟爱。又闻术者言："燕地有天子气。"臣幸托肺腑，愿殿下自爱！'嗟夫！幸太子孝友，不入其言耳，不然，建成之难，当先自玉发之。"此为《明鉴》之所本。但尹氏为明臣，尊成祖，此作罪状蓝玉语。

太子多盛德，具见《本传》。帝立建文为太孙，盖以太子第二子，而其兄幼殇，以伦序当立也。《太祖实录》，在建文时修成者，亦已革除作废，成祖又将建文年间政治文字焚毁，使后人即欲搜考而不可得。焚毁事见《王艮传》，所焚必不止一次，此可推见。

> 《王艮传》："艮，字敬止，吉水人，建文二年进士，对策第一。貌寝，易以胡靖，即胡广也，艮次之，又次李贯。三人皆同里，并授修撰，如洪武中故事，设立史馆居之，预修《太祖实录》及类要、时政记诸书，一时大著作皆综理之。数

上书言时务。燕兵薄京城，艮与妻子诀曰：‘食人之禄者死人之事；吾不可复生矣。’解缙、吴溥与艮、靖比舍居，城陷前一夕皆集溥舍，缙陈说大义，靖亦奋激慷慨，艮独流涕不言。三人去，溥子与弼尚幼，叹曰：‘胡叔能死，是大佳事。’溥曰：‘不然，独王叔死耳。’语未毕，隔墙闻靖呼：‘外喧甚，谨视豚。’溥顾与弼曰：‘一豚尚不能舍，肯舍生乎？’须臾艮舍哭，饮鸩死矣。缙驰谒，成祖甚喜。明日荐靖，召至，叩头谢，贯亦迎附。后成祖出建文时群臣封事千余通令缙等遍阅，事涉兵农钱谷者留之，诸言语干犯及一切皆焚毁。因从容问贯、缙等曰：‘尔等宜皆有之。’众未对，贯独顿首曰：‘臣实未尝有也。’成祖曰：‘尔以无为美耶？食其禄，任其事，当国家危急，官近侍，独无一言可乎？朕独恶夫诱建文坏祖法乱政者耳。’后贯迁中允，坐累死狱中，临卒叹曰：‘吾愧王敬止矣！’”

然《惠帝本纪》所载，侍懿文疾及居丧之孝；请于太祖，改定《洪武律》七十三条之仁。甫即位，诏：“兴州、营州、开平诸卫军，全家在伍者免一人；天下卫所军，单丁者放为民。”是年十二月，赐天下明年田租之半，释黥军及囚徒还乡里。此等皆不易得之仁政。尤重大者，二年二月，均江、浙田赋，诏曰：“国家有惟正之供，江、浙赋独重，而苏、松官田悉准私税，用惩一时，岂可为定则？今悉与减免，亩毋逾一斗；苏、松人仍得官户部。”此为善补太祖之过，深得帝王平均全国人民之意。成祖亦以坏祖制罪建文而悉复之，遂令苏、松之民至今受其祸，此善政之不能磨灭者也。

若其美德，史尽没之，以无实录可据，今由列传中搜辑数事，可见帝之为君气象。

《尹昌隆传》：“帝初即位，视朝晏，昌隆疏谏曰：‘高皇帝鸡鸣而起，昧爽而朝，未日出而临百官。陛下宜追绳祖武，兢兢业业，忧勤万几。今日上数刻，犹未临朝，群臣宿卫，疲于伺候，旷废职业，上下懈弛，播之天下，传之四裔，非社稷福也。’帝曰：‘昌隆言切直，礼部其宣示天下，使知朕过。’”

《明纪》《明通鉴》于此事，皆云帝有疾视朝晏，昌隆疏谏，左右请以疾谕之，帝曰：“直谏难得，何可沮也？其以疏宣示天下，使知朕过。”所谓有疾，未知确否，如果拒谏，即非疾亦可言疾；既纳谏，即真疾亦不必言疾。清嘉庆初，编修洪亮吉上书请代奏，亦言视朝稍晏等语，严旨立斩，临刑改戍伊犁，旋赦还，遂亦称盛德。视此又何如也！

《史窃》：“革除元年，礼部左侍郎陈性善上书言事，上悉允行；群臣酌议，复有不便者更之。性善入朝，叩头言曰：‘陛下不以臣愚，猥承顾问，臣僭陈上听，许臣必行，今又更之，所谓为法自戾，无以信于天下矣。高皇帝临御三十一年，未尝听人一言，犯颜者戮无赦，陛下受言而不终，反不如高皇帝不受之为愈矣。’上曰：‘皇祖天禀神智，群臣莫及，然每人言有理，则亦从之，非愎谏也。朕性愚昧，暗于治理，视天下愚夫愚妇，一能胜予，敢不受谏。卿言为法自戾，深中朕过，非卿忠谠，朕何以得闻过失？赏绢百匹，以旌直臣。’”

《史·陈性善传》：“一日帝退朝，独留性善，赐坐，问治天下要道，手书以进。性善尽所言，悉从之，已为有司所格。性善进曰：‘陛下不以臣不肖，猥承顾问，既僭尘圣听，许臣必行，未几辍改，事同反汗，何以信天下？’帝为动容。”以此证《史窃》之说，其事为必有，且互见帝之虚衷。惟《史窃》有高皇帝未尝听人一言之语，恐无是理，盖语气轻重间失之耳。

帝仁柔乐善，实为守文令主，但英断不足，所用齐泰、黄子澄固非任当日艰巨之材；即所敬信之方孝孺亦不免迂阔之诮，主张削藩，轻为祸始。然方以古官制、古宫殿门名日夜讲求，自命制作，其所以应变之道，多不中窾要。后人特以齐、黄及方皆能死事，正学先生被祸尤酷，百世崇拜其大节，然于事实之得失则不可不知也。

削藩一事，古有明鉴，正学先生以学问名世，何竟不能以古为鉴，避其覆辙！汉初强宗，与明初同，贾谊痛哭而谈，未见用于文帝，至景帝时，晁错建议削藩，遂有吴、楚七国之变，以师武臣力，仅而克之，天下已被涂炭，且祸本未拔。至武帝时，用主父偃推恩之策，诸王之国，不削自削。至强藩尽而又无以制异姓之奸，王莽篡汉，诸侯王无一能与抗者，此为别一义。果不主削藩，自当权有无强宗之利害；既主削藩，则贾谊之说、主父偃之谋不可废也。且当时明明有上此策者，帝甫即位，当洪武三十一年，未改建文之号之日，高巍已言之，帝固不省，齐、黄亦不为意，时方孝孺已至，帝方倚以致太平，倘助巍之说，必可见听，亦竟不然，此不能不谓帝之暗，亦诸臣之疏也。

《高巍传》："惠帝即位，上疏乞归田里。未几，辽州知州王钦应诏辟巍，巍因赴吏部上书论时政，用事者方议削诸王，独巍与御史韩郁先后请加恩，略曰：'高皇帝分封诸王，比之古制既皆过当，诸王又率多骄逸不法，违犯朝制，不削朝廷纲纪不立；削之则伤亲亲之恩。贾谊曰："欲天下治安，莫如众建诸侯而少其力。"今盍师其意，勿行晁错削夺之谋，而效主父偃推恩之策，在北诸王子弟分封于南，在南诸王子弟分封于北，如此则藩王之权不削而自削矣。臣又愿益隆亲亲之礼，岁时伏腊使人馈问，贤者下诏褒赏之；骄逸不法者，初犯容之，再犯赦之，三犯不改，则告太庙废处之，岂有不顺服者哉？'书奏，上领之。"领之者，不置可否耳。观其削夺日亟，则帝与用事诸臣成见已定，良言不能入也。巍言在洪武三十一年十月，削藩事甫动，亟用其言，朝廷与诸王尚未尽成隙，既隆其礼，又推以分封之恩，违言何自而起？乃数

> 月之间削夺四起，又不敢遽动燕藩，反放遣其三子归国，以释其称兵顾忌之私，此亦谬矣。韩郁疏专言削夺之非，与魏意不同，不录。

燕师既起，命将北征，濒行戒之曰：“昔萧绎举兵入京，而令其下曰：‘一门之内，自极兵威，不祥之甚。’今尔将士与燕王对垒，务体此意，毋使朕有杀叔父名。”以故燕兵败时，成祖以身为殿，遇急则以身为诸叛将之盾，官军相顾愕眙，不敢发一矢，论者以此为帝之仁柔取败。此尚不足责，仁人之言，于理为长，不当以成败论。独惜其既不欲伤恩，何不并善处于未削夺之先而使削夺之事亦无所用之也。后燕既篡，帝之诸弟无一得免，少子文圭甫二岁，幽之凤阳，至三世以后，英宗朝方出之，年五十七，尚不能辨牛马，此则所谓“一门之内，自极兵威”。成祖实行之矣。《南史》原作“六门之内。”《通鉴》注：台城六门：大司马、万春、东华、西华、太阳、承明六门也。

第二节　靖难兵起之事实

成祖以洪武三年封燕王，十三年之国。二十三年同晋王讨乃儿不花，晋王怯不敢进，王倍道趋迤都山，获其全部而还。太祖大喜。是后屡帅诸将出征，并令王节制沿边士马，王威名大振。

> 《太祖本纪》：“三十一年五月戊午，都督杨文从燕王棣、武定侯郭英从辽王植备御开平，俱听燕王节制。”《纲目三编》以为《太祖实录》已经永乐间改修两次，所书为燕王张大之词，盖不足信，当是杨文从燕王、郭英从辽王，各受节制，非谓并辽王亦听燕王节制也。此皆嫌恶燕王之说，其实即经节制沿边诸军，岂遂为太祖许其篡立？此等处不足深辨，要之善其积威，故能驱所部为逆，又能慑制讨逆之军，所由来者渐矣。

三十一年闰五月，太祖崩，皇太孙即位，遗诏："诸王临国中，毋得至京师。"王自北平入奔丧，闻诏乃止。

《纪事本末》："洪武二十五年四月丙子，皇太子薨，皇太孙生而额颅稍偏，性颖聪，善读书。《史窃》："君生顶颅颇偏，太祖抚之曰：'半边儿月。'意不怿。而是时元妃生子雄英矣，后六年雄英蚤世，于是君为长，而读书甚聪颖，太祖始稍异之。"太祖每令赋诗，多不喜。一日令之属对，大不称旨，复以命燕王，语乃佳。郑晓《逊国记》："太祖命帝赋新月，应声云：'谁将玉指甲，抓破碧天痕？影落江湖上，蛟龙不敢吞。'太祖凄然久之，曰：'必免于难。'"钱谦益《历朝诗集》云叶子奇《草木子余录》载皇太子《新月》诗云云。所谓皇太子者庚申君之子也，野史以为懿文太子作，为不及享国之谶。而晓则以为建文作。考杨维桢《东维子诗集》，此诗为维桢作，则诸书皆附会也。太祖常有意易储，刘三吾曰：'若然，置秦、晋二王何地？'太祖乃止。"《史·刘三吾传》但云："太子薨，上御东阁门，召对群臣，恸哭，三吾进曰：'皇孙世嫡，承统，礼也。'太孙之立由此。"《明通鉴》谓诸书所说太祖欲立燕王，皆成祖改修之《太祖实录》如此。王鸿绪《史稿》尚从之；正史不然，书法谨严矣。

《齐泰传》："皇太孙素重泰，及即位，命与黄子澄同参国政，寻进尚书，时遗诏诸王临国中，毋奔丧，王国吏听朝廷节制。《太祖本纪》遗诏中，省此句未载。诸王谓泰矫皇考诏，间骨肉，皆不悦。"

初高皇后崩，洪武十五年。太祖选高僧侍诸王，为诵经荐福，左善世宗泐举道衍，《姚广孝本传》："长洲人，本医家子，年十四为僧，名道衍，字斯道，事道士席应真，尽得其阴阳术数之学。常游嵩山寺，相者袁珙见之曰：'是何异僧？目三角，形如病虎，性必嗜杀，刘秉忠流也。'道衍大喜。洪武中，诏通儒书僧试礼部，不受官，赐僧服还。经北固山，赋诗怀古，其侪宗泐曰：'此岂释子语耶？'道衍笑不答。"燕王与语甚合，请以从。《纪事本末》："诸王封国时，太祖多择名僧为侍，僧道衍知燕王当嗣大位，自言曰：'大王使臣得侍，奉一白帽与大王戴。'盖白冠王，其文皇也。燕王遂乞道衍得之。"至北平，住持庆寿寺，出入府中，迹甚密，时时屏人语。惠帝立，削夺诸王，周、湘、代、齐、岷相继得罪，道衍遂密劝成祖举兵，成祖曰："民心向彼，奈何？"道衍曰："臣知天道，何论民心！"乃进袁珙及卜者金忠，于是成祖意益决。

《袁珙传》："生有异禀，好学能诗，尝游海外洛伽山，珙，鄞人。遇异僧别古崖，授以相人术，先仰视皎日，目尽眩，布赤黑豆暗室中辨之；又悬五色缕牖外，映月别其色；皆无讹，然后相人。其法以夜中燃两炬，视人形状气色，而参以所生年月，百无一谬。洪武中，遇姚广孝于嵩山寺，谓之曰：'公刘秉忠之俦也，幸自爱。'后广孝荐于燕王，召至北平，王杂卫士类己者九人，掺弓矢饮肆中，珙一见即前跪曰：'殿下何轻身至此？'九人者笑其谬，珙言益切。王乃起去，召珙宫中谛视，曰：'龙行虎步，日角插天，太平天子也，年四十，须过脐，即登大宝矣。'已见藩邸诸校卒，皆许以公侯将帅。王虑语泄，遣之还。及即位，召拜太常寺丞。所居鄞城西，绕舍种柳，自号柳庄居士，有《柳庄集》。"

《金忠传》："忠，鄞人，少读书，善《易》卜。兄戍通州亡，忠补戍，贫不能行，相者袁珙资之。既至，编卒伍，卖卜北平市，多中，市人传以为神。僧道衍称于成祖，成祖将起兵，托疾召忠卜，得铸印乘轩之卦，曰：'此象贵不可言。'自是出入燕府中，常以所占劝举大事，成祖深信之。燕兵起，自署官属，授忠王府纪善，守通州，南兵数攻城不克。已召置左右，有疑辄问，术益验，且时进谋划，遂拜右长史，赞戎务，为谋臣矣。"

按成祖之成大业，史多夸其为术士所推许，此即行险侥幸者所为，非有他功德可得天下，直由命相致之耳。

靖难之师，起于削藩，削藩之议，由来已久。

《史窃》："太祖时政治严核，中外万几，太孙每奉裁决，济以宽大，中外欣欣爱戴，独诸王皆挟叔父之尊，多不逊服，太孙常以为忧。先是，太祖封诸王，辽、宁、燕、谷、代、晋、秦、庆、肃九国皆边虏，岁令训将练兵，有事皆得提兵专制，便防御，因语太孙曰：'朕以御虏付诸王，可令边尘不动，贻汝以安。'太孙曰：'虏不靖，诸王御之；诸王不靖，孰御之？'太祖默然，良久曰：'汝意何如？'太孙曰：'以德怀之，以礼制之，不可则削其地，又不可则变置其人，又其甚则举兵伐之。'太祖曰：'是也，无以易此矣。'"此说太祖亦以为是。诚能行之，削藩前尚有事在，以德怀，以礼制，建文朝无暇为也，用高巍之说，则庶几矣。

《黄子澄传》："惠帝为皇太孙时，尝坐东角门，谓子澄子澄本以修撰为东宫伴读。曰：'诸王尊属拥兵多不法，奈何？'对曰：'诸王护卫兵才足自守，倘有变，临以六师，其谁能支？汉七国非不强，卒底亡灭，大小强弱势不同而顺逆之理异也。'太孙是其言。比即位，命子澄兼翰林学士，与齐泰同参国政，谓曰：'先生忆昔东角门之言乎？'子澄顿首曰：'不敢忘。'退而与泰谋，泰欲先图燕，子澄曰：'不然，周、齐、湘、代、岷诸王在先帝时，尚多不法，削之有名，今欲问罪宜先周，周王，燕之母弟，削周，是翦燕手足也。'谋定，明日入白帝，会有言周王橚不法者，遂命李景隆帅兵袭执之，词连湘、代诸府，于是废橚及岷王楩为庶人，幽代王桂于大同，囚齐王榑于京师，湘王柏自焚死。下燕议周王罪，燕王上书申救，帝览书恻然，谓事宜且止，子澄与泰争之，未决，出相语曰：'今事势如此，安可不断？'明日，又入言曰：'今所虑者独燕王耳，宜因其称病袭之。'帝犹豫曰：'朕即位未久，连黜诸王，若又削燕，何以自解于天下？'子澄对曰：'先人者制人，毋为人制。'帝曰：'燕王智勇善用兵，虽病恐难猝图。'乃止。"此《传》文中"周王，燕之母弟，削周，是翦燕手足也"之语，为成祖改《实录》而不免漏笔。《诸王传》已称马后生太子及秦、晋、燕、周四王，今子澄传云云，明明太子与秦、晋二王不与燕、周同母也。成祖以夺嫡之故，冒为嫡出，而没其所生之母，后更发见碽妃神主而后得其实。说详下。

子澄主用兵，以汉平七国乱为喻，汉惟得周亚夫而将之，子澄乃荐李景隆可大任，即何以敢与七国事并论也？此齐、黄之失也。《湘王柏本传》，有文武材，未著罪状，惧无以自明而自焚。亦太惨。既畏强藩，又授以口实，帝之当断不断，不失为仁者之过，任事者谋之不臧，则无以自解。周王被执，在洪武三十一年五月，至八月，帝欲释之，泰与子澄争久之，乃废为庶人，徙蒙化。又逮齐、代、岷诸王。明年四月，湘王自焚，齐王、代王废为庶人。六月，岷王废为庶人，徙漳州。七月，逮燕府官属，而燕王反矣。

成祖之决策称兵，早从道衍辈怂恿，即未削藩，亦必谋逆。

《姚广孝传》："成祖意决，阴选将校，勾军卒，收材勇异能之士。燕邸，故元宫也，深邃，道衍练兵后苑中，穴地作重屋，缭以厚垣，密甃瓴甋瓶缶，日夜铸军器，畜鹅鸭乱其声。"

帝与齐、黄图燕，亦思所以弱之，即位之年，冬十一月，工部侍郎张昺为北平布政使，谢贵、张信掌北平都指挥使司，察燕阴事。建文元年三月，都督宋忠、徐凯、耿瓛帅兵三万屯开平、临清、山海关，调北平、永清二卫军于彰德、顺德。四月，太祖小祥，先是燕世子高炽及其弟高煦、高燧入临，至是王忧惧称病笃，乞三子归。齐泰欲遂收之，子澄曰："不若遣归，示彼不疑，乃可袭而取也。"竟遣还。王喜曰："吾父子复得相聚，天赞我矣。"六月，燕山护卫百户倪谅上变，告燕官校于谅、周铎等阴事，逮系至京，皆戮之。有诏责燕王，王乃佯狂称疾，走呼市中，夺酒食，语多妄乱，或卧土壤，弥日不苏。张昺、谢贵入问疾，王盛夏围炉摇颤曰："寒甚！"宫中亦杖而行。长史葛诚密告昺、贵曰："燕王本无恙，公等勿懈。"正月，王遣诚入奏事，帝密问燕邸事，诚具以实告，遣诚还燕，使为内应，至则燕王察其色异，心疑之。会燕王使护卫百户邓庸诣阙奏事，齐泰请执讯之，具言王将举兵状。泰即发符往逮燕府官属，密令谢贵、张昺图燕，使约长史葛诚指挥卢振为内应。以张信为燕王旧所信任，密敕之，使执燕王，信叛附燕，以情告，王下拜曰："生我一家者子也。"召道衍谋，令护卫指挥张玉、朱能等帅壮士八百人入卫。及逮官属诏至，秋七月，谢贵、张昺督诸卫士皆甲，围府第索所逮诸官属。王称疾愈，御东殿，伏壮士左右及端礼门内，召贵、昺付所逮者，贵、昺至，卫士甚众，及门，门者呵止之，贵、昺入，王曳杖坐，赐宴行酒，忽怒詈詈："编户齐民，兄弟宗族尚相恤，身为天子亲属，旦夕莫必其命，县官待我如此，天下何事不可为乎？"护卫军前擒贵、昺，捽卢振、葛诚等下殿，皆斩之。命张玉等乘夜出，攻夺九门，黎明尽克。乃下令安集军民，三日，城中大定。都指挥彭二战死，余瑱走居庸关，马宣巷战不胜，走蓟州，教授余逢辰死之，参政郭资、副使墨麟、佥事吕震等降于燕。宋忠自开平率兵三万至居庸关，不敢进，退保怀来。癸酉，燕王誓师，以诛齐泰、黄子澄为名，去建文年号，仍称洪武三十二年，署官属，以张玉、朱能、邱福为都指挥佥事，擢先以张昺等疏草密报燕府之按察司吏李友直为布政司参议。上书称："祖训云：'朝无正臣，内有奸恶，则亲王训兵待命，天子密诏诸王统领镇兵讨平之。'臣谨俯伏待命。"书奏，议讨燕，齐泰曰："明其为贼，敌乃可克。"遂削燕王属籍，以伐燕布告天下。时太祖功臣存者已少，乃拜长兴侯耿炳文为大将军，驸马都尉李坚、都督宁忠为副将军，帅诸将分道并进。时燕王既于七月初五日癸酉举事，是夜攻夺九门，次日甲戌，即出师，次通州，指挥房胜以城降。张玉请先定蓟州，免后顾忧。丙子，陷蓟州，马宣被禽，骂不绝口死。己卯，陷居庸关，俞瑱退怀来依宋忠。甲申，陷怀来，宋忠、俞瑱被执死，将校被俘不降死者百余人，其力斗阵殁者有都指挥彭聚、孙泰。

> 《宋忠传》："时北平将士在忠部下者，忠告以家属并为燕屠灭，盍努力复仇报国恩。燕王侦知之，《记事本末》："王据鞍指挥有喜色。"急令其家人张故旂帜为前锋，呼父兄子弟相问劳，将士咸喜曰，'我家固无恙，宋总兵欺我。'遂无斗志。"此北平将士，即忠前赴开平时所调燕府护卫精锐隶麾下以弱燕者，家在北平，即不以诳语为此辈所轻，犹恐燕抚其家属以相招致，忠乃以意造言，欲劫制其人为己用，宜燕王闻之而喜矣。齐、黄以忠一军压燕之北，责任甚重，所调燕之护卫，以朝命燕不敢违，只可分燕之力，乃欲用以制燕之死命，又无他方略，徒以诳语冀欺之，是反助燕以倒戈内应之势耳。齐、黄命将如此，举北平城守之文武长官不能胜一燕府，举为图燕所布之军将，不能牵缀北平之后，以待朝廷讨伐之师，而是时军事一任齐、黄，其败事已可见矣。诸城守将降燕者固有之，然效死之士亦甚众，有此士气，奈不能用何！

蓟州既陷，遵化、密云继降燕，怀来陷，永平又降。时帝方锐意文治，日与方孝孺讨论《周官》法度，军事皆取决于泰、子澄。元年二月，更定官制，内外大小诸司及品级勋阶悉仿《周礼》更定。二年八月，承天门灾，改各门名端门、应门、皋门、路门，皆从方孝孺言。耿炳文师出，帝诫将士："毋使朕有杀叔父名。"八月壬戌，及燕兵战于滹沱河北，败绩。帝再择将，子澄荐李景隆可大任，遂以景隆代炳文，赐斧钺俾专征伐，召炳文回。炳文老将，张玉觇之曰："军无纪律，无能为。"代以景隆，燕王闻之曰："李九江膏粱孺子，九江，景隆字，李文忠子也。寡谋而骄，色厉而馁，未常习兵见阵，辄予以五十万，是自坑之也。"时江阴侯吴高奉朝命与杨文、耿瓛帅辽东之师围永平，王救永平，且撤芦沟桥之防，以诱景隆来攻北平。既解永平之围，又直趋大宁，劫宁王与其妃妾世子皆南下，收其所属精锐，尤以朵颜三卫士卒骁勇善骑射，为利所驱，敢与朝廷军士死斗。既免北平之后顾，又尽收战士助战，暂委北平由道衍等辅世子守坚城，以缀景隆，逮大宁师还，与守兵夹击，大败景隆。

> 《瞿能传》："燕师起，从李景隆北征，攻北平，与其子帅精骑千余攻张掖门，垂克，景隆忌之，令候大军同进。于是燕人夜汲水沃城，方大寒，元年十一月。冰凝不可登，景隆卒致大败。"此景隆罪状之一。

景隆遁还德州，燕王出兵扬言攻大同，诱景隆赴救，围蔚州，指挥王忠、李远降燕，进攻大同，俟景隆已出紫荆关，即由居庸关入边，南军不耐寒，冻馁死者甚众，坠指者十二三，弃镫仗于道，不可胜记。时已二年正月。四月，景隆复进兵，与燕战于白沟河，平安、瞿能等力战，斩燕将陈亨，亨故大宁降将。瞿能迫燕王，几获之，仅免，旋乘风反攻，杀瞿能父子于阵，景隆军又大败，自德州奔济南。燕军遂入德州，收府库，获粮百余万。山东参政铁铉督饷赴景隆军，会师溃，沿路收溃亡守济南，景隆奔就之，燕师追及，景隆六十万众尚存十余万，燕师击之，景隆复大败，单骑走。燕师围济南，铁铉力捍御不下，朝廷升铉为山东布政使而召景隆还，以左都督盛庸为大将军。帝赦景隆不诛，子澄痛哭争请诛景隆，副都御史练子宁执而数之朝，以哭请，卒不问，旋复任用之，忌盛庸，且间于帝，不得尽其用。《瞿能传》附杨本："从景隆讨燕有功，景隆忌之，不以闻。寻劾景隆丧师辱国，遂以孤军独出，被禽，系北平狱，后被杀。"

> 《王度传》："为山东道监察御史。建文时，王师屡败，度奏请募兵。小河之捷，奉命劳军徐州，还，方孝孺与度书：'誓死社稷。'燕王称帝，坐方党谪戍贺县，又坐语不逊，族。度有智计，盛庸之代景隆，度密陈便宜，是以有东昌之捷。

景隆征还，赦不诛，反用事，忌庸等功，谗间之，度亦见疏。论者以其用有未尽，惜之。”

燕王围济南三月，不下，决水灌城，铉约降，迎王入，及门，下铁板，伤王马首，未中，仍逸去。王怒，以炮击城，铉书高皇帝神牌悬城上，燕兵不敢击。铉复募壮士突击破燕，王乃撤围还。盛庸乘势复德州，兵势大振，擢铉兵部尚书赞理大将军军事，封庸历城侯。九月，庸总平燕诸军北伐。十月，燕兵袭沧州，克之。循河而南，至东昌，遇庸与铉等战，大败燕师，阵斩张玉。玉为燕将最悍，后所谓靖难第一功臣者也。燕王数危甚，诸将奉帝诏，莫敢加刃，王知之，每奔北，独以一骑殿后，追者不敢追。是谓东昌之捷，燕军再却还。三年二月，燕再出师，三月朔，次滹沱河，辛巳，与盛庸遇于夹河，阵斩燕将谭渊及其指挥董中峰等，庸军亦失都指挥庄得等骁将数人。

《成祖本纪》：“三月辛巳，与盛庸遇于夹河，谭渊战死，朱能，张武殊死斗，庸军少却，会日暮，各敛兵入营。王以十余骑逼庸营野宿，及明起视，已在围中，乃从容引马，鸣角穿营而去，诸将以天子有诏‘无使负杀叔父名’，仓卒相顾愕眙，不敢发一矢。”此为史本纪明载之事，各书皆言成祖遇败，则恃帝有诏不相害，往往独身为殿以免，盖非虚也。惠帝既崇叔父于交战之时，何不先善全于削藩之始，以王师而卒败于叛藩，其失机固非一端也。

是日战互相胜负，东北风忽起，尘埃涨天，沙砾击面，燕兵在北，乘风纵击，庸大败走德州，吴杰、平安自真定引军与庸会，闻败引还，王诱与战，复败之。于是帝罢齐泰、黄子澄，谪外以解说于燕，而实使之募兵。燕王亦上书，求并撤吴杰、盛庸、平安之众，而后释兵就燕藩，方孝孺请且与报书往复，急令辽东诸将入山海关，攻永平，真定诸将渡卢沟桥，捣北平。五月，燕师驻大名，盛庸、吴杰、平安等分兵扼燕饷道。燕王再上书，帝欲罢庸等兵，孝孺阻之，乃囚燕使。王亦遣降将李远帅轻骑南下，焚王师粮，盖德州馈饷皆道徐、沛。六月，远令士卒易甲胄，杂南军中，插柳枝于背为识，过济宁、谷城，直至沛县，南军不之觉，凡粮艘所在尽焚之，军资器械俱烬，运军散走，京师大震，德州遂缺粮。远还，盛庸遣兵邀之，复为远伏兵所败。

中原千里，朝廷设官治理之地，燕师轻行其间，焚粮而返，如入无人之道，此明年燕王所以不转战于山东，直越境遂逼京师也。齐、黄庸碌，孝孺书生，帝仁柔非燕王比，此时而疏忽如此，复有李景隆辈作奸于内，帝于稍能战之将不之信，号令有不能行，前所令攻袭北平之师先后错落，绝无期会，其败宜也。

七月，平安自真定乘虚攻北平，燕世子固守告急，是时方孝孺以门人林嘉猷尝入燕邸，知高煦谋倾世子状，言于上，为书与世子间之。高煦在军中，已知朝廷有去书，于王前言世子反，王大怒，则世子已遣使送朝使及所致书至，未启封也。王乃曰："几杀吾子！"王遣将刘江援北平，而盛庸又檄大同守将房昭引兵入紫荆关，掠保定下邑，驻易州水西寨，据寨以窥北平。燕王在大名，曰："保定失则北平危。"乃班师。九月，平安为刘江所败，王围水西寨，十日克之，乃还北平。十一日，辽东守将杨文始引兵围永平，略蓟州、遵化诸郡县，燕遣刘江往援，杨文败走。是时王称兵已三年，亲冒矢石，为士卒先，常乘胜逐北，亦屡濒于危，所克城邑，兵去旋复为朝廷守，三出三返，所据仅北平、保定、永平三郡而已。

以天下之全力，奉天子之命，讨一叛藩，至是始以真定之兵自南入，大同之兵自西入，辽东之兵自东入，而期会参差，各被击辄败退，中枢无能主兵事者也。

会诏有司系治中官奉使之不法者，先后奔燕，具言京师可取状。王乃慨然思临江一决，不复返顾，道衍力赞之。明年正月，乃直为批亢梼虚之计。

《宦官传》:“建文帝嗣位，御内官益严，诏:‘出外稍不法，许有司械闻。’及燕师逼江北，内臣多逃入其军，漏朝廷虚实。”据此则宦官入燕军，乃燕师临江时事，《本纪》则在三年之冬，以意度之，当从《宦官传》，此时非内臣漏虚实时也。朝廷虚实，燕自知之，六月已遣李远直下徐、沛焚粮，中原无备，固已大著，以后举动之散漫，岂能逃燕王之目？建文之政，若不轻弄兵，或能用将之贤者，其举动无不优于列帝。驭宦官严而为宦官泄其虚实，岂能咎其严驭？正惟守备虚而不实，足启戎心，宦官不泄，燕岂无侦探乎？

四年正月，燕王由馆陶渡河，徇徐州，平安军来蹑，击败之，又败铁铉军。四月，再与平安战，先败后胜，遂禽平安，置淮安不顾，直趋扬州。天子遣庆成郡主至军中，许割地以和，不听。六月，江防都督陈瑄以舟师叛附于燕，遂自瓜州渡。盛庸以海艘迎战，败绩。既下镇江，遂次龙潭，天子复遣大臣议割地，诸王继至，皆不听。至金川门，谷王橞、李景隆等开门迎降，都城遂陷。下令大索齐泰、黄子澄、方孝孺等五十余人，榜其姓名曰奸臣。己巳，即皇帝位，迁兴宗孝康皇帝主于陵园，仍称懿文太子，大诛奸党，夷其族。诏今年以洪武三十五年为纪，明年为永乐元年，建文中更改成法，一复旧制。

第三节　靖难后杀戮之惨

成祖以篡得位，既即位矣，明之臣子，究以其为太祖之子，攘夺乃帝王家事，未必于建文逊位之后，定欲为建文报仇，非讨而诛之不可也。故使事定之后，即廓然大赦，许诸忠为能报国，悉不与究，未必有大患也。即不能然，杀其人亦可成其志，而实则杜诸忠之或有号召，犹之可也；诛其族属，并及童幼，已难言矣；又辱其妻女，给配教坊、浣衣局、象奴及习匠、功臣家，此于彼之帝位有何损益？又其所戮诸人，若方孝孺之遍戮其朋友门生，谓之十族，其九族以内之亲则皆尽矣；又若景清之既磔既族，又籍其乡，转相攀染，谓之瓜蔓抄，皆人类所不忍见闻者。因欲纵其暴，故用奸佞，以为人所不忍为，斩刈既尽，又诛其人。今举以上数事于左。欲考其详，有《明史》列传一四一至一四三共三卷，并其旁见各传，如廖镛、廖铭之死，附见于其祖《永忠传》之类，《纪事本末》有《壬午殉难专篇》，可覆阅也。

《方孝孺传》："六月乙丑，金川门启，燕兵入，帝自焚。是日，孝孺被执下狱。先是，成祖发北平，姚广孝以孝孺为托，曰：'城下之日，彼必不降，幸勿杀之。杀孝孺，天下读书种子绝矣。'成祖颔之。至是欲使草诏，召至，悲恸声彻殿陛，成祖降榻劳曰：'先生毋自苦！予欲法周公辅成王耳。'孝孺曰：'成王安在？'成祖曰：'彼自焚死。'孝孺曰：'何不立成王之子？'成祖曰：'国赖长君。'孝孺曰：'何不立成王之弟？'成祖曰：'此朕家事。'顾左右授笔札，曰：'诏天下非先生草不可。'孝孺投笔于地，且哭且骂曰：'死即死耳，诏不可草。'成祖怒，命磔诸市，孝孺慨然就死，作《绝命词》云云。时年四十六。其门人德庆侯廖永忠之孙镛与其弟铭，检遗骸葬聚宝门外山上。《廖永忠传》："镛、铭收葬甫毕，亦见收论死，弟钺及从父指挥佥事昇俱戍边。"孝孺有兄孝闻，力学笃行，先孝孺死。弟孝友与孝孺同就戮，亦赋诗一章而死。妻郑及二子中宪、中愈先自经死，二女投秦淮河死。仁宗即位，谕礼部：'建文诸臣已蒙显戮，家属籍在官者，悉宥为民，还其田土，其外亲戍边者，留一人戍所，余放还。’万历十三年三月，释坐孝孺谪戍者后裔，浙江、江西、福建、四川、广东凡千三百余人，而孝孺绝无后。”

> 十族之说，《本传》不载。史馆诸人务为成祖开脱，朱彝尊且以《尚书》九族，孔安国及马、郑解为自高祖下至玄孙，不及异姓，轻于秦法之三族，谓十族之说非实。《三编质实》引《逊国臣传》云："孝孺投笔哭骂，上怒斥曰：'汝焉能遽死？朕当灭汝十族。'后系狱，籍其宗支，及母族林彦法等、妻族郑原吉等，示且胁之，执不从。上怒甚，乃收朋友门生廖镛等为十族，诛之，然后诏磔于市。坐死者八百七十三人，外亲之外，亲族尽数抄没，发充军坐死者复千余人。"《臣林外纪》云："成祖曰：'吾固能族人。'孝孺曰：'族至三，赤矣。'成祖曰：'吾能四。'乃大收其朋友门生，凡刑七日。"《纪事本末》云："文皇大声曰：'汝独不顾九族乎？'孝孺曰：'便十族，奈我何？'旧史例议以廖镛等逮论在孝孺死后。朱彝尊以孔安国及马、郑解九族，上至高祖，下至玄孙，不及异姓，则反轻于秦之三族，谓十族之说非实。按夏侯、欧阳解，父族四，母族三，妻族二，皆据异姓有服。马、郑见《尧典释文》，孔即《伪传》，夏侯、欧阳见《疏》所引。成祖并非经生，一时激怒，不同议礼，何暇辨九族之当从何家言乎？"又按朱彝尊《明诗综诗话》："长陵靖难，受祸者莫惨于正学先生，坐方党死者相传八百七十三人；其次黄太常，坐累死者族子六十五人，外戚三百八十人；若胡大理胡闰之死，《郡志》称其族弃市者二百十七人，坐累死者数千人；茅大芳妻毙于狱，有'与狗吃'之旨，载《奉天刑赏录》云云。然则当日或加三为四，或加九为十，传闻异词不足辨，而一时门生朋友滥及无辜，则亦不能为之讳也。"

《景清传》："建文初，为北平参议，燕王与语，言论明晰，大称赏。再迁御史大夫。燕师入，诸臣死者甚众，清素预密谋，且约孝孺等同殉国，至是诣阙自归，成祖命仍其官。委蛇班行者久之，一日早朝，清衣绯怀刃入。先是，日者奏：'异星赤色，犯帝座甚急。'成祖故疑清，及朝，清独著绯，命搜之，得所藏刀，诘责，清奋起曰：'欲为故主报仇耳！'成祖怒，磔死，族之，籍其乡，转相攀染，谓之瓜蔓抄，村里为墟。"

> 古云："罪不及孥。"成祖仇一人，乃抄札及其乡里，此亦与籍高翔之产，既分给他人，而又加其产之税，曰"令世世骂翔"，其意相同，殆欲景清之乡里皆憾清耶？《高翔传》："建文时戮力兵事，成祖闻其名，与闰同召，胡闰亦与齐、黄辈昼夜画军事，京师陷，召闰，不屈，与子传道俱死，幼子传庆戍边，四岁女郡奴入功臣家，稍长识大义，日以爨灰污面。洪熙初，赦还乡，贫甚誓不嫁，见者竞遗以钱帛，曰："此忠臣女也。"欲用之，翔丧服入见，语不逊，族之，发其先冢，亲党悉戍边，诸给高氏产者皆加税，曰：'令世世骂翔也。'"

《奸臣·陈瑛传》："为山东按察使。建文元年，调北平，佥事汤宗告瑛受燕王金钱，通密谋，逮谪广西。燕王称帝，召为都察院左副都御史，署院事。瑛天性残忍，受帝宠任，益务深刻，专以搏击为能。甫莅事，即言陛下应天顺人，万姓率服，而廷臣有不顺命效死建文者如侍郎黄观、少卿廖升、修撰王叔英、纪善周是修、按察使王良、知县颜伯玮等，其心与叛逆无异，请追戮之。帝曰：'朕诛奸臣，不过齐、黄数辈，后二十九人中如张纮、王钝、郑赐、黄福、尹昌隆皆宥而用之，况汝所言有不预此数者，勿问。'后瑛阅方孝孺等狱词，遂簿观、叔英等家，给配其妻女，疏属外亲莫不连染。胡闰之狱，所籍数百家，号冤声彻天，两列御史皆掩泣，瑛亦色惨，谓人曰：'不以叛逆处此辈，则吾等为无名。'于是诸忠臣无遗种矣。"又云："帝以篡得天下，御下多用重典，瑛首承风旨，倾诬排陷者无算，一时臣工多效其所为，如纪纲、马麟、丁珏、秦政学、赵纬、李芳，皆以倾险闻。”

《瑛传》归恶于瑛，若言成祖犹不欲若是，而瑛迫而为之者。此亦过则归臣之意。若非帝之本指，瑛何所利而若是？再证以《佞幸纪纲传》，纲以典诏狱，值瑛灭建文朝忠臣数十族，觇帝旨而深文诬诋，帝以为忠，亲之若肺腑，至无所不为，卒以谋不轨乃磔于市。盖其先纵之为暴，不如此不快，亦可知矣。

《仁宗本纪》：“永乐二十二年十一月壬申是年七月辛卯成祖崩，八月丁巳仁宗即皇帝位。朔，诏礼部：‘建文诸臣家属在教坊司、锦衣卫、浣衣局及习匠、功臣家为奴者，悉宥为民，还其田土，言事谪戍者亦如之。’”诸忠臣传中，多言其家属之给配，而诸书则胪列之，正史于《本纪》见此诏，可知其事甚确。夫诸忠既戮，而必辱其妻女，使人教坊，及嫁最贱之人，使失其身，又非严刑峻法之所及矣。

第四节　靖难后明运之隆替

此当分对外对内两方观之。又仁、宣两朝，蒙业而治，为明代极盛之时，承成祖之所得而其功未坠，沿成祖之所失而其弊亦未形，即并入此一节叙述之。

一、对外

成祖以马上得天下，既篡大位，遂移其武力以对外，凡五征漠北，皆亲历行阵，假使建文承袭祖业，必不能有此。此明一代之侈言国威者无不归功于永乐之世也。

元帝于洪武三年殁于应昌，《明史》书崩，谥之曰顺帝。

其实，元尚以帝制自居，国中自有谥号，明修《元史》不载，清修《明史》亦未补著耳。《日下旧闻考》据《朝鲜史》称，元帝北奔后，谓之北元，其有大事，亦颁诏高丽。时尚未改称朝鲜。顺帝之谥曰惠宗，其子爱猷识里达腊嗣，改元宣光。是年克应昌，元嗣主遁归和林，获其子买的里八剌，封为崇礼侯以招元嗣主。时王保保方拥众谋恢复，招之不得，数用兵亦不能深入，北兵亦屡来攻。七年秋，太祖以嗣主未有子，遣崇礼北归以谕之，亦无效。十一年，嗣主卒，国人谥曰昭宗。买的里八剌改名脱古思帖木儿嗣立，永乐六年，成祖以书谕蒙古可汗本雅失里，有云："高皇帝于元氏子孙加意抚恤，来归者辄令北还，如遣脱古思归为可汗，此南北人所具知也，云云。"故知为即买的里八剌。改元天元，仍时扰塞上。二十年，克海西，纳哈出降。二十一年，北伐，闻脱古思在近塞捕鱼儿海，即应昌。袭之，获其次子地保奴及妃主官属甚众。脱古思偕长子天保奴遁还和林，未至，为其下也速迭儿所弑，并杀天保奴，此后谥号遂不传于世。又五传皆被弑，但知最后之世名坤帖木儿，为部人鬼力赤所篡，乃去帝号称可汗，去国号称鞑靼。至永乐六年，鞑靼知院阿鲁台以鬼力赤非元裔，杀之，迎元后本雅失里立为可汗。成祖谕本雅失里书："自元运既讫，顺帝后凡六传，至坤帖木儿，未闻一人善终者。"成祖以书谕令降，不从。七年，复遣使往，被杀，乃命淇国公邱福等征之，大败，五将军皆没。明年，帝亲征，时本雅失里与阿鲁台君臣已各自为部，连战均败之。师还，阿鲁台遂来贡。越二年，本雅失里为瓦剌蒙古别部在河套者。马哈木所杀，立答里巴为汗。阿鲁台请内附，乞为故主复仇，帝封阿鲁台为和宁王。十二年，帝征瓦剌，大败其众，马哈木遁。自是阿鲁台去瓦剌之逼，数年生聚，畜牧蕃盛，渐骄蹇，时来窥塞。二十年春，大入兴和，即张家口。诏亲征，阿鲁台遁，焚其辎重，收其牲畜而还。归途并讨兀良哈，以其助逆，捕斩甚众，兀良哈降。明年，复亲征阿鲁台，出塞后，闻阿鲁台为瓦剌所败，部落溃散，遂班师。明年，二十二年，阿鲁台犯大同、开平，复议亲征，四月发

> 京师，阿鲁台遁，深入，不见敌，穷搜无所得，各军以粮不继引还，是为五度阴山矣。六月甲子，班师，七月辛卯，崩于榆木川。其后，宣宗宣德三年，复亲征兀良哈，斩获凯旋。至英宗正统十四年，王振复挟帝亲征瓦剌也先，遂有土木之变。

成祖劳于军旅如此。然明之边患，太祖之防边深意，则由成祖坏之。当时惟以元后为大敌，视东北诸部蔑如也。最大之失，因欲篡夺，而惧国内之军不尽为用，既劫宁王，乃起大宁所属兀良哈三卫，饵之以利，使为己尽力，遂转战得大位，即弃大宁以畀三卫，而开平、兴和势孤，久之俱不能不弃。太祖时分封诸子，使以全力开辟东北者凡有六王，燕王在北平，谷王在宣府，宁王在大宁，辽王在广宁，韩王在开原，沈王在沈阳。成祖以燕藩起兵，以后惟恐强藩在边，兵力难制，尽徙五王于内地，以北平为京师而己填之。韩、沈本尚未之国，韩改平凉，沈改潞州，宁为靖难兵所劫而南，辽、谷皆以燕叛自归京师。谷王后以开金川门纳燕师，成祖德之；辽王则以为贰己，待遇颇有厚薄。但各徙封，辽由建文时已徙荆州，遂仍之；谷改长沙；宁改南昌。东北无防、边境内缩，宣府、大同亦失势，乃欲尽力招降女真，多设卫所，冀与兀良哈三卫并为一区，而别设奴儿干都司以控制之，又用中官亦失哈主其事。亦失哈之劳师远出，《明史》又以其为经略女真，为清室所讳言，遂不见于史。至清末由吉林将军委员探黑龙江北之路，乃于伯利之永宁寺发现亦失哈两次碑记，颇载规划奴儿干都司之事。日本人以为大好史实，证明明代东北疆域之广，绝非如清世记载所云，并疑亦失哈尚是元之内监，颇侈其功绩。其实不然，亦失哈盖海西女真人，成祖用以招致女真，遂历次帅师以往，直至宣德、正统年间，为老于东事之人，遂久为辽东镇守太监，土木变时，尚镇辽东。其设都司之事，久已无成，兵出海西，颇为女真所袭杀。宣德之末，乃决罢其远征，只于开原之三万卫寄一奴儿干都司空名而已。东北无重镇，建州既强，遂移明祚。亦失哈事迹略见于宦官《王振传》中。英宗被执以后，女真蠢动，朝廷虑亦失哈同与为变，乃召还京，距元亡已八十余年，亦失哈尚以辽东镇守太监被召。其所以屡至极边者，自是明廷之威力；所以无成，正缘宦官无远识。明列帝不能用贤将帅图此事，其时总辽东兵者巫凯、曹义，相继数十年，尚为名将，而开边之事偏任宦官，遂终罢弃进取之策。日本人疑为元代宦者及震其远略，皆以意度之之说，《明实录》可考其详，即《明史》亦尚有《王振传》可据也。

二、对内

成祖之不隳明业，在能遵太祖整饬吏治之意。自永乐以来，历洪熙、宣德三朝皆未之改，故能固结民心，后世虽有祸败，根本不遽摇撼。当太祖时，重赏重罚，一闻守令有不贤，立予逮问，至则核其实；若以守官被谤，立予升擢，反跻显秩。故亲民之官，不患公道之不彰，不以权贵为惮，天下多强项之吏，略已见前。永乐以降，所用公卿，其历外任时，率多循良之绩，其专以爱民勤政著者，若周新等一传二十余人，皆有异政，此尚不在《循吏传》中，盖又为循良之特殊者。至《循吏》一传，有目者三十人，附《传》者至多。《吴履传》附二十五人，《高斗南传》附十三人，以上皆太祖时。《史诚祖传》附四人、《谢子襄传》附二人、《贝秉彝传》附五人，以上皆永乐时。《李信圭传》附二十人，皆洪熙、宣德至正统时。皆秩满以民意奏留者。此类官亦有作伪，宣宗时发觉两人，罪之。自后部民奏留，必下所司核实。《李骥传》附五人，历洪、永、洪、宣时，同以宣德五年为奉特敕之郡守。《赵豫传》附七人，历永乐至正统时。《范希正传》附七人，皆宣德、正统时。盖全传百二十人，宣德以前六十余年间得百人以上，正统至嘉靖百三十余年间得十余人，隆、万五十余年间仅两人，天、崇两朝则无一人，吏治之日降可知矣。宣德以前，尚多不入《循吏传》之循吏，正统以后，公卿有吏绩者亦极少，嘉靖以后，则更不足言。正统初，三杨当国，多循宣德之旧政，故其以前之待贤长吏，直以国脉民生相倚任，选择郡守，由廷臣公举，赐特敕遣行，后世之任命督抚无此隆重也。治有善状，秩满九年，升秩加俸，而使再任，久者任一地至三十余年，其联一任至十八年，联两任至二十七年者尤多。尤奇者，永乐中，高斗南知云南新兴州，衰老乞归，荐子吏科给事中恂自代，成祖许之。知州得举后任，且即其子，子又已为谏官，不必得知州而荐之，竟荷帝允，盛世士大夫之风，岂以后所能想见？久任责成，政治一定之轨，世愈衰而愈不可见。以贿用人者，利其数易以取盈；以请托用人者，不得不数易以应当道。情贿所用之人，原不足使之久任，但不久任亦不过使虎狼更迭为暴，此监司方面之责，实朝廷之意向为之也。大僚不能慎选有司，而使之久任以成化，在明初有道之君固有以处之矣。万历间亦有爱民之官，不忍矿税之殃民，往往挺身与阉人相抗，为民请命。阉以挠矿挠税入告，无不朝请夕逮，一系狱至数十年，宰相台谏论谏之章数十上，永予不报，至其为阉所迫，未入狱而已发愤自尽者累累也。此其人不得以善政入《循吏传》，乃反见于诸凶阉陈增、梁永、高淮、陈奉等传中，令读史者毛戴发竖、叹息痛恨而已。视洪、永、洪、宣之朝如在天上，此成祖内政之美，而家法贻之数朝者也。

然内政之败坏，其弊亦自成祖而起。盖篡弑之为大恶，欲济其恶，必有倒行逆施之事。靖难兵起，久而无成，因建文驭宦官极严，而叛而私以虚实报燕，遂敢于不顾中原，直趋京邑。篡弑既成，挟太祖之余烈以号召天下，莫敢不服，以此德阉，一意重用，尽坏太祖成宪。

《明史·宦官传序》:“建文帝嗣位，御内臣益严，诏:‘出外稍不法，许有司械闻。’及燕师逼江北，内臣多逃入其军，漏朝廷虚实。文皇以为忠于己，而狗儿辈复以军功得幸，即位后遂多所委任。永乐元年，内官监李兴奉敕往劳暹罗国王。三年，遣太监郑和帅舟师下西洋。八年，都督谭青营有内官王安等。又命马靖镇甘肃，马骐镇交址。十八年，置东厂刺事。盖明世宦官出使、专征、监军、分镇、刺臣民隐事诸大权皆自永乐间始。初，太祖制:‘内臣不许读书识字。’后宣宗设内书堂，选小内侍，令大学士陈山教习之。遂为定制。用是多通文墨，晓古今，逞其智巧，逢君作奸。数传之后，势成积重，始于王振，卒于魏忠贤，考其祸败，其去汉、唐几何哉!”

既篡大位，不知国君含垢之义，诸忠斥责，激成奇惨极酷之举，复太祖永废不用之锦衣卫、镇抚司狱，用纪纲为锦衣，寄耳目，一时被残杀者犹有数，遂为明一代屠戮忠良之特制，与东厂并用事，谓之厂卫，则流祸远矣。

《史·刑法志》:“东厂之设，始于成祖。锦衣卫之狱，太祖尝用之，后已禁止，其复用亦自永乐时。厂与卫相倚，故言者并称厂卫。初，成祖起北平，刺探宫中事，多以建文帝左右为耳目，故即位后专倚宦官，立东厂于东安门北，令嬖昵者提督之，缉访谋逆、妖言、大奸恶等，与锦衣卫均权势。”

《佞幸·纪纲传》于屠戮建文朝忠臣之外，又言:“诬逮浙江按察使周新，致之死。帝所怒内侍及武臣，下纲论死，辄将至家，洗沐好饮食之，阳为言，见上必请赦若罪，诱取金帛且尽，忽刑于市。数使家人伪为诏下诸方盐场，勒盐四百余万，还复称诏夺官船二十，牛车四百辆，载入私第，弗予直。构陷大贾数百家，罄其赀乃已。诈取交址使珍奇。夺吏

> 民田宅。籍故晋王、吴王，干没金宝无算，得王冠服，服之高坐，置酒，命优童奏乐，奉觞呼万岁，器物僭乘舆。欲买一女道士为妾，都督薛禄先得之，遇禄大内，挝其首脑裂几死。恚都指挥哑失帖木不避道，诬以冒赏事捶杀之。腐良家子数百人充左右。诏选妃嫔，试可令暂出待年，纲私纳其尤者。吴中故大豪沈万三，洪武时籍没，所漏赀尚富，其子文度蒲伏见纲，进黄金及龙角龙文被，奇宝异锦，愿得为门下，岁时供奉。纲乃令文度求索吴中好女，文度因挟纲势，什五而中分之。纲又多蓄亡命，造刀甲弓弩万计。端午，帝射柳，纲属镇抚庞瑛曰：'我故射不中，若折柳鼓噪，以觇众意。'瑛如其言，无敢纠者，纲喜曰：'是无能难我矣。'遂谋不轨。十四年七月，内侍仇纲者发其罪，命给事御史廷劾，下都察院按治，具有状，即日磔纲于市，家属无少长皆戍边，列状颁示天下。"

成祖不过以己由篡得国，将以威胁天下，遂假小人以非常之威，其不法为后来锦衣卫官尚有不逮，而诏狱既设，遂以意杀人，不由法司问拟，法律为虚设，此皆成祖之作俑也。

第五节　靖难两疑案之论定

成祖入金川门，建文宫中火起，永乐间修《实录》，以为帝已焚死。明代无人信之，所传建文行遁之书，不知凡几。而清修《明史》时，史馆中忽以建文焚死为定论，王鸿绪《史稿》创此说，而《史·本纪》较作疑辞。盖当时馆中分两派，主修建文后纪者为邵远平，多数不谓然，乃以其稿私印行世，用钱谦益、李清之说。驳正《致身录》之伪作乃朱彝尊，世以为主建文焚死者为彝尊，其实彝尊特纠《致身录》之伪，其撰《建文本纪》独加以疑辞，不与《史稿》同意。今姑置明代野史所言不论，就即《史》及《明实录》等文证之。

《史·建文纪》："都城陷，宫中火起，帝不知所终。燕王遣中使出帝后尸于火中，越八日壬申，葬之。"

此《纪》据《曝书亭集》，彝尊自言为所撰之稿。当火起至火中出帝尸，乃一瞬间事，既出帝与后之尸矣，明明已知其所终，何以又云不知所终，且反先言不知所终，而后言出尸于火乎？是明明谓帝已不知所终，而燕王必指火中有帝尸在也。其所以作此狡狯者，主者之意，必欲言帝王无野窜幸存之理，为绝天下系望崇祯太子之计，即太子复出，亦执定其为伪托，以处光棍之法处之也。此秉笔者之不得已也。

至进《史稿》之王鸿绪，则不作疑词，且全书之首，冠以《史例议》一册，专论建文必已焚死者居其半，非但证其焚死，且若深有憾于建文，论其逊国之名，亦为有忝，虐杀宗藩，自遭众弃，势穷力竭，而后一死了之，何足言逊？鸿绪之意，力尊燕王而已。不知逊国之说，燕王所乐称，若不言逊国，则将谓帝本不逊而由燕王篡取之乎，抑竟能谓帝以罪伏诛乎？故鸿绪希时旨太过，转成纰缪。乃钱氏大昕作《万斯同传》，竟采此论入万先生传，谓先生之论如是，而后建文不出亡之论乃定。此钱氏误以《史稿》出万氏手，而以《史例议》为万氏所著也。其实《史稿》亦经鸿绪以意篡定，并非万氏原文，鸿绪进《史稿》时，亦未言及万氏，但直认为己之所作。至史例议中有云"康熙五十九年，岁在庚子，亡友朱竹垞仲孙稼翁携《竹垞文稿》见贻"云云。此语岂万氏所出，而可认《史例议》为万氏之说耶？此钱氏之疏也。故谓《建文本纪》为断定焚死，已非真相也。

《史·姚广孝传》："十六年三月入觐，年八十有四矣，病甚不能朝，仍居庆寿寺，车驾临视者再，语甚欢，赐以金唾壶，问所欲言，广孝曰：'僧溥洽系久，愿赦之。'溥洽者，建文帝主录僧也。初，帝入南京，有言建文帝为僧遁去，溥洽知状，或言匿溥洽所，帝乃以他事禁溥洽，而命给事中胡濙等遍物色建文帝，久之不可得。溥洽坐系十余年，至是帝以广孝言，即命出之。”如果成祖已得帝尸，何必系溥洽以求其踪迹？若谓溥洽造为其说，则应以妖言罪伏诛，何必假他事以久系之，至十六年而不决？清史馆中所倚仗言《致身录》为伪书者乃钱谦益，而谦益则言帝出亡，为帝削发者即溥洽。此当别有据。清修《明史》时已不免浑言之矣。兹录钱氏谦益《有学集》文如下：

《有学集·建文年谱序》有云：“文皇帝之心事，与让皇帝之至德，三百年臣子未有能揄扬万一者，迄今不言，草亡木卒，祖宗功德，泯灭于余一人之手，魂魄私憾，宁有穷乎？何言乎文皇帝之心事也？壬午以还，天位大定，文皇帝苟有分毫利天下之心，国难方新，遗种未殄，必翦灭此，而后即安，张天纲以笼之，顿八纮以掩之，闭口捕舌，遁将何所？以文皇帝之神圣，明知孺子之不焚也，明知亡人之在外也，明知其朝于黔而夕于楚也，胡濙之访张邋遢，舍人而求诸仙，迂其词以宽之也；郑和之下西洋，舍近而求诸远，广其途以安之也；药灯之诅祝，剃染之藉手，彼髡之罪，百倍方、黄，以荣国榻前一语，改参彝而典僧录，其释然于溥洽，昭于中外者，所以慰藉少帝之心，而畀之以终老也。文皇帝之心，高帝知之，兴帝知之，天地鬼神知之，三百年之臣子安处华夏，服事其圣子神孙，尚论其心事则懵如也。日月常鲜，琬琰如积，而文皇帝之心事，晦昧终古，此则可为痛哭者也。何言乎让皇帝之至德也？金川之师，祸深喋血，让皇帝苟有分毫不忘天下之心，凭仗祖德，依倚民怀，散亡可以收合，蛮夷可以煽动，卫世子之焚台，卫太子之诣阙，谁能惎之？让皇帝明知大命之不可干也，明知大位之不可再也，明知本支百世之不可倾动也，以神州赤县为孤竹之封，以休发坏衣为采药之遁，耄逊遐荒，自此退耕于野；头陀乞食，岂曰糊口四方？由是而内治外攘，逾沙轶漠，高皇帝之基业安，祖宗之统绪安，三百年之天地人鬼罔不大安，宁非让皇帝之所诒乎？让皇帝之至德，媲诸泰伯其难易尤相倍，而三百年之臣子不能言，言之不尽矣。”以下言世传诸录之作伪非实，而作《建文年谱》之赵士喆亦不过排比诸录，欲传二百年未死之人心，非争竹帛之名等语。文繁不具录。盖建文之出亡为真，而诸录则伪，谦益之分辨了然也。

《史·胡濙传》：“永乐元年，迁户科给事中。惠帝之崩于火，或言遁去，诸旧臣多从者，帝疑之。五年，遣濙颁御制诸书，并访仙人张邋遢，遍行天下州郡乡邑，隐察建文安在。濙以故在外最久，至十四年乃还。所至亦间以民隐闻。母丧乞归，不许，擢礼部左侍郎。十七年，复出巡江、浙、湖、湘诸府。二十一年还朝，驰谒帝于宣府，帝已就寝，闻濙至，急起召入，濙悉以所闻对，漏下四鼓乃出。先濙未至，传言建文帝蹈海去，帝分遣内臣郑和数辈，浮海下西洋，至是疑始释。”宦官《郑和传》亦载此事。夫果成祖已确认火中之有帝尸，何以海内海外分途遍访，历二十余年，然后得一确息而释疑乎？淡来见时，已寝而起，急不能待明日，四鼓乃出，奏对甚久，则必有建文确踪，并其无意于复国之真意，有以大白于成祖，而后不复踪迹。明年成祖亦崩。此皆史文之明在者，可以无疑也。

近日故宫发现乾隆四十二年重修《明史本纪》刻本，以前但于《乾隆朝东华录》中见四十二年五月丁丑谕旨：“所有《明史本纪》，并着英廉、程景伊、梁国治、和珅、刘墉等将原本逐一考核添修。”并未见添修之本。岂料宫中竟有其书。《建文纪末》云：“棣遣中使出后尸于火，诡云帝尸。越八日壬申，用学士王景言，备礼葬之。”是正史早已改定，特未明诏颁行。改正原刻之《殿本》，今始传世耳。然又因以发现四库本之《明本纪》早用添修本，缘四库系写本，当时刻本未成，遂未行世。四库本人不易见，即有能读中秘书者，亦留心于外间所无之书，无人料《明史》之有异同，遂疑误至今，以为官修正史，于明建文竟定为焚死，其实四库定本早已改定。盖至乾隆时朱三太子案相隔已远，毋庸避忌，乾隆初告成之《明史》，尚是康熙间所修，故有此曲笔耳。此已论定疑案之一也。

明初名教，嫡长之分甚尊，懿文太子以长子得立，既死则应立嫡孙，故建文之嗣为一定之理。燕王既篡，无以表示应得国之道，乃自称已为马皇后所生，与太子及秦、晋二王为同母，时太子及秦、晋皆已故，则已为嫡长，伦序无以易之矣。此事当见于《太祖实录》中，预将诸王之生，明著其母，故永乐中将建文所修《太祖实录》改修两次，即系阑入此等文字。后修《永乐实录》则直云："高皇后生五子：长懿文太子标，次秦愍王樉，次晋恭王㭎，次上，次周定王橚。"《明史稿例议》云："《玉牒》诸书并同。当明时，诸家颇有异议，但为《实录》《玉牒》所压，通人多不敢置信。"至修《明史》时亦仍之。《成祖本纪》云："母孝慈高皇后。"与兴宗孝康皇帝即懿文太子。同。然于《列传》乃漏出两证，证成祖之非嫡出。

《黄子澄传》："子澄曰：'周王，燕王之母弟，削周，是翦燕羽翼也。"此可证明燕王自与周王同母，并不与懿文太子同母。周王只为燕王之羽翼，于建文帝较疏也。

又《太祖成穆孙贵妃传》："位众妃上，洪武七年九月薨，年三十有二。帝以妃无子，命周王橚行慈母服三年，东宫诸王皆期，敕儒臣作《孝慈录》。庶子为生母服三年，众子为庶母期，自妃始。"此事证明周王本是庶子，故可认他庶母为慈母，而为之服三年。周王既与燕王同母，即燕王亦庶出也。

潘柽章《国史考异》云："《南京太常寺志》所载孝陵神位，左一位淑妃李氏，生懿文太子、秦愍王、晋恭王，右一位硕妃，生成祖文皇帝。"潘氏引此志，尚未亲见神主，故《史例议》又力辟其妄。清末乃有李清之《三垣笔记》刊版，盖以前谓为禁书，只有李氏子孙所藏钞本，后禁纲渐弛，然仍删节印行，至近年则更有足本出矣。《三垣笔记》中言北都破后，弘光复都南京，乃发旧太庙，碽妃神主具在，均如《南太常志》所云。由此始悟明北京太庙，一帝止有一后，继后及列帝生母皆不配享，殆即成祖迁都定此制，以便抹杀生母，不留痕迹。夫因欲冒应嗣之名，而至没其所生之母，皆成祖之贪位而忍心害理者。以前为疑案，《明史》中纪传自相矛盾。自《三垣笔记》出而证明《南太常志》之文。此已论定疑案之二也。

第六节　仁宣两朝大事略述

明之仁、宣，论者比之周有成、康，汉有文、景，为嗣主守文太平极盛之世。两朝之治，可并计作一时代。一、仁宗享国不足一年。二、仁宗之得位颇赖宣宗，仁之善政皆宣所能法。仁宗于永乐二十二年八月丁巳十五日即位，改明年为洪熙元年，即于元年五月辛巳十二日崩。仁宗于太祖洪武二十八年，册为燕世子。成祖举兵，世子守北平，拒李景隆五十万来攻之众，使成祖得于其间袭大宁，劫宁王，挟三卫之众，以成靖难之武力。然其弟高煦、高燧俱慧黠有宠于成祖，高煦尤从军有功，白沟、东昌之战，危急时高煦皆预其事。建文四年，燕兵已至江上，复为盛庸所败，成祖欲且议和北还，会高煦引北骑至，成祖抚煦背曰："勉之！世子多疾。"于是煦殊死战，庸军小却，而陈瑄以舟师降，遂渡江。叛逆之人，父子间亦以权位为市，高煦之蓄意夺嫡，成祖实诱导之。篡国既成，议建储，淇国公邱福、驸马王宁等时时称高煦功高，成祖以世子为太祖所立，高煦又多过失，不果。永乐二年，卒立仁宗为太子。

> 《史·解缙传》:“储位未定，邱福言:‘汉王功高，宜立。’帝密问缙，缙称皇太子仁孝，天下归心。帝不应。缙又顿首曰:‘好圣孙。’谓宣宗也。帝颔之。太子遂定。”
>
> 仁宗之立，即由宣宗之不凡，为成祖所深属望，故得立。而解缙则以是为高煦所谮，屡贬窜而不得保，身为纪纲所杀，家属且籍没徙边矣。

宣宗生之前夕，成祖梦太祖授以大圭，宣宗生于建文元年。曰:“传之子孙，永世其昌。”既弥月，成祖见之曰:“儿英气溢面，符吾梦矣。”既立太子，高煦与弟高燧，日夜伺隙谗构。始建文时，方孝孺以书抵北平间世子，宦寺黄俨为高燧党，潜报成祖:“世子与朝廷通。”成祖大怒，而世子不启缄，遣使驰上军中，成祖发书乃叹曰:“几杀吾子！”九年，又立宣宗为太孙。北征时，太子辄监国。

> 《高煦传》:“成祖尝命同仁宗谒孝陵，仁宗体肥重，且足疾，两中使掖之行，恒失足。高煦从后言曰:‘前人蹉跌，后人知警。’时宣宗为皇太孙，在后应声曰:‘更有后人知警也。’高煦回顾失色。”

十年，北征还，以太子遣使后期，且书奏失辞，悉征宫僚黄淮等下狱。

> 《仁宗纪》叙此事在十年，《纪事本末》作十二年，证之《黄淮》、《杨士奇》等传皆作十二年，《仁宗纪》误也。今故宫所刊重修《明本纪》，仍未改正。《成祖纪》明明书:“十二年闰月闰九月。甲辰，以太子遣使迎驾缓，征侍读黄淮、侍讲杨士奇、正字金问及洗马杨溥、芮善下狱。未几，释士奇复职。”《黄淮传》:“淮及杨溥、金问皆坐系十年。仁宗即位复官。”

十五年，高煦以罪徙乐安。

> 《高煦传》："封汉王，国云南。高煦曰：'我何罪？斥万里。'不肯行，力请并其子归南京，成祖不得已，听之。请得天策卫为护卫，辄以唐太宗自比，已复乘间请益两护卫，《职官志》："王府护卫指挥使司设官如京卫。又洪武五年，置亲王护卫指挥使司，每王府设三护卫，卫设左右前后中五所，所千户二人，百户十人。所为益恣。高煦长七尺余，轻巧善骑射，两腋若龙鳞者数片。既负其雄武，又每从北征，在成祖左右，时媒孽东宫事，谮解缙至死，黄淮等皆系狱。十三年五月，改封青州，又不欲行。成祖始疑之，赐敕曰：'既受藩封，岂可常居京邸？前以云南远惮行，今封青州，又托故欲留侍，前后殆非实意，兹命更不可辞。'《纪事本末》敕文较全，语更明显，盖云："与尔青州，今又托故。果诚心留侍，去年在此，何以故欲南还？是时朕欲留尔长子亦不可得。留侍之言，殆非实意。青州之命，更不可辞。"然高煦迁延自如，私选各卫健士，又募兵三千人，不隶籍兵部，纵使劫掠。兵马指挥徐野驴擒治之，高煦怒，手铁爪挝杀野驴，众莫敢言，遂僭用乘舆器物。成祖闻之，怒。十四年十月，还南京，尽得其不法数十事，切责之，褫冠服，囚系西华门内，将废为庶人。仁宗涕泣力救，乃削两护卫，诛其左右狎昵诸人。明年三月，徙封乐安州，趣即日行。高煦至乐安，怨望，异谋益急。仁宗数以书戒，不悛。"

明年十六年，黄俨等复谮太子擅赦罪人，宫僚多坐死者。侍郎胡濙奉命察之，密疏太子诚敬孝谨七事以闻。成祖意乃释。其后黄俨等谋立高燧，事觉伏诛。高燧以太子力解得免。自是太子始安。

> 《高燧传》："二十一年五月，帝不预，护卫指挥孟贤等结钦天监官王射成及内侍杨庆养子，造伪诏，谋进毒于帝，俟晏驾，诏从中下，废太子，立赵王。总旂王瑜姻家高以正者，为贤等画谋，谋定告瑜。瑜上变，帝曰：'岂应有此？'立捕贤，得所为伪诏，贤等皆伏诛。升瑜辽海卫千户。帝顾高燧曰：'尔为之耶？'高燧大惧不能言。太子力为之解曰：'此下人所为，高燧必不与知。'自是益敛戢。"

成祖崩于榆木川，高煦子瞻圻在北京，潜遣人以朝廷事报高煦，一昼夜使六七次，高煦亦日遣数十人入京伺有变。仁宗知之，既即位，遇高煦益厚，倍加岁禄，赏赉万计，高煦乃上瞻圻前后觇报知朝事。先是瞻圻母为高煦所杀，怨父，屡发父过恶，高煦亦以此陷之。帝以示瞻圻曰："汝处父子兄弟间，谗构至此，稺子不足诛，遣往凤阳守陵。"仁宗崩，太子自南京奔丧，高煦谋伏兵邀于路，仓卒不果。高煦旋奏利国安民四事，宣宗曰："永乐中，皇祖尝谕皇考及朕，谓此叔有异心，宜备之。今所言果诚，是旧心已革，不可不顺从也。"命有司施行，仍复书谢之。宣德元年八月壬戌朔，高煦遣枚青入京，约英国公张辅为内应，辅系青以闻。御史乐安人李濬亦弃其家变姓名来京上变。帝遣中官侯泰赐高煦书，高煦陈兵见泰，南面坐不拜敕，令泰跪，大言："靖难之战，非我死力，燕之为燕未可知。太宗信谗，削我护卫，徙我乐安，仁宗徒以金帛饵我，今又辄云祖宗故事，我岂能郁郁无动作？速报上缚奸臣来，徐议吾所欲。"泰归不敢言。锦衣官从泰往者具陈所见。帝怒泰二心，曰："事定治汝。"高煦疏言朝廷罪过，指斥仁宗违洪武、永乐旧制，与文臣诰敕封赠，今上修理南巡席殿等事。又索诛二三大臣夏原吉等为奸佞。帝议遣阳武侯将兵讨之，杨荣力言不可，曰："独不见李景隆事乎？"上默然顾原吉，原吉曰："臣见煦命将而色变，退语臣等而泣，知其无能为。兵贵神速，一鼓平之，先声有夺人之心，若命将出师恐不济。"杨荣言是。上遂决意亲征，令大索乐安奸谍，敕遣黄谦、陈瑄防守淮安，勿令贼南走。芮勋守居庸关，留重臣亲王守南、北京，余扈行。辛未，八月十日。以高煦之罪告天地、宗庙、社稷、山川、百神，遂发京师，阳武侯薛禄为先锋。庚辰十九日，禄驰奏已至乐安，约明日出战。上令大军蓐食兼行。辛巳，二十日。驻跸乐安城北，贼乘城举炮，大军发神机铳箭，声震如雷，城中人股栗。

上不许急攻，先敕谕高煦，不报，至是复谕之，又以敕系矢射城中，谕党逆者以祸福。城中人多欲执献高煦者，高煦狼狈遣人奏，明旦出归罪。是夜，尽焚所造兵器与凡谋议交通文书，通夕城中火光烛天。壬午，二十一日。出降，其党王斌等止之，愿一战，高煦绐斌等复入宫，潜从间道衣白席藁出见，顿首请正典刑。上命煦为书召诸子同归京师，赦城中胁从者，改乐安曰武定州。乙酉，二十四日。班师，中官颈系高煦父子，锦衣卫械系王斌等归北京。户部尚书陈山于路迎驾，言宜乘胜向彰德袭执赵王，杨荣赞之，蹇义、夏原吉不敢执，惟杨士奇言赵王同反事无实，上亲叔止二人，当仰慰皇祖在天之灵，杨溥与士奇合，白上，事乃止。锢高煦于西内，废为庶人，诛王斌等。及发觉天津、青州、沧州、山西诸都督指挥约举城应者，凡诛六百余人。帝亲制《东征记》示群臣。以玺书封群臣言章示赵王，赵王献护卫表谢恩，伐赵之议始息。四年，宁王权请赦高煦，不许。一日，帝往西内，熟视高煦锁絷状，高煦出不意伸一足勾上踣地，上大怒，命力士舁三百斤铜缸覆之，煦多力，顶负缸起，积炭缸上如山，燃炭逾时，火炽铜熔，高煦死，诸子皆死。

《史·高煦传》末，但云高煦及诸子相继皆死，其死状《史》不载。《纪事本末》及《史窃》等书皆载勾上踣地，为铜缸所覆，燃炭熔铜而死之。《史》以为煦自应处死，不足致详。当时刑人之法，本不尽由正轨，官吏之处豪恶，往往立毙以立威取快，世亦无非之者，则此事固无足异也。

亲征之举，惟平此种内乱最有效。高煦所恃尊属至亲，同时将帅多共在行间，既情熟，又慑于帝子之积威，倘少主畏葸深宫，在外互相煽诱，偏裨亦心力不齐，难使用命，无论大将或有二心矣。赫然亲行，人心大震，临之以名分，威之以天下之全力，即军实亦万非一隅之比，逆势瓦解，束手就缚，希冀苟存生命而已。二十余年间事耳，建文初，齐、黄诸公有此识力，何至成靖难之祸？然高煦亦父作子述，直以靖难之举为可世业也者，骨肉相残，固亦逆取之报矣。

仁、宣两朝之善政，无重于作养循良，与民休息，前已言其略矣。

仁、宣之用阉，合各书证之，亦应为《史》补一大特笔。盖阉人出镇，读《明史》者皆知为各边之监军，创自永乐，至嘉靖朝而尽撤，直至天启间魏忠贤而始渐复。盖明之不用宦官，以建文、嘉靖两朝为最有诚意，太祖则知防之，且立法以严制之，自余皆为阉所蔽者也。殊不知仁、宣两朝之设镇守，乃更设及各布政使司，是不独军事有监，民事亦有监也。《史》不清叙其事，惟《职官志·宦官职掌》后有云："永乐八年，敕王安等监都督谭青等军，马靖巡视甘肃。此监军巡视之始。及洪熙元年，以郑和领下番官军守备南京，遂相沿不改，敕王安镇守甘肃，而各省镇皆设镇守矣。"据此则省与镇在仁宗皆设镇守。《明通鉴》："宣德十年二月庚寅，宣宗崩于十年正月三日乙亥。二月庚寅，英宗已立。罢十三布政使镇守中官，惟南京守备，诸边镇守，及徐州、临清收粮，淮、浙巡盐者如故。"据此十三布政使皆有镇守，宣宗崩后乃罢。终明之世，幸未复设。而在仁、宣时，腹地镇守中官亦未尽公然为恶，无大节目可纪。既罢不复设，《史》遂略之，仅散见其文。《职官志》言其设，《明通鉴》言其罢，合之知仁、宣两朝尚有一全国军民之政皆受监于阉之事。假使宣宗崩后不罢，不知王振、刘瑾等用事遍天下成何景象。英宗初政成于太皇太后，任用三杨，此为明代一大关键。太皇太后即仁宗张后。后之贤有造于三朝，既崩而后王振肆恶，此不可不纪之又一事也。《明通鉴》此节本《纲目三编》,《三编》则本之《实录》。此最可信，亦最要之纪录，本纪不载，失之。

仁、宣朝事之美，《史》不胜书，尤多见于《仁宗张后传》《杨士奇传》。君明臣良，谏行言听，读之令人神往。此不备录。顾纵容内监，则如上所述矣，设内书堂，教宦官得为秉笔，事在宣德元年七月。每日奏御文书，自御笔亲批数本外，皆秉笔内官遵照阁中票拟字样用朱笔批行，遂与外庭交结往来矣。太祖定制："内侍干与政治者斩。"既奏御文书必经秉笔之手，则无政不与矣。宣宗英明，尚有亲批数本，后来嗣主之怠荒，即人主不与政，惟有秉笔太监与政矣。历代阉祸，岂非皆自宣宗造之？当即位初，诏求直言，有湖广参政黄泽上书言十事，其言远嬖佞，即反覆以宦官典兵干政为戒，帝嘉叹而不能用，旋即设内书堂，可知嘉叹之为好名浮慕。宣德六年十二月，诛中官袁琦，逮其党十余人皆弃市，先自经之马俊亦僇尸枭示，命都察院榜琦等罪示天下。然明年正月，即赐司礼太监金瑛、范洪免死诏，词极褒美。既罪琦等，以此示赏罚之公，而于中官之宠任者如故，免死诏乃与元勋之铁券相同，又开隆重刑余之特例。明一代之于宦官，真有固结不解之缘，安能为成祖以来解也？

至纳谏之美，《史》于仁、宣纪不胜纪，然其心以为忌而勉强容纳者，且不必论。仁宗之于李时勉，宣宗之于陈祚，则拒谏之烈亦奇。《李时勉传》："洪熙元年，复上疏言事，仁宗怒甚，召至便殿，对不屈，命武士扑以金瓜，胁折者三，曳出几死。明日，改交趾道御史，命日虑一囚，言一事。章三上，乃下锦衣卫狱，时勉于锦衣千户某有恩，千户适莅狱，密召医，疗以海外血竭，得不死。仁宗大渐，谓夏原吉曰：'时勉廷辱我。'言已勃然怒，原吉慰解之。其夕帝崩。宣宗即位已逾年，或言时勉得罪先帝状，帝震怒，命使者：'缚以来，朕亲鞫，必杀之。'已又令王指挥即缚斩西市，毋入见。王指挥出端西旁门，而前使者已缚时勉从端东旁门入，不相值，帝遥见骂曰：'尔小臣敢触先帝，疏何语？'趣言之，时勉叩头曰：'臣言："谅暗中不宜近妃嫔，皇太子不宜远左右。"'帝闻言色稍霁，徐数至六事止，帝令尽陈之，对曰：'臣惶惧，不能悉记。'帝意益解，曰：'是第难言耳。草安在？’对曰：‘焚之矣。’帝乃太息称时勉忠，立赦之，复官侍读。比王指挥诣狱还，则时勉已袭冠带立阶前矣。”此仁宗之本色发露时也。《陈祚传》：“出按江西，时天下承平，帝颇事游猎玩好，祚驰疏劝勤圣学，其略曰：‘帝王之学，先明理，明理在读书。陛下虽有圣德，而经筵未甚兴举，讲学未有程度，圣贤精微，古今治乱，岂能周知洞晰？真德秀《大学衍义》一书，圣贤格言，无不毕载。愿于听政之暇，命儒臣讲说，非有大故，无得间断，使知古今若何而治，政事若何而得，必能开广聪明，增加德业，而邪佞以奇巧荡圣心者自见疏远，天下人民受福无穷矣。’帝见疏大怒曰：‘竖儒谓朕未读《大学》耶？薄朕至此，不可不诛。’学士陈循顿首曰：‘俗士处远，不知上无书不读也。’帝意稍解，下祚狱，逮其家人十余口，隔别禁系者五年，其父竟瘐死。其时刑部主事郭循谏拓西内皇城修离宫，逮入面诘之，循抗辩不屈，亦下狱。英宗立，祚与循皆得释复官。”此宣宗之本色发露时也。仁宗闻直言而扑折其人胁骨，临死尚以为大恨；宣宗因《大学衍义》之书名，疑为藐其未读《大学》，至逮其家属隔别系狱，终其世不释，至瘐死其父，虽极暴之君不是过矣。然两朝之致太平则非虚语，惟尽心民事之效耳。民为邦本，使民得所，即为极治。虽有暗昧之嗣君，万恶之奄宦，穷荒极谬，犹数百年而后亡。读史者以此为龟鉴，无得罪于百姓，即为国之根本已得，其余主德之出入，皆非损及国脉之故也。

第七节　明代讲学之始

中国太古无征，自周以来，教在六经，传授六经者为孔氏。秦灭以后，掇拾废坠，卒用儒术，原本六经，以为国本。其后，传经派别，有考据、义理两宗，考据近乎科学，义理类乎宗教。世之治也，两派相辅而行；及其衰也，两派互相非毁。考据家病义理为空疏，义理家薄考据为玩物丧志。明、清两朝士大夫大抵尊重儒学，尤尊宋儒之义理，至清中叶始偏重汉学。明则始终未有此变，故气节操守，终明之世不衰，政教分合之故，读史者不可忽也。

元时卑视汉人、南人，汉人、南人之为学，自为风气，亦不乐与蒙古、色目为伍。南方为宋故都，儒学特盛，元一代学者承其流风，至入明犹有范祖干、谢应芳、汪克宽、梁寅、赵汸、陈谟诸儒，皆为心性之学，而措之躬行。《明史·儒林传》具载事实。当太祖时，儒者用世，若刘基、宋濂等皆粹然儒者，学以孔、孟为归。太祖尤乐闻儒术之言。《明史》列传二十三《陈遇等传》、二十四《陶安等传》、二十五《刘三吾等传》，其人纯驳不同，要其所陈皆不越孔门规范。太祖建国金陵，宫殿落成，不用前代画壁等美观之法，令遍书《大学衍义》以供出入省览。范祖干被召，即持《大学》以进。太祖问治道何先？对曰："不出是书。"太祖令剖陈其义，祖干谓帝王之道，自修身齐家以至治国平天下，必上下四旁，均齐方正，使万物各得其所，而后可以言治。太祖曰："圣人之道所以为万世法。吾自起兵以来，号令赏罚，一有不平，何以服众？夫武定祸乱，文致太平，悉是道也。"深加礼貌。当是时，太祖以不学之人，而天资独高，能追上理，一以孔氏之遗书身体力行，为天下先，可云政教合一之日。迨成祖则好尚已不如是归一，犹知选用儒臣，辅导太子太孙，纯谨之风，在士林未甚漓丧。仁宗享国日浅。宣宗自命文字甚高，然不解吾儒笃实之学，陈祚以《大学衍义》劝令儒臣讲说，无得间断。帝大怒，谓："竖儒薄朕未读《大学》。"囚系祚合家，终其世不赦，致其父瘐死狱中。试较太祖时之壁上遍书，愿时时省览之意，令人叹不学者独尊正学，杂学者竟以务习圣学为藐己。政与教不得不分，正学既不为君心所悦服，而上自公卿，下至士庶，犹知受教于纯儒，使孔、孟之道未坠于地，则不能不推讲学之功矣。明帝王之不知正学，自宣宗始，而讲学之风，亦始宣德时。明儒绍宋儒之学，史家皆言自月川先生曹正夫始。正夫，名端，以举人中会试乙科，为霍州学正，卒于宣德九年。其后即有薛文清公瑄，其名绩已多在英宗之世。今于宣宗以前，述月川学派，以明理学在明代之所自始。

《儒林·曹端传》："五岁见《河图》《洛书》，即画地以质之父。及长，专心性理，其学务躬行实践，而以静存为要。读宋儒《太极图》、《通书》、《西铭》，叹曰：'道在是矣。'笃志研究，坐下著足处，两甎皆穿。尝曰：'天下无性外之物，而性无不在焉。性即理也，理之别名曰太极、曰至诚、曰至善、曰大德、曰大中，名不同而道则一。'"《传》又言端作《川月交映图》拟太极，学者称月川先生。

按宋儒言太极，朱、陆间已有违言，明儒言太极者甚多，往往为人讪笑。据月川之说，以性理为太极，即所谓喜怒哀乐之未发也；静存之说，即所谓静中观喜怒哀乐也。人之性情不得其正，皆缘喜怒哀乐发不中节。儒者之心理学，乃从喜怒哀乐未发时先下功夫。人未有喜怒哀乐之先，性本得中，长保此中，不使一遇可喜、可怒、可哀、可乐而与之俱偏，然后可以应事接物。我有应完之性分，凡事凡物，不足移我性中之定理。此是儒家真本领，言之太涉玄妙，反招讪笑，则亦儒者托体太高，致入神秘之域，使人不可解说耳。《川月交映图》拟太极，即是静中所含喜怒哀乐未发之景象。

《史窃·道学曹端传》："知府郭晟造焉，问政，端曰：'其公廉乎！古人有言："吏不畏吾严而畏吾廉；民不畏吾能而畏吾公。"公则民不敢慢，廉则吏不敢欺。'晟拜手受教。"本《传》亦传此事，而语较简。其语极有味，故取其详者。上官问政，得其答语，拜手受教，讲学之风成。士大夫能折节向道，此教与政分而人知受教，所以维世道人心而不遽敝也。

《明通鉴》叙端事，有樵者拾金钗，以还其主。人以为异。樵曰："第不欲愧曹先生耳。"有高文质者，往观剧，中道而返，曰："此行岂可使曹先生知也！"此则教化被于途人，非真以身教不能得之。

第三章　夺　门

明至英宗之世，童年践祚，太皇太后最贤，抚帝听政，任用旧臣。初年纯守仁、宣遗范，而不纵宦寺则有胜焉。未几，慈宫崩御，阉竖擅权，毒流缙绅，身陷受辱，赖有弟监国，守御得宜，敌挟帝而无所利，卒奉驾还都修好，不可谓非景帝之功在社稷矣。但以争嗣易储，兄弟启衅，贪功之流，拥英宗复辟，反杀景泰时守御功臣，是谓夺门之案。传子宪宗，皆为阉所惑，政令驳杂，纲纪日替。赖有孝宗，挽以恭俭，使英、宪两朝之失德稍有救济，祖宗之修明吏治亦未遽尽坏。考明事者，以孝宗以前为一段落，不至甚戾祖德。故以英、宪、孝三朝合为夺门一案之时代，以述其政治之变迁焉。

第一节　正统初政

明自太祖、成祖以后，宣宗崩时未满四十，英宗嗣位时仅九岁。赖辅政者皆仁、宣旧臣，尤赖太皇太后贤明，导帝以委任旧人，一遵仁、宣之政，发号施令，蔚然可观。正统初年，在史为明代全盛之日，其实帝有童心，始终蛊惑于阉人王振，特太皇太后在日，帝尚有所畏惮，振亦未敢放恣耳。故即位以来之善政，不但不改前朝，且有为宣宗补过之处。宣德十年正月即位，是月即罢十三布政司镇守中官，其余减税钞复洪武旧额，罢金银朱砂铜铁坑冶，免其课。三月，放教坊司乐工三千八百余人。诏死罪必三覆奏。八月，减光禄寺膳夫四千七百余人。九月，诏四方毋进祥瑞。释陈祚、郭循于狱，复其官。皆宣宗时已略有缺失而一一为之补救者。其以王振掌司礼监，则亦在宣德十年九月，英宗嗣位之后。

王振盖宦官中狡黠最初之一人，《史·宦官传》但言其为“蔚州人，少选入内书堂，侍英宗东宫，为局郎。”又云：“帝尝以先生呼之。”考明严从简《殊域周咨录》：“王振，山西大同人，永乐末，诏许学官考满乏功绩者，审有子嗣，愿自净身，令入宫中训女官辈，时有十余人，后独王振官至太监，世莫知其由教职也。”王振之出身教职，俞曲园《笔记》曾举为异闻。今考《通鉴辑览》及《纲目三编》并《明书》，皆言洪武中设内官监典簿，掌文籍，以通书算小内使为之。又设尚实监，掌御实图书，皆仅识字，不明其义。及永乐时，始令听选教官入内教习，然则永乐时使教官人宫充教习，记载甚明，盖皆本《实录》。惟《周咨录》乃明言其净身始入，而王振即其中之一人，是以英宗称以先生，当由宦官宫妾习称有素。宣德元年之内书堂，改刑部主事刘翀为翰林修撰，专授小内使书。其后大学士陈山、修撰朱祚俱专是职。选内使年十岁上下者二三百人，读书其中，后增至四五百人，翰林官四人教习以为常。则自设内书堂以后，教内侍者为外廷之翰林院官，非复净身之辈。而正统初所教之小内使尚未深通文墨，独有王振为已读书而后为阉者，故得独出其所长，以弄冲主于股掌之上也。

仁、宣旧臣，正统初资望重者五人。《纪事本末》：“太皇太后张氏尝御便殿，英国公张辅，大学士杨士奇、杨荣、杨溥，尚书胡濙，被旨入朝，上东立，太皇太后顾上曰：‘此五人先朝所简贻皇帝者，有行必与之计，非五人赞成，不可行也。’上受命。有顷，宣太监王振，振至俯伏，太皇太后颜色顿异，曰：‘汝侍皇帝起居多不律，今当赐汝死。’女官遂加刃振颈。英宗跪为之说，诸大臣皆跪。太皇太后曰：‘皇帝年少，岂知此辈祸人家国。我听皇帝暨诸大臣贷振，此后不可令干国事也。’”《纲目三编》系此事于正统二年正月，后人以此时不诛振为惜，而责五臣不能成张后之美。

旧臣虽有五人，张辅武人，胡濙亦才不逮三杨，且其时政在内阁，故正统初政，责在三杨。杨士奇尤为国所倚重，史称士奇公正持大体，雅善知人，好推毂寒士，所荐达有初未识面者，而于谦、周忱、况钟之属皆用士奇荐，居官至一二十年，廉能冠天下，为世名流。然自英宗践祚，王振实早已挟帝用事，非特士奇莫能纠正，即太皇太后亦未尝不牵率其间。自宣德十年，振即掌司礼监，时辅臣方议开经筵，而振乃导上阅武将台，集京营及诸卫武职，试骑射殿最之。有纪广者，尝以卫卒守居庸，得事振，大见亲昵，遂奏广第一，超擢都督佥事。自此招权纳赂，诸大臣自士奇以下，皆依违莫能制。《史》又言太后尝遣振至阁问事，士奇拟议未下，振辄施可否，士奇愠，三日不出。太后问故，荣以实对，太后怒鞭振，仍令至士奇所谢罪，且曰：“再尔，必杀无赦。”此当是振始为司礼监时。正统元年三月，太皇太后以士奇等请，始开经筵，为前此数朝未有之重典。《明通鉴》言时振方用事，考功郎中李茂弘谓：“今之月讲，不过虚应故事，粉饰太平，而君臣之情不通，暌隔蒙蔽，此可忧也。”即日抗章致仕去。《纪事本末》言四年十月，福建按察佥事廖谟杖死驿丞，丞故杨溥乡里，佥事又士奇乡里也，溥怨谟论死，士奇欲坐谟因公杀人，争议不决，请裁太后。振曰：“二人皆挟乡故，抵命太重，因公太轻，应对品降调。”太后从之。降谟同知。振言既售，自是渐摭朝事。此不过谓张后之前振亦仍得干国事耳。其实，自元年以来，国事何一不为振所隐预。元年十二月，下兵部尚书王骥狱，则以振初用事，欲令朝臣畏己，会骥议边事，五日未奏，振教帝召骥而责之曰：“卿等欺朕年幼耶？”遂执骥及右侍郎邝埜下狱。寻释之。未几，右都御史陈智劾张辅回奏稽延，并劾科道不举奏，帝释辅不问，杖御史、给事中各二十。自是言官承振风指，屡摭大臣过，自公侯驸马伯及尚书都御史以下，无不被劾，或下狱，或荷校，至谴谪殆无虚岁。大臣下狱荷校，《史》所载甚多，兹不一一备录。既而太后复多病，益不及多问外事。五年三月，建北京宫殿。六年九月，奉天、华盖、谨身三殿，乾清、坤宁二宫成，宴百官。故事：中官不与外廷宴。是日，帝遣使问王先生何为？使至，振方大怒曰：“周公辅成王，我独不可一坐耶？”使复命。帝蹙然，命开东华中门，召振至，百官候拜于门外，振始悦。振之对帝如此，百官可知。七年十月，太皇太后张氏崩，振益无忌惮，遂去宫门所铸太祖禁内臣预政铁碑。三杨中荣于五年先卒，士奇耄，以子稷为言官所纠，坚卧不出，溥年老势孤，继登庸者皆萎靡，于是大权悉归振。《振传》言：“作大第皇城东，建智化寺，穷极土木。兴麓川之师，西南骚动。侍讲刘球因雷震上言，八年五月，雷震奉天殿，勅修省求良言。陈得失，语刺振，振下球狱，使指挥马顺支解之。大理少卿薛瑄、祭酒李时勉素不礼振，振摭他事陷瑄几死，时勉至荷校国子监门。御史李铎遇振不跪，谪戍铁岭卫。驸马都尉石璟詈其家奄，振恶贱己同类，下璟狱。怒霸州知州张需禁饬牧马，校卒逮之，并坐需举主王铎。又械户部尚书刘中敷、侍郎吴玺、陈瑺于长安门。所忤恨辄加罪谪。内侍张环、顾忠、锦衣卫卒王永心不平，以匿名书暴振罪状，事发，磔于市，不覆奏。帝方倾心向振，尝以先生呼之，赐振敕极褒美。振权日益积重，公侯勋戚呼曰‘翁父’。畏祸者争附振免死，赇赂凑集。工部郎中王祐以善谄擢本部侍郎，《纪事本末》：“祐貌美而无须，善伺候振颜色，一日振问曰：'王侍郎何无须？'对曰：'老爷所无，儿安敢有？'"兵部尚书徐晞等多至屈膝，其从子山林至荫都督指挥，私党马顺、郭敬、陈官、唐童等并肆行无忌，久之构衅瓦拉，振遂败。"以下入下节土木之变。

自正统初至十四年王振挟帝至土木被瓦剌也先所掳，其间政事，前七年上有太皇太后，下有三杨，号称平治，而振实已操权于其间；至后七年，则天下明认权在王振，帝虽日益长大，而倚赖振如父师。迨至蒙尘幸返，复辟以后，犹申讨前日诛戮振党之人，刻木为振形，招魂以葬，祀之智化寺，赐祠曰精忠。而振门下曹吉祥复以夺门功，有宠颛政，此亦见英宗之执迷不悟矣。顾明之根本，初不以此而甚被摧败，则以祖宗立法之深厚，于民生二字，虽至暗之君，至凶之阉，不敢漠视，士大夫稍受荼毒，实无关全国元气，以故君掳而国不摇，人民无离叛之意，敌国外患，反为廓清阉焰之一助，其后于明之全盛无损也。此可以知民为邦本之说，理不可移。其时之民，尚信明帝室足庇以安，孔子所谓必不得已，去兵去食，惟信不可去，"自古皆有死，民无信不立。"斯言足于明英宗之世得一证明也。恤民之政，在正统七年以前，屡见《纪》《传》者弗论。八年以后，尚仍之不改，《纲目三篇》于五年秋七月书："遣刑部侍郎何文渊等分行天下，修荒政。"据《实录》云："时太皇太后专以养民为务，每四方水旱，振济动亿万计，蠲免灾粮或数百万石，闾阎安乐，虽灾不为害。迨王振用事，悉反初政，惟蠲租振荒，尚仍之不改。"此明见之史文者。盖累朝家法，已成天经地义，官吏可以摧残，惟人民不可扰。且当时国无滥费，蓄积甚厚，凶阉求货，其道甚宽，以后累世权豪阉宦，剥削不尽，迭见以后数篇。至万历之末，始直接逼取民膏，至民实无以聊生，而后内乱外患交迫而至，二百余年巩固之业一朝而覆，民生之所系如是，盖民不信明之尚能庇我，即于覆亡无所惜耳。

第二节　土木之变

《明史·瓦剌传》：“瓦剌，蒙古部落，在鞑靼西。元亡，其强臣猛可帖木儿据之，死，众分为三：其渠曰马哈木，曰太平，曰把秃孛罗。永乐六年，遣使来朝，贡马请封。明年夏，封马哈木为特进金紫光禄大夫顺宁王，太平为特进金紫光禄大夫贤义王，把秃孛罗为特进金紫光禄大夫安乐王。后马哈木死，子脱欢请袭爵。十六年，封为顺宁王。宣德九年，脱欢袭杀阿鲁台。正统初，脱欢内杀其贤义、安乐两王，尽有其众，欲自称可汗，众不可，乃立元后脱脱不花，以先所并阿鲁台之众归之，自为丞相。四年，脱欢死，子也先嗣，称太师淮王。于是北部皆服属也先，脱脱不花具空名，不复相制。每入贡，主臣并使，朝廷亦两敕答之。”此瓦剌也先已往之略历。

《纲目三编》：“正统十四年七月，卫拉特瓦剌，清代改译为卫拉特，今尚称卫拉特旗。分道入寇。自正统初以来，卫拉特遣使入贡，王振以藻饰太平为名，赏资金帛无算，凡所请乞，亦无不予。已而额森也先清代改译作额森。以二千人贡马，号三千。振怒其诈，令礼部计口给饩，虚报者皆不与，而所请又仅得五之二。额森恚怒，遂诱挟诸部分道大举入寇。此据《实录》所叙，较《瓦剌传》于王振召衅，原委较明。托克托布哈即脱脱不花。以乌梁海即兀良哈寇辽东，阿喇知院寇宣府，围赤城，别将寇甘肃，额森自拥众从大同入，至猫儿庄，参将吴浩迎战败死，西宁侯宋瑛、武进伯朱冕、都督同知石亨与额森战于阳和口，为监军太监郭敬所挠，瑛、冕战殁，亨单骑奔还，敬伏草中得免，《瓦剌传》：“郭敬监军，诸将悉为所制，军尽覆。”诸边守将俱逃匿。”郭敬为王振私人，见上节引《王振传》。此为瓦剌入寇已闻之败报。又云：

“边报日数十至，王振劝帝亲征，兵部尚书邝埜、侍郎于谦力言六师不宜轻出。不听。吏部尚书王直率百官力谏，亦不纳。遂下诏令郕王居守，郕王名祁钰，帝弟，帝陷虏，遂即位，是为景泰帝。车驾即发京师，振及英国公张辅、诸公侯伯尚书侍郎以下官军私属五十余万人从行，仓卒就道。《纪事本末》：“命下二日即行。”军中常夜惊，过居庸关，群臣请驻跸，不允。至宣府，风雨大至，边报益急，群臣交章请留，振虓怒。成国公朱勇朱能子。等白事，皆膝行听命，尚书王佐、邝埜忤振意，跪草中，至暮不得请。钦天监正彭德清，振私人也，告振曰：‘象纬示儆，再前恐危乘舆。’振曰：‘倘有此，亦命也。’学士曹鼐曰：‘臣子不足惜，主上系社稷安危，岂可轻进！’振终不从。至阳和，宋瑛、朱冕败歿处。见伏尸满野，众益危惧。八月戊申朔，帝至大同，王振尚欲北行，郭敬密止之，敬在阳和败时，匿草中幸免，故能言其状。始班师。振初议从紫荆关道由蔚州，邀帝幸其家，既恐蹂其乡禾，复改道宣府。”

《纪事本末》：“振班师，大同总兵郭登告学士曹鼐等，车驾入，宜从紫荆关，庶保无虞。王振不听。振，蔚州人，蔚州，明属大同府，故振亦称大同人。清改属宣化府。因欲邀驾幸其第，既又恐损其禾稼，行四十里，复转而东。”此所叙起人误会，似谓振之不从紫荆关，因欲邀驾至蔚州，既又恐损禾稼，复转而东，又拟转由紫荆关矣。按紫荆关在易州，由大同东南行，经蔚州入紫荆关，即至顺天府界。若由此路，安得为也先所邀？《史·鞑靼传》亦同《三编》，惟云改道宣府，军士纡回奔走，壬戌，八月十五。始次土木。《英宗纪》：庚戌师还，是为八月初三。丁巳次宣府，是为初十。庚申，瓦剌兵大至，吴克忠兄弟战歿，朱勇等救之，遇伏，全军尽覆，是为十三日。辛酉次土木，被围，壬戌师溃，帝北狩。较《瓦剌传》详确。足明当日师行日期，为虏所及，全由王振之罪，若由紫荆关，旬日已至京师矣。

又云：“邝埜再上章，请疾驱入关，严兵为殿。不报。又诣行殿申请。振怒曰：‘腐儒安知兵事？再妄言必死。’埜曰：‘我为社稷生灵，何得以死惧我？’振愈怒，叱左右挟出之。及发宣府，额森兵袭军后，邝埜所请疾驱入关，即入紫荆关。及发宣府，额森兵袭军后，即庚申诸将败殁之日矣。次日，帝犹行次土木。恭顺侯吴克忠及其弟都督克勤御之，力战死，后军溃散略尽。成国公朱勇、永顺伯薛绶帅师四万往援，次鹞儿岭遇伏，全军俱覆。辛酉，次土木，日未晡，去怀来仅二十里，众欲入保城中，振辎重未至，留待之，即驻营土木，地无水草，敌已合围，掘井深二丈余不得水，其南十五里有河，已为敌所据，人马饥渴，束手不得动。敌分道自麻峪口入，都指挥郭懋拒战终夜，敌益增。明日，围御营，不得发，额森遣使议和，帝诏曹鼐草敕许之，敌佯退，振遽令移营，回旋间，行列已乱，敌以劲骑四面蹂躏入，大呼解甲投刃者不杀，众裸袒蹈藉死，尸蔽塞川野，诸宦竖宿卫士矢被体如蝟。帝与亲军突围不得出，下马据地坐，敌拥之去，中官喜宁从。振等皆死，官军死伤者数十万，英国公张辅等五十余人皆死。帝既入敌营，敌以校尉袁彬来侍。额森拥帝至宣府，传谕杨洪、罗亨信开门出迎，城上人对曰：‘所守者陛下城池，日暮不敢奉诏。’乃复拥帝至大同索金币，广宁伯刘安、都督佥事郭登、侍郎沈固、给事中孙祥、知府霍瑄等出谒，伏地恸哭，以金二万余及宋瑛、朱冕、内臣郭敬家资进帝，帝以赐额森等。是时敌营城西，登谋遣壮士劫营迎驾，不果，额森遂拥帝北行。

“帝入敌营之明日，命袁彬作书，遣千户梁贵赍以示怀来守臣，言被留状，且索金帛。守臣送至京师，以是夜三鼓从西长安门入，太后遣使赍金宝文绮，载以八骑，皇后括宫中物佐之，诣额森营，请还车驾。群臣闻之，聚哭于朝，议战守。时京师疲卒羸马不满十万，人情汹汹，侍讲徐珵大言曰：‘验之星象，稽之天数，天命已去，惟南迁可以纾难。’理后改名有贞，谮杀于谦，见下夺门节。《史·本传》言珵于天官、地理、兵法、水利、阴阳、方术之书无不谙究。本年（正统十四年）秋，荧惑入南斗，珵私语友人刘溥曰：“祸不远矣。”亟命妻子南还。《纪事本末》且云珵妻重迁，有难色。珵怒曰："尔不急去，不欲作中国妇耶？"乃行。珵之前知如此。然天命已去，惟南迁可纾难之说，竟不售，且都城亦未破，妻子不去，亦未至遂不为中国妇。"荧惑人南斗，天子下殿走。"古有是占，而珵信之。其实何足为信？《史·天文志》：正统十四年，七月己卯朔，荧惑留守斗。此即徐珵所占。而其前洪武十五年九月乙丑，荧惑犯南斗。十九年四月己亥，留斗。七月辛巳，犯斗。八月丁亥，犯斗，则二十三年正月甲戌人斗。终洪武之世，所见者如此，当时又何尝以此为变怪乎？尚书胡濙不可，曰：'文皇定陵寝于此，示子孙不拔之计也。'侍郎于谦厉声曰：'言南迁者可斩也。京师天下根本，一动则大事去矣，独不见南渡乎？请速召勤王兵，誓以死守。'学士陈循是谦言，力赞之。太监兴安亦厉声曰：'若去，陵寝将谁与守？'金英因叱珵出之。太后以问太监李永昌，对曰：'陵寝宫阙在兹，仓廪府库百官万姓在兹。'辞甚切。太后悟，议遂定，中外始有固志。越三日，太后遣额森使不得报，命郕王总百官，大小事俱启王始行。"

第三节 景泰即位后之守御

《英宗纪》："正统十四年八月乙丑，皇太后命郕王监国。"

《纪》又言："甲子，京师闻败，群臣聚哭于朝，侍讲徐珵请南迁，兵部侍郎于谦不可。"是即议定固守之日。前言帝入敌营之明日即癸亥日，八月十六。帝书示怀来守臣索金帛，守臣送京师，是夜三鼓入西长安门，明日朝堂聚哭，即甲子日。十七。太后皇后以金实文绮诣也先营迎驾，自与聚哭同时，越三日不得报，乃命郕王总百官。与此所谓乙丑十八。即命监国者微异，或监国尚非总百官耶？

《纪》又言："己巳，二十二日。皇太后命立皇子见深为皇太子。"

《纪事本末》："上北狩，太后召百官入，集阙下，谕曰：

‘皇帝率六军亲征，已命郕王临百官，此谓帝亲征时命郕王祁钰居守。然庶务久旷，今特敕郕王总其事，群臣其悉启王听令。’此即命为监国，惟未书明其日。辛未，太后诏立皇长子见深为皇太子，时年二岁，命郕王辅之，诏天下曰：‘迩者寇贼肆虐，毒害生灵，皇帝惧忧宗社，不遑宁处，躬率六师问罪，师徒不戒，被留王庭。神器不可无主，兹于皇庶子三人，选贤与长，立见深为皇太子，正位东宫，仍命郕王为辅，代总国政，抚安万姓。布告天下，咸使闻知。’”则所谓太后命总百官，与立太子同日，诏天下文具在，自必可信。纪书立太子在己巳，是甲子败报闻，乙丑先命监国，而两宫之金帛亦于乙丑遣使赍之北行，越三日不得报，即越丙寅、丁卯、戊辰三日，至己巳，遂立太子而命郕王总百官以为之辅也。诏文明白，传位自在太子；总百官以辅政自在郕王。后来即位，犹曰以长君绝敌之望，至易储则景帝之私，尽改初议，所以肇夺门之祸，不可讳矣。清帝《御批辑览》并责郕王不当即帝位，此又属帝王之私心。若也先不闻明已有君，视蒙尘之帝若赘，岂肯送之使返？最上，俟帝反即归政；次则不易储以终，令帝统属英宗之后，人心亦无所不平，且孰不念危城守御之绩。特从《纪事本末》具录诏文，所以立夺门之案也。

《纲目三编》：《三编》此文，剪裁《纪》及《于谦》《王振》各列传，详略有法，故用其文。郕王摄朝，御午门左门，右都御史陈镒等恸哭请族诛王振，振党马顺叱群臣退。给事中王竑捽顺发啮其肉，骂曰：“汝倚振作威，今尚敢尔耶？”与众共击之，立毙。朝班大乱，卫卒声汹汹，王惧欲起，于谦直前掖王止，请王宣谕百官曰：“顺等罪当死，勿论。”众乃定，谦袍袖为之尽裂。寻执王山至，令缚赴市磔之，《纪事本末》谓山及弟林皆从驾死于兵，所斩乃其族属。《振传》则谓王命脔山于市，与《三编》同。振族无少长皆斩，籍其家，得金银六十余库，玉盘百，珊瑚高六七尺者二十株，他珍玩无算。已而郭敬自大同逃归，亦籍其家，下狱锢之。方于谦之止王谕众也，既定，退出左掖门，吏部尚书王直最笃老，执谦手曰：“国家正赖公耳，今日虽百王直，何能为？”于是朝廷益倚重谦，谦亦毅然以社稷安危为己任。上言：“寇得志，要留大驾，势必轻中国，长驱而南。请饬诸边守臣协力防遏。京营兵械且尽，亟分道募兵，令工部缮器甲，修战具，分兵九门，列营郭外。附郭居民，皆徙入内。文臣如轩輗者，宜用为巡抚，武臣如石亨、杨洪、柳溥者宜用为将帅。至军旅之事，臣身当之，不效则治臣之罪。”王深纳焉。征两京、河南、山东、江北军入卫。时议欲焚通州仓以绝寇资，会应天巡抚周忱在京，言：“仓米数百万，可充京军一岁饷，令自往取则立尽，何至遂付灰烬？”于谦以为然，王乃令京官及军，有能运通州粮至京者，官以脚直给之。都御史陈镒总其事。

通州运粮事，《三编》叙法稍不明。盖官与军各预支俸米，惟不能留存在通，必运至京，运者仍加给米为脚直。《于谦传》：“通州积粮，令官军自诣关支，以赢米为之直，毋弃以资敌。”又其动议由周忱亦见《忱传》。凡此见应急之策，亦自有两利之道，若但知资敌可虑，竟付焚如，岂不于国受大损？后来屡有用此法者，不可忘诸贤擘划之功也。

九月，廷臣合辞请皇太后曰：“车驾北狩，皇太子幼冲，古云：‘国有长君，社稷之福。’请定大计，以安宗社。”太后允之。群臣以太后旨告王，王惊谦再三，避归郕邸。群臣复固请，于谦曰：“臣等诚忧国家，非为私计。”会都指挥岳谦使卫喇特还，口传帝旨，以王长且贤，令继统以奉祭祀。王始受命。癸未即位，以明年为景泰元年，遥尊帝为太上皇帝。十月，也先奉上皇至大同，阉喜宁初从上皇北狩，遂附也先为间谍，尽以中国虚实告之，教也先奉上皇至边，胁诸将开关，召总兵镇守官，出见则留之，可以得志。也先以为然，乃诡言奉上皇还京，至大同，总兵官郭登不纳，遣人谢曰：“赖天地宗社之灵，国有君矣。”也先知有备，不敢攻。登驰蜡书入奏，京师戒严。

> 《登传》言：“朱勇等军覆，仓猝议旋师，登告学士曹鼐、张益曰：‘车驾宜入紫荆关。’王振不从，遂及于败。当是时，大同军出多战死，城门昼闭，人心汹汹，登慷慨奋励，修城堞，缮兵械，拊循士卒，吊死问伤，亲为裹创敷药，曰：‘吾誓与此城共存亡，不令诸君独死也。’”又云：“登初至大同，士卒可战者才数百，马百余匹，及是马至万五千，精卒数万，屹然成巨镇。登去，大同人思之。”若登者，可为能尽职矣。而清代《御批辑览》深斥登之拒君，此诚所谓御批，知惜其身而可弃其国。又以登能守大同，而不能使白羊、紫荆二关不失，致也先直犯京师，以见其不纳君之罪。夫登守大同，若各关守将皆如登，也先何致阑入？大同无兼制各关之责，何以归罪于登一人？如果大同纳也先兵，挟天子以令内地各文武，自登为倡，皆相率入于敌矣。

壬子，十月初五。诏诸王遣兵入卫。乙卯，初八。命于谦提督诸营将士，皆受节制，都指挥以下，不用命者，先斩以徇，然后奏闻。乃议战守之策，石亨请尽闭诸门，坚壁以老之。谦曰：“贼张甚，又示之弱，是愈张也。”乃分遣诸将兵二十余万，列阵九门外，谦自与亨帅副总兵范广等阵于德胜门以当贼冲，悉闭诸城门，绝士卒反顾。下令：“临阵，将不顾军先退者，斩其将；军不顾将先退者，后队斩前队。”于是将士知必死，皆用命。也先自大同至阳和，进陷白羊口，守将遁，守备通政使谢泽扼山口，兵溃，叱贼被杀。丙辰，初九。也先抵紫荆关，喜宁导之夹攻关城，守备都御史孙祥、都指挥韩青战死，关遂陷，长驱而东。丁巳，初十。诏宣府、辽东总兵官，山东、山西、河南、陕西巡抚皆入援。也先自紫荆关奉上皇过易州，至良乡，父老进茶果羊酒。进次卢沟，园官进果。上皇作书三：一奉皇太后，一致帝，一谕文武群臣。

此三书必受也先之命，诱胁宫府，以导敌入京者。英宗既被掳，受也先指使不获自由，亦无足怪。惟如《郭登传》，言登拒也先奉英宗欲入大同时，英宗遣人诏登曰："朕与登有姻，何拒朕若是？"登奏曰："臣奉命守城，不知其他。"英宗衔之。太祖女永嘉公主嫁郭镇，镇为英子，登又英孙，故云有姻。后英宗复辟，登几不免，以言官劾，论斩宥死，降都督佥事，立功甘肃。则英宗本意，亦竟以守土相拒为不然矣。清代《御批》亦深以丧君有君之说为非，此真君主之偏见也。

戊午，十一日。也先兵薄都城，列阵至西直门，上皇止德胜门外。是日，都督高礼、毛福寿败敌彰义门北，杀数百人，夺还所掠千余口。己未，十二日。寇拥上皇登土城，喜宁嗾也先邀大臣迎驾，帝以通政司参议王复为右通政，中书舍人赵荣为太常少卿，出城朝见。喜宁又嗾也先以二人官小，邀于谦、石亨、胡濙、王直出见，索金帛万万计。复、荣不得见上皇而还。廷臣欲议和，遣人至军中问谦，谦曰："今日止知有军旅，他非所敢闻。"已而也先遣骑窥德胜门，谦、亨设伏空舍，令数骑诱敌，敌遂以万骑来薄，伏兵出，范广发火器击之，也先弟孛罗、平章毛那孩中炮死。敌转至西直门，都督孙镗斩其前锋数人，逐之，敌益兵围镗，镗力战不解，会石亨分兵至，敌引退，欲还土城，居民皆升屋呼号，争投砖石击敌，嚣声动地，会佥都御史王竑督毛福寿、高礼援至，寇乃引去。也先初轻中国，既至相持五日，邀请既不应，战又辄不利，其别部攻居庸者五万，会天大寒，提督守备居庸关兵部员外郎罗通汲水灌城，冰坚不得近，七日，敌遁走，通追击之，三战三捷，斩获无算。也先大沮，又闻勤王师且至，壬戌十五日。夜拔营，由良乡而西，大掠所过州县，仍拥上皇北去。帝以谦、亨功大，封亨武清侯，加谦少保，总督军务，谦辞曰："四郊多垒，卿大夫之耻也，敢邀功赏哉？”固辞，不允。甲子，十七日。也先拥上皇出紫荆关。丁卯，二十日。诏止诸藩及各镇勤王兵。

也先入寇，脱脱不花在后，未入关，闻败而遁。时瓦剌君臣鼎立，也先专兵最多，脱脱不花虽为汗，兵数少，阿拉知院兵又少，三人外亲内疏，其内犯利多归也先，而害则均受。至是脱脱不花遣使入贡，帝从胡濙、王直等议，厚赏赐以间之。十一月壬辰，十六日。上皇至瓦剌老营，惟袁彬、哈铭从。自出紫荆关，连日雨雪，上皇乘马踏雪而行，上下艰难，遇险则袁彬执鞚，哈铭随之。哈铭，蒙古人，幼从其父为通事，至是亦侍上，上宣谕也先尝使铭，也先辈有陈请，亦铭为转达。既至虏营，也先来见，宰羊拔刀，割肉为敬。寻值上皇圣节，进蟒衣貂裘，设筵宴，尝谓上皇曰：“中朝若遣使来，皇帝归矣。”上皇曰：“汝自送我则可，欲中国遣使，徒劳往返。”喜宁闻而怒曰：“欲急归者彬也，必杀之。”

英宗在北，《史》言：“初入敌营，也先有异志，雷震死也先所乘马，而帝寝幄复有异彩，乃止。及上皇至老营，所居毳帐每夜有赤光，绕其上若龙蟠，也先大惊异，寻欲以妹进，上皇却之，愈敬服，自是五七日必进宴，稽首行君臣礼。”凡此等语，皆中国自文饰之词，其中惟却也先妹，为所敬服，或是实事。

十二月，喜宁劝也先西犯宁夏，掠苑马，直趋江表，居上皇南京。袁彬谓上皇曰：“天寒道远，陛下又不能骑，徒取冻饥，且至彼而诸将不纳，奈何？”上皇亟止宁计。宁愈欲杀彬，屡谮之也先，上皇力解乃止。

景泰元年闰正月甲寅，初九日。也先寇宁夏，用喜宁计。庚午，二十五日。寇大同，至沙窝，郭登召诸将问计，或言：“贼众我寡，莫若全军而还。”登曰：“我军去城百里，一思退避，人马疲倦，贼以铁骑来逼，即欲自全得乎？”按剑起曰：“敢言退者斩。”径薄贼营，奋勇击之，诸将继进，呼声震山谷，遂大破其众，追奔四十余里。又败之栲栳山，斩贼首甚众，夺所掠男女一百十六人，马九十八匹，牛骡驴六百二十一头，器械四百有奇。自土木败后，边将无敢与寇战，是役，登以八百骑破寇数千，军气益振。捷闻，封定襄伯。后寇数至，登屡击却之。以上为《纲目三编》据《实录》，所叙较详。《登本传》则稍略。《瓦剌传》言：“景泰元年，也先复奉上皇至大同，郭登不纳，仍谋欲夺上皇，也先觉之引去。”凡此皆上皇之所以获归，敌以乞和中国，赖朝贡为谋利之地，战不能胜，必出于和，不还上皇何待？凡勇于却敌者，即忠于返上皇者也。清《御批》亦知和不可议，又以拒君为非。郭登之于上皇，力夺则可，为敌所诱，以迎驾为导敌则不可。此与于谦辈意合，所以卒能有成也。君主偏见，其论直自相矛盾而已。

二月壬辰，叛阉喜宁伏诛。先是，宁数导诱也先扰边，上皇患之，言于也先，使宁及总旗高𨯖等还京索礼物，而命袁彬以密书付𨯖，俾报宣府，设计擒宁。宁抵独石，宣府守将设伏野狐岭，令𨯖给宁至其地，伏尽起，𨯖直前抱持之，遂擒宁送京师，群臣杂治磔于市。上皇闻宁诛，喜曰：“自此边境稍宁，吾南归有日矣。”喜宁亦王振私人，从上皇北行，上皇竟能设计除之，不以昵振者昵宁。此其一隙之明，所以犹得返国，返国后又念振不已，终为下愚而已矣。是年四月，浙江镇守中官李德上言：“诸臣擅杀马顺，同于犯阙，贼臣不宜用。”下廷议，于谦以为不足问。上曰：“诛乱臣，所以安众志。卿等忠义，朕已知之，勿以德言介意。”此为《明通鉴》文。其详见《王竑传》。廷臣请族王振，郕王使出待命，众伏地哭请，马顺廷叱诸臣，竑时为户科给事中，首捽顺发，且啮其面，众共击之毙。王深重竑，且召言官慰谕甚至矣。至是阉党已发此议，虽不从而亦终不抑奄焰，不待天顺复辟而始翻族振之狱也，喜宁其阉之不幸者矣。

景泰元年三月间，瓦剌迭寇朔州、宁夏、庆阳，官军御敌，互有杀伤，民被杀掠甚众。大同参将许贵奏："迤北有三人至镇，欲朝廷遣使议和。"于谦曰："前遣季铎、岳谦往，而也先随入寇；季铎等以上年九月奉使，以太后命达之上皇。继遣王复、赵荣，不见上皇而还。见上。况我与彼，不共戴天，理固不可和；万一和而彼肆无厌之求，从之则坐困，不从则速变，势亦不得和。贵居边疆重地，恇怯若此，何以敌忾。"移檄切责。自是边将无敢言和者。敌寇边不得志，势必求和，求和而上皇自返，若和议起自中国，则坐听要挟而已。明廷一意用于谦，庙算先定，较之南宋，惟主和而徽、钦卒不能返，景帝非真欲上皇返者，而不知袭宋高宗之故智，以和议误军事，此则明宗社之幸，而亦景帝之城府不深也，若于谦则诚社稷之臣矣。

是月，郭登败敌于大同。四月，总兵官朱谦力战退敌于宣府。是时敌锐而骄，以宣府、大同可旦夕下，而谦与登屡却之。其他近边屡扰，不免杀掠，而皆非敌敢深入之地。会喜宁已诛，也先失其间谍，所部多死伤，而脱脱不花汗、阿拉知院自遣使议和后，皆撤所部归，于是也先亦欲息兵。又耻自屈，乃先令阿拉知院遣参政完者脱欢等至怀来议和。边将以闻，帝用陈循言，赍使令还，而以敕谕阿拉，未行，也先忽拥上皇至大同，遣使赍文书，以讲和为言，而自率众至城下。郭登仍欲谋夺上皇，敌觉，遂拥上皇去。登以使及书奏，帝厚赉使，令与完者脱欢偕还。

> 敕谕阿拉文略曰："我朝与尔瓦剌和好，也先违天犯顺，朕兄太上皇帝兴师问罪，也先又辄遮留，毒我生灵，残我边徼。朕嗣承大统，宗室臣民，咸请兴兵讨罪复仇。朕念也先屡请送大驾回京，以故遣人赐书授赏，乃也先诡诈反复。今阿拉又使至，朕欲从尔，但闻也先仍聚众塞上，意在胁挟，义不可从。即阿拉必欲和好，待瓦剌诸部落北归，议和未晚，

不然，朕不惜战也。”

王直率群臣上言：“也先求成于我，请还乘舆，此转祸为福之机，望陛下俯从其请，遣使往报，因察其诚伪而抚纳之，奉太上皇以归，少慰祖宗之心。”帝曰：“卿等言良然，但前后使者五辈往，终不得要领。今复遣使，设彼假送驾为名，来犯京师，岂不为苍生患？贼诈难信，其更议之。”已而阿拉使复至，胡濙等复以为言。于是帝御文华门，召廷臣，谕以宜绝状。直又对曰：“必遣使，无贻后悔。”帝不悦曰：“朕非贪天位，当时见推实出卿等。”尚书于谦从容曰：“天位已定，宁复有他？顾理当速奉迎，万一彼果怀诈，我有词矣。”上乃顾谦改容曰：“从汝从汝。”议遂决。时礼科给事中李实慨然请行，以实为礼部右侍郎，大理寺丞罗绮为少卿，及指挥马显等，令赍玺书谕瓦剌君臣。时在景泰元年六月。以二十七日己亥，实等奉使，至七月初七日己酉，实等至瓦剌营，也先既见，读玺书毕，乃导谒上皇。时上皇仍居伯颜帖木儿营，惟袁彬、哈铭侍，实等见上皇泣，上皇亦泣，因问太后、皇上，又问二三大臣，泫然曰：“处此逾年，始见卿等。”实等颇以上皇前宠王振太过，以致蒙尘，请还京引咎自责。上皇意不怿。《实本传》：实使时失上皇意，后以居乡暴横，斥为民。

实等既行，脱脱不花及也先所遣使皮儿马黑麻等复至趣和。诏礼之，赐之宴。使者言于馆伴曰：“昨知院使来，朝廷使人偕往。今吾等乃汗及太师所命，若不报使，事必不济。”胡濙等奏其语，廷议请简四人往，帝命俟实还议之。及使者将返，王直等固请报使，庚申，七月十八。遣右都御史杨善及工部侍郎赵荣为正使，以都指挥同知王息、锦衣卫千户汤允勣副之，赍金银书币以往。濙等言：“上皇在瓦剌久，御用服食，宜付善等随行。”不报。未几实还，述也先语云：“迎使夕来，大驾朝发。”廷议请更遣大臣。帝曰：“杨善既去，不必更遣，但以奉迎意致也先，即令善迎归足矣。”

景帝之于上皇，始终无迎驾之说致也先，其不欲上皇之归，自是本意。但其阻上皇之归，乃纵令诸将奋勇御敌，而不与敌和，使敌失贡市之利，则愈阻驾返而敌之送驾愈急矣。宋高宗之不迎两宫，乃日日言迎驾，日日言求和，杀猛将以媚敌，输厚币以饵敌。敌以为一失两宫，中国未必帖服如是。此其冒屈己迎驾之名，而行其恋位忘亲之计，蹙国土，堕国威，均无所惜。故景泰之较宋高宗，其功罪不可以道里计也。英宗被掳而明犹全盛，景帝之不负祖业，不涉阴险，实明宗社之福矣。

太监《兴安传》：“也先遣使议和，请迎上皇，廷议报使，帝不怿，令安出呼群臣曰：‘公等欲报使，孰可者，孰为文天祥、富弼？’词色俱厉。尚书王直面折之，安语塞。及遣李实往，敕书不及迎上皇，实惊走白内阁，遇安，安复诟曰：‘若奉黄纸诏行耳，他何预？’”此李实初使时未有迎驾敕也。实未返而杨善继往，仍非迎驾专使，迨实返而议遣迎使，帝终不使，但令善口述奉迎，即由善迎回足矣云云。愈不欲迎驾而驾返愈速，竟以杨善口语而得之。《善传》又言：“也先曰：‘敕书何以无奉迎语？’善曰：‘此欲成太师令名，使自为之，若载之敕书，是太师迫于朝命，非太师诚心也。’也先大喜。”此又见迎驾之终无敕语。《史》以此归功于善之辞令，辞令特实力之外表耳，不有主战之君相，戮力之诸将，敌岂口舌所能挫？此古今论交涉之标准也。

王直等诸臣多言宜遣奉迎专使，帝不得已，乃从群臣议，乃遣实往报，既而曰“俟善归议之”，卒不遣。己巳，七月廿七。善至瓦剌，时瓦剌即在鞑靼之地，故往来甚速，善与也先问对，备详《善本传》中。次日即见也先，竟许善请。《善传》又言：“知院伯颜帖木耳劝也先留使臣，而遣使要上皇复位。也先惧失信，不可，云云。”也先果守信如此耶？盖一要请而中国即不奉迎耳。又次日，也先引善谒见上皇。又二日，八月初二日癸酉，上皇即发自瓦剌。此皆《景帝纪》所书之日，盖使至瓦剌，四日而以上皇归，迎驾为莫大之事，四日为至短之期，口语无敕为至轻简之举动，一时或称杨善之能不辱命，或称也先之前倨后恭，而于景帝则惟见贪位拒兄之失，不知其能任将相，力战自强，功在列祖列宗，以后之国祚，倍于以前而又过之，谁之功也？

《明史·瓦剌传》："也先设宴饯上皇行，也先席地弹琵琶，妻妾奉酒，顾善曰：'都御史坐。'善不敢坐。上皇曰：'太师着坐便坐。'善承旨坐。即起，周旋其间。也先顾善曰：'有礼。'伯颜等亦各设饯毕。也先筑土台，坐上皇台上，率妻妾部长罗拜其下，各献器用饮食物。上皇行，也先与部众皆送，约半日程，也先、伯颜乃下马伏地恸哭曰：'皇帝行矣，何时复得相见？'良久乃去，乃遣其头目七十人送至京。"是为上皇返跸，终景泰守御之效。

第四节　景泰在位日之功过

正统十四年九月，帝即位，巡抚山西副都御史朱鉴请罢内官监军。不从。已而山东布政使裴纶言："山东既有巡抚，又设内官镇守，有司供应，以一科十，实为扰民。请下廷议，凡内地已有巡抚者，镇守内官悉召还京。"疏入，责纶陈状，纶服罪乃已。时临洮府同知田旸、听选知县单宇、举人段坚、工部办事吏徐镇俱上言请召还监军镇守中官，诏以为祖宗旧制不可更，皆不纳。其后南京军匠余丁华敏上书言宦官十害，文具《敏本传》，事下礼部，寝不行。

以上出《纲目三编》，《三编》多据《实录》。史惟单宇、段坚、华敏有传。景帝不以王振为鉴，袒护中官，动以祖制为口实，知永乐之纵容阉宦，为明累世之毒，景帝固中人之资，不足言大振作也。

景泰间用事之阉，独一兴安为著。安于迎驾事，体帝意颇事阻抑，然帝亦屈于众议，卒迎上皇归。安独敬信于谦，《宦官传》："安有廉操，且知于谦贤，力护之。或言帝任谦太过，安曰：'为国分忧，如于公者宁有二人？"则景帝所用之阉，幸而非甚祸国耳。安佞佛，先是僧道三年一度，帝特诏停之。景泰二年，兴安以皇后旨，度僧道五万余人。于谦上言："今四方多流徙之民，三边缺战守之士，度僧道太多，恐乖本末。"帝不省。三年六月，又建大隆福寺。时安用事，佞佛甚于王振，请帝建大隆福寺，费数十万。王振改造庆寿寺为大兴隆寺，费帑极巨。

景帝之贪位薄兄，自造夺门之祸，固帝之失德，但由人民言之，亦可曰帝之家事，且无残害之行。较之成祖之处建文及其嗣，仁暴悬殊。然至易储事作，人心颇不直帝，而一时意气相激，恩怨相攻，议论甚不一。今为分析具列如下：

上皇之将归也，诏议迎上皇礼，礼部尚书胡濙具议以上，传旨以一舆二马迎于居庸关，至安定门易法驾。给事中刘福言礼太薄。帝曰："昨得上皇书，具言迎驾礼宜从简省，朕岂得违之？"群臣乃不敢言。会千户龚遂荣为书投高穀，而匿其名，言："奉迎宜厚，主上当避位恳辞，而后受命，如唐肃宗迎上皇故事。"穀袖之入朝，与王直、胡濙等共观之，直曰："此礼失而求诸野也。"濙欲以闻，王文不可，而给事中叶盛已奏之。有诏索书，濙等因以书进，且言："肃宗迎上皇礼，正可仿行。"帝不悦曰："第从朕命，无事纷更。"乃遣太常少卿许彬至宣府，翰林侍读商辂至居庸，迎上皇。时帝索遂荣书所从得甚急，遂荣自缚诣阙言之，下诏狱坐遣，久之得释。

丙戌，八月十五。上皇至京师，自东安门入。帝迎拜，上皇答拜，相持泣，各述授受意，推逊良久。帝遂送上皇至南宫，百官随入，行朝见礼，赦天下。十一月辛亥，礼部尚书胡濙请令百官贺上皇万寿节。十二月丙申，复请明年正旦，百官朝上皇于延安门。皆不许。

《杨善传》："善奉上皇还，举朝竞奇善功，而景帝以非初遣旨，薄其赏，迁左都御史，仍莅鸿胪事。"善倾险小人，先媚事王振，后又与石亨、曹吉祥相结。为序班坐事，与庶吉士章朴同系狱，久之相狎。时方穷治方孝孺党，朴言家有《方孝孺集》，未及毁。善从借观，密奏之，朴以是诛。而善得复官。既预复辟功，于谦、王文之戮，陈循之窜，善亦有力。《本传》言其险忮为士论所弃。则景帝之不重用善，亦未为甚过。

上皇归后，脱脱不花及也先屡使致贡，上皇所亦别有献。帝意欲绝瓦剌，不复使使。也先以为请，尚书王直、金濂、胡濙等皆言，绝之恐启衅。帝曰："遣使有前事，适以滋衅尔，曩入寇时岂无使耶？"因敕也先曰："前者使往，小人言语短长，遂致失好。朕今不复遣，而太师请之，甚无益也，太师使，朕皆优礼厚给之，顾亦须少人，赏赉乃得从厚。"至二年五月，脱脱不花使又至，送还所掠招抚使高能等，请通好。直等复相继言之。帝曰："使臣不遣，朕志素定。"乃享其使而以书报之。

《史》叙此亦为景帝之薄上皇，王直等之请皆有此意。其实上皇已还，不比未还时以不遣使为拒驾。帝始终不为也先所狎，不得为非。是年也先杀其主脱脱不花。四年，也先自立为汗。五年，也先为阿拉所杀，鞑靼部长孛来复杀阿拉，立脱脱不花子麻儿可儿，号小王子。自是也先诸子分散，瓦剌遽衰。而孛来与其属毛里孩等雄视部中，鞑靼复振。盖终景泰之世，也先亦以强梁而自亡。帝之对敌，无所谓启衅，若以薄敌为薄上皇，此即无聊之情感矣。

三年十二月，也先遣使来贺正旦，王直等请遣使答之，诏兵部议，于谦言："臣职司马，知战而已，行人事非所闻。"帝从谦言。既而洗马刘定之言："北庭遣使，宜敕群臣公议，不当但委兵部，盖和战皆所以待敌，而兵部必不以和为请，犹巫医皆所以治病，而巫者必不以药为言，各护其所短，而欲见其所长也。"诏下群臣更议，给事中路璧以遣使有五不可。帝以璧议为是，使卒不遣。

景帝即位，久欲以己子见济代太子，而难于发言，迟回久之。太监王诚、舒良为帝谋，先赐陈循、高穀白金各百两，江渊、王一宁、萧镃、商辂半之，用以缄其口，然犹未发也。会广西土酋黄玹以私怨戕其弟思明土知府㺹，并灭其家，巡抚李棠以闻，下有司治其事，捕玹父子入狱。玹急，使其党千户袁洪至京师行赂，有教其迎合帝意者，乃上疏请易太子，其疏曰："太祖百战以取天下，期传之万世。往年上皇轻身御寇，驾陷北庭，寇至都门，几丧社稷，不有皇上，臣民何归？今且逾三年，皇储未建。臣惟人心易摇，多言难定，争夺一萌，祸乱不息。皇上即循逊让之美，欲全天叙之伦，恐事机叵测，反复靡常，万一羽翼长养，权势转移，委爱子于他人，寄空名于大宝，阶除之下，变为寇仇，肘腋之间，自相残蹙，此时悔之晚矣。乞与亲信文武大臣密定大计，以一中外之心，绝觊觎之望。"疏入，帝曰："万里之外，乃有此忠臣。"即下廷臣议，且令释玹罪。

景泰三年五月甲午，初二。更封太子为沂王，立见济为太子。帝既下廷议，礼部尚书胡濙集群臣会议，相顾莫敢发言，惟都给事中李侃、林聪、御史陈英以为不可，尚书王直亦有难色。太监兴安厉声曰："此事不容已，即以为不可者勿署名，毋得首鼠持两端。"群臣皆唯唯署议。于是濙等上言："陛下膺天明命，中兴邦家，统绪之传，宜归圣子，黄玹奏是。"制曰："可。"礼部具仪择日以闻，遂简置东宫官。至是日，立太子，诏曰："天祐下民作之君，实遗安于四海；父有天下传之子，斯固本于万年。"此一联据吏部侍郎何文渊自夸所作，而阁臣草诏即用其语。后英宗复辟，传将逮捕，遂自经死。文渊始与况钟等俱奉特敕为知府，以吏治称。既由侍郎擢尚书，以附和时局，至不得其死。大赦天下。命百官朔望朝天子。赏诸亲王公主及边镇文武内外群臣有差，又加赐循等诸阁臣黄金各五十两，东宫公孤官皆兼支二俸。而竑罪竟得释，且赦其子。

是日，并废皇后汪氏，立妃杭氏为皇后。帝以汪后不赞同易太子，后以见济杭氏所生，遂让位。又封上皇子二人为王，见清荣王，见淳许王。明年二月，以土酋黄竑为前军都督府同知，复辟后竑自杀，发棺戮其尸，诛其子震。十一月辛未，十三日。皇太子见济卒，谥怀献，复辟后降称怀献世子。宪宗于正统十四年立为太子，时止三岁。至景泰三年，废为沂王，止六岁。《怀献太子传》，景泰四年二月乙未，太子冠，十一月薨。其年固较英宗之太子为长也。

怀献太子既卒，礼部郎中章纶与御史钟同偕朝，语及沂王，皆泣下，因与约疏请复储。会定州获北谍，言也先使侦京师，将以秋初大举深入，同闻之，上疏抗论时政，遂及复储事，中言："父有天下，固当传之于子，乃者，太子薨逝，足知天命有在。臣窃以为上皇之子即陛下之子，沂王天资厚重，足令宗社有托。沂王是时甫七岁，称颂固亦是套语。伏望廓天地之量，敦友于之仁，蠲吉具仪，建复储位，实祖宗无疆之休。"疏入，帝不怿。下所司议，宁阳侯陈懋、吏部尚书王直等请帝纳其言，因引罪求罢，帝慰留之。越数日，章纶亦疏言复储，并陈修德弭灾事，其大者谓："内官不可干外政，佞臣不可假事权，后宫不可盛声色。"又言："孝弟者，百行之本。愿陛下退朝后，朝谒两宫皇太后，修问安视膳之仪。上皇君临天下十有四年，是天下之父也，陛下亲受册封，是上皇之臣也，上皇传位陛下，是以天下让也，陛下奉为太上皇，是天下之至尊也。陛下与上皇，虽殊形体，实同一人。伏读奉迎还宫之诏曰：'礼惟加而无替，义以卑而奉尊。'望陛下允蹈斯言，或朔望，或节旦，一幸南宫，率群臣朝见，以展友于之情，极尊崇之道。更请复汪后于中宫，正天下之母仪，还沂王于储位，定天下之大本。"

帝得疏，遂大怒，时日已暝，宫门闭，传旨自门隙中出，立执纶及同下诏狱，榜掠惨酷，逼引主使及交通南宫状，濒死无一语，会大风扬沙，天地昼晦，狱得稍缓，令锢之。

方同下狱，礼部郎孟玘者亦疏言复储事，帝不罪。而进士杨集上书于谦曰："奸人黄玹献议易储，不过逃死计，公等遽成之。今同等又下狱，脱诸人死杖下，而公等坐享崇高，如清议何？"谦以书示王文，文曰"书生不知忌讳，要为有胆，当进一官处之。"乃以集知安州。按章纶之疏，于帝兄弟父子夫妇之间无所不涉，帝固恒流，无超人之度，其激而发怒，有以也。观他人亦言之而不尽得罪，则纶之以激致祸，不畏违以疏间亲之义，亦固以得罪为甘心矣。狱中逼引主使及交通南宫状，则明与上皇以难堪，尤为帝之显失。三年七月，杀内使王瑶。以御用监阮浪侍上皇于南宫，上皇赐浪镀金绣袋及镀金刀，浪以与瑶，锦衣指挥卢忠见之，醉瑶酒，窃以上变，言浪传上皇命，以袋刀结瑶图复位。帝震怒下浪、瑶诏狱穷治。术者仝寅为忠筮，言"此大凶兆，死不足赎"。忠惧，佯狂以冀免。商辂及中官王诚言于帝曰："忠病风，无足信，不宜听妄言伤天伦。"帝意少解，乃并下忠狱，坐以他罪，谪广西立功，锢浪于狱，磔瑶死。浪寻亦死。复辟后追赠浪，命儒臣立碑记之。所谓交通南宫，前此固已成狱矣。

五年七月，南京大理少卿廖庄疏言："臣曩见上皇遣使册封陛下，每遇庆节，必令群臣朝谒东庑。今上皇在南宫，愿陛下时时朝见，或讲论家法，或商榷治道，岁时令节，命群臣朝见，以慰上皇之心。"又言："太子者，天下之本。上皇诸子，陛下之犹子也，宜令亲儒臣，督书策，以待皇嗣之生。使天下臣民，晓然知陛下有公天下之意。"疏入不报。六年八月，庄以事至京，诣东角门朝见，帝忆前疏，大怒，命杖八十，谪定羌驿丞。天顺初召还。成化初，官刑部左侍郎，卒赠尚书，谥敏庄。左右言："事皆由钟同倡，实罪魁。"帝乃封巨梃就狱中杖同及章纶各百，同竟死，纶死而复苏，系如故。

《明史·廖庄传》:"英宗在南宫，左右为离间。及怀献太子薨，群小恐沂王复立，谗构愈甚。故钟同、章纶与庄相继力言，皆得罪。然帝颇感悟，六年七月辛巳，刑科给事中徐正请问言事，亟召入，乃言:'上皇临御岁久，沂王尝位储副，天下臣民仰戴，宜迁置所封之地以绝人望，别选亲王子育之宫中。'帝惊愕，大怒，立叱出之，欲正其罪，虑骇众，乃命谪远任，而帝怒未解，已复得其淫秽事，谪戍铁岭卫。盖帝虽怒同等所言过激，而小人之言亦未遽听也。迨英宗复辟，于谦、王文以谋立外藩诛死，其事遂不白云。"谦等谋立外藩之诬，事见后，此云不白，则谓景帝之迁置沂王，选育亲王子，明为帝所怒谴，而反与谦等同受诬也。景帝城府不深，私其子则有之，铲除旧储以绝人望，则绝无其意。英宗受群小之间，抱怨已甚，其罪岂薄于景帝?《御批》恒责景帝之不臣，此则君主之偏见也。

廖庄言厚待上皇诸子，以待皇嗣之生，是可知怀献卒后，景帝原无他子，故未别立。皇后杭氏亦于七年二月崩。明年正月，帝不预。壬午，十七日。英宗夺门复辟。丙戌，二十一日。改元天顺。史于纪年，多以景泰为七年，八年即以天顺纪元矣。

第五节 夺门

景泰八年即天顺元年。正月丙寅，元旦，罢朝贺。帝先以七年十二月癸亥二十八日。有疾，故罢朝贺。丁丑，十二日。帝舆疾宿南郊斋宫，召石亨至榻前，命摄行祀事。亨见帝疾甚，退与都督张軏、左都御史杨善及太监曹吉祥谋，立太子不如复上皇，可邀功赏，本纪:"己卯(十四日)，群臣请建太子，不听。"时兴安因百官问疾示意，乃议请立东宫。王文欲窥上意，萧维祯乃改请建元良之建字为择。疏进，诏："偶有寒疾，十七日当早朝。所请不允。"轨、吉祥等然之，以告太常卿许彬，彬曰："此不世功也。徐元玉善奇策，盍与图之。"元玉，徐有贞字。有贞原名珵，字元玉。土木败信闻时，倡议南迁，为众所非，既而求用，景帝见其名辄弃之，乃改名有贞。复得以治河自效，时官副都御史。亨、轨遂夜至有贞家，有贞大喜曰："须令南城知此意，且必得审报乃可。"亨、轨去。十六日夜，亨、轨与吉祥复会有贞所，轨曰："报得矣，计安出？"有贞乃升屋步乾象，亟下曰："时在今夕不可失。"时有边吏报警，有贞言："以备非常为名，纳兵入大内。"计定，仓皇出。是日王直、胡濙、于谦会诸大臣台谏，请复立沂王，推商辂主草。略谓："陛下宣宗章皇帝之子，当立章皇帝子孙。"疏成，以日暮未奏，而夺门之变起。见《王直传》。会明日帝将视朝，门早启，有贞以三鼓即至朝房，亨、轨等率群从子弟家兵，混同守御官军入，天色晦冥，轨等惶惑，有贞趣行，轨顾曰："事济否？"有贞大言曰："必济。"进薄南宫城，毁垣坏门而入，《纪事本末》："南宫门锢不可启，扣之不应，俄闻城中隐隐开门声，有贞命众取巨木悬之，数十人举之撞门，又令勇士逾垣入，与外兵合毁垣，垣坏门启，轨、亨等入。"见上皇于烛下，上皇问故，众俯伏合声请登位，乃麾兵士进辇，皆惊战莫能举，有贞率诸人助挽以行。忽天色明霁，星月开朗，上皇顾问，各以职官姓名对。至东华门，门者拒弗纳，上皇曰："我太上皇也。"遂入。众掖升奉天殿，黼座尚在殿隅，众推之使中，遂升座鸣钟鼓，启诸门，时百官咸待漏阙下，忽闻殿上呼噪，方惊愕，须臾，有贞出号于众曰："太上皇帝复位矣。"趣入贺，百官震骇入谒，上皇曰："卿等以景泰皇帝有疾，迎朕复位，其各任事如故。"以有贞入内阁，预机务。下少保兵部尚书于谦及大学士王文于狱。改元大赦，以景泰八年为天顺元年，是日为正月十七日壬午。至二十二日丁亥，杀于谦、王文，籍其家。其罪名为意欲迎外藩入继大统。先是，有贞、亨等既定议迎复，有贞恐中变，乃诡辞激亨，言："于谦、王文已遣人迎襄世子矣。"又曰："帝已知君等谋，将于十七日早朝执君。”亨大惧，谋遂决。及是谦、文已下狱，有贞与亨等嗾言官劾之，即以所诡言之罪，命鞫于廷，文抗辩曰：“召亲王须用金牌相符，遣人必有马牌，内府兵部可验也。”辞气俱壮，谦笑曰：“亨等意耳，辩得生耶？”都御史萧维祯遂以意欲二字附会成狱，坐谋逆律，当寘极刑。奏上，帝犹豫未忍，曰：“于谦实有功。”有贞曰：“不杀谦，此举为无名。”帝意遂决。薛瑄力言于帝，乃减一等改斩，弃谦等于市，籍其家，家属戍边。有教谕吾预言：“谦罪当族，所荐举文武大臣并应诛。”部议持之而止。千户白琦又请榜示谦等罪示天下。一时希旨取宠者，率以谦为口实云。谦性忠孝，才略开敏，自遭寇变，忘身忧国，敌先后入犯，皆不得逞，保全社稷，皆谦功也，为有贞及亨辈所嫉，遂及于难，朝野冤之。其籍也，家无余资，惟正室镭钥甚固，启视，则皆上所赐蟒衣剑器诸物也。皇太后初不知谦死，比闻，嗟悼累日。

夺门一案，所诛所赏，是非不足言，但成一反覆之局。英宗即位日，既命徐有贞入阁，明日加兵部尚书。代于谦。寻论夺门功，封石亨忠国公，张軏太平侯，軏兄輗文安伯，輗，軏皆河间王玉子，定兴王辅之弟。杨善兴济伯，曹吉祥嗣子钦都督同知。吉祥、钦以反伏诛，见后。二十四日己丑，复论夺门功，封孙镗怀宁伯，董兴海宁伯，擢钦天监正汤序礼部右侍郎，一时官舍旂军晋级者凡三千余人。其诛于谦、王文，则又诏谪戍陈循、江渊、俞士悦于铁岭，斥商辂、萧镃等为民，皆徐有贞主之。石亨、张軏、曹吉祥辈复追论前御史王竑击杀马顺等，诏除名编管江夏。居半岁，帝于宫中得竑疏，顾左右曰：“竑所奏多为朕也。”命迁河州，寻遣官送归田里，敕有司善视之。竑为河州籍。二十七日壬辰，从白琦请，榜于谦党人示天下。

二月乙未朔，废景泰帝仍为郕王，迁之西内。寻贬所生母皇太后吴氏复为宣庙贤妃，废后汪氏仍为郕王妃，削孝肃皇后杭氏谥号，改怀献太子为怀献世子，皆称皇太后制行之。时汤序请革除景泰年号，不许。十七日癸丑，郕王薨，谥曰戾，毁所营寿陵，葬金山，与殀殇诸公主坟相属。帝欲以汪妃殉，以李贤言乃止，以妃唐氏等殉葬。寻沂王复储位，雅知汪妃前谏易储事，请于帝，迁居旧王府，得尽携宫中所有而出，与周太后相得甚欢，岁时入宫叙家人礼。周太后，沂王生母，宪宗即位后所尊。一日，英宗问太监刘桓曰："记有玉玲珑系腰，今安在？"桓言当在汪后所，英宗命索之，妃投诸井，对使者曰："无之。"已而告人曰："七年天子，不堪消受此数片玉耶？"后有言妃出所携钜万计，英宗命检取之，立尽。三月己巳，初六日。复立沂王见深为皇太子。四月，襄王瞻墡来朝。景帝未立时，王上书请立皇长子，令郕王监国，募勇智士迎车驾。逾年上还京，居南内，王又上书景帝，谓宜朝夕问安，率群臣朔望朝见。及帝复辟，石亨等诬于谦、王文，以迎立襄王为嗣。帝颇疑王，久之，从宫中得王所上二书，复检襄国金符，仍在太后阁中，乃赐书召王，比二书于《金滕》。至是王入朝，礼待优隆，而于谦之冤不雪。徐有贞寻又以与石亨、曹吉祥相轧，谪戍金齿。金齿土司在路江，即怒江。后属缅甸。十月丁酉，初七。赐王振祭葬，立祠。初，振既族诛，有言其为敌用者，帝大怒，诏："振死难朕所亲见。"追责言者，皆贬窜。帝追念不已，复其官，刻香木为振形，招魂以葬，建祠祀之，赐额曰旌忠。十二月，封太监曹吉祥养子钦昭武伯，吉祥以司礼监总督大营，养子钦，从子铉、铎、镨皆官都督，至是钦进封。三年十月，诏："自今章奏勿用夺门字。诸冒功者黜之。"时石亨与从子彪不法事露，帝以夺门字问李贤，贤曰："迎驾则可，夺门岂可示后，天位乃陛下固有，夺即非顺。彼时亦幸成功，万一事机先露，亨等不足惜，不审置陛下何地？若景泰果不起，群臣表请复位，此辈虽欲升赏，以何为功？老臣耆旧何至杀戮降黜？招权纳贿何自而起？国家太平气象，今为此辈损削过半矣。”帝深然之，乃有此诏，诸冒功得官者自首更正，黜四千余人，朝署为清。

石亨之败也，从子彪自陕西召还，谋镇大同，与亨表里握兵柄，令千户杨斌等奏保。帝觉其诈，收斌等拷讯得实，大怒，下彪诏狱，令门达鞫之，得其缝蟒龙衣及违式寝床诸不法事，罪当死，遂籍彪家，并逮其党治之。亨大惧，请罪，帝慰谕之，亨请尽削弟侄官，放归田里。不许。法司再鞫彪，言：“彪初为大同游击，以代王增禄为己功，王至跪谢，自是数款彪，出歌妓行酒，彪凌侮亲王，罪亦当死。”因交章劾亨，招权纳贿，肆行无忌，私与术士讲论天文，妄说休咎，宜置重典。帝命锢彪于狱，罢亨闲住，绝朝参。帝初缘亨复位，德之，亨无日不入见，即不召，必假事以进。一日，亨引二人侍于文华殿，帝问何人？亨曰：“此千户卢旺、彦敬，臣有机密事必与谋，如迎请复位，其功实多。”乃擢二人为指挥使，自是干请无虚日，弟侄冒功锦衣者五十余人，部曲亲故窜名夺门籍得官者四千余人。亨每见出，必张大其言，在亨门下者，得亨语即扬于众，以为声势，朝臣奔走恐后，以货之多寡为授职美恶，入之先后为得官迟早，时有“朱三千，龙八百”之谣，谓郎中朱铨、龙文辈俱以贿被擢也。既以宿怨残害忠良，大狱数兴，廷臣侧目，大权悉归于亨。亨预政事，所请或不从，艴然见于辞色。久之帝不能堪，以语李贤。贤曰：“惟独断乃可。”因敕左顺门非宣召毋纳总兵官，亨燕见遂稀，所请亦渐有不从者，亨犹不悟，恣横如故。初帝命所司为亨营第，既成，壮丽逾制。帝登翔凤楼见之，问谁所居，吴瑾侍侧，谬对曰：“此必王府。”帝曰：“非也。”瑾曰：“谁僭逾若此？”帝颔之。锦衣指挥逯杲，本亨所擢，密受帝旨，往往伺亨所为以报，而亨竟不知。从子彪本以战功起家，不藉父兄荫，然一门二公侯，亨封忠国公，彪封定远侯。所蓄材官猛士不下数万，中外将帅半出其门，又谋镇大同，为天下精兵处，权倾人主，群疑其有异志，遂及于祸。逯杲奏谓：“亨怨望逾甚，与从孙后等日造妖言，且蓄养无赖，专伺朝廷动静，不轨迹已著。”廷臣皆言不可轻宥，乃下皇诏狱，坐谋叛律应斩，没其家赀。未几亨瘐死，彪及后并戮于市。

《纪事本末》：“逯杲上言石亨怨望，与其从孙石俊史作石后，各书皆作后，惟《通鉴辑览》亦作俊。谋不轨。”上以章示群臣，遂下锦衣狱。初亨见上稍疏斥，怀怨望，尝往来大同，顾紫荆关，谓左右曰：“若塞此关守之，据大同，京师何由得至？”一日退朝归私第，语卢旺、彦敬曰：“吾所居官，皆尔等所欲为者。”旺、敬不知所谓，对曰：“旺、敬以公得至此，他何敢言！”亨曰：“陈桥之变，史不称其篡，尔能助吾，吾官非尔官乎？”旺、敬股栗莫敢对。会瞽人童先出妖书曰：“惟有石人不动。”劝亨举事。亨谓其党曰：“大同士马甲天下，吾抚之素厚，今石彪在彼，可恃也，异日以彪代李文，佩镇朔将军印，专制大同，北塞紫荆关，东据临清，决高邮之堤，以绝饷道，京师可不战而困矣。”遂请以卢旺守里河。及孛来寇延绥，上命亨往御之，先又力劝亨，亨曰：“为此不难，但天下都司除代未周，待周为之未晚。”先曰：“时难得而易失。”亨不听。先私谓所亲曰：“此岂可与成大事者？”会彪败，上犹念亨功，置不问，罢其兵。而亨之谋渐急，事益露，其家人上变，告亨谋反，逮治之。

按石亨粗鄙武夫，非大奸慝，其始假以威福，乃英宗之乐近小人。以亨之不足大用，何待后来始著？其举动无一不劣，有何难辨而假借之？英宗自欲假手此辈以快所仇，观于于谦终帝世不予雪，而害谦者则已次第戮之，故知非群小能害谦，自出英宗意尔。

戮于谦则蔓延谦党，戮石亨时亦然。《史·韩雍传》：“锦衣指挥刘敬坐饭亨直房，用朋党律论死。雍言：‘律重朋党，谓阿比乱朝政也。以一饭当之，岂律意？且亨盛时，大臣朝夕趋门不坐，独坐敬何也？’敬遂得免。”举此一事，可见其牵染者必多，政刑之不得其当久矣。门达、逯杲，《史》皆入《佞幸传》，与成祖时之纪纲同，以小人攻小人，皆当时朝事之玷。

五年七月庚子，初二日。太监曹吉祥及其养子钦反，钦败死，吉祥伏诛。先是六月丙子，初七。孛来寇河西，官军败绩。壬午，十三。兵部尚书马昂总督军务，怀宁伯孙镗充总兵官，帅京营军御之，择庚子昧爽出师。其前一夜，以朝将陛辞，与恭顺侯吴瑾俱宿朝房，而钦所结之达官马亮来上变。当正统间，吉祥屡出监军，辄选达官善骑射者隶帐下，师还畜于家，故家多藏甲。

《于谦传》："初永乐中，降人安置近畿者甚众，成祖以靖难从行功，以朵颜等三卫地界兀良哈。自知失策，因欲广招东北降女真人，诱以官赏。别设奴儿干都司，以复其驭边远略，以故遣使叠出。招得之人，愿归者为之设卫授官，愿留者亦与以官，给禄与宅，留居京师，前后至者无数。女真设百数十卫，其中建州设三卫，遂为异日之满洲，皆肇端于其时。也先入寇，多为内应。谦谋散遣之，因西南用兵，每有征行，辄选其精骑，厚资以往，已更遣其妻子，内患以息。"又《李贤传》："于谦尝分遣降人南征，陈汝言曹、石之党，代于谦为兵部尚书者。希宦官指，尽召之还。贤力言不可，帝曰：'吾亦悔之，今已就道，后当听其愿去者。'"据此两传，知天顺时在京达官之来历。达官不知顺逆，只贪利禄，以故成祖靖难，用三卫为军锋；曹阉阴畜死士，亦以达官为奇货。陈汝言所希宦官之指，自即谓曹吉祥。李贤于正统初即深论此事，《贤传》："正统初，言：'塞外降人居京师者数万，指挥使月俸三十五石，实支仅一石，降人反实支十七石五斗，是一降人当京官十七员半矣，宜渐出之外，省冗费，且消患未萌。'帝不能用。"据此，则于谦始定散遣降人之法，谦被害而降人又召回，贤虽力言不可，帝言悔之，而又以已就道为姑息之计，遂为曹钦犯阙之资。《史》不详言，合观之可见也。

石亨败，吉祥不自安，渐畜异谋，日犒诸达官，金钱谷帛恣所取，达官亦恐吉祥败而已随退黜也，皆愿尽力结为死党。千户冯益，景泰间，请徙上皇于沂州，复辟后，以吉祥请得不诛，因客钦所，钦问曰："古有宦官子弟为天子者乎？"益曰："君家魏武其人也。"钦大喜。钦有家人百户曹福来者，得罪逃去，奏行捕治，钦乃别遣家人寻获，而家私掠死，为言官所劾，帝令指挥逯杲按之，且降敕遍谕群臣，毋自专干宪典。钦惊曰："前降敕，遂捕石将军；今复尔，殆矣！"石彪事发，言官将于朝班劾之，有泄于彪者，帝闻之大怒，乃敕："文武大臣无故不得相往来，给事中御史及锦衣官不得与文武大臣交通，违者依太祖铁榜例治罪。"反谋遂决。使其党钦天监太常寺少卿汤序择是月庚子昧爽，钦拥兵入废帝，而吉祥以禁兵应之。谋定，钦召诸达官夜饮，时怀宁伯孙镗奉诏西征，将陛辞，是夜与恭顺侯吴瑾俱宿朝房，达官马亮恐事败，逸出走告瑾，瑾趋告镗，从长安右门隙投疏入，曰："急变，即达御前，迟则用军法斩。"镗与瑾俱拙于书，惟曰："曹钦反曹钦反。"帝得奏，急絷吉祥于内，而敕："皇城四门京城九门闭勿启。"钦以亮逸，知事泄，中夜驰往逯杲家，杀杲，斫伤李贤于东朝房，以杲头示贤曰："杲激我也。"逼草奏释己罪。亡何，又执尚书王翱，贤乃就翱所索纸，佯草疏，乃获免，钦又杀都御史寇深于西朝房。遂率众攻东、西长安门，不得入，纵火，守卫者拆河壖砖石塞诸门，贼往来叫呼门外。镗遣二子急召西征军，大呼曰："有狱贼反，获者得重赏。"西征军奔集，至二千人，镗曰："不见长安门火耶？曹钦反，能杀贼者必赏。"遂击钦，钦走攻东安门，瑾将五六骑觇贼，猝与遇，力战死。钦复纵火，门毁，门内聚薪益之，火大炽，贼不得入。天渐曙，钦党稍稍散，镗勒兵逐钦，镗子軏斫钦中膊，钦走突安定诸门，门尽闭，奔归家拒战，会大雨如注，镗督诸军奋呼入，钦投井死，其家无大小尽诛之。帝出吉祥与钦尸同磔于市，汤序、冯益及姻党皆伏诛。马亮以告反授都督，进孙镗为侯，李贤、王翱进太子少保，封吴瑾凉国公，谥武壮，赠寇深少保，谥庄愍，将士升赏有差。以擒贼诏示天下，大赦。

> 夺门案至此，前之功人多为叛逆，而所杀以为名之于谦，公道已大彰，然终英宗之世不与平反也。《谦传》："谦既死，而亨党陈汝言代为兵部尚书，未一年败，赃累巨万。帝召大臣入视，愀然曰：'于谦被遇景泰朝，死无余赀；汝言抑何多也？'亨俯首不能对。俄有边警，帝忧形于色，恭顺侯吴瑾侍，进曰：'使于谦在，当不令寇至此。'帝为默然。是年，有贞为亨所中，戍金齿。又数年，亨亦下狱死，吉祥谋反伏诛，谦事白。成化初，冕赦归，冕，谦子。上疏讼冤，得复官赐祭，诰曰：'当国家之多难，保社稷以无虞；惟公道之独持，为权奸所并嫉。在先帝已知其枉，而朕心实怜其忠。'天下传诵焉。弘治二年，用给事中孙需言，赠特进光禄大夫柱国太傅，谥肃愍，赐祠于其墓，曰旌功，有司岁时致祭。万历中，改谥忠肃，杭州、河南、山西皆世奉祀不绝。"
>
> 陷谦诸人，惟徐有贞尚有小才，石亨、曹吉祥之流，若君主稍有常识，岂遂假以大权至迭起祸变？亨、吉祥何足道，英宗始终为庸稚之君而已。

第六节　成化朝政局

天顺八年正月乙卯，初二日。英宗不豫。己未，初六日。皇太子摄事于文华殿。己巳，十六日。大渐。庚午，十七日。崩。乙亥，二十二日。宪宗即位，以明年为成化元年。七月，立皇后吴氏。八月，废之。后立甫逾月，以万贵妃已擅宠，后摘其过杖之，帝怒，废居别宫。帝年甫十八,万贵妃年已三十五，宠冠后宫，帝终身眷之，成化一朝，佞幸竞进，皆凭万氏。帝于宦寺，倚任时无所不至，旋复厌之，即弃之如脱屣，嬖幸恃宫中为奥援，与万历间之郑贵妃略同，盖宵小犹非能专挟天子以行事也。

天顺八年二月，始以内批授官，帝命中官传旨用工人为文思院副使，自后相继不绝，一传旨姓名至百十人，谓之传奉官。文武僧道，滥恩者以千数。明代至是始以官爵为人主私物。

十月，始置皇庄，以没入曹吉祥地为宫中庄田，皇庄之名自此始。给事中齐庄言:“天子以四海为家，何必与民争利？”弗听。自是戚畹及中贵家多夺民地为庄田矣。按明太祖宽留田土以供养军蓄马之用，期不扰民。自宪宗笼田产以自私，上行下效，悉归豪强，始而就闲旷以为侵占，闲旷既尽，后起之豪强无尽，以渐而蹵及民生。其端盖造于此。

于是番僧扎实巴乞静海地为常住田，嘉善公主求文安地数百顷，德王请寿张地四千余顷，皆予之。成化四年三月，户科给事中邱弘等上言:“国初，北直隶、山东地方土旷人稀，太祖、太宗屡颁明诏，许民耕种，永不科税。乃权豪怙势，专利病民，率指为闲田，乞奏至数十百顷。夫地逾百顷，古者百家恒产也，岂可徇一人之私而夺百家恒产哉？乞收前命还给下民，仍敕该部痛革往弊。”帝然之，诏:“自今乞请皆不许。”扎实巴等所乞还之于民。未几，周寿以太后弟冒禁求涿州田六十余顷，帝不得已许之。自是翊圣夫人刘氏求通州、武清县地三百余顷，寿弟长宁伯彧求武强、武邑地六百余顷，皆予之。给事中李森疏谏，不复省。

按成化间失政甚多，然奏乞闲田，事关永久民间舒蹙之故。所谓闲田，在太祖、太宗宽留以厚民生，历仁、宣既英

> 宗，未之有改。成化间惟以皇室庄田为倡，大动豪强贪欲之私，又可见祖宗积蓄之厚。先从近畿豪强遍布之地为始，各州县皆有罗掘，自后更及南畿，以及各处军卫留备兴屯之地，一切以闲田名之，祖宗所宽留者积久而尽。无论豪强代兴，日益无已，即边境有事，而以应额外之供，不得不悉索以责民供，民穷而为乱，乱起而民益穷，因果相生，遂成万历、天启之局。当宪宗时，民尚只觉恩泽之稀，未感煎熬之迫，后世言成弘之治，尚慨想以为太平，其实则前数代之遗泽，一朝不易枯竭耳。
>
> 再以《史》《传》证之，《陈镒传》："正统七年，王翱调辽东，镒复出镇，岁满当代，以陕人乞留，诏仍旧任。时仓储充溢，有军卫者足支十年，无者直可支百年，镒以陈腐委弃可惜，请每岁春夏时给官军为月饷，不复折钞。从之。"凡此皆见正统以前天下积储之厚。祖制未改，在朝多法家弼士。明之君，自英宗为无道之始；明之民，则未尝感觉困苦。坏祖宗藏富于民之意，自宪宗始。顾祖宗所藏至厚，不至一时遽尽，故其大败决裂犹在百年以后也。
>
> 更举《史》《传》证之，《李贤传》："尝言内帑余财不以恤荒济军，则人主必生侈心，而移之于土木、祷祠、声色之用。前后频请发帑赈贷恤边，不可胜计。"贤大用于景泰、天顺之间，至成化四年而卒，为一代贤相，其所主张如是，而景帝、英宗能任之，可知天顺以前，人主尚无甚与民争利之心也。贤以夺情为罗伦所纠不能无憾，与后之张居正为同病，然其为国家计久远，用才能，则皆功不可没也。

成化初对建州有兵事，建州为清之旧受卫职，《明史》凡遇建州事，皆削不登。此为今日以后应为《明史》补正之一大端，别详《满州开国史》。但以兵事论，则事役非钜，尚不及西南麓川、藤峡诸役，在本讲义原无足述之分量。惟荆襄平乱为大事件，撮叙如下。

成化元年四月，荆、襄刘千斤起事。千斤名通，河南西华人，有膂力，县治门有石狮重千斤，通手举之，因号为刘千斤。荆、襄上游为郧阳，古麇、庸二国地，元至正间，流民聚此起事，终元世不能制。洪武初，邓愈以兵临之，空其地，禁流民不得入，然地界秦、豫、楚之间，又多旷土，山谷阨塞，林箐蒙密，中有草木可采掘以食。正统二年岁饥，民徙入不可禁，聚既多，罔禀约束，其中巧黠者稍稍相雄长。汉中守臣以闻，请除之，英宗曰："小民为饥寒迫耳，奈何即用兵？"命御史金敬抚辑，谪戍数人，余阳听抚，而为首潜伏不出，寻复纵，势益滋蔓。有锦衣千户杨英者，奉使河南，策其必反，上疏言："流逋之众，宜选良吏抚恤，渐图散遣。"词甚谆切。不报。三省长吏多诿非己境，因循不治。至是，刘通纠党石龙，号石和尚，及刘长子、苗龙、苗虎等，聚众数万。自称汉王，建元德胜，署置将军、元帅。攻襄、邓境，指挥陈昇等死者二十四人。时以副都御史王恕出为抚治，而未受征讨之命，因不受抚。恕闻于朝，五月，乃命抚宁伯朱永为总兵官，尚书白圭提督军务，发军会恕及湖广总兵李震进讨。至南漳，通等迎战败之。永以疾留镇，圭主军务，奏四路进军之策。至二年五月，迭战胜，斩刘通子聪及苗虎，通等退保后岩山，拒险以守，圭督军四面围攻，通败被擒，苗龙等四十余人皆死。而石和尚、刘长子逸去。六月，石和尚聚众千余，转趋四川大昌，杀夔州通判王祯，圭分兵蹙之，并诱执石和尚等，遂班师，事少息，不数年复炽。

有可以善民之地，而禁民毋入，此明开国时之失策也。六七十年之后，而再有饥民屯聚之患。英宗之不轻用兵，是也，不选良吏抚恤解散，则非也；至成化初，而不能不用兵，兵力所加，即告荡平，其时将帅犹得力。然平定后即仍其故地，不以良吏辟作生聚之乡，亦犹是邓愈见解也。

六年十月，刘千斤余党李胡子等复聚众起事。初，白圭平荆、襄，而流民屯结如故，李胡子名原，始与石和尚等同伙。会岁大旱，入山者九十万人，李与其党王彪、小王洪等往来南漳、内乡、渭南间，聚众为乱，称太平王，署其党为总兵、先锋等，又立一条蛇、坐山虎等号。官军屡战不利，荆、襄诸郡骚然。十一月，命都御史项忠总督河南、湖广荆襄军务。忠先分军列要害，多设旗帜钲鼓，遣人入山招谕流民，来归者四十余万。王彪来觇军，出不意擒之。忠又请调永顺、保靖士兵，合二十五万众，分八道逼之。流民归者又数万。遂击擒李胡子、小王洪等。忠移军竹山，复招流民五十万。斩首六百四十，俘八百有奇。家口三万余人，户选一丁，戍湖广边卫，余令归籍给田。其下令逐流民也，有司一切驱逼，不前即杀之，民有自洪武中占籍者，亦在遣中，戍者舟行多疫死。给事中梁璟因星变求言，劾忠妄杀。白圭亦言:“流民既成业者，宜随所在著籍。”又驳忠所上功次互异。帝皆不听。进忠左都御史，荫子绶锦衣千户，诸将录功有差。忠上疏言:“臣先后招抚流民九十三万余人，贼党遁入深山，又招谕解散，自归者五十万人，俘获百人，皆首恶耳，今言皆良家子，则前此屡奏猖獗难御者伊谁也？贼党罪固当死，因不忍滥诛，故令丁壮谪发遣戍，其久附籍者，或乃占山四十余里，招聚无赖千人，争斗劫杀，若此者，可以久居不遣乎？臣揭榜晓贼，谓已杀数千，盖张虚声怵之，非实事也。且圭固尝身任其事，今日之事，又圭所遗。先时中外议者，谓荆、襄之患何日得宁？今幸平靖，而流言沸腾，以臣为口实。”帝温诏答之。

《纪事本末》:“议者谓忠此役实多滥杀，既树《平荆襄碑》，或亦呼为《坠泪碑》以嘲忠云。”《坠泪碑》为荆襄故事，本为人思羊祜，今以形容项忠之残杀。人揭忠之过，忠则自列其功，一时遂无定论。其实忠亦无善处流民之法，至多比之邓愈而已。

十二年五月，命左副都御史原杰抚治荆、襄流民。初，项忠既平荆、襄，陈善后十事，不过增设营堡巡司，多方侦守，以厉入山之禁。不数年，禁渐弛，流民复聚，朝廷以为忧。祭酒周洪谟尝著《流民图说》，谓当增置府县，听附籍为编氓，可实襄、邓户口，俾数百年无患。都御史李宾以闻。帝善之，遂命杰出抚。

以上文见《原杰传》，而《周洪谟传》不载此事，《纪事本末》略详洪谟之说，其说略曰："昔因修天下地理志，见东晋时庐、松之民流至荆州，乃侨置松滋县于荆江之南；陕西雍州之民流聚襄阳，乃侨置南雍州于襄西之侧。其后，松滋遂隶于荆州，南雍遂并于襄阳。垂今千载，宁谧如故。此前代处置荆、襄流民者，甚得其道。若今听其近诸县者附籍，远诸县者设州县以抚之，置官吏，编里甲，宽徭役，使安生业，则流民皆齐民矣。"

杰遍历山溪，宣朝廷德意，诸流民欣然愿附籍。于是大会湖广、河南、陕西抚按官籍之，得户十一万三千有奇，口四十三万八千有奇。其初至无产及平时顽梗者，驱还其乡，而附籍者用轻则定田赋，民大悦。因相地势，以襄阳所辖郧县居竹、房、上津、商、洛诸县中，道路四达，去襄阳五百余里，山林阻深，将吏鲜至，猝有事故，府难遥制，乃拓其城，置郧阳府，以县附之，且置湖广行都司，增兵设戍。而析竹山置竹谿，析郧置郧西，析汉中之洵阳置白河，与竹山、上津、房咸隶新府。又于西安增山阳，南阳增南召、桐柏，汝州增伊阳，各隶其旧府。制既定，荐知邓州吴远为郧阳知府，诸县皆择邻境良吏为之，流人得所，四境乂安。将还，以地界湖广、河南、陕西，事无统纪，因荐御史吴道宏自代。诏即擢道宏大理少卿，抚治郧阳、襄阳、荆州、南阳、西安、汉中六府。郧阳之有抚治，自此始。寻以道宏为右佥都御史，开府郧阳，著为令。杰召为南京兵部尚书。劳苦成疾，南还，竟卒于驿舍，荆、襄之民闻之，无不流涕者。

> 吾国古时往往有封禁之地，最为闭塞之见解，利弃于地，小之聚乱民，大之召外寇，荆、襄规划，久而后定，足为明代一大事，故详之。郧阳抚治，以都御史开府，体同巡抚，终明世有之，清初尚然，至康熙初裁。旋吴三桂之乱，蔓延川、楚、秦、陇，郧阳复设抚治，康熙十九年终裁。嘉庆初又有川、楚白莲教之事，事平，以达州为绥定府，略如明之设置郧阳，此亦荆、襄上游明时未竟之绪也。

宪宗惑于万贵妃，在帝室则几倾皇嗣，而阉人当道，中旨授官。方士妖僧，滥恩无纪，皆以能结妃欢为进身之阶。成化中叶以往，朝政浊乱，然明运不遽倾颓，且后人述明时之太平，尚不能遗成化之世，则以得罪百姓之事尚少耳。综其失政如下。

宪宗后吴氏，立自天顺八年七月。以杖万贵妃故被废，帝下敕谓："先帝为朕简求贤淑，已定王氏，育于别宫待期。太监牛玉辄以选退吴氏于太后前复选册立。"以此为罪，废居别宫。后父俊先授都督同知，亦下狱戍边。而牛玉止谪孝陵种菜。南京给事中王徽、王渊、朱宽、李翱、李钧等合疏言："玉罪重罚轻。"帝怒徽等，皆贬边州判官。则知玉易后之罪非事实也。

万贵妃以四岁选入掖庭，为孙太后宫女。孙太后为宣宗后。万贵妃于天顺八年为三十五岁，则四岁入宫尚在宣室之世。言孙太后，乃后来追称也。及长，侍宪宗于东宫。宪宗年十六即位，《宪宗纪》："成化二十三年崩，年四十一。"则即位年当为十八。此出《万贵妃传》，《史稿》亦同，当是此传之误。妃已三十有五。机警善迎帝意，遂谗废皇后吴氏，六宫希得进御，帝每游幸，妃戎服前驱。成化二年正月，生皇第一子，帝遣中使祀诸山川，遂封贵妃。皇子未期薨，妃亦自是不复娠矣。当是时，帝未有子，中外以为忧，言者每请溥恩泽以广继嗣，帝曰："内事也，朕自主之。"妃益骄，中官用事者，一忤意立见斥逐，掖庭御幸有身，饮药伤坠者无数。孝宗之生，顶寸许无发，或曰药所中也。纪淑妃孝宗生母。之死，实妃为之。佞幸钱能、覃勤、汪直、梁芳、韦兴辈皆假贡献苛敛民财，倾竭府库，以结贵妃欢，奇技淫巧，祷祠宫观，靡费无算。久之，帝后宫生子渐多，芳等惧太子年长，他日立将治己罪，同导妃劝帝易储，会泰山震，占者谓应在东宫，帝心惧，事乃寝。二十三年春，暴疾薨。

妃诸罪状，类皆帝所谓内事，惟为阉宦佞幸之所凭依，则蠹政尤甚，然尚见帝不受制于群小，特以妃为之内主，故一旦意所不慊，弃之如遗，固不至如天启朝客、魏之祸耳。

万贵妃父贵，诸城人，诸邑掾史，坐事谪居霸州。以贵妃故，官锦衣卫指挥使，颇勤饬。贵子喜亦为指挥使，与弟通、达等并骄横。成化十年，贵卒。十四年，进喜都指挥同知，通指挥使，达指挥佥事。通少贫贱，业贾，既骤贵，益贪黩无厌，造奇巧邀利。中官韦兴、梁芳等复为左右，每进一物，辄出内库偿，辇金钱络绎不绝。通妻王出入宫掖，大学士万安附通为同宗，婢仆朝夕至王所谒起居。妖人李孜省辈皆缘喜进。朝野苦之。

成化十二年九月，令太监汪直刺事。直故大藤峡人。初，给事万贵妃宫，迁御马监太监。时妖人李子龙以符术结太监韦舍，私入大内，事发伏诛，帝心恶之，锐欲访外事，以直便黠，因令易服将校尉一二人密出伺察，人莫之知。明年正月，设西厂，以直领之。永乐中始置东厂，令宦官访缉逆谋大奸，与锦衣卫均权势。至是，又别设西厂刺事，所领缇骑倍东厂，势远出卫上。任锦衣百户韦瑛为心腹，屡兴大狱，自诸王府边镇及南北河道，所在校尉罗列，民间斗詈鸡狗，辄寘重法。直每出，随从甚众，公卿值者皆避道，兵部尚书项忠不避，迫辱之，权焰出东厂上。凡西厂逮捕朝臣，不俟奏请，气焰熏灼。

> 锦衣卫之制，仿古司隶校尉、执金吾等官，职掌都城内外地方各事，以辇毂之下人众稠密，不免宵小混杂，故有缉事员役以靖奸慝。近世各国都市皆有警察侦探，在清则谓之步军统领衙门，古今中外大略相类，原不得为弊政。明以诏狱属锦衣卫镇抚司，遂夺法司之权，以意生杀，而法律为虚设，盖弊在诏狱，尚不在缉事也。至设东厂而以宦官领缉事，是即所谓皇家侦探，其势无可抵抗，诬陷栽赃，莫能与辨，其所谓有罪，即交锦衣卫治之。于是诏狱超法律之外，东厂缉事又绝裁抑之门。成化中以一东厂为未足，更益以西厂，而缇骑倍之，校尉所至，遍南北边腹各地，又绝非都城地方巡徼之事任。此所以为明代独有之弊政也。然细按之，皆凌蔑贵显有力之家，平民非其所屑措意，即尚未至得罪百姓耳。

五月，大学士商辂率同官劾直罪，且言："陛下委听断于直，直又寄耳目于群小，擅作威福，贼虐善良。陛下若谓摘奸禁乱为有益，则前此数年，何以帖然无事？近自直用事以来，人心疑畏，卿大夫不安于位，商贾不安于途，庶民不安于业，若不急去直，天下安危未可知也。"帝得疏，愠曰："用一内竖，何遽危天下？谁主此奏者？"命太监怀恩、覃吉至阁诘责，辂正色曰："朝臣无大小，有罪皆请旨逮问。直擅抄没三品以上京官；大同、宣府，边城要害，守备俄顷不可缺，直一日械数人；南京，祖宗根本地，直擅收捕留守大臣，诸近侍在帝左右，直辄易置。直不去，天下安得无危？辂等同心一意为天下除害，无有先后。"恩等以实覆奏。传旨慰劳。翌日，兵部尚书项忠亦倡九卿劾之，帝不得已令直归御马监，调韦瑛边卫，散诸旗校还锦衣卫。中外大悦。怀恩、覃吉为明阉官之最贤者，亦方欲制直不使逞，故暂得此效。

西厂虽暂罢，帝眷直不衰，令密出外刺事。吏部尚书尹旻等附直，项忠劾直，以旻为六卿之长，请首署名，旻即驰报直。六月，忠以直诬构黜为民。御史戴缙颂直功，谓："大臣群臣皆无裨于政，独有太监汪直摘发允协公论，足以警众服人。”疏入，遂复开西厂。大学士商辂引疾，帝听其归。于时大臣以次陈免者数十人。士大夫皆俛首事直，直势愈恣。

时西厂既复，东厂亦正横甚，东厂官校因发云南百户左昇私事，词连掌通政使工部尚书张文质，锦衣卫遂执下狱，帝不知也。左通政何琮等以掌印请，帝乃知而释之，锦衣卫官以擅系大臣，停俸三月。厂与卫为一体，大臣系狱而帝不知，知之则处分仅及卫官，所处分仅止停俸三月，其时士大夫所被待遇可知矣。

戴缙以颂直功，累进右佥都御史，不二年，以中旨擢副都御史，又进都御史，掌院事。于时御史王亿等竞效缙所为，相率媚直，谓："西厂摘伏发奸，不惟可行之今日，实足为万世法。”依阿淟涊，台中纲纪扫地。后直宠衰，缙乃谋出为南京工部尚书，直败，黜为民。直以十四年六月，复出行辽东边。直年少喜兵，欲以边功自固，乃有此行。率飞骑日驰数百里，所遇棰挞官吏，各边都御史皆服櫜鞬迎谒，供张甚盛，左右从者悉大通贿赂，远近为之驿骚。

此事见《汪直传》。其所谓行辽东边，正以巡抚陈钺掩杀建州夷人以冒功，激变启衅，朝议遣重臣抚安，已命兵部侍郎马文升往，建州听抚，直思攘其功，固请行边。陈钺先赂直左右，令所过居民跪迎道左，比至，钺出迓于郊，望尘蒲伏，盛供张以娱直。直至开原，再下令招抚，文升乃推功于直，直内惭，文升又与抗礼，不善事其左右，钺又日夜谮文升于直，直遂庇钺激变罪转罪文升。明年五月，下文升锦衣卫狱，谪戍重庆卫。钺更讽直请大发兵树边功，讨建州夷伏当伽。其冬，以抚宁侯朱永充总兵官，直监军，钺赞军务，帅师出辽东塞，遇建州贡使六十人，掩杀之。更发墓斲髑髅以张级数。捷闻，封永保国公，增直岁禄，钺亦论功晋右都御史，寻代杨鼎为户部尚书。此事见《明史》。惟不载建州字。考《明实录》及明各家记载，此皆关清代先世种族中事，清修《明史》，一律删除。此事因无建州字，漏未删去。其详别见《满洲开国史》。

直因陈钺树边功于辽东，十五年又奉命行大同、宣府边，厨传供张，櫜鞬迎谒，并如辽东，左右索赂，各倾帑以给之，边储为之一空。直先以所善王越为兵部尚书，又用越言，诈称亦思马因犯边，诏永同越西讨，直为监军。亦思马因实无意犯边，方移帐威宁海子，越乘其不意，偕直往袭，虏惊避，遂杀其老弱，报首功四百三十余级，获马驼牛羊六十。越封威宁迫，增直岁禄。于是人指王越、陈钺为二钺。小中官阿丑工俳优，一日于帝前为醉者谩骂状，人言："驾至。"谩如故；言："汪太监至。"则避走曰："今人但知汪太监也。"又为直状，操两钺趋帝前，旁人问之，曰："吾将兵仗此两钺耳。"问何钺？曰："王越、陈钺也。"帝笑，稍稍悟。会东厂尚铭获贼得赏，直忌，且怒铭不告。铭惧，乃廉得其所泄禁中秘语奏之，尽发王越交通不法事。十七年秋，命直偕越往宣府御敌，敌退，直请班师，不许，徙镇大同，尽召将吏还，独留直，直不得还。言官交章论直苛扰，请罢西厂。而大同巡抚郭铠复言："直与总兵许宁不和，恐误边事。"帝乃调直南京御马监，罢西厂。又以言官言，降直奉御，褫逐其党王越、戴缙、吴绶等，陈钺已致仕不问，韦瑛后坐他事诛，然直竟良死。帝亦无所谓政刑，意所不属即弃之，固犹未至为阉所制耳。西厂废，尚铭遂专东厂事，闻京师有富室，辄以事罗织，得重贿乃已，卖官鬻爵，无所不至。帝寻觉之，谪充南京净军，籍其家，辇送内府，数日不尽。

宪宗朝内侍复有梁芳与韦兴比，而谄万贵妃，日进美珠珍宝悦妃意。其党钱能、韦眷、王敬等争假采办名出监大镇，帝以妃故不问。妖人李孜省、僧继晓皆由芳进，共为奸利。取中旨授官累数千人，名传奉官。陕西巡抚郑时论芳，被黜，陕民哭送之，帝闻颇悔，斥传奉官十人，系六人狱，诏自后传旨授官者俱覆奏，然不罪芳。刑部员外郎林俊以劾芳及继晓下狱。久之，帝视内帑，见累朝金七窖俱尽，谓芳及韦兴曰："靡费由汝二人。"兴不敢对，芳曰："建显灵宫及诸祠庙，为陛下祈万年福耳。"帝不怿曰："吾不汝瑕，后之人将与汝计矣。"芳遂说贵妃劝帝废太子而立兴王，会泰山累震，占者言应在东宫，帝惧乃止。

成化间，阉人之外，更有佞幸，以李孜省、僧继晓为首。孜省初为江西布政司吏，骫法受赃，既历京考得冠带，而赃事发，当褫为民，匿不归。时帝好方术，孜省学五雷法，厚结中官梁芳、钱义，以符录得幸。成化十五年四月，中旨授太常寺丞。御史杨守随言："祖宗官人之制，必考素行。太常职司祭祀，厥选尤重，奈何用赃秽罪人，渎事天地宗庙？"给事中李俊亦以为言。帝不得已，为改上林苑监副。然宠幸日甚，赐以印章二：曰忠贞和直，曰妙悟通微。许密封奏请。孜省因与梁芳表里为奸，干乱政事。十七年，擢右通政，寄俸本司，仍掌监事。初，帝践位甫逾月，即命中官传旨，用工人为文思副使，自后相继不绝，一传旨至百十人，时谓之传奉官。文武僧道滥恩泽者数千。邓常恩、赵玉芝、凌中、顾玒及奸僧继晓辈皆尊显，与孜省相倚为奸。孜省旋迁左通政，言官交劾，暂贬秩，仍迁之。二十一年，星变求言。大臣、言官皆极论传奉官之弊，首及孜省、常恩等。帝颇感悟。贬孜省上林监丞，令吏部录冗滥者名，斥罢五百余人。中外大悦。孜省恨廷臣甚，构逐数人，益以左道持帝意。十月，再复为左通政，益作威福，假扶鸾术，言："江西人赤心报国。"致仕卿贰缘以复进之江西人极多。密封推荐，缙绅进退，多出其口。执政大臣万安、刘吉、彭华皆附丽之。华以江西人结孜省，用为吏部左侍郎兼翰林学士入阁，与尹旻相恶，构旻及其子侍讲龙，龙下狱除名，旻致仕。旻籍山东，山东京僚坐旻党降调者多人。是为明季门户成习之始。孜省所排挤，若江西巡抚闵珪、洗马罗璟、兵部尚书马文升、顺天府丞杨守随皆被谴，朝野侧目。已复擢礼部右侍郎。是时以秘术干中官陈乞者无数，大学士万安亦献房中术以固宠，终宪宗之世，方士滥恩不绝。

继晓，江夏僧，以秘术因梁芳进，授僧录司左觉义，进右善世，命为通玄翊教广善国师。其母朱氏，娼家女也，继晓自陈乞旌。诏不必勘核，遽旌其门。日诱帝为佛事，建大永昌寺于西市，逼徙民居数百家，费国帑数十万。员外郎凌俊请斩芳、继晓以谢天下，几得重谴。宪宗朝，西番僧封法王及大智慧佛、大慈悲佛、西天佛子、大国师、国师禅师者不可胜计，皆锡诰命，服合器用拟王者，出入乘棕舆，卫卒执金吾仗前导，锦衣玉食几千人。取荒冢顶骨为数珠，髑髅为法盌。给事中魏元等切谏，不纳。帝初即位，即以道士孙玉庭为真人。其后，羽流加号真人高士者亦盈都下。大国师以上金印，真人玉冠、玉带、玉珪、银章。继晓尤奸黠窃权，所奏请立从。二十一年，星变求言，贬李孜省、罢传奉官五百余人时，亦革继晓国师为民。而帝忌诸言者给事中卢瑀等，密谕尹旻出之，且书瑀等六十人姓名于屏，俟奏迁则贬远恶地，于是言者相继贬斥。而方士等复官，有宠愈甚，诸番僧亦如故。二十三年八月，帝崩，孝宗即位后，乃尽黜成化时僧道杂流传奉得官之众。继晓至弘治元年十一月伏诛。

凡此皆成化时朝政之秽浊，而国无大乱，《史》称其时为太平，惟其不扰民生之故。

第七节　弘治朝政局

成化二十三年八月己丑，二十二日。宪宗崩。九月壬寅，初六日。孝宗即位，以明年为弘治元年。丁未，十一日。斥诸佞幸侍郎李孜省、太监梁芳、外戚万喜及其党邓常恩、赵玉芝等。以言官劾诸人不法事论死，上以宅忧，谪芳南京少监，喜指挥使，孜省、常恩、玉芝等戍陕西边。芳等遇赦，复逮下狱，孜省不胜拷掠死，常恩、玉芝等仍徙边，芳废死。十月丁卯朔，汰传奉官。罢右通政任傑、侍郎蒯钢、指挥佥事王荣等二千余人，论罪戍斥。罢遣禅师、真人等二百四十余人，法王、佛子、国师等七百八十余人，并追诰敕印仗，遣归本土。丁亥，二十一日。万安罢。帝于宫中得疏一小箧，皆论房中术者，末署曰："臣安进。"帝令怀恩持至阁曰："此大臣所为耶？"安愧汗伏地，不能出声。会庶吉士邹智、御史文贵、姜洪等交章列安罪状，复令恩就安读之，安数跪起求哀，无去志，恩直前摘其牙牌曰："可去矣。"始惶惧归第，乞休去，时年七十余，在道犹望三台星，冀复用。居一年，卒。安在政府二十年，以附万贵同姓，及善进房中术媚上，遇试期必其门生典试，子孙甥壻多登第。安死无几，子孙相继死，安遂绝。

自明太祖废宰相不设，至正统初三杨秉政，内阁大学士已成真宰相。成化初李贤为贤相，自后彭时、商辂皆不失辅臣体。汪直用事，逐退正人，万安、刘吉、彭华、尹直辈入阁，无不依附权要。至孝宗立，首逐万安，用徐溥，继罢尹直，用刘健，起用王恕为吏部尚书，内召马文升为左都御史，彭华先已致仕，礼部左侍郎邱濬进《大学衍义补》，帝知其善，濬亦于四年入阁，一时正人多在列矣。惟刘吉尚久为首辅，吉知帝方求治，于溥、健所建白亦赞其成，而奏请则以首辅居前，颇掠新政之美。于其私意所不慊，则沮抑排构，屡兴大狱，逐正人。至五年，而帝欲封后弟伯爵，吉谓无以处太后家子弟，乃遣中官至其家讽令致仕，则帝之进贤退不肖犹少英断，且未能处以至公，固未能如宣德以前用人行政气象。

弘治元年三月，始用吏部侍郎杨守陈言，遵祖制开大小经筵，日再御朝。大经筵，正统初所定，月之二日举行，一月三次，其实成礼而已。明初经筵，原无定日，小经筵正符进讲初意，除开讲日外，皆常服进讲，谓之日讲。朝会，除元旦、节日等大朝行礼外，余为常朝，早朝受四方奏事，午后事简，君臣之间得从容陈谕，永乐间谓之晚朝。景泰初定午朝仪，皆以别于早朝也。守陈言："大经筵及早朝，但如旧仪；若小经筵，当择博雅端介之臣以次进讲，必于圣贤经旨，帝王大道，以及人臣贤否，政事得失，民情休戚，讲之明而无疑，乃行之笃而无弊。凡前朝典籍，祖宗谟训，百官章奏，皆当贮文华后殿，退朝披览，日令内阁一人、讲官二人，居前殿右厢，有疑辄问。一日间，居文华殿之时多，处乾清宫之时少，则欲寡心清，临政不惑，得于内者深，而出治之本立矣。午朝则御文华门，大臣台谏，更番侍直，事已具疏者，用揭帖举崖略口奏，陛下详问而裁决之。在外文武官来觐，俾条列地方事，面陈大要，付诸司评议。其陛辞赴任者，随所职任而戒谕之。有大政，则御文华殿，使大臣各尽其谋，勿相推避，不当，则许言官驳正。其他具疏进者，召阁臣议可否以行。而于奏事辞朝诸臣，必降词色，详询博访，务竭下情，使贤才常接于目前，视听不偏于左右，合天下之耳目以为聪明，则资于外者博，而致治之纲举矣。如或经筵常朝，只循故事，百官章奏，皆付内臣调旨批答，臣恐积习未革，后患滋深。"疏入，帝深嘉纳，遂于月之丙子十二日。开经筵，此是每月二日之大经筵。翼日丁丑，命儒臣日讲，越六日壬午，视午朝。

日再朝以听政，又无日不讲经史治道以资法戒，接士大夫之时多，对宦官宫妾之时少，荒怠之主必不能行；果能行之，败事鲜矣。孝宗能嘉纳此言，可谓有志图治。

是月，起用言事谪降诸臣，凡宪宗时得罪于阉人佞幸而迁谪者皆起，惟尚有为刘吉所挠间者。四月，厘正祀典，宪宗时，用方士僧道言，多所崇祀，烦渎不当，靡费不赀。礼科给事中张九功奏请厘正，礼臣周洪谟条议革诸淫祀。洪谟并议谓玄武七宿，不当信道家武当山修炼之说；城隍非人鬼，不当有五月十一日诞辰之祭；东岳泰山，既专祭封内，且合祭郊坛，则朝阳门外东岳庙之祭实为烦渎。帝以崇祀既久，不尽从也。

四年春，以陕西方用兵，罢织造绒毾既中官。五年二月，以陕西巡按御史张文言，减织造绒之半。又明制，苏、杭等府各有织染局，岁造有定数。英宗天顺四年，遣中官往苏、松、杭、嘉、湖五府，于常额外，增造彩缎七千匹。增造坐派自此始。弘治四年八月，以水灾停南畿、浙江额外织造，召督造官还。既而帝纳诸大臣言，并召还中官之监苏、杭织造者。中官邓瑢固请，帝又许之。而以工部尚书曾鉴言，减岁造三之一。事在十六年，见《曾鉴传》。十七年五月，终以刘大夏言织造中官当罢。悉召还，令镇巡官领之。

凡此见孝宗不难于节用以恤民，而难于却阉之请，然犹卒以大臣之语而撤阉，则恭俭尚有天资也。后来变本加厉，绝非能长保孝宗之德意，要此自见弘治朝保存明代盛时元气之美。

明之一代立法创制，皆在太祖之世。至孝宗朝，始有修明之举。洪、永间定制，法司断狱，一依律拟议。英、宪以后，巧法吏往往舍律用例，条例由此日繁。八年，以鸿胪少卿李鐩请，命刑部尚书彭韶删定问刑条例。十三年，给事中杨廉复言："高皇帝命刘基、陶安等详定律令，百三十年来，律行既久，条例渐多。近令法司详议，革其繁琐。臣以为非深于经者，不足议律；非深于律者，不足以议例。望特选素有经术深明律意者，专理其事，以太祖立法贵简之心，革去二切近代冗杂之例，俾以例通律之穷，不以例淆律之正。”帝嘉纳之。尚书白昂会九卿定议，择条例可行者二百九十余条，与律并行，诏颁之中外。帝所任刑官，前后如何乔新、彭韶及昂与闵珪，持法皆平，会情比律，一归仁恕，天下翕然称颂。至廷杖诏狱等惨酷事，终弘治之世无闻。据《刑法志》：“弘治元年，员外郎张伦请废东厂，不报。然孝宗仁厚，厂卫无敢横，司厂者罗祥、杨鹏，奉职而已。”锦衣卫使，在弘治中亦有可称者二人，初年为朱骥，《明史》无骥传。骥为于谦之婿，因谦获谴。《谦传》言骥自有传，而卒无之。此亦《明史》之前后失照也。《明史稿》有《骥传》。《刑法志》谓骥持法平，诏狱下所司，独用小杖，宪宗尝命中使诘责，不为改。《史稿·骥传》，遇重狱，苟可生者，必为之解。迄明世，论典狱之使，率以骥称首。弘治三年卒官。同时又有牟斌，《刑法志》：“牟斌者，弘治中指挥也。李梦阳论张延龄兄弟不法事，下狱，斌傅轻比，得不死。”牟斌，《明史稿》与朱骥合传。后入正德朝，不容于中官，夺职死。是知废东厂非帝所能，而终帝之世，厂、卫皆循职不为恶，且历朝为中人鹰犬之锦衣卫，于弘治朝即累有贤指挥使可称，亦见“上好仁，则下好义”。经训自不易也。

弘治一朝，多用正士，然初年则首辅刘吉未退，颇受阻挠，至宦官则仅免肆恶。帝于奏请裁抑之臣，率不能用，或且罪之。其间用事者有一李广，《宦官传》：“以符录祷祀蛊帝，因为奸弊，矫旨授传奉官，如成化间故事。四方争纳贿赂，又擅夺畿内民田，专盐利钜万。起大第，引玉泉山水绕之。给事叶绅、御史张缙等交章论劾，帝不问。十一年，广劝帝建毓秀亭于万岁山，亭成，幼公主殇。未几，清宁宫灾。日者言：‘广建亭犯岁忌。’太皇太后恚曰：‘今日李广，明日李广，果然祸及矣！’广惧自杀。帝疑广有异书，使使即其家索之，得赂籍以进，多文武大臣名，馈黄白米各千百石。帝惊曰：'广食几何？乃受米如许！'左右曰：'隐语耳，黄者金，白者银也。'帝怒，下法司究治。诸交结广者走寿宁侯张鹤龄求解，乃寝弗治。时司设监已为广请祠额祭葬，及是，以大学士刘健等言，罢给祠额，犹赐祭。"时更有守备南京太监蒋琮，以前成化间，奸民指濒江补坍沙滩，投献中官，中官收其利，而坍地赋责之民。帝立，诏："势家悉返投献地。"民乃诉于朝。下御史姜绾等覆勘，琮胁绾右己，绾劾琮罔民利，因及其侵渔诸不法事。琮与绾互讦，累勘卒为宦者所持，其先为守备受投献之太监黄赐，并同时私垦后湖为田之太监陈祖生，并奉使两广道南京之太监郭镛，因大学士刘吉共谮绾等，至下御史十人于狱，贬为州判官，而宥各奄不问。后琮以僭侈杀人，掘伤皇陵气得罪，充孝陵净军。则帝之不能不为阉人所蛊，可考见矣。惟其时亦多贤中官，怀恩、覃吉贻自先朝；有何鼎者，更以得罪张鹤龄兄弟，为皇后所怒，竟由后使李广杖杀鼎。盖孝宗张后，不能法前代诸贤后，纵其兄弟多作过恶，请乞无度，败坏盐法，至废中盐法不行，而投献闲田，明知禁止而不能绝，张氏实蠹政之尤。此亦帝之不得贤后为助，又不能裁制外戚如祖宗时，皆仁而不断之现象也。

第八节　英宪孝三朝之学术

宣宗时始开讲学之风，公卿士庶，翕然信向，为天下是非标准，始于月川曹氏，前已言之。英宗时则有薛瑄。瑄有学行，人称为薛夫子，初为山东提学佥事。王振问杨士奇："吾乡有可为京卿者乎？"士奇以瑄对，召为大理少卿。瑄至，士奇使谒振，瑄曰："拜爵公朝，谢恩私室，吾不为也。"宣德中，瑄授御史，三杨当国，欲见之，谢不往。至是士奇反欲令见王振，辅臣之仰振积威久矣。一旦会议东阁，公卿见振皆趋拜，瑄独屹立，振知为瑄，先揖之，自是衔瑄。会指挥某死，振从子山欲强娶其妾，诬指挥妻毒杀其夫，处极刑，瑄辨其冤，三却之，都御史王文承振指，劾瑄故出人罪，振复讽言官奏瑄受贿，下狱论死。将行刑，振苍头忽泣于爨下，问故，曰："闻薛夫子将刑也。"振感动，会兵部侍郎王伟亦申救，乃免。瑄系狱待决，读《易》自如。既免，景泰间以荐起，历官大理寺卿。苏州大饥，贫民掠富家粟，火其居，蹈海避罪，王文以阁臣出视，坐以叛，当死者二百余人；瑄力辨其诬。文恚曰："此老倔强犹昔。"然卒得减死。英宗复辟，重瑄名，拜礼部右侍郎入阁。王文、于谦之狱，惟瑄力争，为减极刑一等，得弃市。瑄见石亨、曹吉祥用事，叹曰："君子见机而作，宁俟终日！"遂致仕去，在阁数月耳。告归后七年，天顺八年卒，赠尚书，谥文清。瑄学一本程朱，其修己教人，以复性为主，充养邃密，言动咸可法。尝曰："自考亭以还，斯道已大明，无烦著作，直须躬行耳。"有《读书录》二十卷，平易简切，皆自道其所得，学者宗之。弘治中，给事中张九功请从祀文庙，诏祀于乡。已给事中杨廉请颁《读书录》于国学，俾六馆诵习，且请祠名，诏名"正学"。隆庆六年，允廷臣请从祀。

薛文清虽亦为达官，世自尊为薛夫子，其弟子及再传三传弟子，以学行名节著者甚众，皆见《儒林传》，杨廉亦见《儒林》。《明史·儒林传》皆躬行自重之贤，不似《清史·儒林》，专重考据，稍习《说文》小学，辄尊之曰儒，而其所以敦品立行者不问也。盖清之国史馆传体已如是，末流遂无以品行为意者。文清殁后百余年，卒从祀文庙。吾国昔以能从祀为人品之至高，亦悬一人格以为士大夫之标的而已。至抉此藩离而欲为人类设新训条，至今彷徨未知所向，吾辈谈历史，只能就史实中经过者言之。

英宗朝专以讲学名而门弟子极盛者，为吴与弼。与弼，字子传，世称康斋先生。父溥，即靖难时与王艮、胡广等同居，断定胡广、解缙不能死节者。溥亦在建文时已为国子司业，永乐中复为翰林修撰。康斋门人，明代从祀文庙者乃有二人：一胡居仁，一陈献章。讲学之风，斯时极盛。君相侧席，愿见大贤，康斋以处士蒙召，创意者为石亨，后来颇受指摘。尹直《琐缀录》谓康斋跋石亨族谱，自称门下士，又为其弟所讼，或谓地方官忌康斋，募人教其弟为之。右康斋者并辨《琐缀录》之诬。但康斋之于世论，颇未能如薛夫子之一致推服，则可见矣。今读其《集》，屡言梦见孔子、朱子，纵或为结想所成，要亦无当于为学实用。虽大儒尽出其门，明儒从祀止四人，薛瑄在前，胡居仁、陈献章、王守仁三人同以万历间从祀。胡、陈皆康斋弟子。然世所景仰，对康斋不及对胡、陈，而胡尤平实可为人师法也。

居仁闻吴与弼讲学崇仁，往从之游，绝意仕进。其学以主忠信为先，以求放心为要。操而勿失莫大乎敬，因以敬名其斋。端庄凝重，对妻子如严宾。手置一册，详书得失，用自程序，鹑衣箪食，晏如也。筑室山中，四方来学者甚众，皆告之曰："学以为己，勿求人知。"曰："吾道相似莫如禅学，后之学者，误认存心，多流于禅。或欲屏绝思虑以求静，不知惟戒慎恐惧，自无邪思，不求静，未尝不静也。务于空虚与溺于功利者均失，其患有二：一在所见不真，一在工夫间断。"承学之士，皆佩之为笃论。居仁暗修自守，布衣终其身，人以为薛瑄之后，粹然一出于正，居仁一人而已。陈献章，字公甫，举人未第。从吴康斋讲学，尝自言："吾年二十七，始从吴聘君学，于古圣贤之书无所不讲，然未知入处，比归白沙，专求用力之方，亦卒未有得。于是舍繁求约，静坐久之，然后见吾心之体隐然呈露，日用应酬，随吾所欲，如马之卸勒也。"其学浩然独得，论者谓有鸢飞鱼跃之乐，世称白沙先生。白沙实大近禅悟，胡敬斋亦言之，后皆从祀。则门弟子等盛，学说等行，出大儒之门者，终身服膺师说，服官皆有名节，不负所学。亦多有已通籍而解官受业于门者，《儒林传》中不少其人。一时学风，可见人知向道，求为正人君子者多，而英挺不欲自卑之士大夫，即不必尽及诸儒之门，亦皆思以名节自见。故奄宦贵戚，混浊于朝，趋附者固自有人；论劾蒙祸，濒死而不悔者，在当时实极盛，即被祸至死，时论以为荣，不似后来清代士大夫，以帝王之是非为是非，帝以为罪人，无人敢道其非罪。故清议二字，独存于明代，读全史当细寻之，而其根源即由学风所养成也。

第四章　议　礼

大礼之狱，为嘉靖一朝士大夫气节之表示。议礼之所由来，以由外藩入嗣，必欲追尊其所生，廷臣持之，遂拂帝意。其入嗣之故，则以武宗荒惑，以致无后。不能效法孝宗，明运已大可危，赖世宗起而振之，尚得为中叶守文之世。晚年虽惑于奉道，放弃万几，一意玄修，能助其玄修者即为忠爱，遂致奸人专国，荼毒正士。然世宗究属英主，日久亦终除权相，贻穆宗以未坏之丕基。故以正德、嘉靖、隆庆三朝为一段落，此尚未入危亡之限也。至万历之世，乃当别议明之所由亡矣。

第一节　武宗之失道

弘治十八年五月庚寅，初六日。帝大渐，帝于四月二十九日甲申不豫。四月小尽，甲申晦日。召刘健、李东阳、谢迁至乾清宫，曰："朕承统十有八年，今三十六岁，遘疾殆不兴，故召卿辈。"健等皆慰藉。帝曰："朕自知命也。朕守祖宗法度，不敢怠荒，天下事重烦卿辈。"又曰："东宫年十五矣，未选婚，可急令礼部行之。"皆应曰："诺。"时司礼太监跪榻下，帝口授遗旨，命就榻前书之。执健手曰："卿辈辅导良苦，朕备知之。东宫年幼好逸乐，卿辈当教之读书，辅导成德。”越日辛卯，初七。召太子谕以法祖用贤。午刻崩。壬寅，十八日。太子厚照即位，是为武宗，以明年为正德元年。孝宗于太子，临终以其年幼好逸乐为言，固知武宗将来之纵欲败度矣，然只此一子，孝宗二子，其一蔚王厚炜，三岁已殇。早正东宫，自无不立之理。既即位，即有东宫旧竖刘瑾与马永成、谷大用、魏彬、张永、邱聚、高凤、罗祥等八人俱用事，谓之八党，亦谓之八虎，日导帝游戏。自是怠于政事，遗诏中当兴罢者，悉废格不行。八月，京师淫雨，大学士刘健等上言：“登极诏出，中外欢呼，想望太平。今两月矣，诏书所载，徒为具文。阴阳所以不调，雨旸所以不若。如监局、仓库、城门及四方守备内臣增置数倍，朝廷养军匠费钜万计，仅足供其役使，宁可不汰？文武臣旷职偾事虚糜廪禄者，宁可不黜？画史工匠滥授官职者多至数百人，宁可不罢？内承运库累岁支银数百余万，初无文簿，司钥库贮钱数百万，未知有无，宁可不勾校？至如放遣先朝宫人，纵内苑珍禽奇兽，皆新政所当先，而陛下悉牵制不行，无以慰四海之望。”帝虽温诏答之，而左右宦竖日恣，增益日众。帝出，带刀被甲拥驾后，内府诸监局佥书多者至百数十人，光禄日供骤益数倍。健等极陈其弊，谓勤政讲学，报闻而已。十一月，命太监韦兴分守湖广。兴自成化末得罪久废，至是夤缘出守。科道官言：“诏革天下镇守内官非旧额者，墨犹未干，乃复遣兴，无以示信。”尚书刘大夏等再三争执，皆不听。

正德元年二月，大学士刘健等以吏户兵三部及都察院各有疏言事，为宦官所挠，传示帝意，令阁臣调旨，健等不奉命，别拟以奏，帝不听，健等力谏，不报。居数日，乞休，帝优旨慰留之，疏仍不下。又数日，历数政令十失，指斥责戚近幸尤切，因再申前请，帝不得已，始下前疏，令所司详议。健等知志终不行，各上章乞骸骨，帝不许。

既而所司议上，一如健等指，帝勉从之，而失利者咸切齿。四月，罢吏部尚书马文升，以侍郎焦芳代之。芳深结阉宦以干进，廷议以国用不足，劝上节俭，芳知左右有窃听者，大言曰:“庶民家尚须用度，何况县官？谚云:‘无钱拣故纸。’今天下多逋租匿税，不是检索，而但云损上，何也？”帝闻大喜。会文升去，遂代为尚书，至十月遂入阁。先是，五月兵部尚书刘大夏罢。文升、大夏皆以承遗诏汰传奉官及武臣，为帝所不悦，求去，遂许之。十月，罢华盖殿大学士刘健、武英殿大学士谢迁。健等辅臣皆承孝宗遗嘱辅帝。时刘瑾以内官监兼督团营，日与马永成等进鹰犬歌舞角觝之戏，导帝佚游。又劝帝令镇守内臣各进万金，奏置皇庄至三百余所，畿内大扰。给事中陶谐、御史赵佑等交章论劾，章下阁议。健等持当从言官奏甚力。先是户部尚书韩文以八党用事，每朝退与僚属言，辄泣下。郎中李梦阳进曰:“公泣何为？比谏官疏劾诸阉，执政持甚力。公诚及此时率大臣固争，去八人易耳。”文毅然改容曰:“善！纵事弗济，吾年足死矣，不死不足报国。”令梦阳草疏，既具，文读而删之，曰:“是不可文，文恐上弗省；不可多，多恐览弗竟。”遂率诸大臣伏阙以上，略曰:“伏睹近日朝政益非，号令失当，中外皆言太监马永成、谷大用、张永、罗祥、魏彬、邱聚、刘瑾、高凤等造作巧伪，淫荡上心，击球走马，放鹰逐犬，俳优杂剧，错陈于前，至导万乘与外人交易，狎昵媟亵，无复礼体。日游不足，夜以继之，劳耗精神，亏损志德。此辈细人惟知蛊惑君上，以便己私，而不思皇天眷命，祖宗大业，皆在陛下一身，万一游宴损神，起居失节，虽齑粉若辈，何补于事？穷观前古，阉宦误国，为祸尤烈，汉十常侍、唐甘露之变，其明验也。今永成等罪恶既著，若纵不治，将来益无忌惮，必患在社稷。伏望陛下奋乾纲，割私爱，上告两宫，下谕百僚，明正典刑，潜消祸乱之阶，永保灵长之祚。”疏入，帝惊泣不食，乃遣司礼中官李荣、王岳等至阁议，一日三反，欲安置之南京，迁欲遂诛之，以为处之未尽，健推案哭曰："先帝临崩，执老臣手，付以大事。今陵土未干，使若辈败坏至此，臣死何面目见先帝？"健、迁声色俱厉，惟李东阳语少缓。王岳者，素刚直嫉邪，慨然曰，"阁议是。"具以健等言白帝。明日，忽有旨召诸大臣入，至左顺门，健迎谓曰："事垂济，公等第坚持。"尚书许进曰："过激恐生变。"健不应。有顷，李荣手诸大臣疏曰："有旨问诸先生，诸先生言良是，但奴侪事上久，不忍即致理，幸少宽之，上自处耳。"众相顾莫言，韩文乃抗声数八人罪，侍郎王鏊助之曰："八人不去，乱本不除。"荣曰："上非不知，第欲少宽之耳。"鏊直前曰："设上不处，奈何？"荣曰："荣颈有铁裹耶？敢坏国事！"遂退。健约文及诸九卿诘朝伏阙面争，王岳从中应之，因允诛瑾等。焦芳驰告瑾，瑾乃率永成等夜伏帝前环泣，以首触地，曰："微上恩，奴侪磔喂狗矣。"帝色动，瑾进曰："害奴侪者王岳也。"帝曰："何故？"瑾曰："岳结臣欲制上出入，故先去所忌耳，且鹰犬何损万几？若司礼监得人，左班官安敢如此？"帝大怒，立收岳，命瑾掌司礼监，永成、大用掌东西厂，各分据要地。及旦，诸臣入朝，将伏阙，知事已中变，于是健、东阳、迁俱上章求去，瑾矫旨听健、迁归，而独留东阳，岳充南京净军，追杀之于途，于是中外大权悉归于瑾。健、迁濒行，东阳祖饯泣下，健正色曰："何哭为？使当日多出一语，与我辈同去矣。"东阳嘿然。

《刑法志》："正德元年，杀东厂太监王岳，命邱聚代之，又设西厂，以命谷大用，皆刘瑾党也。两厂争用事，遣逻卒刺事四方，南康吴登显等戏竞渡龙舟，身死家籍。远州僻壤，见鲜衣怒马作京师语者，转相避匿，有司闻风，密行贿赂，于是无赖子乘机为奸，天下皆重足立。而卫使石文义亦瑾私人，厂卫之势合矣。瑾又改惜薪司外薪厂为办事厂，荣府旧仓地为内办事厂，自领之，京师谓之内行厂，虽东西厂皆在伺察中，加酷烈焉。且创例，罪无轻重，皆决杖永远戍边，或枷项发遣，枷重至百五十斤，不数日辄死，尚实卿顾濬、副使姚祥、工部郎张玮、御史王时中辈，并不免濒死而后谪戍，御史柴文显、汪澄以微罪至凌迟，官吏军民，非法死者数千。”

刘、李、谢三相同心辅政，皆为贤相，刘、谢去位，李稍依违，遂为同时所诟病。阉党以尽逐阁员为有所却顾，乐得一不甚激烈者姑留之。其后李遂久为首相，誉之者谓其留以保全善类，善类之赖保全者诚有之，要其不与刘、谢同退之初，未必遂为将来之善类计也，故嘲之者曰“伴食”，曰“恋栈”，未尝无理。特李卒以廉谨和厚自处，又文学为明一代冠冕，其所著《怀麓堂集》，所居之西涯，皆足动后人景仰矣。

初，许进辈以年资推焦芳入吏部，刘健不悦，曰：“老夫不久归田，此座即焦有，恐诸公俱受其害耳。”及健、迁去位，芳果附刘瑾谋柄政，而廷议独推王鏊，瑾迫公论，令鏊与芳同入阁。芳裁量章奏一阿瑾意；鏊虽持正，不能与抗，事有不可，与李东阳弥缝其间，多所补救。东阳虽为首辅，常委蛇避祸，芳嫉其位在己上，日夕构之于瑾，会《通鉴纂要》成，瑾以誊写不谨，欲因是为东阳罪，东阳大窘，芳为解乃止，除誊录官数人名，东阳得无事。

东阳之保全禄位，至不惜求解于焦芳以自容于刘瑾，其气骨之不如刘、谢可见，但终非为恶者耳。《通鉴纂要》九十二卷，即清代御批之所本，改名为《通鉴辑览》，后又增益明代，并于《纂要》原书亦有以意更定，而其上古至元并为一书，中包温公《通鉴》及朱子《纲目》并金履祥之《前编》、陈桱之《续鉴》统为一书，实自东阳《纂要》发之。

给事中刘蒞、吕翀请留刘健、谢迁，不报。南京给事中戴铣、御史薄彦徽等亦以为言，并蒞、翀俱杖于廷，并削其籍。兵部主事王守仁论救铣等，杖四十，谪龙场驿丞。时南京御史蒋钦与铣等同被罪，出狱甫三日，独具疏劾瑾，请急诛瑾谢天下，然后杀臣以谢瑾。疏入，再杖三十，系狱。越三日，复具疏请杀瑾，且言陛下不杀此贼，当先杀臣，使臣得与龙逢、比干同游地下，臣诚不愿与此贼并生，言尤激切。既入，复杖三十。后三日，卒于狱。

《钦传》言："钦属草时，灯下微闻鬼声。钦念疏上且掇奇祸，此殆先人之灵，欲吾寝此奏耳，因整衣冠立曰：'果先人，盍厉声以告。'言未已，声出壁间，益凄怆，叹曰：'业已委身，义不得顾私，使缄默负国为先人羞，不孝孰甚？'复坐，奋笔曰：'死即死，此藁不可易也。'声遂止。"

王守仁为明一代伟人，讲学开别派，为大师，世所称阳明先生，以平宸濠功封伯爵。

瑾恨韩文甚，日令人伺文过，不得，十一月，有以伪银输内库者，以为文罪，诏降一级致仕。给事中徐昂疏救，中旨责其党护，更削文职，并除昂名。文出都，乘一骡，宿野店而去。又矫旨谪李梦阳山西布政司经历，勒致仕，复抚他事下之狱，将杀之，赖康海救得免。

梦阳以文学为一代宗，始李东阳负重望，梦阳独讥其萎弱，倡言："文必秦汉，诗必盛唐。"非是者弗道。与何景明、徐祯卿、边贡、朱应登、顾璘、陈沂、郑善夫、康海、王九思等号十才子，又与景明、祯卿、贡、海、九思、王廷相号七才子，皆卑视一世，而梦阳尤甚。迨嘉靖朝，李攀龙、王世贞出，复奉以为宗，天下推李、何、王、李为四大家，无不争效其体。李者，梦阳字献吉，有《空同集》。何者，景明字仲默，有《大复集》。王者，世贞字元美，又字凤洲，有

《弇州山人集》。李者，攀龙字于鳞，有《沧溟集》。李、何七才子，谓之前七子；王、李时，李先芳、谢榛、吴维岳、宗臣、梁有誉、徐中行、吴国伦，谓之后七子。后又摈先芳、维岳而以王、李为七子之魁，是为后七子。七子才名，风靡一世。后又有讥梦阳辈诗文者，则谓其模拟剽窃，得史迁、少陵之似而失其真云。

康海与瑾同乡，弘治十五年殿试第一，授修撰。瑾慕其才，欲招致之，不肯往。梦阳下狱，书片纸致海曰："对山救我。"对山者，海别号也。海乃谒瑾，瑾大喜，倒屣迎海，因诡词说之，梦阳遂得释。后又为张敷华解于瑾。瑾败，海坐党落职，遂以声伎自放。

二年三月，刘瑾憾刘健、谢迁，及建言留健、迁劾己者，矫诏列健、迁及尚书韩文、杨守随、林瀚、都御史张敷华、郎中李梦阳、主事王守仁等五十三人为奸党，榜示朝堂，召群臣跪金水桥南，宣戒之。其中有任诺、王蕃，鞫狱时抵不与知。虽仍列五十三人之数，识者耻道其名。又敕各镇守太监预刑名政事。

宣德中，有各布政使之镇守太监，其职权当同此。凡镇守太监，干预刑名政事，本无人能禁之，是时加以特敕，则列入职掌矣。后瑾诛，从兵部言令缴敕悉如旧制。

帝惑于群阉，二年八月，于西华门外别构院御，筑宫殿，而造密室于两厢，勾连栉列，谓之豹房。初帝令内侍仿设廛肆，身衣估人衣，与贸易，持簿算喧询不相下，更令作市正调和之，拥至廊下家，廊下家者，中官于永巷所张酒肆也，坐当垆妇其中，帝至，杂出牵衣，蜂簇而入，醉即宿其处。杨守随疏言之。至是既作豹房，朝夕处其中，称之曰新宅。日召教坊乐工入新宅承应，久之，乐工怨言："乐户在外府多有，令独居京师者承应，不均。"遂敕礼部，檄取河间诸府乐户，精技业者遣送。教坊人日以百计，于时群小见幸者皆集于教坊矣。

刘瑾每奏事，必伺帝为戏弄时，帝厌之，亟挥去曰："吾用若何事？乃溷我。"自此大小事瑾皆专决，不复白帝。翰林学士吴俨家多赀，瑾求金，啖以美官，俨峻拒。御史杨南金清鲠，瑾党都御史刘宇恶其不阿己，笞辱之，南金愤甚告疾去，宇谗于瑾。三年正月，大计外吏，瑾忽批奏尾勒俨致仕，黜南金为民。奏出，中外骇异。瑾不学，批答章奏皆持归私第，与妹婿礼部司务孙聪、松江市侩张文冕相参决，聪、文冕不能文，辞率鄙冗，焦芳为润色之。已而瑾权威日盛，内外章奏，先具红揭投瑾，号红本，然后上通政司，号白本，皆称刘太监而不名。都察院奏谳，误名瑾，瑾怒甚，都御史屠滽率属跪谢乃已。公侯勋戚以下莫敢均礼，每私谒，相率跪拜，其熏灼如此。

三年六月壬辰，二十六日。午朝退，有遗匿名书于御道数瑾罪者，瑾矫旨召百官跪奉天门下，及日暮，尽收下锦衣卫狱，凡三百余人，而主事何钇等三人已暍死。明日，大学士李东阳等力救，瑾亦廉知其同类所为，众获免。时瑾恣行凶暴，庶官以荷校死者甚众，亦赖东阳等申救，间有释而戍之者。八月辛巳，十六日。立内厂，瑾自领之，尤酷烈，中人以微法，无得全者。一家犯，邻里皆坐。或瞰河居者，以河外居民坐之。矫旨悉逐京师客佣，命寡妇尽嫁，丧不葬者焚之，辇下汹汹。又创罚米法，以困所憾尚书韩文等五十余人。又索巡盐官赂，不当意，责令补偿商课，追论及前任者。御史彭程，孝宗时巡两浙盐，久物故，家止遗一孙女，罄产不足偿，则并女鬻之，行道皆为流涕。九月，逮前兵部尚书刘大夏下狱。大夏于孝宗时改广西土司田州、思恩为流官，因二土司岑猛、岑濬相仇杀，诛濬而徙猛福建。及是，猛贿瑾求复故地，瑾许之，欲坐大夏激变论死，阁臣王鏊曰："岑氏未叛，何云激变？"都御史屠滽亦言刘尚书无死法，乃戍之极边。初拟广西，焦芳谓近大夏家，大夏，湖北华容人。是送之归，乃改肃州。大夏年已七十三，徒步荷戈，至大明门下，叩首而去。观者叹息泣下。大夏至戍所，遇团操辄就伍，所司固辞，大夏曰："军固当役也。"瑾犹摭事罚米输塞下者再，后遇赦归。及瑾诛，复原官致仕。四年二月，又黜前大学士刘健、谢迁为民。四月，罢大学士王鏊。六月，以吏部尚书刘宇兼文渊阁大学士，以吏部侍郎张彩为吏部尚书。初，宇介焦芳以结瑾，自宣大总督人为左都御史，以万金为贽谒瑾。瑾始通贿，望不过数百金，得此大喜曰："刘先生何厚我！"遂转兵部尚书，加太子太傅。时许进为吏部尚书，宇谗进于瑾，遂代其位。吏部文选郎张彩，为瑾私人，权势出宇上。文吏赠遗又不若武弁，宇虽为六卿长，而颇悒悒。至是，瑾欲用彩代宇，乃令宇人阁，宇宴瑾阁中极欢，明日将入阁任事，瑾曰："尔真欲相耶？此地岂容再入。"宇不得已，乞省墓去。彩初矫饰声誉，为马文升等所爱，被劾移疾归，焦芳力荐于瑾，瑾大敬爱，称为神人。彩自是一意事瑾，由郎署三迁，遽长六卿。每瑾出休沐，公卿往候，自辰至晡未得见。彩故徐徐来，直入瑾小阁，欢饮而出，始揖众人，众益异彩，见彩如瑾礼。彩与朝臣言，呼瑾为老者，所言瑾无不从。彩恣意变乱旧格，贿赂肆行，海内金帛奇货，相望衢巷间。性尤渔色，其乡人抚州知府刘介娶妾美，彩特擢介太常少卿，盛服往贺曰："子何以报我？"介惶恐谢曰："一身外皆公物。"彩曰："命之矣。"即使人入内牵其妾舆载而去。又闻平阳府知府张恕妾美，索之不得，令御史张禴按致其罪，拟戍，恕献妾始得论减。其横如此。《明史》立《阉党传》，阉以党名，始于刘瑾时之焦芳、张彩、刘宇、曹元、韩福等。前此公卿或屈于阉，不过不敢相抗，若李东阳之于瑾而已，未有阁部大臣公然为阉效命者也。党瑾者以张彩为最著，其先结于瑾之焦芳、刘宇俱为所倾，宇先罢，至五年五月，焦芳亦罢。芳入阁五年，凡瑾浊乱朝政，荼毒缙绅，流恶海内，皆芳导之。每过瑾，言必称“千岁”，自称“门下”。凡所可否，与瑾出一口。四方赂瑾者先赂芳。芳子黄中亦傲狠不学，廷试必欲得第一，李东阳、王鏊为置二甲首，芳不悦，言于瑾，径授检讨，俄进编修。芳以子黄中故，时骂东阳，瑾亦以黄中才绌笑之。始张彩由芳进，比彩为尚书，芳父子鬻爵荐人无虚日，彩颇厌之，遂有隙，尽发芳阴事于瑾，瑾大怒，数于众中斥责芳，芳不得已乞归，黄中匄阁荫，以侍读随父归。芳以先去，瑾后败，转得良死。惟马盗火其居，发其藏金，掘其先人墓，杂烧以牛羊骨，求芳父子不获，幸免盗手。此自阉等激成民变，芳食其报也。

五年八月，刘瑾伏诛。瑾于八党中尤狡猾，为七人所推，及专政，七人有所请，瑾俱不应，咸怨之。又尝欲逐张永南京，永于帝前殴瑾，帝令谷大用等置酒为解，由是二人益不合。先是四月间，安化王寘鐇以讨瑾为名反，朝议以右都御史杨一清总制军务，张永为督军，讨寘鐇，平之。方永西征，帝戎服送之东华门，宠遇甚盛，瑾愈忌永，而帝方向之，不能间。永至宁夏，一清与永结纳甚密，知永与瑾隙，乘间扼腕言曰：“赖公来定反侧，然此易除，国家自有内患，奈何？”遂促席画掌作瑾字，永难之，一清慷慨曰：“公亦上信臣，讨贼不付他人而付公，意可知。今功成奏捷，请间论军事，因发瑾奸，上必听公诛瑾，诛瑾，公益柄用，悉矫弊政，安天下心，吕强、张承业暨公，千载三人耳。”永曰：“脱不济奈何？”一清曰：“言出于公必济，万一不信，公顿首据地泣请死上前，剖心以明不妄，上必为公动，苟得请，即行事，毋须臾缓。”永勃然起，意遂决。既入献俘毕，帝置酒劳永，瑾等皆侍，及夜，瑾退，永密白瑾反状，瑾信术士俞日明言，谓其从孙二汉当大贵，遂谋不轨。会瑾兄都督同知景祥死，将以八月十五日俟百官送葬，因作乱。永捷疏至，请以是日献俘，瑾使缓其期，欲事成并擒永，或驰告永，永遂先期入。且出袖中奏及寘鐇檄，数其不法十七事。帝已被酒，俯首曰："奴负我。"永曰："此不可缓，缓则奴辈当齑粉。"马永成等亦助之，乃命执瑾。夜启东华门，系瑾菜厂，复分遣官校封瑾内外私第。明日出永奏示内阁，谪瑾奉御，凤阳闲住。帝犹未欲诛之，已亲籍其家，得金银数百万，珠玉宝玩无算，及衮衣玉带甲仗弓弩诸违禁物，又所常持扇内藏利匕首二，帝大怒曰："奴果反。"趣付狱。于是言官请亟赐诛戮，都给事中李宪，瑾私人也，至是亦劾瑾，瑾闻之而笑，曰："宪亦劾我！"鞫之日，刑部尚书刘璟犹噤不敢发声，瑾大言曰："公卿多出我门，谁敢问我？"皆却避。驸马都尉蔡震曰："我国戚，得问汝。"使人批瑾颊曰："公卿皆朝廷用，何云由汝？汝何藏甲？"曰："以卫上。"震曰："何藏之私室？"瑾语塞。狱具，磔于市，族人逆党皆伏诛，张彩狱毙，磔其尸，阁臣焦芳、刘宇、曹元而下，尚书毕亨、朱恩等共六十余人，皆降谪。已廷臣奏瑾所变法，吏部二十四事，户部三十余事，兵部十八事，工部十三事。诏悉厘正，如旧制。前敕镇守太监预刑名政事，至是乃令缴敕，西厂及内行厂亦均革。

刘瑾既诛，内监以张永为最用事，然颇不欲效瑾所为，帝亦自豹房起后别有所昵，不尽昵宦官。正德中叶，导帝失德者又一变。阁臣自瑾党败后，所用亦非甚不肖，时士大夫风气未坏，循资擢用，所得亦多正人，而帝之不可与为善，则童昏其本质也。正德七年九月丙申，二十五日。赐义子一百二十七人国姓。帝所悦中官奴卒并及亡虏，辄收为义子，赐姓朱氏。有钱宁者，不知所出，幼鬻太监钱能家为奴，能嬖之，冒钱姓，得为锦衣百户。曲事刘瑾，得幸于帝，赐国姓为义子。累迁左都督，掌锦衣卫事，典诏狱，言无不听，其名刺自称皇庶子。引乐工臧贤、回回人于永及诸番僧以秘戏进，请于禁内建豹房新寺，《明通鉴》：七年十月甲子，增建豹房，增修房屋二百余间。恣声伎为乐，复诱帝微行。帝在豹房，常醉枕宁卧，百官候朝，至晡，莫得帝起居，密伺宁，宁来，则知驾将出矣。太监张锐领东厂，缉事横甚，而宁典诏狱，势最炽，中外称曰厂卫。

先是正德六年，畿内贼起，京军不能制，调边兵，有江彬者，以大同游击隶总兵官张俊赴调。七年，贼渐平，遣边兵还镇，大同、宣府军过京师，帝闻彬与贼战，被三矢，其一著面，镞出于耳，拔之更战，壮之，遂并宣府守将许泰皆留不遣。彬因钱宁得召见。貌魁硕有力，善骑射，谈兵帝前，帝大悦，擢都指挥佥事，出入豹房同卧起。尝与帝弈，不逊，千户周骐叱之，彬陷骐榜死，左右皆畏彬。彬导帝微行，数至教坊司，进铺花毡幄百六十二间，制与离宫等，帝出行幸皆御之。宁见彬骤进，意不平，彬知宁不相容，欲借边兵自固，因盛称边军骁悍胜京军。言官交谏，大学士李东阳疏称十不便，皆不听。于是调辽东、宣府、大同、延绥四镇军入京师，号外四家，纵横都市。每团练大内，间以角牴戏，帝戎服临之，与彬联骑出，铠甲相错，几不可辨。彬旋兼统四镇军，帝自领群阉善射者为一营，号中军，晨夕驰逐，甲光照宫苑，呼噪声达九门，帝时临阅，名“过锦”。彬既心忌宁，欲导帝巡幸远宁，因数言宣府乐工多美妇人，且可观边衅，瞬息驰千里，何郁郁居大内为廷臣所制？帝然之。十二年八月，急装微服出幸昌平，至居庸关，为御史张钦所遮，乃还。数日复夜出，先令太监谷大用代钦，止廷臣追谏者，因度居庸，幸宣府，彬为建镇国府第，设四镇军时已改太平仓为镇国府，帝自称镇国公，至今其地犹名西帅府胡同。悉辇豹房珍玩女御实其中。彬从帝数夜入人家索妇女，帝大乐之忘归，称曰“家里”。未几，幸阳和，迤北入寇，诸将御之，至应州，寇引去，斩首十六级，官军死数百人，以捷闻京师。帝自称“威武大将军朱寿”。所驻跸称“军门”。中外事无大小，白彬乃奏，或壅格至二三岁。廷臣前后切谏，不省。十三年正月，还京，数念宣府，彬复导帝往，因幸大同。闻太皇太后崩，乃还京发丧。将葬，如昌平祭告诸陵，遂幸黄花、密云，彬等掠良家女数十车以随，有死者。下诏称："威武大将军总兵官朱寿统率六军。"而命彬为威武副将军，录应州功，封彬平虏伯，子三人锦衣卫指挥，其余三镇军将，许泰安边伯，彬所荐之李琮、神周俱都督，升赏内外官九千五百五十余人，赏赐亿万计。彬又导帝由大同渡黄河，次榆林，至绥德，幸总兵官戴钦第，纳其女还。由西安历偏头关，抵太原，大征女乐，纳晋府乐工杨腾妻刘氏以归。彬与诸近幸皆母事之，称曰刘娘娘。初，延绥总兵官马昂罢免，有女弟善歌，能骑射，解外国语，嫁指挥毕春，有娠矣，昂因彬夺归，进于帝，召入豹房，大宠，传升昂右都督，弟炅、昶并赐蟒衣，大珰皆呼为舅，赐第太平仓。尝幸昂第，召其妾，昂不听，帝怒而起，昂复结太监张忠进其妾杜氏，遂传升炅都指挥，昶仪真守备。昂喜过望，又进美女四人谢恩。十四年正月，自太原还至宣府，命彬提督十二团营。及还京，复欲南幸，廷臣伏阙谏者百余人，彬激帝怒，悉下狱，多杖死者。彬亦意沮，议得寝。而宁王宸濠亦于是时反。

武宗之昏狂无道，方古齐东昏、隋炀帝之流，并无逊色，然竟外御强虏，内平大乱，卒晏然死于豹房。虽荒淫无嗣，迎立宗藩，得一稍明事理之世宗，依然成守文之世，元气初无亏损也；以是见明初诸帝遗泽之厚，最要者，扶植清议，作养士气。正德间，初以刘瑾挟帝用事，几乎尽逐正人，遍引邪佞当要地，幸而阉权未能统一，以阉图阉，遂殄巨憝。至江彬、钱宁辈之导帝淫荒，转于朝事不甚过问，于是祖宗所贻之纲纪，仍托士大夫之手，遇无道之事，谏诤虽不纳，亦不甚摧折朝士，惟丁十四年帝欲南幸时，正邪相激，多有被祸，而佞人卒为夺气，公论益见昌明，此即国祚未倾之征验也。稍详其曲折如下。

正德十四年二月，帝降手敕谕吏部曰："镇国公朱寿宜加太师。"又谕礼部曰："威武大将军太师镇国公朱寿，今往两畿、山东，祀神祈福。"复谕工部："急修黄马快船备用。"阁臣及科道官皆切谏，不报。兵部郎中黄巩抗章言："陛下即位以来，纪纲法度，一坏于刘瑾，再坏于佞幸，又再坏于边帅，盖荡然无余矣。乱本已生，祸变将起，因陈最急者六事：一崇正学，二通言路，三正名号，四戒游幸，五去小人，六建储贰。"时员外郎陆震草疏将谏，见巩疏，毁已稿与巩连署以进。修撰舒芬亦邀同官崔桐等七人上疏曰："古帝王所以巡狩，协律度，同量衡，访遗老，问疾苦，黜陟幽明，式序在位，是以诸侯畏焉，百姓安焉。陛下之出，如秦皇、汉武，侈心为乐，博浪、柏谷，其祸可鉴。西北再巡，四民告病，哀痛之声，上彻苍旻，传播四方，人心震动。一闻南幸诏书，鸟惊兽散，而有司方以迎奉为名，征发严急，江、淮之间，萧然烦费，万一不逞之徒乘势倡乱，为祸非细。且陛下以镇国公自命，苟至亲王国境，或据勋臣礼以待陛下，循名责实，深求悖谬之端，则左右宠幸无死所矣。尚有事堪痛哭不忍言者，宗藩蓄刘濞之衅，大臣怀冯道之心，以禄位为故物，以朝署为市廛，以陛下为弈棋，以革除年间为故事，左右宠幸，无能以此言告陛下；使陛下得闻此言，虽禁门之外，亦将警跸而出，尚敢轻骑慢游哉？"陆完迎谓曰："上闻有谏者辄恚，欲自引决，诸君且休。"芬等不应而出。芬等所论之大臣即完耳。各疏皆指宸濠必反，芬等尤明言之。完前督师讨刘六、刘七，江彬、许泰等皆其所部，后彬等大得幸，而完辄倚之，又与宸濠有交通，遇事将顺，非大奸也。吏部员外郎夏良胜及礼部主事万潮、太常博士陈九川复连疏入。于是，吏节郎中张衍庆等十四人、刑部郎中陆俸等五十三人继之，礼部郎中姜龙等十六人、兵部郎中孙凤等十六人又继之，而医士徐鏊亦以其术谏。帝与诸幸臣大怒，下巩、震、良胜、潮、九川、錾诏狱，芬等百有七人罚跪午门外五日。已而大理寺正周叙等十人、行人司副余廷瓒等二十人、工部主事林大辂等三人连名疏又相继上，并下诏狱。俄令与巩、震等俾跪阙下五日，加梏拲焉。至晚系狱，诸臣晨入暮出，累累若重囚，道旁观者无不叹息泣下。廷臣自内阁及尚书石玠疏救外，莫有言者。诸嬖幸洋洋得意，士民愤恨，伺诸大臣出入，争掷瓦砾诟詈之，诸大臣皆恐，入朝不敢待辨色。请下诏禁言事者，通政司遂格不受疏。金吾卫指挥佥事张英肉袒戟刃于胸，持疏谏，当跸道跪哭，即自刺其胸，血流满地。卫士夺其刃，缚送诏狱，诏杖之八十，遂死。诸臣跪既毕，仍杖之于廷，陆震、余廷瓒及工部主事何遵等十一人皆死，錾戍边，余除名贬黜有差，而车驾亦不复出。

宸濠之反即在是年六月，距廷杖诸臣之日不过两月，不旋踵而即平。功成于讲学之王守仁，而祸起于佞幸及一二无气骨之大臣，综其本末，亦见当时士大夫之未泯，即见明初养士之遗泽。宸濠所封宁国本以大宁为名，靖难后徙南昌。及是时，帝游幸不时，又无储贰，人情危惧，因日夕觊觎，与致仕都御史李士实、举人刘养正等图不轨，典仪阎顺间行诣阙上变，嬖人钱宁、臧贤庇之，不问。宸濠疑出承奉周仪指使，杀仪家及典仗查武等数百人。巡抚江西副都御史孙燧疏上其事，中道为所邀，不得达。燧念左右悉宸濠耳目，阴察按察司副使许逵可属大事，与之谋，托御他盗，先城进贤，次城南康、瑞州，请复饶、抚二州兵备。不得复，则请敕湖东分巡兼理，九江当湖冲，请重兵备道权，兼摄南康、宁州、武宁、瑞昌、兴国及湖广通城，以便控制。又广信、横峰诸窑，地险人悍，则请通判驻弋阳，兼督旁县兵。又恐宸濠劫兵器，假讨贼名，尽出之他所。宸濠觉燧图己，使人贿近幸去燧，而遗燧枣梨姜芥以示意，谓早离疆界。燧笑却之。此事史见《张忠传》："忠旋果内召去。"《纲目三编》属之孙燧，《明通鉴》从之，《纪事本末》又属张岂。当是岂事。宸濠招鄱阳湖中凌十一、吴十三等甚众，燧与逵谋捕凌、吴，走匿宸濠祖墓间。燧密疏白其状，具言宸濠必反。章七上，皆为所邀阻。宸濠以帝无储贰，冀以其子入嗣承大统，故蓄谋未发，重赂钱宁，求取中旨召其子司香太庙。宁言于帝，用异色龙笺加金报赐。异色龙笺者，故事所赐监国书笺也。宸濠大喜，列仗受贺，复胁镇巡官及诸生父老奏阙下，称其孝且勤。时江彬与太监张忠欲倾钱宁、臧贤，乘间言："宁、贤盛称宁王孝，讥陛下不孝；称勤，讥陛下不勤耳。"帝下诏逐王府人，毋留京师。宸濠益与士实、养正谋，踪迹大露。诸权奸多得宸濠金钱，匿不以闻。南昌人熊浃官给事中，草奏尽列其状，授御史萧淮上之。疏下内阁，杨廷和请遣勋戚大臣宣谕，收其护卫。宸濠闻之，遂决计反。六月十三日，宸濠生辰，宴诸守土官，诘旦皆入谢，宸濠命甲士环之，大言："孝宗误抱民间子，祖宗不血食十四年，太后诏令我起兵讨贼。"众相顾愕眙，燧、逵与抗遇害，诸官不从逆者皆下狱。以士实、养正为左右丞相，他各署伪职，改元顺德。集兵合鄱阳湖众，陷九江、南康，将顺长江东下，江左右皆震动。巡抚南赣都御史王守仁方奉命勘福建叛军，至丰城而宸濠反，遂急趋吉安，与知府伍文定征调兵食，治器械舟楫，传檄暴宸濠罪，俾守令各率吏士勤王。集众议曰："贼若出长江，顺流东下，南都不保。吾以计挠之，少迟旬日，无患矣。"乃多遣间谍，檄府县言："都督许泰、郤永将边兵，刘晖、桂勇将京兵各四万，南赣王守仁、湖广秦金、两广杨旦各率所部，合十六万，直捣南昌。所至，有司缺供者，以军法论。"又为蜡书遗伪相李士实、刘养正，叙其归国之诚，令怂恿早发兵东下，而纵谍泄之。宸濠果疑，与士实、养正谋，则皆劝之疾趋南京即大位，益大疑。十余日，诇知中外兵不至，乃悟守仁绐之。七月壬辰朔，留宜春王拱樤守城，而刦其众六万人出大江，攻安庆。都督佥事杨锐与知府张文锦、指挥崔文等御之江上，已收兵入城，被围。锐昼夜拒战，守御甚固，百计攻之，终不能克。宸濠惭愤，谓其下曰："安庆且不克，安望金陵哉？"守仁闻贼兵尽锐东下，南昌兵少，趋樟树镇，临江知府戴德孺、袁州知府徐琏、赣州知府邢珣等各以兵来会，合八万人，或请救安庆，守仁曰："不然，今九江、南康已为贼守，我越南昌与相持江上，二郡兵绝我后，是腹背受敌也；不如直捣南昌，贼守备虚，我军新集气锐，攻必破，贼闻南昌破，必解围自救，逆击之湖中，蔑不胜矣。"众曰："善。"己酉，十八日。次丰城，以文定为前锋。庚戌十九日。夜半，兵抵广润门，守兵骇散。辛亥二十日。黎明，诸军梯緪登城，缚拱樤等，宫人多焚死。既下南昌二日，遣伍文定、邢殉、徐琏、戴德孺各将精兵分道进，而使瑞州通判胡尧元等设伏以待。宸濠果解安庆围，崔文出城袭击破之，宸濠恚甚，杀舟中所械瑞州知府宋以方。以方守瑞，瑞无城郭，以方虑宸濠叛，筑城缮守具，募兵三千，日夕训练。宸濠深忌之，有征索又不应，遂追镇守劾系南昌狱。既反，胁之降，不可，械以行。安庆败归，闻地名曰"黄石矶"，江西人音则"王失机"也，宸濠以为不祥，斩以方祭江。还救南昌，遇于黄家渡，文定当其前锋，佯北，宸濠趋利前，珣绕出其背，贯其中，文定乘之，琏、德孺张两翼分其势，尧元等伏发，宸濠军大溃，退保八字脑。宸濠惧，尽发南康、九江兵复战，官军却，守仁斩先却者，诸军殊死战，宸濠军复大败，退保樵舍，联舟为方阵，宸濠尽出金宝犒士。明日，宸濠方晨朝其群臣，官军奄至，以小舟载薪，乘风纵火，焚其副舟，妃娄氏以下皆投水死，宸濠及士实、养正、并降宸濠之按察使杨璋等皆就擒，南康、九江亦下，凡三十五日而事平。

平宸濠功出于王守仁，而帝方以南游之兴为诸臣强谏所败，欲因此遂其本怀，遂传旨称："宸濠悖逆天道，谋为不法，即令总督军务威武大将军镇国公朱寿统各镇兵征剿。”所下玺书改称军门檄，江彬等皆随征。大学士杨廷和等谏，不听。八月癸未，二十二日。车驾发京师。丁亥，二十六日。次涿州，王守仁捷奏至，留之不下。进至保定。九月壬辰朔，驻跸保定，宴于府堂，与都御史伍符为藏阄戏，帝不悦，饮符至醉，乃大笑。方帝之南发也，刘姬疾，不从，约以玉簪召。帝过卢沟桥，驰马失簪。戊戌，初七。至临清，遣使召姬，姬以无信约不肯行，帝乘单舸晨夜疾行至张家湾，载与俱南，内外从臣无知者。

诸嬖幸欲令王守仁纵宸濠湖中，待上自擒之。于是命太监张忠、安边伯许泰率禁军往江西。守仁乘其未至，俘宸濠发南昌，忠、泰以威武大将军檄邀之，守仁间道趋玉山，上书请献俘，止上南征。上不许。初，守仁上宸濠反书，因请黜奸谀，诸嬖幸已恨甚。及事平，欲娼功，且惧发其罪，竞谓守仁初与宸濠通谋，虑事不成乃起兵。守仁行抵钱唐，遇提督军务太监张永。永故与杨一清除刘瑾，天下称之。守仁夜见永，颂其贤，因极言江西困敝，不堪六师之扰。永深然之，曰：“永此来为调护圣躬，非邀功也。公大勋，永知之，但不可径请耳。”守仁乃以宸濠付永，而身至京口，欲朝行在。会帝命守仁巡抚江西，乃返南昌。忠、泰已先至，恨失宸濠，执伍文定，缚之。文定骂曰：“吾为国家平大贼，何罪？汝天子腹心，屈辱忠义，为逆贼报仇，法当斩。”忠推文定仆地。文定求解任，不报。时忠、泰必欲诬守仁与宸濠通，诘责宸濠左右，皆言无有，严诘不已，独尝遣弟子冀元亨诣宸濠论学。忠等大喜，榜元亨，加以炮烙，终不承，械送京师诏狱。比守仁至，故纵京军犯之，或呼名嫚骂，守仁抚之愈厚，病予药，死予棺，遭丧于道，必停车慰问，京军谓：“王都堂爱我。”无复犯者。忠、泰言：“宁府富厚甲天下，今所蓄安在？”守仁曰：‘宸濠异时尽以输京师，约内应，籍可考也。”忠、泰故纳宸濠贿者，气慑不敢复言。

已轻守仁文士，强之射，徐起，三发三中，京军皆欢呼，忠、泰益沮。会冬至，守仁命居民巷祭，已上冢哭。时新丧乱，悲号震野，京军泣下思归。张永后至，复促忠、泰偕还，乃不得已班师。

帝自发京师，江彬在途矫旨辄缚长吏，至扬州，即民居为提督府，遍索处女寡妇，导帝渔猎。十二月至南京，又欲导帝幸苏州，下浙江，抵湖湘。诸臣极谏，会其党亦劝阻，不果。十五年正月，帝令群臣议，欲于南京行郊礼，扈行大学士梁储、蒋冕计，此议行，则回銮益无日，极陈不可，疏三上，乃改卜郊。储因乞还乘舆，而帝殊无还意，日挟刘姬纵游，尝幸牛首山，至夜不返，左右忽失帝所在，大扰，久之乃定。

守仁既以宸濠付太监张永，永复械之至江西，留数旬，促忠、泰同归。忠、泰见帝，百端谮毁守仁，独永时左右之。忠、泰屡矫旨召守仁，守仁不赴，忠扬言帝前曰："守仁必反，试召之，必不至。"永遣急足先告守仁，召者至，守仁不退食即与偕行。忠、泰计沮，不令见帝。守仁乃入九华山，日宴坐僧寺，帝觇知之，曰："守仁学道人，闻召即至，何谓反？"遣还镇，令更上捷音，守仁遂易前奏，言："奉威武大将军方略，讨平叛乱。"而尽入诸嬖幸名。于是帝乃以为捷，命设广场，戎服树大纛，环以诸军，释所俘宸濠等，去桎梏，伐鼓鸣金而擒之，然后置械受俘，时已十五年闰八月初八日癸巳，距守仁俘宸濠逾一年矣。丁酉，闰月十二。帝发南京。先是，梁储、蒋冕请还乘舆疏八九上，不省。后御前屡见妖异，储、冕又泣谏，乃许不日还京。会宸濠尚系舟中，民间讹言将为变，帝心疑欲归，乃下诏班师。至扬州驻跸，江彬欲夺富民居为威武副将军府，知府蒋瑶执不可，彬闭瑶空舍，挫辱之，胁以帝所赐铜瓜，不为慑。帝渔获一巨鱼，戏言值五百金，彬即畀瑶，责其值，瑶怀其妻簪珥袿服以进，曰："库无钱，臣所有惟此。”帝笑而遣之。府故有琼花观，诏取琼花，瑶言自徽、钦北狩，此花已绝。又传旨征异物，瑶具对非扬产。帝曰：“苎白布亦非扬产耶？”瑶不得已，为献五百匹。权幸以扬繁华，要求无所不至，微瑶民且重困。驾旋，瑶扈至宝应，中官邱得用铁絙系瑶，数日始释，竟扈至临清始返，扬人感泣，迨迁陕西参政争出资建祠祀之，名自此大震。嘉靖中，瑶为工部尚书，世宗极重之，以老致仕，卒赠太子太保，谥恭靖。九月丙寅，十二日。帝至清江浦，幸太监张阳第，逾三日，自泛小舟，渔于积水池，舟覆溺焉，左右挟帝出，自是遂不豫。十月庚戌，二十六日。至通州，召勋戚大臣议宸濠狱，用江彬言，命治交通宸濠罪。先是张永至南昌搜宸濠籍，得吏部尚书陆完等交通事，至是执完。钱宁先已为江彬所发，羁之临清，臧贤则于宁未被羁时，为宁所归罪，谪戍边，于道杀之以灭口。帝以陆完，大臣，钱宁，素所信任，尤恨之，皆裸体反接，揭其姓名于帜，杂俘囚中，列凯旋前部以行。濠籍所记平日馈送姓名，遍于中外，多者累数万，少亦以千计。李士实疑其太费，濠笑曰：“此为我寄之库耳。”王守仁以簿籍连及者众，令焚之，张永所发者，仅百之一二。帝驻通州。至十二月己丑，初六日。诛宸濠，并同逆之宗藩拱樤等。江彬欲治宸濠狱竣，劝帝复幸宣府，仍上言：“臣奉镇国公朱寿指示方略，擒捕宸濠及其逆党十五人，乞速正典刑。”乃下诏褒赐镇国公，次及彬，岁加彬禄米百石，荫一子世袭锦衣千户。将即西幸。会帝体惫甚，左右力请还朝，越三日，乃返京师。甲午，十一日。车驾至京，文武百官迎于正阳桥南，是日大耀军容，俘诸从逆者及家属数千人，陈辇道东西，生者标其姓名，死者悬首于竿，皆标以白帜，数里不绝。帝戎服乘马，立正阳门下，阅视良久乃入。诸俘者逾大内自东安门出，弥望皆白，未几帝崩，人以此为不祥。丁酉，十四日。大祀南郊，初献，上拜，疾作呕血，不克成礼，遂还斋宫。逾宿，入御奉天殿，行庆成礼，传旨免宴。十六年三月丙寅，十二日。帝崩于豹房。皇太后以遗诏遣官迎兴世子厚熜入嗣皇帝位。帝自十三年以来，岁首俱游幸在外，两在宣府，一在南京，十六年以疾甚在京。九年始微行，是年正月张灯，宸濠别献奇巧，著柱附壁，以取新异，偶不戒，遂延烧宫殿，乾清以内皆烬。火盛时，上往豹房临视，回顾光焰烛天，笑谓左右："此是一棚大烟火也。"十年正月，有事南郊，逮暮成礼，阁臣杨廷和等疏谏，皆不报。十一年正旦，御殿受贺，逮暮成礼，朝臣枵腹而待，散朝竞奔赴家，前仆后蹶，互相蹂践，右将军赵朗者竟死禁门，其他臣僚失簪笏，毁衣裳，至以得生相庆。午门左右，吏觅其官，子呼其父，仆求其主。喧若市衢。御史程启充以为言，请屏宴游，不报。武宗之无道不可胜纪，而灾赈蠲贷犹如故事，百司多守法，凡祖制之善者，虽无朝命，士大夫自不计祸害以奉行之，试举一事为证：

《张曰韬传》："字席珍，莆田人，正德十二年进士，授常州府推官。武宗南巡，江彬纵其党横行州县，将抵常州，民争欲亡匿，时知府暨武进县咸入觐，曰韬兼绾府县印，召父老约曰："彬党至，若曹力与格。"又释囚徒，令与丐者各持瓦石待。已彬党果累骑来，父老直遮之境上曰："常州比岁灾，物力大屈，无可啖若曹，府中惟一张推官，一钱不入，即欲具刍秣，亦无以办。"言已，彬党疑有他变，乃稍退，驰使告彬。曰韬即上书巡按御史言状，御史东郊行部过常州，谓曰："事迫矣，彬将以他事缚君。"命曰韬登己舟先发，自以小舟尾之。彬党果大至，索曰韬，误截御史舟，郊使严捕截舟者，而阴令缓之。其党恐御史上闻，咸散去，曰韬遂免。彬亦戒其党毋扰，由是常以南诸府得安。"曰韬后于嘉靖初为御史，累言事，受杖死。隆庆初，赠光禄少卿。东郊史无传，在当时犹为无甚表见，而能回护贤属员以恤民隐如此，可见正人在列者尚多，士大夫之风气未坏也。

第二节　议　礼

武宗荒淫无嗣，孝宗亦无他皇子在者，乃以大臣议，迎立宪宗子兴献王祐杬长子厚熜，是为世宗，阁臣中以梁储往兴国奉迎。当武宗不豫，江彬犹矫旨，改西官厅为威武团营，自提督军务，至是杨廷和请于太后，传遗旨罢之。各边军俱重赍散归镇，革京城内外皇店，纵遣豹房番僧及少林僧、教坊司乐人。又以遗诏放还四方进献女子，停京师不急工务，收宣府行宫珠宝归之内库。中外大悦。江彬知天下恶己，又见罢遣边兵，益内疑。其党李琮劝速反，不胜则北走塞外，彬犹豫未决，诡称疾不出，阴布腹心，衷甲观变。令许泰诣内阁探意，廷和慰以温言，彬稍安，乃出成服。廷和遂密与蒋冕、毛纪及太监温祥、魏彬、张永合谋捕之。魏彬入白太后，会坤宁宫安兽吻，即命江彬与工部尚书李鐩入祭。彬礼服入，家人不得从。祭毕，张永留彬饭，故缓之，俄而太后下诏收彬。彬觉，走西安门，门闭，寻走北安门，门者曰："有旨留提督。"彬曰："今日安所得旨？"排门者，门者执之，拔其须且尽，收者至，缚之。顷，神周、李琮亦缚至，琮骂彬曰："奴早听我，岂为人擒？"遂并下锦衣卫狱。籍彬家，黄金七十柜，白金二千二百柜，珍宝不可胜计。彬既败，张忠、许泰等以次下狱。

世宗未至京师，杨廷和总朝政者三十七日，中外倚以为安。及即位，廷和草诏，自恤录蠲租外，先朝蠹政，厘剔殆尽，所革锦衣、内监、旗校工役凡十余万，减漕百五十三万二千余石。其中贵义子传升乞升一切恩泽得官者，大半皆斥去。朝野佥称新天子神圣，且颂廷和功。诸失职之徒衔之次骨，廷和入朝，有挟白刃伺舆傍者。事闻，诏以营卒百人卫出入。五月壬申，钱宁伏诛。六月戊子，江彬伏诛。中官侫幸，悉予逮治。时京师久旱，彬诛，适大雨。惟许泰、张忠得减死戍边，时以为除恶未尽也。

以上结武宗朝事，亦见世宗初政。以下入议礼本案。

正德十六年四月癸卯，二十二日。世宗以兴世子自兴邸至京师，止于郊外。有议用天子礼奉迎者，礼部尚书毛澄曰："今即如此，后何以加？岂劝进辞让之礼当遂废乎？"乃具议，当如皇太子即位礼。世子顾长史袁宗皋曰："遗诏以我嗣皇帝位，非皇子也。"杨廷和请如礼臣所具仪，由东安门入，居文华殿，择日登极。不允。乃由皇太后趣群臣上笺劝进，即郊外受笺，是日日中，入自大明门，御奉天殿即位，诏草言："奉皇兄遗命入奉宗祧。"帝迟回久之，始报可。以明年为嘉靖元年。

甲辰，二十三日。毛澄等言："大行皇帝大丧，成服已毕，伏望以宗庙社稷为重，少节哀情，于西角门视事，文武百官行奉慰礼。"上曰："朕哀痛方切，未忍遽离丧次，其以二十七日视朝，具仪来闻。"于是澄等具上仪注曰："本月二十七日，上服衰服西角门视事，文武百官，素服，乌纱帽，黑角带，行奉慰礼。二十八日以后如之。至五月十八日，遵遗诏二十七日服制已满，自十九日后，合依孝宗敬皇帝服制，上释衰服，易素翼善冠，麻布袍，要绖，御西角门视事，俱不鸣钟鼓，文武百官，仍素服朝参，至百日后，变服如常。"制曰："可。"

世宗以正德十六年四月二十二日至京，于即位即与群臣争礼节，不欲以臣子遭君父之丧之礼行入嗣即位之礼。然至翌日二十三日，礼臣如常奏请，帝亦以寻常太子嗣位之丧礼自处。所云以日易月之制，乃从即位之日起算，不以武宗崩日起算，盖若以武宗崩日计，则三月丙寅至即位日四月癸卯已越三十八日，早已逾二十七日之服丧期矣。由即位日服二十七日，至五月十八日为服满释衰，仍服百日内之服。此文惟《明通鉴》据《实录》载之。则其时帝于嗣统即行服之意，初未有悖。后来所争，乃纯为追尊本生父母之故。君之

所争为孝思，臣之所执为礼教，各有一是非，其所可供后人议论者，正见明代士气之昌，非后来所能及尔。

丙午，二十五日。遣使迎母妃蒋氏于安陆。戊申，二十七日。诏议兴献王主祀及尊称，时上即位甫六日。于是礼部尚书毛澄请于大学士杨廷和，廷和出汉定陶王、宋濮王事授之曰："是足为典据矣。"澄称善。五月戊午，初七日。澄会文武群臣上议，引汉定陶王嗣成帝，宋濮安懿王之子嗣仁宗，略言："陛下入承大统，宜如定陶王故事，以益王第二子崇仁王厚炫兴献王为宪宗第四子祐杬，益王为宪宗第六子祐槟。主后兴国。兴献王于孝宗为弟，于陛下为本生父，与濮安懿王事正相等。陛下宜称孝宗为皇考，改称兴献王为皇叔父，兴献大王妃为皇叔母兴献王妃，凡祭告兴献王及上笺于妃，俱自称侄皇帝某，则正统私亲，恩礼兼尽，可以为万世法。"议上，上大愠，曰："父母可更易若是邪？"命再议。是月乙亥，二十四日。澄复会廷臣上议，执如初，因录程颐《代彭思永议濮王礼疏》进览，帝不从，命博考前代典礼，再议以闻。澄乃复会廷臣上议，略言："推尊之说，称亲之议，似为非礼，推尊之非，莫详于魏明帝之诏；称亲之非，莫详于程颐之议，至当之礼，要不出此。"并录上魏明帝诏书。时廷和、蒋冕、毛纪复上言："三代以前，圣莫如舜，未闻追崇所生父瞽瞍；三代以后，贤莫如汉光武，亦未闻追崇所生父南顿君，惟陛下取法二君。"疏皆留中不下。七月壬子，初三日。观政进士张璁上疏，略言："廷议执汉定陶王、宋濮王故事，欲考孝宗叔兴献王。夫汉哀帝、宋英宗皆预养宫中，立为储嗣，其为人后之义甚明。今陛下以伦序当立，循继统之义，非为孝宗后也。且迎养圣母，称皇叔母，则当以君臣礼见，子可以臣母乎？长子不得为人后，兴献王子惟陛下一人，利天下而为人后，恐子无自绝其父母之义。故谓陛下入继祖统则可，谓为人后而自绝其亲则不可，盖统与嗣不同，非必夺此父子之亲，建彼父子之号，然后谓之继统。今宜别立皇考庙于京师，以隆尊亲之孝，且使母以子贵，尊与父同，则皇考不失其为父，圣母不失其为母矣。”帝方扼廷议，得璁疏大喜曰：“此论出，吾父子获全矣。”遂手诏杨廷和、蒋冕、毛纪，欲尊父为兴献皇帝，母为兴献皇后，祖母为寿安皇太后。廷和等持不可，封还手诏。于是给事中朱鸿阳、史于光，御史王溱、卢琼交章劾璁。帝不听。九月癸酉，二十五日。上母妃蒋氏自安陆至通州。先是下廷臣议奉迎礼，毛澄等请由崇文门入东安门。上不可。乃议由正阳左门入大明东门。又不可。比母妃至通州，闻尊称未定，止不肯入。上闻而泣，欲避位奉母归藩。澄等仍执议如初。上乃自定议，由中门入。仍下廷臣前疏，更令博采舆论以闻。张璁知帝意向己，又闻母妃止通州，益大喜，著《大礼或问》以上，且曰：“非天子不议礼，愿奋独断，揭父子大伦，明告中外。”章下礼部，毛澄等知不可已，乃谋于内阁。十月己卯朔，以皇太后懿旨，追尊兴献王为兴献帝，王妃蒋氏为兴献后。帝不得已，乃报可。并尊宪宗贵妃帝祖母邵氏为皇太后。兴王之藩，妃不得从，世宗入继大统，妃已老，目眚矣，喜孙为皇帝，摸世宗身，自顶至踵。是时清议皆目璁议为邪说，惟兵部主事霍韬、御史熊浃附和之。未几，浃外转佥事，璁出为南京刑部主事，韬自知为众论所龁，引疾归。壬午，初四日。兴献后至京师，谒奉先、奉慈二殿。初欲庙见，以廷议而止。十二月己丑，十一日。复传谕：“兴献帝后皆加称皇字。”内阁杨廷和封还手敕，尚书毛澄抗疏力争，又偕九卿乔宇等合谏。皆不纳。嘉靖元年正月己未，十一日。清宁宫后殿灾，廷和等因言兴圣帝后加称，列圣神灵容有未安。给事中邓继曾亦言：“天有五行，火实主礼；人有五事，火实主言。名不正则言不顺，言不顺则礼不兴。今之火灾，废礼失言之所致也。”上不得已，勉从众议，称孝宗为皇考，慈寿皇太后为圣母，兴献帝后为本生父母，不称皇。三月丁巳，初九日。上慈寿皇太后尊号曰昭圣慈寿皇太后，武宗皇后曰庄肃皇后，皇太后邵氏曰寿安皇太后，兴献后曰兴国太后。十一月庚申，十八日。寿安皇太后邵氏崩，谥曰孝惠皇太后，别祀奉慈殿。七年七月，改称太皇太后。二年二月丙申，二十五日。葬孝惠皇太后于茂陵。先是，帝欲祔葬太后于茂陵，数下廷议，杨廷和等言祖陵不宜数兴工作，惊动神灵。帝不从。庚子，二十九日。礼部尚书毛澄罢。帝欲推尊所生，尝遣中官谕意澄，至长跪稽首，澄骇愕，急扶之起，其人曰："上意也。上言：'人孰无父母，奈何使我不获伸？必祈公易意。'"因出囊金畀澄，澄奋然曰："老臣悖耄，不能隳典礼，独有一去不与议已耳。"抗疏引疾，至五六上，帝辄慰留，不允，及是疾甚，复力请，乃许之。澄端亮有学行，论事侃侃不挠，帝雅敬澄，虽数忤旨，恩礼不衰。

孝宗既称皇考，兴献帝后既称本生父母，事已逾年，不复有他议矣。三年正月，又有南京刑部主事桂萼，与张璁同官，璁以议礼不合内阁意，调南刑部主事。日夜私诋朝议，而南京兵部侍郎席书、员外郎方献夫亦各具疏与璁意合，因朝议诋璁为邪说，惧不敢上。萼揣帝意，上疏请改称孝宗为皇伯考，兴献帝曰皇考，别立庙大内，正兴国太后之礼，定称圣母，并录书、献夫二疏以闻。帝得疏心动，手诏下廷臣议。于是礼部尚书汪俊会廷臣七十三人议萼疏非是，议上留中。而特旨召璁、萼及书于南京。俊不得已，乃集群臣，请加皇字以全徽称。帝亦留之十余日，始报可。二月，罢华盖殿大学士杨廷和。三月，罢礼部尚书汪俊，以席书代之。

廷和、俊皆以议礼不合罢。然当时士大夫之气骨则大有可观，以廷和定策迎立时之大功，及议大礼，先后封还御批者四，执奏几三十疏。帝本雅重廷和，及是左右乘间言廷和专恣无人臣礼，意遂内移。会帝遣内官提督苏、杭织造，工部及台谏皆以江左比岁不登，请毋遣。不听，趣内阁撰敕。廷和因极言苏杭诸府，旱涝相继；淮、扬、徐、邳，田庐漂没，幼稚计斤而鬻，母子赴水而死；诏书必不敢草。帝趣愈急，戒毋渎扰执拗，廷和力争，言："臣等举朝大臣言官，言之不听；顾二三邪佞之言是听，陛下独能与二三邪佞共治祖宗天下哉？陛下以织造为累朝旧例，不知洪武以来，何尝有之？《食货志》："洪武时，罢天下有司岁织缎匹，有赏赉给以绢帛，于后湖置局织造。"创自成化、弘治耳。宪宗、孝宗，爱民节财，美政非一，陛下不取法，独法其不美者，何也？即位一诏，中官之幸路绌塞殆尽，天下方传诵圣德，今忽有此，何以取信？"帝为谢不审，俾饬所遣中官毋纵肆而已，不能止也。于是廷和累疏乞休，帝遂听之去。言官交章请留，不报。

汪俊以帝谕建室奉先殿侧，祀兴邸祖宗，上疏争，帝严旨切责，趣立庙益急。俊曰："立庙大内，有干正统，臣实愚昧，不敢奉诏。"帝令集群臣大议，俊等复上议："请于安陆特建献帝百世不迁之庙，他日袭封兴王子孙，世世荐享，陛下岁时遣官持节奉祀。"帝不纳，仍命遵前旨再议，俊再疏乞休，帝怒，责以肆慢，允其去。召席书代之，书未至，令侍郎吴一鹏署部事。一鹏持议如俊言，并请下璁、萼等法司按治。帝责以欺朕冲岁，党同执违，遂趣成之，名观德殿，而命一鹏偕京山侯崔元等迎主安陆。一鹏等复上言："历考前史，并无自寝园迎主入大内者，且安陆为献帝启封之疆，神灵所恋。伏乞俯纳群言，改题神主，奉安故宫，为百世不迁之庙，其观德殿中，宜别设神位香几，以慰孝思。"奏入不纳，一鹏乃行。

四月，追尊兴献帝曰本生皇考恭穆献皇帝，上兴国太后尊号曰本生皇母章圣皇太后。时疏谏者有编修邹守益，下诏狱拷掠，谪广德州判官。而修撰吕柟亦言大礼未正，御史段续、陈相请正席书、桂萼罪，吏部员外郎薛蕙上《为人后解》，鸿胪寺少卿胡侍言张璁等议礼之失，俱下狱，谪官夺俸有差。五月，罢谨身殿大学士蒋冕。冕自杨廷和罢，为首辅，帝更逐汪俊以怵冕，而用席书代之，且召璁、萼，冕极谏，并再疏乞罢，帝令驰传归，以石珤为吏部尚书，兼文渊阁大学士，预机务。珤初已为吏部尚书，杨廷和有所不悦，改詹事，典诰敕，以夺其权。帝知珤不附廷和，欲引以赞大礼，乃命代冕，而珤据礼力争，大失帝意。璁、萼既赴召，阁臣以献帝已追尊，请停召命，帝不得已，从之。二人复合疏言："本生对所后而言，若不亟去此二字，则虽称皇考，实与皇叔无异。"疏入，复召二人，比至都，众汹汹，欲仿先朝马顺故事，毙之于廷。萼惧不敢出，璁越数日始朝，恐有伺者，出东华门走匿武定侯郭勋家。勋大喜，约为内助。自此勋遂挟大礼邀宠，恣为奸利不法。时给事中张翀等连劾璁、萼及献夫、书诸人，章下所司，翀汇送刑部尚书赵鉴，即列璁等罪状上请，私相语曰："倘得俞旨，便扑杀之。"以其罪应廷杖，冀以杖时尽法。帝廉知之，特命璁、萼为翰林学士，献夫为侍讲学士，切责翀、鉴。学士丰熙、修撰舒芬、杨慎、张衍庆、编修王思等皆不愿与璁、萼同列，乞罢归，帝怒，俱夺俸。璁、萼以议礼骤贵，于是闲罢失职武夫小吏皆望风希旨，抗论庙谟矣。

七月，帝召见群臣于左顺门，示以手敕，言："章圣皇太后命去本生字。"群臣骇愕，而张璁、桂萼复列上礼官欺罔十三事，且斥为朋党。于是九卿、詹事、翰林、给事、御史、六部、大理、行人诸司各上章争之，皆留中不下。尚书金献民、少卿徐文华倡言曰："诸疏留中，必改称孝宗为伯考矣。"吏部右侍郎何孟春曰："宪宗朝议慈懿太后葬礼，姚夔率百官伏哭文华门，此我朝事也。"杨慎曰："国家养士百五十年，仗节死义，正在今日。"编修王元正、给事中张翀曰："万世瞻仰，在此一举，有不力争者击之。"于是九卿二十三人、翰林二十二人、给事二十一人、御史三十人、诸司郎官吏部十二人、户部三十六人、礼部十二人、兵部二十人、刑部二十七人、工部十五人、大理寺属十一人跪伏左顺门，有大呼高皇帝、孝宗皇帝者。帝方斋居文华殿，命中官谕之退，不听。帝怒，遣锦衣先执为首者丰熙、张翀及御史余翱、郎中余宽、黄待显、陶滋、相世芳、大理寺正毌德纯八人下狱，杨慎等乃撼门大哭，众皆哭，声震阙廷。帝益怒，命尽录诸臣姓名，时有不在列者，其亲故以不与义举为嫌，多为代书，遂系马理等一百九十人于狱。孟春等待罪。越数日，为首者戍边，四品以上夺俸，五品以下予杖，编修王相等十有七人杖死。自是衣冠丧气，萼、璁等势益张。九月，更定大礼，称孝宗为皇伯考，昭圣皇太后为皇伯母，献皇帝为皇考，章圣皇太后为圣母，尊称自是遂定。

明代尊宋儒，以程、朱之言为科律，独于程子之濮议则反之，不惟反之，且矫枉而过其直，至不可以道里计。宋英宗欲尊所生之濮王，程子议止宜称濮王为皇伯父，欧阳修不以为然，当时遂以欧公为邪说，然英宗于所生止求至称本生考而止，皇字帝号，皆所谨避，虽太后有诏而英宗避不敢当。故欧公之论，谓父子之名不可以强改，虽与程子意不合，在欧公固心安理得也。嘉靖议礼，其始杨廷和辈皆挟程子之成见，固亦觉其过拘，至谓奉迎兴国太妃时，若称皇叔母，则当以君臣礼见，子不可以臣母，则至称以本生，亦可以已矣。嗣是而热衷之徒，假此为进取之捷径，本生不已，称皇称帝，更进而称在庙之孝宗为皇伯考，见在之太后为皇伯母。如璁辈所持之议，不且入庙而臣皇伯考，入宫而臣皇伯母乎？若以为称伯母伯考而非臣之，则前此不受叔母之称，于义亦无当矣。然犹未已也，侥幸之门既开，但能设一说以导帝纵情以蔑礼，即富贵如操券，其变幻又何所不至矣。

四年五月，又作世庙。初，国子生何渊首请建世室，廷臣恶之，出为平凉主簿，求内改，帝擢为光禄寺署丞。复申前议，请崇祀献皇帝于太庙。章下廷议，席书率群臣言："天子七庙，周文、武并有功德，故立文、武世室于三昭三穆之上。献皇帝追称帝号，未为天子，渊妄为谀词，乞寝其奏。”敕令再议。书等言：“将置主于武宗上，则以臣先君，分不可僭；置武宗下，则以叔后侄，神终未安。在廷诸臣，于称考称伯异同相半，今祔庙之举无人以为可者。”时张璁亦言入太庙为礼之所不得为。书复密疏劝止，帝意不可回。书遂请于皇城内别立一庙，前后寝如文华殿制，出入不与太庙同门，座位不与太庙相并，祭用次日，庙欲稍远，庶以成祢庙独尊之礼，避两庙一体之嫌。诏可。亲定名曰世庙，而世室之议乃寝。冬十二月，《大礼集议》成，颁示天下。先是，帝命席书辑《大礼集议》，因言：“以书及张璁、桂萼、方献夫、霍韬五人为正取，熊浃、黄宗明、黄绾、金述、陈云章、张少连六人为附取，其中又有楚王、枣阳王二宗室，皆建言在嘉靖三年以前。若何渊等亦在不取之列。其他罢职投闲之夫，建言于璁、萼召用后者，皆以为望风希旨，有所觊觎，一切不录。又有奏乞附名之聂能迁、王价二人，建言在三年二三月，应如其请。”帝从之。及是书成，进书太子太保，以璁、萼为詹事，献夫、韬为少詹事，诸与议者皆进秩。因诏：“大礼已定，自今有假言陈奏者，必罪不宥。”

五年九月，以世庙既成，章圣太后欲谒见，帝询璁、萼，俱援庙见礼，言：“宜先见太庙，次谒世庙。”阁臣费宏、杨一清等及礼部侍郎刘龙争之不得。石珤复上疏极谏，言：“太庙尊严，非时享祫祭，天子亦不轻入，况后妃乎？璁、萼辈所引庙见礼，今奉先殿是也。圣祖神宗行之百五十年，已为定制，中间纳后纳妃，不知凡几，未有敢议及者，何至今日，忽倡此议？”帝不听。六年二月，罢大学士费宏、石珤。时璁、萼并欲兴大狱，罪及杨廷和、彭泽等，给事中杨言抗章论辩，帝怒其为大臣游说，收系言，亲鞫于午门，备极五毒，无挠词，乃下五府九卿议。镇远侯顾仕隆等覆奏，承璁、萼指上书之锦衣百户王邦奇言皆虚妄。帝仍切责之，然狱亦由是解。明年，萼以前御史陈九畴误报边情，再株连廷和、泽，削泽尚书职，廷和以有社稷功，仅免。

> 彭泽立朝及驭边，疏阔负气，不为无过，然究为一时正人。《史·本传》载其为郡守时一事，足见当时士大夫家教之美，《传》云：“泽，弘治中为刑部郎中，势豪杀人，泽置之辟，中贵为祈免，执不听，出为徽州知府。泽将遣女，治漆器数十，使吏送其家，泽，兰州人。泽父大怒，趣焚之，徒步诣徽，泽惊出迓，目吏负其装，父怒曰：‘吾负此数千里，汝不能负数步耶？’入杖泽堂下，杖已，持装径去。泽益痛砥砺，政最，人以方前守孙遇。”《循吏传》：徽州知府孙遇，秩满当迁，民诣阙乞留，英宗令进秩视事，先后在官十八年，迁至河南布政使。

先是五年十二月，上林苑监丞何渊以所上前后疏为席书所格，请一并增入《大礼集议》中，于是诏内阁草敕，命儒臣纂修全书，其先所颁行《集议》，且令缴进。此文《明史》等诸书皆不载，《明通鉴》据《实录》增书为修《明伦大典》之缘起。六年正月，诏开馆纂修《大礼全书》，仍以阁臣费宏等及席书为总裁官，张璁、桂萼副之。未几，费宏、石珤俱罢，席书亦病卒。书将成，璁复引疾求退以要帝，言：“臣与举朝抗四五年，举朝攻臣至百十疏。今修《大礼全书》，元恶寒心，群奸侧目，要略方进，谗谤繁兴，使全书告成，将诬陷益甚。”帝慰留之。七年二月书成，名曰《明伦大典》，帝自制序弁其前，命璁为后序，刊布天下。叙功加璁少傅，萼少保，璁于上年十月，已由翰林学士为礼部尚书兼文渊阁大学士，自释褐至入阁仅六年。萼亦于上年九月为礼部尚书兼翰林学士，旋又迁吏部。霍韬、方献夫等皆进宫。而追论前议礼诸臣罪，削杨廷和籍，蒋冕、毛纪、毛澄、汪俊、乔宇、林俊皆夺职，斥何孟春、夏良胜为民。

议礼一案，尚不以此为止。兴献皇帝更以称宗祔庙为终极，而凡附和大礼者，皆可挟为颠倒是非报复恩怨之用，其事不胜列举。其中尤以李福达之狱为甚，叙其大略，可见当时朝局。其事盖即在嘉靖六年，正重修《大礼全书》之日，崞县人李福达，坐弥勒教王良、李钺党，戍山丹卫。逃还，更名午，为清军御史所勾，再戍山丹卫。复逃，居洛川，以弥勒教结邵进禄等起事。事觉，进禄被诛，福达先还家，得免。更姓名曰张寅，挟重赀往来徐沟间，输粟得太原卫指挥，用黄白术干武定侯郭勋，大信幸。其仇薛良讼于巡按御史马录，录问得实，檄洛川父老杂辨之，益信。勋为移书祈免，录不从，偕巡抚江潮具狱以闻，且劾勋庇奸乱法。章下都察院，覆如录奏。诏责勋对状，勋惧乞恩，因为福达代辨，帝置不问。会给事御史部属等数十人交章劾勋，谓罪当连坐，尤以刑部主事唐枢为辨晰。勋再自诉，以议礼触众怒为言。帝心动。勋复乞璁、萼为援，璁、萼以廷臣攻己，亦欲借是泄愤，乃合谋腾蜚语曰："诸臣内外交结，借端陷勋，将渐及诸议礼者。"帝深入其言，而外廷不知，攻勋益急。帝愈疑，命取福达等至京师，下三法司讯，既又命文武大臣更讯之，皆无异词。帝大怒，将亲讯，以杨一清言而止，仍下廷鞫，刑部尚书颜颐寿等不敢自坚，改妖言律。帝犹怒，命法司俱戴罪办事。遣官往械录、潮及前问官布政使李璋、按察使李珏、佥事章纶、都指挥马豸等。时璋、珏已迁都御史，璋巡抚宁夏，珏巡抚甘肃，皆下狱。廷讯乃反前狱，抵良诬告罪。帝以罪不及录，怒甚，命萼署刑部，璁署都察院，献夫署大理寺，覆谳之。乃尽下尚书颐寿等三法司堂上官十人于狱，严刑推问，搜录箧，得大学士贾咏等有书慰问。帝责詠，詠致仕去。都御史张仲贤以下，凡曾慰问录者亦皆下狱。萼等上言："请大奋乾断，以彰国法。"帝纳其言，并下劾勋诸臣狱。会讯时，太仆卿汪元锡、光禄少卿余才偶语曰："此狱已得情，何再鞫？"侦者告萼以闻，亦逮问。萼等遂肆榜掠，录不胜刑，自诬故入人罪。璁、萼等乃定爰书，言寅非福达，录等恨勋，构成冤狱，因列上诸臣罪名。帝悉从其言，谪戍极边遇赦不宥者五人，谪戍边卫者四人，为民者十一人，革职闲住者十七人，其他下巡按逮问者五人，谳未定前先已得谴者六人，录以故入人死未决，当徒。帝必欲置重辟，献夫曰："张寅未死而录代之死，恐天下不服。"杨一清复力争，乃减死永戍烟瘴地，缘及子孙，遇赦不宥。薛良抵死，众证皆戍，张寅还职，璁、萼等平反有功，赐二品服俸，给三代诰命，遂编《钦明大狱录》，颁示天下。录中备载各疏，独唐枢疏最得情，删去不载。至四十五年正月，四川蔡伯贯就擒，自言："学妖术于山西李同。"所司檄山西捕同下狱，同供李午之孙，其父曰大礼，世习白莲教，结众谋起事。与《大狱录》姓名无异。《录》中原载福达三子，名大仁、大义、大礼也。由是福达狱始明，而马录早死戍所矣。李同伏诛。是年世宗崩，穆宗即位，御史庞尚鹏据李同之狱，乞追夺勋等官爵，优恤马录诸人，以作忠良之气，以前得罪之卿贰大臣尚有因事起用者，台谏曹郎，终嘉靖之世，无一人召复。隆庆初，皆复职赠官，马录首赠太仆少卿。嘉靖十六年，皇子生肆赦，诸谪戍者已释还，惟录不赦。

详《明史·唐枢传》，所载枢言李福达狱之疏。福达实名伏答，犯法戍山丹卫时，案牍中名福达，遂系军籍。逃还，更名午，为清军御史所勾，再戍山丹卫。复逃以后，更姓名曰张寅。原问官山西按察使李珏，因见仇控福达之薛良不似良善，而福达身原有龙虎形之朱砂字，今张寅之身已无之；又见五台县张子真户内实有张寅父子。其实寅父子附籍，乃始于嘉靖元年，非以前所固有。又因军籍福达为崞县左厢都人，崞县左厢都户籍无李福达李午名，惟城坊有李伏答。盖坊与厢本无界限，其贯址实在城坊，名字则书写两歧，遂于初牒举其可疑。经马录集诸供证，判明张寅之实为福达，而以涉及郭勋，遂为璁、萼所假手以兴大狱，于议礼案中添一冤滥惨酷之祸。录枢原疏，以详曲折：

疏言："李福达之狱，陛下驳勘再三，诚古帝王钦恤盛心，而诸臣负陛下，欺蔽者肆其谗，谄谀者溷其说，畏威者变其辞，访缉者淆其真。是以陛下惑滋甚，而是非卒不能明。臣窃惟陛下之疑有六：谓谋反罪重，不宜轻加于所疑，一也；谓天下人貌有相似，二也；谓薛良言弗可听，三也；谓李珏初牒明，四也；谓臣下立党倾郭勋，五也；谓崞、洛证佐皆仇人，六也。臣请一一辨之：达福之出也，始而王良、李钺从之，其意何为？继而惠庆、邵进禄等师之，其传何事？李铁汉十月下旬之约，其行何求？我有天分数语，其情何谋？太上元天垂文秘书，其辞何指？劫库攻城，张旗拜爵，虽成于进禄等，其原何自？钺伏诛于前，进禄败露于后，反状甚明，故陕西之人曰可杀，山西之人曰可杀，京畿中无一人不曰可杀，惟左右之人曰不可，则臣不得而知也。此不必疑一也。据此释第一疑。是左右用事之璁、萼等直谓即是福达，亦未可罪以谋反而杀之。且福达之形，最易辨识，或取验于头秃，或证辨于乡音，如李二、李俊、李三，是其族识之矣；发于戚广之妻之口，是其孙识之矣；始认于杜文柱，是其姻识之矣；质证于韩良相、李景全，是其友识之矣；一言于高尚节、王宗美，是鄜州主人识之矣；再言于邵继美、宗自成，是洛川主人识之矣；三言于石文举等，是山、陕道路之人皆识之矣。此不必疑二也。此释貌有相似之疑。貌纵极似，不能得如许人皆识为其本身。薛良怙恶，诚非善人，至所言张寅之即福达，即李午，实有明据，不得以人废言。况福达踪迹谲密，黠慧过人，人咸堕其术中，非良狡狯，亦不能发彼阴私。从来发摘告讦之事，原不必出之敦良朴厚之人。此不当疑三也。李珏因见薛良非善人，又见李福达无龙虎形朱砂字，又见五台县张子真户内实有张寅父子，又见崞县左厢都无李福达李午名，遂苟且定案，轻纵元凶。殊不知五台自嘉靖元年黄册始收寅父子，忽从何来？纳粟拜官，其为素封，必非一日之积，前此何以隐漏？崞县在城坊，既有李伏答，乃于左厢都追察，又以李午为真名，求其贯址，何可得也？则军籍之无考，何足据也？况福达既有妖术，则龙虎形朱砂字，安知非前此假之以惑众，后此去之以避罪，亦不可尽谓薛良之诬矣。此不当疑四也。京师自四方来者，不止一福达，既改名张寅，又衣冠形貌似之，此句当作又形貌似衣冠中人。原文不明了，故《三编》删此句，《明通鉴》亦因之。郭勋从而信之，亦理之所有，其为妖贼余党，亦意料所不能及。在勋自有可居之过，在陛下既宏议贵之恩，诸臣纵有倾勋之心，亦安能加之罪乎？此不用疑五也。鞫狱者曰诬，必言所诬何因；曰仇，必言所仇何事。若曰薛良，仇也，则一切证佐非仇也；曰韩良相、戚广，仇也，即高尚节、屈孔、石文举非仇也；曰魏泰、刘永振，仇也，则今布按府县官非仇也；曰山、陕人，仇也，则京师道路之人非仇也。此不用疑六也。望陛下六疑尽释，明正福达之罪，庶群奸屏迹，宗社幸甚。”疏入，帝大怒，斥为民。

十五年十月，更定世庙为献皇帝庙。先是八年十月朔日食，刑部员外郎邵经邦疏言张璁复召为足致天变。下镇抚司拷讯，谪戍福建镇海卫。然其疏中有用贾谊语，云：“万年之后，庙号世宗，子孙百世不迁。”不无隐动帝意。帝勤勤礼制为百世计，自命足当明之世宗，后来亦果以此为帝号。十四年二月，改庙制作九庙时，谕阁臣曰：“今拟建文祖庙为世室，则皇考世庙宇当避。张孚敬张璁时已避帝嫌名，奏请改名，帝赐名孚敬。言世庙著《明伦大典》，颁诏四方，不可改。文世室宜称太宗庙，其余群庙，不用宗字，用本庙号，他日递迁，更牌额可也。”从之。未几，孚敬罢。明年，帝谕礼部尚书夏言曰：“前以皇考庙比世室之义，名曰世庙。今分建宗庙，惟太宗世宗不迁，而世之一字，来世或用加宗号，今加于考庙，又不得世宗之称，徒拥虚名，不如别议。可会议以闻。”言等议未上，帝复谕曰，“皇考庙名，如题曰献皇帝庙，庶别宗称，且见推尊之意。”于是言等议：“庙以谥名，既合周典，又与列圣庙号同符，请敕所司择吉题额，宜付史馆。”从之。

献皇帝庙既立，止举时祀，不祀太庙。至十七年夏，有致仕扬州府同知丰坊，学士熙子也，熙于嘉靖三年伏阙争大礼时，廷杖遣戍，死于戍所。坊家居贫乏，思效张、桂等片言取通显，上言：“孝莫大于严父，严父莫大于配天，宜建明堂，尊皇考为宗，以配上天。”下礼部议。尚书严嵩等于配天具功德及亲亲二说以进，但举汉、唐、宋亲亲已有先例，至称宗则以为与祔庙相及，不敢妄议。帝曰：“配享皇考称宗，不为过情。”复命集议。户部侍郎唐胄疏争，略言：“《孝经》曰：‘严父莫大于配天，则周公其人也。’周公制作礼乐，而文王适为其父，故引以证圣人之孝，答曾子之问，非谓有天下者皆必以父配天，然后为孝。成王不以严父之故，废文王配天之祭而移于武王；康王不废文王配天而移于成王。后世乃误识《孝经》之意，而违先王之礼。故宋儒朱熹谓后来第为严父之说所惑。陛下力正大伦，答张孚敬、席书诸臣，亦云：‘朕奉天法祖，岂敢有干太庙？’顾今日乃惑于丰坊之说乎？明堂礼不可废，惟当奉太宗配。若献皇帝得圣人为之子，不待称宗议配，而专庙之享，百世不迁矣。”疏入，下胄锦衣狱，黜为民。嵩乃言皇考侑飨，允合严父配天之周道。坊待命久之，无所进擢，归家悒悒以死，人咸恶其畔父。

配天议定，而称宗祔庙，又命集议。严嵩等议宜加宗皇考，配帝明堂，永为有德不迁之庙。帝以疏不言祔庙，不悦，留中。作《明堂或问》难嵩，嵩惶恐，尽改前说，条画礼乐甚备，具言古者父子异昭穆，兄弟同世次，皇考与孝宗当同一庙。奏上，群臣无敢异议。帝既排正议，崇私亲，心念太宗永无配享，无以谢廷臣，乃改称太宗庙号曰成祖，尊献皇帝庙号为睿宗，遂奉睿宗主祔太庙，跻武宗上。初张璁议礼，有同年生胡铎亦主考兴献王，璁要之同署，铎曰：“主上天性，固不可违；天下人情，亦不可拂。考献王不已则宗，宗不已则入庙，入庙则当有祧，以藩封虚号而干治世之宗可乎？且入庙则有位，将位于武宗上乎，武宗下乎？生为之臣，死不得跻于君，然鲁尝跻僖公矣，恐异日不乏夏父之徒也。”至是果如其言。

第三节 议礼前后之影响

嘉靖一朝，始终以祀事为害政之枢纽，崇奉所生，已极憎爱之私，启人报复奔竞之渐矣。帝于大祀群祀，无所不用其创制之意，而尤于事天变为奉道，因而信用方士，怠政养奸，以青词任用宰相，委政顺旨之邪佞，笃志玄修，更济以独断自是，滥用刑辟，遂有权相柄国，残害忠良。议礼稍竣，而严嵩进用，始犹有相轧之夏言，言不得其死，而嵩独专国政十四年，正人受祸不知凡几，其影响皆由帝僻好神祇符瑞之事来也。嘉靖二年闰四月，帝始用太监崔文言，建醮宫中，日夜不绝。杨廷和力言不可，引梁武、宋徽为喻，优旨报纳，然修醮如故。给事中刘最上章极谏，且劾文耗帑金状，而帝从文言，命最自核侵耗数。最言帑金属内府，虽计臣不得稽赢缩，文乃欲假难行事，逃已罪，制言官。疏入忤旨，出为广德州判官。廷臣论救，不纳。文憾不已，嗾其党芮景贤奏最在途仍故衔，乘巨舫，取夫役，巡盐御史黄国用复遣牌送之。帝怒，逮二人下诏狱，国用谪极边杂职，最戍邵武。其后帝益好长生，斋醮无虚日，命夏言为监礼使，顾鼎臣等充导引官。鼎臣进《步虚词》七章，且列上坛中应行事，帝优诏褒答之。自此词臣多以青词干进矣。

七年春，灵宝人言黄河清者五十里。遣太常往祭告。御史周相疏谏，帝震怒，下之狱。四月，南赣巡抚汪鋐奏所部有甘露降，为帝仁孝之感。帝喜，遂告郊庙。于是告祥瑞者踵至。

七年，既定《明伦大典》，帝益覃思制作之事，郊庙百神，咸欲斟酌古法，厘正旧章。九年五月，作四郊，分建圜丘、方丘于南北郊，以二至日祭。建朝日、夕月坛于东西郊，以春秋分祭。帝又议建雩坛，于孟夏行大雩礼。议太社太稷，以句龙、后稷配。议祀帝社、帝稷于西苑。议祀高禖之神于皇城东。虽皆命下礼官，多以独断决之。于时畿内、河南、湖广、山东、山西悉灾，岁大饥，方诏群臣修省，而希旨者诡言祥瑞，廷臣称贺。兵部主事赵时春上疏言："灾变求言旬月，大小臣工率浮词面谩，盖自灵实知县言河清受赏，都御史汪鋐继进甘露，今副都御史徐瓒、训导范仲斌进瑞麦，指挥张楫进嘉禾，鋐及御史杨东又进盐华，礼部尚书李时再请表贺。仲斌等不足道，鋐、瓒司风纪，时典三礼，乃罔上欺君，坏风伤政。"帝责时春妄言，谓："既责大臣科道不言，彼必有谠言善策，令条具以闻。"时春惶恐引咎未对，帝趣之，乃上言："当今之务，最大者有四，最急者有三。最大者：曰崇治本，曰信号令，曰广延访，曰励廉耻。最急者：曰惜人才，曰固边圉，曰正治教。其正治教为请复古冠婚丧祭之礼，绝醮祭祷祈之术，凡佛老之徒，有假引符录，依托经忏，幻化黄白飞升遐景，以冒宠禄者，即赐遣斥，则正道修明而民志定。"帝览之愈怒。七月戊子朔，下时春诏狱掠治，黜为民。十一月，更定孔庙祀典，尊孔子曰至圣先师，去王号及大成文宣之称，其四配称复圣颜子，宗圣曾子，述圣子思子，亚圣孟子；十哲以下，凡及门弟子，皆称先贤某子；左丘明以下皆称先儒某子，不复称公侯伯。制木为神主，其塑像即令屏撤，敕天下学官别建启圣公祠，春秋祭祀与文庙同日，遂为定制。

十四年二月，作九庙。初洪武八年，改建太庙，定为同堂异室之制。成祖迁都，建庙如南京。帝更定庙祀，锐意复古，谕阁臣曰："宗庙之制，父子兄弟，同处一堂，于礼非宜。太宗以下，宜皆立专庙南向。”诸臣上议，历年未决，至是尽撤故庙改建之，诸庙合为都宫，庙各有殿，有寝，太祖庙寝后有祧庙，奉祧主藏焉。太庙门殿皆南向，群庙门东西向，内门殿寝皆南向。二十年四月，九庙灾，议重建久之，仍复同堂异室之旧。二十四年六月乃告成。

诸庙合为都宫句，用《纪事本末》文，《明史·礼志》误合作各，以后各书皆误。《礼志》上文明有中允廖道南言：“太宗以下，宜各建特庙于两庑之地，有都宫以统庙，不必各为门垣”云云。则都宫乃九庙之外围，太祖庙正中南向，两世室及三昭三穆皆在两庑，合之则称都宫也。《纪事本末》不误。

帝以冀长生而奉道，然不信佛，故于锢蔽中尚少一蔽。禁中有元时所造大善佛殿，藏金银像及佛骨佛牙等物，十五年五月，议以其地建太后宫。夏言请敕有司将佛骨等物瘗之中野。帝曰：“朕思此类，智者以为邪秽而不欲观；愚民无知，必以奇异奉之，虽瘗中野，必有窃发以惑民者，其毁之通衢。”金银佛像凡一百六十九座，皆铸像神鬼淫亵之状。又金函玉匣藏贮佛首佛牙之类，及支离傀儡，凡万三千余斤。

帝之排斥异端若此，可谓明且决矣。然沉溺于方士之说，则又大惑不解。然则此亦以异端攻异端，入主出奴之见，非得力于正学也。大抵方士挟障眼幻术，而假道教以为名，帝时见其变幻形象，遂笃信之，而佛法则无当时之征验耳。

是年，以道士邵元节为礼部尚书。元节，贵溪人，龙虎山上清宫道士。三年，召入京，见于便殿，大加宠信，俾专司祷祠，封真人，总领道教，班二品。赠其父太常丞，并官其孙及曾孙。以皇嗣未建，数命元节建醮，以夏言为监礼使，文武大臣日再上香。及是皇子叠生，嘉其祷祀功，拜尚书，赐一品服。十七年十一月，以献皇帝既称宗配帝，躬诣南郊，上皇天上帝大号，恭进大号。此与宋徽宗政和六年上玉帝徽号同其不经。

帝好神仙，以谏得罪者甚众。十九年八月，方士段朝用以所炼白金器百余因郭勋以进，云以盛饮食物供斋醮，神仙可致。帝立召与语，大悦。朝用言帝深居无与外人接，则黄金可成，不死药可得。帝益悦。谕廷臣："令太子监国，朕少假一二年，亲政如初。"举朝愕不敢言，太仆卿杨最抗疏谏曰："陛下春秋方盛，乃圣谕及此，不过欲服食求神仙耳。夫神仙乃山栖澡炼者所为，岂有高居黄屋紫闼，衮衣玉食，而能白日翀举者？臣虽至愚，不敢奉诏。"帝大怒，亟下诏狱，杖杀之。监国议亦罢。时日事斋醮，久不视朝，工作烦兴。岁频旱，二十年元日微雪，夏言、严嵩作颂称贺。御史杨爵抚膺太息，上疏言失人心致危乱者五端：一言夏秋不雨，畿辅千里，已无秋禾，一冬无雪，元日微雪即止，民失所望，正忧惧不宁之时，而辅臣方称颂符瑞，欺天欺人。翊国公郭勋，中外皆知为大奸大蠹，宠之使稔恶肆毒，群狡趋附，善类退处。二言臣巡视南城，一月中冻馁死八十人，五城共计，未知有几？而土木之功，十年未止。工部属官，增设至数十员。又遣官远修雷坛，以一方士之故，朘民膏血而不知恤。三言陛下即位之初，励精有为，尝以《敬一箴》颁示天下，数年以来，朝御希简，经筵旷废，大小臣庶，朝参未睹圣容，敷陈未聆天语，人心日益怠偷，中外日益涣散。四言左道惑众，圣王必诛，今异言异服，列于朝苑；金章紫绂，赏及方外。保傅之职，坐而论道，举而畀之奇邪之徒，上之所好，下必有甚，妖盗繁兴，诛之不息。五言往岁太仆卿杨最，出言而身殒，近日赞善罗洪先等，皆以言罢斥。古今有国家者，未有不以任德而兴，拒谏而亡，忠盖杜口，则谗谀交进，安危休戚，无由得闻。帝震怒，立下诏狱榜掠，血肉狼藉，关以五木，死一夕复苏。所司请送法司问罪，帝不许，命严锢之。主事周天佐、御史浦鋐以救爵，先后棰死狱中，自是无敢救者。

雷坛者，帝用方士陶仲文言，建于太液池西。所司希帝意，务宏侈，程工峻急，工部员外郎刘魁欲谏，度必得重祸，先命家人鬻棺以待，遂上章曰："前营大享殿、大高元殿，诸工尚未告竣。一役之费，动至亿万，土木衣文绣，匠作班朱紫，道流所居，拟于宫禁，国用已耗，民力已竭，而复为此不经之事，非所以示天下后世。"帝震怒，杖于廷，锢之诏狱。

段朝用因郭勋献所炼银器，又献万金助雷坛工，授紫府宣忠高士。更请岁进数万金，以资国用。帝益喜。已而术不验，其徒王子严攻发其诈，帝执子严、朝用付镇抚拷讯，朝用所献银故出勋资，事既败，帝亦浸疏勋。二十年九月，勋亦下狱，朝用乃胁勋贿，捶死其家人，复上疏渎奏，帝怒，论死。勋之下狱也，以给敕令与兵部尚书王廷相等同清军役，敕具，勋久不领，言官劾之，勋疏辨，有"何必更劳赐敕"语。帝怒，责勋悖慢无人臣礼。给事中高时因尽发勋贪纵不法十数事，乃下锦衣卫狱。夏言与勋交恶，阴持勋狱穷究之。帝念勋曾赞大礼，谕勿加刑讯，所司奏上当勋罪斩，帝令法司复勘，法司更当勋不轨罪斩，没入妻孥田宅。奏上，留中不下，帝意本欲宽勋，屡示意指，而廷臣恶勋，谬为不喻指者，更坐重辟，久之勋竟死狱中。

邵元节死于嘉靖十八年，帝为出涕，赠少师，赐祭十坛，遣中官锦衣护丧还，有司营葬用伯爵礼，礼官拟谥荣靖，不称旨，再拟文康，帝兼用之曰文康荣靖。陶仲文亦由元节引荐，以辽东库大使特授少保礼部尚书，寻加少傅，仍兼少保，继元节而恩宠过之，盖位极人臣者二十年，然与元节尚均安静少罪恶。世宗奉道事实，以仲文一传为特详，以其历年久也，略载如下：

《佞幸·陶仲文传》："初名典真，黄冈人，受符水诀于罗田万玉山。与邵元节善。嘉靖中，由黄梅县吏为辽东库大使。秩满需次京师，寓元节邸舍。元节年老，宫中黑眚见，治不效，荐仲文，以符水噀剑绝宫中妖。庄敬太子患痘，祷之而瘥。帝深宠异。十八年南巡，元节病，以仲文代，次卫辉，有旋风绕驾，帝问何祥，对曰："主火。"是夕行宫果火，宫人死者甚众。帝益异之，授高士，寻封真人。明年八月，欲令太子监国，专事静摄。太仆卿杨最疏谏杖死，廷臣震慑，大臣争谄媚取容，祷祀日亟。以仲文子世同为太常丞，子婿吴濬、从孙良辅为太常博士。帝有疾，既而瘳，喜仲文祈祷功，特授少保礼部尚书。久之加少傅，仍兼少保。既请建雷坛，又请建于其乡县以祝圣寿。黄州同知郭显文监工，工稍稽，谪典史，遣工部郎何成代，督趣甚急，公私骚然。杨爵、刘魁言及之，给事中周怡陈时事，有'日事祷祀'语。悉下诏狱，拷掠长系。吏部尚书熊浃谏乩仙，即命削籍。浃先以赞大礼入《大礼集议》正取。自是中外争献符瑞，焚修斋醮之事无敢指及者。二十年，帝遭宫婢之变，二十一年十月宫婢杨金英等伺帝熟寝，以组缢帝项，误为死结得不绝。《陶传》作二十年，当脱一字。移居西内，日求长生，郊庙不亲，朝讲尽废，君臣不相接。独仲文得时见，见辄赐坐，称之为师而不名。帝心知臣下必议己，每下诏旨，多愤疾之辞，廷臣莫知所指，小人顾可学、盛端明、朱隆禧辈皆缘以进。其后夏言以不冠香叶冠，积他衅至死，而严嵩以虔奉焚修，蒙异眷者二十年。大同获谍者王三，帝归功上玄，加仲文少师，仍兼少傅少保，一人兼领三孤，终明世惟仲文而已。久之，授特进光禄大夫、柱国兼支大学士俸，荫子世恩为尚宝丞，复以圣诞加恩给伯爵俸。授其徒郭弘经、王永宁为高士。时都御史胡缵宗下狱，株连数十人。缵宗于十八年为河南巡抚，帝幸承天，迎驾有诗，中有"穆王八骏空飞电，湘竹英、皇泪不磨"之句，为所治凶狡属员王联讦告下狱，刑部尚书刘讱讯得诬罔状，坐联父子死，而狱仍不解，并罪讱等。二十九年春，京师灾异频见，帝以咨仲文，对言：'虑有冤狱，得雨方解。'俄法司上缵宗等爰书，帝悉从轻典，果得雨。乃以平狱功，封仲文恭诚伯，岁禄千二百石，弘经、永宁封真人。仇鸾之追戮也，鸾请开马市，诸边日苦侵暴，帝罢其戎政职，鸾恚恨疽死。先与严嵩相结，后相轧仇怨，为嵩构其罪，追戮其尸。下诏称仲文功，增禄百石，荫子世昌国子生。三十二年，仲文言：'齐河县道士张演升建大清桥，浚河得龙骨一，重千斤；又突出石沙一，脉长数尺，类有神相。'帝即发帑银助之。时建元岳湖广太和山既成，遣英国公张溶往行安神礼，仲文偕顾可学建醮祈福。明年圣诞，加恩荫子锦衣百户。帝益求长生，日夜祷祠，简文武大臣及词臣入直西苑，供奉青词。四方奸人段朝用、龚可佩、蓝道行、王金、胡大顺、蓝田玉之属，咸以烧炼符咒，荧惑天子，然不久皆败，独仲文恩宠日隆，久而不替，士大夫或缘以进。又创'二龙不相见'之说，青宫虚位者二十年。十八年立载壑为皇太子，二十八年年十四，行冠礼，后二日薨，谥庄敬，遂不复立太子。三十五年，上皇考道号为'三天金阙无上玉堂都仙法主玄元道德哲慧圣尊开真仁化大帝'，皇妣号为'三天金阙无上玉堂总仙法主玄元道德哲慧圣母天后掌仙妙化元君'，帝自号'灵霄上清统雷元阳妙一飞玄真君'，后加号'九天弘教普济生灵掌阴阳功过大道恩仁紫极仙翁一阳真人玄虚圆应开化伏魔忠孝帝君'。再号'太上大罗天仙紫极长生圣智昭灵统元证应玉虚总掌五雷大真人玄都境万寿帝君'。帝自加道号，并诬及考妣，荒惑可丑，亦可谓忘身辱亲矣。惟此传一见，《纪事本末》微有异同，别见后。明年，仲文有疾，乞还山，献上历年所赐蟒玉、金冠法宝，及白金万两。既归，帝念之不置，遣锦衣官存问，有司以时加礼，改其子尚实少卿世恩为太常丞，兼道录司右演法，供事真人府。仲文得宠二十年，位极人臣，然小心慎密，不敢恣肆。三十九年卒，年八十余，帝闻痛悼，葬祭视邵元节，特谥荣康惠肃。"秩谥于隆庆初与邵元节均追削。世恩官至太常卿，亦坐与王金伪制药物，于隆庆元年下狱论死。

《纪事本末》帝所上各道号，其皇妣号"三天金阙无上玉堂总仙法主玄元道德哲慧圣母天后”，止此而已。更加孝烈皇后号“九天金阙玉堂辅圣天后掌仙妙化元君”。后，方氏，为帝所更立之后，崩于二十六年。《纪事本末》所叙为得其实，可以订史文之脱误。

世宗于议礼之后，继以奉道。议礼之摧折廷臣，以张璁、桂萼尸其祸，而璁、萼所未尽者，大抵由帝独断，而严嵩辈成之。至奉道之祸毒正人则尤远过于议礼。盖修道则务静摄，静摄则万几假手于阁臣，阁臣惟能以力赞玄修者，为所信任。嘉靖中叶以后，用事之臣固无不以青词邀眷，然用此以擅权固宠，以一念之患失，不得不与全国之正士为仇，此则以严嵩一人关系嘉靖中叶以后之朝局，迨其败，而世宗亦将弃世矣。即以严嵩一传见二十余年事变之绪，录其略于左：

《奸臣·严嵩传》：“嵩，字惟中，分宜人，弘治十八年进士，改庶吉士，授编修。移疾归，读书钤山十年，为诗古文辞，颇著清誉。正德间嵩恒不在朝，为褒贬所不及，故有恬淡之誉。还朝久之，进侍讲，历祭酒。嘉靖七年，以礼部右侍郎奉命祭告显陵，即兴献王葬地。还言：‘臣恭上宝册，及奉安神床，皆应时雨霁。又石产枣阳，群鹤绕集，碑入汉江，河流骤涨。是时御制《显陵碑》，遣嵩往竖碑祭告。请命辅臣撰文刻石，以纪天眷。’帝大悦，从之。是为希旨贡谀之始。廷议更修《宋史》，嵩以礼部尚书兼翰林学士董其事。及夏言入内阁，十五年闰十二月，夏言以礼部尚书入阁。命嵩还掌部事。祀献皇帝明堂，已又称宗入太庙，嵩与群臣议沮之，帝不悦，嵩惶恐尽改前说，自是益务为佞悦。帝上皇天上帝尊号宝册，寻加上高皇帝尊谥圣号以配，嵩乃奏庆云见，请受群臣朝贺，又为《庆云赋》《大礼告成颂》奏之，帝悦，命付史馆。嵩科第先夏言，而位下之，始倚言，事之谨，尝置酒邀言，躬诣其第。言辞不见，嵩布席展所具启跽读，言谓嵩实下己，不疑也。帝以奉道，尝御香叶冠，因刻沉水香冠五赐言等，言不奉诏，帝怒甚。嵩因召对冠之，笼以轻纱，帝见，益内亲嵩，嵩遂倾言，斥之。言去，醮祀青词，非嵩无当帝意者。二十一年八月，拜武英殿大学士，入直文渊阁，仍掌礼部事。时嵩年六十余矣，精爽溢发，不异少壮，朝夕直西苑板房，未尝一归洗沐。帝益谓嵩勤。久之，请解部事，遂专直西苑。帝尝赐嵩银记，文曰‘忠勤敏达’。寻加太子太傅。翟銮资序在嵩上，帝待之不如嵩，嵩讽言官论之，銮得罪去。吏部尚书许讚、礼部尚书张璧同入阁，皆不预闻票拟事，嵩欲示厚同列，且塞言者意，因以显夏言短，乃请：‘凡有宣召，乞与成国公朱希忠、京山侯崔元及讚、璧偕入，如祖宗朝蹇、夏、三杨故事。’帝不听，然心益喜嵩。累进吏部尚书，谨身殿大学士，少傅兼太子太师。久之，帝微觉嵩横，时讚老病罢，璧死，乃复用夏言，帝为加嵩少师以慰之。言至，复盛气陵嵩，颇斥逐其党，嵩不能救。子世蕃方官尚实少卿，横行公卿间，言欲发其罪，嵩父子大惧，长跪榻下泣谢乃已。知陆炳与言恶，遂与比而倾言，炳亦在《佞幸传》。窥言失帝眷，用河套事构言，及曾铣俱弃市。铣主以兵复套，言欲倚铣成大功，铣辄破敌，帝亦向之，廷议皆右铣。时亦有争言河套不可遽复者，帝意忽变，嵩遂极言不可复，廷臣亦尽反前议如嵩说，嵩且谓向拟褒铣，已不与闻，会虏寇边，归罪复套启衅。既倾杀言，益伪恭谨。言尝加上柱国，帝亦欲加嵩，嵩乃辞曰：‘尊无二上，上非人臣所宜称，乞免此官，著为令典，以昭臣节。’帝大喜，允其辞，而以世蕃为太常卿。嵩无他才略，惟一意媚上，窃权罔利，帝英察自信，果刑戮，护己短，以故得因事激帝怒，戕害人，以成其私。张经、李天宠、王忬之死，嵩皆力焉。前后劾嵩、世蕃者，谢瑜、叶经、童汉臣、赵锦、王宗茂、何维柏、王晔、陈垲、厉汝进、沈鍊、徐学诗、杨继盛、周铁、吴时来、张翀、董传策皆被谴。经、鍊用他过致之死，继盛附张经疏尾杀之。张经为嵩党赵文华所构，方剿倭，劾经养寇失机论死。方疏上，经大捷，文华攘其功，谓己与胡宗宪督师所致。继盛以劾嵩系狱已三年。嵩必欲杀之，以经为养寇重罪，帝所必诛，请帝旨疏尾附继盛，遂并命弃市。他所不悦，假迁除考察以斥者甚众，皆未尝有迹也。俺答薄都城，慢书求贡，帝召嵩与李本本亦夏言败后新入阁。及礼部尚书徐阶入对西苑，嵩无所规画，委之礼部，帝悉用阶言，稍轻嵩。嵩复以间激帝怒，杖司业赵贞吉而谪之。兵部尚书丁汝夔受嵩指，不敢趣诸将战，嵩谓汝夔："塞上败，可掩也，失利辇下，上无不知，谁执其咎，寇饱自飏去耳。"汝夔因不敢主战。寇退，帝欲杀汝夔，嵩惧其引己，谓夔曰：'我在，毋虑也。'汝夔临死，始知为嵩绐。事在二十九年，是为庚戌虏迫京师之役。倭寇江南，用赵文华督察军情，大纳贿赂以遗嵩，致寇乱益甚。及胡宗宪诱降汪直、徐海，文华乃言：'臣与宗宪策，臣师嵩所授也。'遂命嵩兼支尚书俸，无谢，自是褒赐皆不谢。帝尝以嵩直庐隘，撤小殿材为营室，植花木其中，朝夕赐御膳法酒。嵩年八十，听以肩舆入禁苑。帝自十八年葬章圣太后后，即不视朝，自二十年宫婢之变，即移居西苑万寿宫，不入大内，大臣希得谒见，惟嵩独承顾问，御札一日或数下，虽同列不获闻，以故嵩得逞志。帝虽甚亲礼嵩，亦不尽信其言，间一取独断，或故示异同，欲以杀离其势。嵩父子独得帝窾要，欲有所救解，嵩必顺帝意痛诋之，而婉曲解释，以中帝所不忍；即欲排陷者，必先称其嫩，而以微言中之，或触帝所耻与讳，以是移帝喜怒，往往不失。士大夫辐辏附嵩，时称文选郎中万寀、职方郎中方祥等为嵩文武管家。吴鹏、欧阳必进、高燿、许论辈皆惴惴事嵩。嵩握权久，遍引私人居要地，帝亦寝厌之，而渐亲徐阶。会阶所厚吴时来、张翀、董传策各疏论嵩，嵩因密请究主使者，下诏狱穷治无引，帝乃不问而慰留嵩，然心不能无动，阶因得间倾嵩。嵩虽警敏能先意揣帝指，然帝所下手诏，语多不可晓，惟世蕃一览了然，答语无不中。及嵩妻欧阳氏死，世蕃当护丧归，嵩请留侍京邸，帝许之，然自是不得入直所代嵩票拟，而日纵淫乐于家。嵩受诏多不能答，遣使持问世蕃，值其方耽女乐，不以时答。中使相继促嵩，嵩不得已自为之，往往失旨。所进青词又多假手他人，不能工，以此积失帝欢。会万寿宫火，嵩请暂徙南城离宫。南城，英宗为太上皇时所居也。帝不悦，而徐阶营万寿宫甚称旨，帝徙居玉熙殿，隘甚，欲有所营建，以问嵩，嵩请还大内，帝不怿；问阶，阶请以三殿余材责雷礼营之，可计月而就，帝悦，如阶议。命阶子璠董其役，十旬而功成，帝即日徙居之。帝益亲阶，顾问多不及嵩。嵩惧，置酒要阶，使家人罗拜，举觞属曰：'嵩旦夕且死，此曹惟公乳哺之。'阶谢不敢。未几，帝入方士蓝道行言，有意去嵩，道行以扶乩得幸，故恶嵩。帝问："天下何以不治？"道行诈为乩语，具道嵩父子弄权状。帝问："上仙何不殛之？"答曰："留待皇帝自殛。"帝心动，欲逐嵩。御史邹应龙避雨内侍家，知其事，抗疏极论嵩父子不法，曰：'臣言不实，乞斩臣首以谢嵩、世蕃。'帝降旨慰嵩，而以溺爱世蕃负眷倚，令致仕，驰驿归，有司岁给米百石，下世蕃于理。嵩为世蕃请罪，且求解，帝不听。法司奏论世蕃及其子锦衣鹄、鸿、客罗龙文戍边远。诏从之，特宥鸿为民，使侍嵩。而锢其奴严年于狱。擢应龙通政使参议。时四十一年五月也。龙文官中书，交关为奸利，而年最黠恶，士大夫竞称萼山先生者也。嵩既去，帝追念其赞玄功，意忽忽不乐，谕阶，欲遂传位，退居西内，专祈长生。阶极陈不可，帝曰：'卿等不欲，必皆奉君命，同辅玄修乃可，敢更言嵩、世蕃者，并应龙俱斩。'嵩知帝念己，乃赂帝左右，发道行阴事，系刑部俾引阶，道行不承，坐论死，得释。谓释阶不引，道行则死狱中。嵩初归至南昌，值万寿节，使道士蓝田玉建醮铁柱宫，田玉善召鹤，嵩因取其符录，并己祈鹤文上之，帝优诏褒答。嵩因言：'臣年八十有四，惟一子世蕃及孙鹄，皆远戍，乞移便地就养，终臣余年。'不许。世蕃被应龙劾戍雷州，未至而返，益大治园亭，其监工奴见袁州推官郭谏臣不为起。御史林润尝劾嵩党鄢懋卿，惧相报，因与谏臣谋发其罪，且及冤杀杨继盛、沈鍊状。世蕃喜，谓其党曰：'无恐，狱且解。'法司黄光升等以谳词白徐阶，阶曰：'诸公欲生之乎？'佥曰：'必欲死之。'曰：'若是，适所以生之也。夫杨、沈之狱，嵩皆巧取上旨，今显及之，是彰上过也。必如是，诸君且不测，严公子骑款段出都门矣。'世蕃与其党谋：赇字非上所深恶，惟聚众通倭为大根，但扬言杨、沈狱为大罪，次受赇，余皆不足畏，则狱自解。光昇等闻之以为然，遂以之定为谳词。为手削其草，独按龙文与汪直姻旧为交通，贿世蕃乞官，世蕃用彭孔言，以南昌仓地有王气，取以治第，制拟王者，又结宗人典楧，阴伺非常，多聚亡命，龙文又招直余党五百人，谋为世蕃外投日本，先所发遣世蕃班头牛信亦自山海卫弃伍北走，诱致外兵，共相响应。即日令光升等疾书奏之，世蕃闻，诧曰：'死矣！'遂斩于市。籍其家，黜嵩及诸孙皆为民。又二年，嵩老病，寄食墓舍以死。

嵩旦夕直西内，诸司白事，辄曰："以质东楼。"东楼，世蕃别号也。朝事一委世蕃，九卿以下浃日不得见，或停至暮而遣之。

世蕃伏诛，时已四十四年，阅年余，帝亦崩矣。终帝之世，奉道不懈。四十一年，严嵩已败，而是年十一月，分遣御史求方书，时江西丰城县方士熊显，进法书六十六册，诏留览，赐显冠带。命御史姜儆、王大任分行天下，访求方士时陶仲文已死。及符箓秘书，阅二年还朝，上所得法秘数千册，荐方士唐秩、刘文彬等数人。儆、大任俱擢侍讲学士，秩等赐第京师。时严嵩既罢，蓝道行亦被谴，宫中数见妖孽，帝春秋高，意邑邑不乐，中官因设诈以娱之，尝夜坐庭中，获一桃御幄后，左右言："自空中下"，帝喜曰："天赐也。"修迎恩醮五日。明日，复获一桃，是夜，白兔生二子。帝益喜，谢玄告庙。未几，寿鹿亦生二子，廷臣表贺。帝以奇祥三锡，天眷非常，手诏褒答，事在四十三年。明年六月，睿宗原殿东柱产金色芝一本，帝大悦，告于太庙，百官表贺。因建玉芝宫。十一月，奉安献皇帝、后神主于玉芝宫。

帝久不视朝，深居西苑，专意斋醮，督抚大吏争上符瑞，礼官辄表贺。廷臣自杨最、杨爵得罪后，无敢言时政者。四十五年二月，户部主事海瑞独上疏言之，是为嘉靖朝最后建言之名疏，读之可以结嘉靖间士大夫敢言之局。疏略曰："陛下即位初年，敬一箴心，冠履分辨，天下欣然望治。未久而妄念牵之，谓遐举可得，一意修真，竭民脂膏，滥兴土木，二十余年不视朝，法纪弛矣；数年推广捐纳事例，名器滥矣。二王不相见，人以为薄于父子；以猜嫌诽谤戮辱臣下，人以为薄于君臣；乐西苑而不返，人以为薄于夫妇。吏贪官横，民不聊生，水旱无时，盗贼滋炽，陛下试思今日天下为何如乎？古者人君有遇，赖臣工匡弼，今乃修斋建醮，相率进香，仙桃天药，同辞表贺。建宫作室，则将作竭力经营；购香市宝，则度支差求四出；陛下误举之而诸臣误顺之，无一人肯为陛下正言者，谀之甚矣。且陛下之误多矣，其大端在于斋醮。斋醮所以求长生也，自古圣贤垂训，修身立命，曰顺受其正矣，未闻有所谓长生之说。陛下受术于陶仲文，以师称之，仲文则既死矣，彼不长生，而陛下何独求之？至于仙桃天药，怪妄尤甚，昔宋真宗得天书于乾祐山，孙奭曰：'天何言哉，岂有书也？'桃必采而后得，药必制而后成，今无故获此二物，是有足而行耶？曰天赐者，有手执而付之耶？此左右奸人，造为妄诞，以欺陛下，误信之以为实然，过矣！陛下又将谓悬刑赏以督责臣下，则分理有人，天下无不可治，而修真为无害已乎？太甲曰：'有言逆于汝心，必求诸道；有言逊于汝志，必求诸非道。'用人而必欲其惟言莫违，此陛下之计左也。即观严嵩，有一不顺陛下者乎？昔为同心，今为戮首矣。梁材守道守官，陛下以为逆者也，历任有声，官户部者至今首称之。材三为户部尚书：第一次以忧去，在嘉靖十年；第二次忤郭勋，帝令致仕去，在十七年；第三次亦忤勋，屡为所劾，又以醮坛需龙涎香，材不以时进，帝衔之，遂责材沽名误事，落职闲住，归，旋卒，在十九年。然诸臣宁为嵩之顺，不为材之逆，得非有以窥陛下之微，而潜为趋避乎？即陛下亦何利于是？陛下诚知斋醮无益，一旦幡然悔悟，日御正朝，与宰相侍从讲求天下利害，洗数十年之积误，使诸臣亦得洗数十年阿君之耻，天下何忧不治？万事何忧不理？此在陛下一振作间而已。释此不为，而切切于轻举度世，敝精劳神，以求之于系风捕影，茫然不可知之域，臣见劳苦终身而无成也。"此疏直攻帝失，尤切指玄修，中帝所最忌，为自来所不敢言，竟未遭大谴，殆亦帝临终有悔萌矣。

帝得疏大怒，抵之地，顾左右曰："趣执之，无使得遁。"宦官黄锦在侧曰："此人素有痴名，闻其上疏时，自知触忤当死，市一棺，诀妻子，待罪于朝，僮仆亦奔散无留者，是不遁也。"帝默然，少顷，复取读之，为之感动太息，留中者数日，尝曰："此人可方比干，但朕非纣耳。"会帝有疾，烦懑不乐，召徐阶议内禅，因曰："海瑞言俱是。朕今病久，安能视事？"又曰："朕不自谨惜，致此疾困，使朕能出御便殿，岂受此人诟詈邪？"遂逮瑞下诏狱，究主使者，寻移刑部论死。狱上，阶力救，奏遂留中。是年十二月帝崩，穆宗即位，次日即释出。

帝求仙而身日病，病久，忽欲南幸兴都取药，徐阶力谏而止。四十五年十一月，服方士王金等所献丹药，病遂甚。时方士至者日众，帝知其妄，无殊锡。王金思所以动帝，乃伪造诸品仙方，与所制金石药同进，其方诡秘，药性燥，非服食所宜，帝御之，稍稍火发，病遂不能愈。十二月庚子，十四日。帝大渐，自西苑还乾清宫，是日崩。

自武宗大为不道，而士大夫犹补苴其间，所受挫折未甚。世宗英断，资质之可与为善，自非武宗所及，然终身事鬼而不事人。早年亦有意图治，《明实录》：万历初，张居正进讲文华殿时，言世宗皇帝嘉靖初年于西苑建无逸殿，省耕劝农，以知王业艰难。又命儒臣讲《周书·无逸篇》，讲毕，宴文武大臣于殿中。至其末年，崇尚焚修，圣驾不复临御，殿中徒用以誊写科书，表背玄像而已，昔时勤民务本气象，不复再见，而治平之业亦寖不如初。此可见当时政治消长之状。

帝又以坚僻怙过，拒谏立威，廷杖之事，习为故常。小小舛误，一申饬可了之事，亦用杖刑。摧辱言官，其忤意被杖者可想。三十二年元旦，以贺表语乖文体，逮礼科给事中杨思忠，于午门外杖之百，罢为民，六科官各夺俸一月，以思忠初议孝烈皇后不祔庙，帝心衔之也。孝烈后方氏，崩于二十六年十一月，至二十九年，议后主祔庙，自始固未有帝在而后先祔庙者，帝以皇考睿宗入庙，恐后世议祧，遂欲当己世预祧仁宗，以孝烈祔庙，自为一世。下礼部议，尚书徐阶言后无先入庙者，思忠亦主阶议，帝大怒，阶皇恐不敢守前议，遂祧仁宗，升祔孝烈。此皆非礼之举，而仇守礼之臣，又匿怨而假他微罪发之，益非人君使臣以礼之道。然用刑手滑，至次年三十三年正旦，又以贺表中失抬万寿字，诏锦衣卫逮六科给事中张思静等各廷杖四十，以此可知当时用威之滥矣。

明开国以来节俭爱养，藏富于民之意，久而不渝。至宪宗晚年渐不如昔，孝宗稍复前规，及武宗则不知祖训为何物，但祖宗所养之士，类以守法为事，武宗及其所昵之群小，尚不能力破纲纪。至世宗因祷祀而土木，靡费无限，遂开危亡之渐。《食货志·赋役门》云："三十年，京边岁用至五百九十五万，户部尚书孙应奎蒿目无策，乃议于南畿、浙江等州县，增赋百二十余万，加派于是始。嗣后京边岁用，多者过五百万，少者亦三百余万，岁入不能充岁出之半，由是度支为一切之法，其箕敛财贿，题增派，括赃赎，算税契，折民壮，提编均徭，推广事例兴焉。其初亦赖以济匮，久之诸所灌输益少。又四方多事，有司往往为其地奏留，或请免，浙、直以备倭，川、贵以采木，山、陕、宣、大以兵荒，不惟停格军兴所征发，即岁额二百万且亏其三之一，而内廷之赏给，斋殿之经营，宫中夜半出片纸，吏虽急，无敢延顷刻者。"又云："武宗时，乾清宫役尤大，以太素殿初制俭朴，改作雕峻，用银至二千万余两，明代币贵工贱，一殿用银至二千万余两，又有下文工食米万三千余石，岂不可骇？然《明史稿》文亦同，知非字误。夫祖宗宫殿朴俭，后世正当知美德所贻，况太素命名，更何得以雕峻污之？役工匠三千余人，岁支工食米万三千余石。权幸阉宦，庄园祠墓，香火寺观，工部皆窃官银以媚之。给事中张原言：'匠夫养父母妻子，尺籍之兵御外侮，京营之军卫王室，今奈何令民无所赖，兵不丽伍，利归私门，怨蒙公室乎？'疏入，谪贵州新添驿丞。世宗营建最繁，十五年以前，名为汰省，而经费已六七百万，其后增十数倍，斋宫秘殿，并时而兴，工场二三十处，役匠数万人，军称之，岁费二三百万，料直百余万，车脚雇运三四十万。承天工役十余处，费亦数百万。其时宗庙万寿宫灾，帝不之省，营缮益亟，经费不敷，乃令臣民献助，献助不已，复行开纳，劳民耗财，视武宗过之。”

又《仓库门》："嘉靖初，内府供应视弘治时，后乃倍之。初太仓中库积银八百余万，续收者贮之两庑，以便支发，而中库不动，谓之老库，两庑为外库。及是时，老库所存仅百二十万。二十二年，特令金花子粒银应解内库者，并送太仓备边用，然其后复入内库。金花银始于正统初，岁折漕粮以百万为额，尽解内承运库，其前偶有折漕俱送南京供武臣禄，各边缓急亦取足焉。折色本色，均充国用，不生分别。正统改解以后，不送南京，自给武臣禄十余万外，余皆充御用，谓之金花银。三十七年，令岁进内库银百万外，加预备钦取银，后又取没官银四十万两入内库。”

又《采造门》："世宗初，内府供用，减正德十九。中年以后，营建斋醮，采木、采香、采珠玉宝石，吏民奔命不暇给，黄白蜡至三十余万斤，又有召买，有折色，视正数三倍。沉香、降香、海漆诸香至十余万斤，又分道购龙涎香，十余年未获，使者因请海舶入澳，久乃得之。葡萄牙占澳门盖始于此。方丘、朝日坛，爵用红黄玉，求不得，购之陕边，遣使觅于阿丹，去土鲁番西南二千里。太仓之银，颇取入承运库，办金宝珍珠，于是猫儿睛、祖母绿石、绿撒孛尼石、红剌石、北河洗石、金刚钻、朱蓝石、紫英石、黄甘石，无所不购。”

以上就《食货志》中世宗时用财浮滥之事略举之。盖取民之制，至世宗而坏，一切苟且，多取以济急，而实暂赢而绌于永久，愈多取乃愈匮乏。祷祀与土木相连，古来帝王之奉道奉佛皆然，逼取人民之膏血，以媚神佛，谓可求福，无不得祸。古云："四海困穷，天禄允终。”理不可易。明祚中衰，以正德、嘉靖为显著，当时尚无人民负担加重，即事业开发加多之学说，其奢俭之为得失，犹易考见。至新学说行，则当问取之于民是否用之于民，民不拒官之取，是否能监视官之用于民事与否，则读史者所应借鉴而知之也。

第四节　隆庆朝政治

嘉靖四十五年十二月庚子，世宗崩。壬子，二十六日。穆宗即位，改明年为隆庆元年。徐阶时为首辅，于即位诏，免明年天下田赋之半，及嘉靖四十三年以前逋赋。所草世宗遗诏，则召用建言得罪诸臣，死者恤录，方士付法司论罪，一切斋醮工作及政令不便者悉罢之。诏下，朝野号恸感激。时高拱、郭朴以阶不与共谋，不乐，朴曰：“徐公谤先帝。”两人遂与阶有隙。

穆宗承世宗之后，享国亦仅六年，其政事倚成于内阁。阁臣用事者，亦不得谓无才，然多挟意见，无和衷之美，所形成一朝之政治，即诸阁臣意见之用事。当即位初，世宗遗诏，已因忌徐阶而沮先朝悔过之美。其后阁臣进退，由恩怨之推排，为政令之反覆。《明史》徐阶、高拱、张居正类为一传，颇足为朝局枢纽。《明史稿》徐阶与杨廷和、杨一清为一传，意不同。阶在世宗朝，以严嵩能逆探帝指而肆其恶，即用其术以移帝意，拔大憝而去之，世服其智而不病其谲，阶固拨除乱贼而引君当道也。迨草遗诏，夜召门人学士张居正与谋，质明，裕王入临世宗不立太子，但先遣景王就国，以示裕王之留，即为储贰。景王又前卒，裕王自即太子。毕，以诏草上，令旨报可。朝野比之杨廷和所拟登极诏书，为世宗始终盛事。高拱、郭朴以阶引门生谋，而同列反不与，遂忌嫉腾谤言。拱初侍穆宗裕邸，阶引之辅政，然阶独柄国，拱心不平，世宗不豫时，给事中胡应嘉尝劾拱，拱疑阶嗾之。隆庆初救考察被黜者，朴言："上甫即位，而应嘉敢越法无人臣礼，宜削籍。"阶睨拱方怒，不得已从之。言者谓拱修旧郄，胁阶斥应嘉。阶又请薄应嘉罚，言者又相继劾拱。拱欲阶拟杖，阶从容譬解，拱益不悦，令御史齐康劾阶，言其二子多干请，及家人横里中状。阶疏辨乞休，九卿以下交章劾拱誉阶，拱遂引疾归，康竟斥，朴亦以言者攻之，乞身去。给事御史多起废籍，恃阶而强，言辄过激，帝不能堪，谕阶等处之。同列欲拟谴，阶曰："上欲谴，我曹当力争，乃可导之谴乎？"请传谕令省改，帝亦勿之罪。是年，诏翰林撰中秋宴致语，阶言先帝未撤几筵，不可宴乐。帝为罢宴。帝命中官分督团营，阶力陈不可而止。南京振武营兵屡哗，阶欲汰之，虑其据孝陵，不可攻也，先令操江都御史唐继禄督江防兵驻陵傍，而徐下兵部分散，事遂定。群小珰殴御史于午门，都御史王廷将纠之，阶曰："不得主名，劾何益？且虑彼先诬我。"乃使人以好语诱大珰，先录其主名，廷疏上，乃分别逮治有差。阶之持正应变多此类。然阶所持诤多宫禁事，伸者十八九，中官多侧目。会帝幸南海子，阶谏不从，方乞休，而给事中张齐以私怨劾阶，阶因请归，帝意亦渐移，许之。举朝疏留，报闻而已。王廷复刺得张齐纳贿事，劾戍之边。阶既行，李春芳为首辅，未几而拱出。

拱与郭朴皆阶所荐入阁。拱骤贵负气，颇忤阶。穆宗即位，进少保兼太子少保。阶虽为首辅，而拱自以帝旧臣，数与之抗，朴复助之，阶渐不能堪。而是时陈以勤、张居正皆入阁，居正亦侍裕邸讲。阶草遗诏，独与居正计，拱心弥不平。会议登极赏军，及请上裁去留大臣事，阶悉不从拱议，嫌益深。拱欲逐胡应嘉，给事中欧阳一敬劾拱尤力，阶于拱辨疏，拟旨慰留，而不甚谴言者。拱益怒，相与愤诋阁中。御史齐康为拱劾阶，康坐黜，于是言路论拱者无虚日，南京科道至拾遗及之，拱不自安，乞归，隆庆元年五月也。拱以旧学蒙眷注，性强直自遂，颇快恩怨，卒不安其位去。既而阶亦乞归，则在二年七月。三年冬，帝召拱，以大学士兼掌吏部事。拱乃尽反阶所为，凡先朝得罪诸臣，以遗诏录用赠恤者，一切报罢，且上疏极论之曰：“《明伦大典》颁示已久，今议事之臣假托诏旨，凡议礼得罪者，悉从褒显，将使献皇在庙之灵何以为享？先帝在天之灵何所为心？而陛下岁时入庙亦何以对越二圣？”帝深然之。法司坐王金等子弑父律，拱复上疏曰：“人君殒于非命，不得正终，其名至不美。先帝临御四十五载，得岁六十有余，末年抱病，经岁上宾，寿考令终，曾无暴遽。今谓先帝为王金所害，诬以不得正终，天下后世，视先帝为何如主？乞下法司改议。”帝复然拱言，命减戍。拱之再出，专与阶修郄，所论皆欲以中阶重其罪，赖帝仁柔，弗之竟也。阶子弟颇横乡里，拱以前知府蔡国熙为监司，簿录其诸子，皆编戍，所以扼阶者无不至。逮拱去位乃得解。拱练习政体，负经济才，所建白皆可行。其在吏部，欲遍识人才，授诸司以籍，使署贤否，志爵里姓氏，月要而岁会之，仓卒举用，皆得其人。又以时方忧边事，请增置兵部侍郎，以储总督之选，由侍郎而总督，由总督而本兵，中外更番，边材自裕。又以兵者专门之学，非素习不可应卒，储养本兵，当自兵部司属始，宜慎选司属，多得智谋才力晓畅军旅者，久而任之，勿迁他曹，他日边方兵备督抚之选皆于是取之。更各取边地之人，以备司属，如铨曹分省故事，则题覆情形可无扞格。并重其赏罚以鼓励之。凡边地有司，其责颇重，不宜付杂流及迁谪者。”皆报可，著为令。拱又奏请：“科贡与进士并用，勿循资格。其在部考察，多所参伍，不尽凭文书为黜陟，亦不拘人数多寡，黜者必告以故，使众咸服。”吉田瑶乱，用殷正茂总督两广，曰：“是虽贪，可以集事。”贵州抚臣奏土司安国亨将叛，命阮文中代为巡抚，临行语之曰："国亨必不叛，若往，无激变也。"既而如其言。以广东有司多贪黩，特请旌廉能知府侯必登，以厉其余。又言："马政盐政之官，名为卿为使，而实以闲局视之，失人废事，渐不可训。惟教官驿递诸司，职卑禄薄，远道为难，宜铨注近地，以恤其私。"诏皆从之。拱所经画，皆此类也。俺答孙把汉那吉来降，总督王崇古受之，请于朝，乞授以官。朝议多以为不可，拱与居正力主之，遂排众议请于上，而封贡以成。由是西塞诸部岁来贡市，自宣大至甘肃，边陲晏然，不用兵革者二十余载。拱以边境稍宁，恐将士惰玩，复请敕边臣，及时闲暇，严为整顿，仍时遣大臣，帝皆从之。辽东奏捷，进柱国、中极殿大学士。此属御建州女真事，故《明史》含糊其词。盖拱于隆庆五年，特拔副使张学颜为辽东巡抚，学颜与大将李成梁讨敌有功，故云辽东奏捷也。事略具《张学颜传》。寻考察科道，拱请与都察院同事，时大学士赵贞吉掌都察院，持议稍同异。给事中韩楫劾贞吉有所私庇，贞吉疑拱嗾之，遂抗章劾拱，拱亦疏辨，帝令贞吉致仕去。拱嗣是专横益著，言者皆谪外。拱初持清操，后其门生亲串颇以贿闻致物议，帝终眷拱不衰。始拱为祭酒，居正为司业，相友善，拱亟称居正才。及是李春芳、陈以勤皆去，拱得首辅，居正肩随之。拱性直而傲，同官殷士儋辈不能堪，居正独退然下之，拱不之察也。六年春，帝崩，拱卒为居正所倾，别详万历初政局。

高拱亦政事才，不失为救时良相，惟以恩怨快意，至不惜屈抑忠正，宽庇佞邪，以修怨于故辅，并以先朝之过举，劫持嗣君，以中伤元老。拱之才与居正相类，而气质之偏各不同，亦各有大过当之处。隆庆朝之得失，即当时相业之优劣也。

穆宗中材之主，史称"在位六载，端拱寡营，躬行俭约，尚食岁省巨万。许俺答封贡，减赋息民，边陲宁谧。继体守文，可谓令主。

第柄臣相轧，门户渐开，未能振肃乾网，矫除积习，宽恕有余，刚明不足。”以此论隆庆一朝，大略固如是。然谓柄臣相轧，议帝未肃乾纲，则其得失亦参半。俺答封贡，减赋息民，即柄臣用事之效。至躬行节俭，仅举尚食岁省而言，则纯为当时颂圣门面语，参考事实，当分别观之。

《宦官传》："李芳，穆宗朝内官监太监也。帝初立，芳以能持正见信任。《明通鉴》："芳侍上于藩邸，即位信任之。"是信任由于旧侍，非以其持正也，其后获谴，乃正以其持正耳。初世宗时，匠役徐杲以营造躐官工部尚书，修卢沟桥，所盗万计，其属冒太仆、少卿、苑马卿以下职衔者以百数。隆庆元年二月，芳劾之，时杲已削官，乃下狱遣戍，尽汰其所冒冗员。又奏革上林苑监增设皂隶，减光禄岁增米盐及工部物料，以是大为同类所嫉。而是时司礼诸阉滕祥、孟冲、陈洪方有宠，争饰奇技淫巧以悦帝意，做鳌山灯，导帝为长夜饮。芳切谏，帝不悦，祥等复媒孽之，帝遂怒，勒芳闲住。二年十一月，复杖芳八十，下刑部监禁待决。尚书毛恺等言：'芳罪状未明，臣等莫知所坐。'帝曰：'芳事朕无礼，其锢之。'芳锢，祥等益横。前司礼太监黄锦已革荫，祥辄复予之。工部尚书雷礼劾祥：'传造采办器物，及修补坛庙乐器，多自加征，糜费巨万；工厂存留大木，斩截任意。臣礼力不能争，乞早赐罢。'帝不罪祥，而令礼致仕。礼于史无传，事迹仅见此，今但存其著述甚多耳。冲传旨下海户王印于镇抚司，论戍，法司不预闻；纳肃藩辅国将军缙熜贿，越制得嗣封肃王。洪尤贪肆，内阁大臣亦有因之以进者。三人所糜国帑无算。帝享太庙，三人皆冠进贤冠，服祭服以从爵赏辞谢，与六卿埒。廷臣论劾者，太常少卿周怡以外补去，给事中石星、李已、陈吾德，御史詹仰庇、尚宝丞郑履淳，皆廷杖削籍。三人各荫锦衣官至二十人。而芳独久系狱。四年四月，刑科都给事中舒化以热审届期请宥芳，乃得释充南京净军。”据此则穆宗之嗜好及惑溺已可概见，惟历年少，亦举动不烈，不大震惊耳目而已。

《食货志·上供采造门》："穆宗朝，光禄少卿李健奏十事，帝皆可之，颇有所减省，停止承天香米，外域珍禽奇兽，罢宝坻鱼鲜，凡荐新之物，领于光禄寺，勿遣中官，著为令。又从太监李芳请，停征加增细粳米，白青盐，命一依成、弘间例。御史王宗载请停免加派，部议悉准原额，果品百七万八千余斤，牲口银五万六千余两，免加派银二万余。未行而神宗立，诏免之。世宗末年岁用止十七万两，穆宗裁原额二万，止十五万余，盖愈省约矣。"万历初，张居正为政，光禄寺经费益减至十三四万，中年渐增，几三十万。此为躬行节俭事实之可征者。

又《仓库门》："隆庆中，数取太仓银入内库，内承运库中官至以空札下户部取之，廷臣疏谏皆不听。又数取光禄太仆银，工部尚书朱衡言：'每年矿金税金皆收内库，而其他羡余、干折、抄没、孝顺之属，其名甚众，无不入内库者。金花岁百万，计三十年，当数千万，况天产地生，汇而郁于其中，内库充牣若是，尚言不足耶？'帝不听。"然则帝以内库与国库争，并无损上益下之意，所省光禄寺微末之数，其意何为，殆亦为内库增聚敛邪？即于民间有所轻减，直以毫末之惠，市史册之名耳。人主节俭，若视为美名，即不可恃，俭在寡欲，有寡欲之质，不期俭而自俭，若太祖以来是也。穆宗史以节俭称，今再征之史实。

《王治传》：隆庆元年，上疏陈四事，其二为："谨燕居之礼，以澄化源。人主深居禁掖，左右便佞，窥伺百出，或以燕饮声乐，或以游戏骑射，近则损敝精神，疾病所由生；久则妨累政事，危乱所由起。比者人言籍籍，谓陛下燕间举动，有非谅闇所宜者。臣窃为陛下忧之。"此知穆宗非厚重守礼之君，宜有务求玩好之事。

《纲目三编》:“二年正月，吏科给事中石星言:‘天下之治，不日进则日退；人君之心，不日强则日偷。臣窃见陛下入春以来，为鳌山之乐，纵长夜之饮，极声色之娱，朝讲久废，章奏遏抑，一二内臣，威福自恣，肆无忌惮，天下将不可救。用是条上六事：一曰养圣躬，二曰讲圣学，三曰勤视朝，四曰速俞允，五曰广听纳，六曰察谗谄。’疏入，上怒，以为恶言讪上，命廷杖六十，黜为民。时中官滕祥以造作奇巧得幸，会监仗，星大诟之，祥怒，予重杖，星绝而复苏，其妻郑，误闻星已死，遽触柱死。闻者哀之。”史无《石星传》，惟《本纪》:“隆庆二年正月己卯，给事中石星疏陈六事，杖阙下，斥为民。”《史稿》有传，载此文略同。

《周弘祖传》:“二年春，言:‘近四方地震，土裂成渠，旗竿数火，天鼓再鸣，陨星旋风，天雨黑豆，此皆阴盛之征也。陛下嗣位二年，未尝接见大臣，谘访治道。边患孔棘，备御无方。时俺答尚未封贡。事涉内廷，辄见挠沮。如阅马核库，诏出复停。皇庄则亲收子粒，太和则榷取香钱。织造之使累遣，纠劾之疏留中。内臣爵赏，谢辞温旨远出六卿上，尤祖宗朝所无者。’疏入不报。”此可知主道之不隆，修政之无善状，特不似世宗之猛厉耳。

《詹仰庇传》:“隆庆初，穆宗诏户部购宝珠，尚书马森执奏，给事中魏时亮、御史贺一桂等继争，皆不听。仰庇疏言:‘顷言官谏购宝珠，反蒙诘让。昔仲虺戒汤，不迩声色，不殖货利；召公戒武王，玩人丧德，玩物丧志。汤武能受二臣之戒，绝去玩好，故圣德光千载。若侈心一生，不可复遏，恣情纵欲，财耗民穷。陛下玩好之端渐启，弼违之谏恶闻，群小乘隙，百方诱惑，害有不胜言者。况宝石珠玑，多藏中贵家，求之愈急，邀直愈多，奈何以有用财耗之无用之物？今两广需饷，疏请再三，犹靳不予，何轻重倒置乎？’不报。”穆宗一朝，以购珠宝拒谏罪言官者比比矣，其事沿世宗之奉道而来，奉道之用奢侈品，殆亦如佞佛之必资布施庄严乎？夫以布施庄严，破愚民之悭吝，未尝非均贫富之一助；若有权力可剥夺于民者信之，此即历史中信佛信道之君，皆所以促败亡者也。顾世宗以奉道需珠宝，其惑溺之根犹有所为，欲祛其惑，当移其求长生之妄念而后可；穆宗则直以童心未化，为左右近习所玩弄而已，美之曰恭俭，岂有当哉？

仰庇后又以帝耽声色，陈皇后微谏，怒出之别宫，后寝疾危笃，上疏言之，帝批答但云："尔何知内庭事？顾妄言！"未予谴谪。感奋益思尽言，复以巡视十库上疏言："内官监岁入租税甚多，而岁出不置籍。按京城内外园廛场地，隶本监者数十计，岁课皆属官钱，而内臣假上供名，恣意渔猎，利填私家，过归朝宁。乞备核宜留宜革并出入多寡数，以杜奸欺。再照人主奢俭，四方系安危。陛下前取户部银，用备缓急，今如本监所称，则尽以创鳌山，修宫苑，制秋千，造龙凤舰，治金柜玉盆。群小因干没，累圣德，亏国计。望陛下深省，有以玩好逢迎者，悉屏出罪之。"宦官益恨。故事：诸司文移往还及牧民官出教，用照字，言官上书无此礼。宦官因指"再照人主"语为大不敬。帝怒，下诏曰："仰庇小臣，敢照及天子，且狂肆屡不悛。"遂廷杖百除名，并罢科道之巡视库藏者。南京给事中骆问礼、御史余嘉诒等疏救，且言巡视官不当罢。不纳。明代公文用照字较近代为多，其意则犹近代之查字。查本木名，其入公文作察字用亦相沿为之，非字之本义也。至言事疏中应否用照字乃另一事，其言可采与否又是一事，况言及宦官，而由宦官挑剔，坐以大不敬，此即昏庸之证。祖制以科道巡视各署，原以为国家计，防蠹弊之由来。今因此而罢之，不知祖宗立法之意，而为宦官抉纲纪以快其私，上承嘉靖，下启万历，为亡国之酝酿而已。

《刘体乾传》："马森去，森为户部尚书，三年二月以终养去，亦缘力争珠宝等事不见听之故。召改北部，由南户部尚书改北。诏取太仓银三十万两。体乾言：'太仓银所存者三百七十万耳，而九边年例二百七十六万有奇，时俺答未封贡，边未解严，但封贡以后，所云减费，亦有名无实。事见《实录》。在京军粮商价百有余万，蓟州、大同诸镇例外奏乞不与焉。若复取以上供，经费安办？'帝不听。体乾复奏：'今国计绌乏，大小臣工所共知。即存库之数，乃近遣御史所搜括，明岁则无策矣。今尽以供无益费，万一变起仓卒，如国计何？'于是给事中李已、杨一魁、龙光，御史刘思问、苏士润，贺一桂、傅孟春交章乞如体乾言，阁臣李春芳等皆上疏请，乃命止进十万两。又奏：'太和山香税宜如泰山例，有司董之，毋属内臣。'忤旨，夺俸半年。"又："逾年，隆庆四年。诏趣进金花银，且购猫睛、祖母绿诸异宝。已上书力谏，体乾请从已言。不纳。内承运库以白劄索部帑十万。体乾执奏，给事中刘继文亦言白劄非体。帝报有旨，竟取之。《马森传》："帝尝命中官催发户部银六万，市黄金。森持不可。且言：'故事，御札皆由内阁下，无司礼径传者。'事乃止。"是前年之白札，马森尚以故事争之而止，至是竟以有旨二字拒谏矣。体乾又乞承运库减税额二十万，为中官所格，不得请。是时内供已多，数下部取太仓银，又趣市珍珠黄绿玉诸物。体乾清劲有执，每疏争，积忤帝意，竟夺官。给事中光懋、御史凌琯等交章请留。不听。"凡此皆有常识之君不待人言，自不欲以无益之物病国以自病者。穆宗终身溺其中，《史》犹据光禄减费一事称其节俭，可知其不足信矣。

体乾于嘉靖间为给事中，帝以财用绌，诏廷臣集议，多请追宿逋，增赋额。体乾独上奏曰："苏轼有言：'丰财之道，惟在去其害财者。'今之害最大者有二：冗吏、冗费是也。历代官制，汉七千五百员，唐万八千员，宋极冗，至三万四千员。本朝自成化五年，武职已逾八万，合文职盖十万余。今边功升授，勋贵传请，曹局添设，大臣恩荫，加以厂、卫、监、局、勇士、匠人之属，岁增月益，不可悉举，多一官则多一官之费。请严敕诸曹，清革冗滥，减俸将不赀。又闻：光禄库金，自嘉靖改元至十五年积至八十万。自二十一年以后，供亿日增，余藏顿尽。进御果蔬，初无定额，止视内监片纸，如数供御，干没狼藉，辄转鬻市人，其他诸曹，侵盗尤多。宜著为令典，岁终令科道臣会计之，以清冗费。二冗既革，国计自裕。舍是而督逋增赋，是扬汤止沸也。”于是部议请汰各监局人匠。从之。此等奏议，皆不可改移之论。国之强，政之理，财之裕，皆始于官之不冗。国家至以官职为安插不事事之人之用，则能事事者亦相率而怠废，官愈多，事愈废，俸愈无限制，岂徒财力有所不给，乃至无复政事可言，此治乱之龟鉴也。

《陈吾德传》：“帝从中官崔政言，命市珍宝。户部尚书刘体乾、户科都给事中李已执奏，不从。此即《体乾传》中事。吾德复阶已上疏，此在体乾罢后。曰：‘伏睹登极诏书：“罢采办，蠲加派。”且云：“各监局以缺乏为名，移文苛取，及所司阿附奉行者，言官即时论奏，治以重典。”海内闻之，欢若更生。比者左右近习干请纷纭，买玉市珠，传帖数下，人情惶骇，咸谓：“诏书不信，无所适从。”迩时府库久虚，民生困瘁，司度支者日夕忧危，陛下奈何以玩好故费数十万赀乎？政等献谄营私，罪不可宥，乞亟谴斥，以全诏书大信。’帝震怒，杖已百，锢刑部狱，斥吾德为民。”

《刘奋庸传》：隆庆六年三月，上疏言五事，其三言：“慎俭德。陛下嗣位以来，传旨取银不下数十万，求珍异之宝，作鳌山之灯，服御器用悉镂金雕玉。生财甚难，靡敝无纪。愿察内帑之空虚，思小民之艰苦，不作无益，不贵异物，则国用充羡而民乐其生矣。”因帝不久即崩，而所嗜好者不过如此。且一鳌山之灯，历年见之谏疏，可见童心永不能革。疏入帝但报闻，不怒也。而高拱以为讽刺及己，由尚实卿谪兴国知州。奋庸与拱同为裕邸讲官，拱以旧恩为首辅，奋庸久不调而持正论，遂遭拱忌。

隆庆六年闰二月丁卯，初十日。御皇极殿门，疾作，遽还宫。五月己酉二十五日大渐，召大学士高拱、张居正、高仪受顾命。庚戌，二十六日。崩于乾清宫。穆宗顾命之词，《史》以高拱著有《病榻遗言》一书，自述其身受穆宗殊遇，而遭忌于居正，为所倾。居正之倾拱自实，当叙入万历初朝局。至其述顾命语及其时日，考之皆不甚可信。今《病榻遗言》自有行世之本，《明史稿》颇采之，《明史》即不用其语。

第五节　正嘉隆三朝之学术

明代学术，皆尊程、朱。自正德间，王守仁始有直接孟子以学孔子之说，于宋儒则尊陆九渊之学，而不甚满于朱子。嗣是以来，其说亦风靡天下，而尊之者曰："无姚江，则古来之学脉绝。"毁之者曰："与朱子异趣，颇流于禅。"自此程、朱与陆、王分为道学中两派，辩论相激，至诋守仁为异端。同时有湛若水，初与守仁同讲学，后各立宗旨，学者称甘泉先生，一时分王、湛之学。承学之士，不归王，则归湛。若水为增城人，与陈献章均粤人，盖传献章之学，亦与朱子之学不尽同。惟罗钦顺、吕柟二家，笃守程朱。钦顺与守仁反覆辩难，具载所著《困知录》中。当嘉靖间，守仁之学已为廷臣所指斥，桂萼于守仁既卒，议言："守仁事不师古，言不称师，欲立异以为名，则非朱熹格物致知之论。知众论之不予，则为《朱熹晚年定论》之书，号召门徒，互相唱和。才美乐其任意，或流于清谈；庸鄙借其虚声，遂至于纵肆；传习转讹，背谬日甚。讨捕畲贼，擒获叛藩，据事论功，诚有足录。陛下御极之初，即拜伯爵，宜免追夺以彰大信，禁邪说以正人心。”帝乃下诏停世袭恤典俱不行。给事中周延先争之，被黜。隆庆初，廷臣多颂其功，诏赠新建侯，谥文成。万历十二年，乃从祀文庙。明世从祀者四人，薛瑄已从祀于隆庆间，守仁与陈献章、胡居仁同从祀。盖守仁之事功莫能訾议，而学术则为守洛、闽者所诋毁云。

程朱、陆王之辨，明季最烈，沿至于清，显分门户。夫讲学心得之不同，愈辩愈明，不害其各有论著。至就其人品而观，非程朱之派极多正人，不能不谓得力于讲学。学程朱之学者，若不课其躬行，亦岂无托门户以争胜者？第存诚主敬，流弊终少；超超玄悟，一转而入于禅，自陈白沙已不免。明一代士大夫之风尚最可佩，考其渊源，皆由讲学而来。凡贤士大夫无不有受学之渊源；其不肖之流，类皆不与于学派，不必大奸大恶也。即以讥议守仁之桂萼言之，恶直丑正，以窥测世宗之私意，致身通显，遂恃宠以倾陷异己，此岂学者所屑为？考黄宗羲《明儒学案》，士大夫可为盛矣。不分门户，惟问实行如何，此研究明代学术之要义，当专力为之。

第五章　万历之荒怠

明之衰，衰于正、嘉以后，至万历朝则加甚焉。明亡之征兆，至万历而定。万历在位四十八年，历时最久，又可分为三期：前十年为冲幼之期。有张居正当国，足守嘉、隆之旧，而又或胜之。盖居正总揽大柄，帝之私欲未能发露，故其干济可观，偏倚亦可厌，而若穆宗之嗜欲害政则尚无有，纯乎阁臣为政，与高拱之在穆宗朝大略相等。至居正卒后，帝亲操大柄，泄愤于居正之专，其后专用软熟之人为相。而怠于临政，勇于敛财，不郊不庙不朝者三十年，与外廷隔绝，惟倚阉人四出聚敛，矿使税使，毒遍天下。庸人柄政，百官多旷其职；边患日亟，初无以为意者。是为醉梦之期。至四十六年，清太祖公然起兵，入占辽、沈，明始感觉，而征兵征饷，骚动天下，民穷财尽，铤而走险，内外交乘，明事不可为矣。是为决裂之期。

第一节　冲幼之期

隆庆六年五月庚戌，二十六日。穆宗崩。是日传遗诏，以冯保为司礼监。初保提督东厂，兼掌御马监事。时司礼掌印缺，保以次当得之，而阁臣高拱独荐陈洪，及洪罢，复荐孟冲，保以是怨拱。是时司礼之缺犹悬于阁臣之推荐与否，隆庆时阉权已较重于嘉靖间，然用否系于首辅之一言，相权固重于阉权也。自张居正欲倾拱而假阉为用，由此阉更鸱张。保以怨拱之故，乃与次辅居正深相结。初拱与居正相友善，并先后入阁。拱方修故辅徐阶郄，嗾言路追论不已，阶诸子多坐罪。居正从容为拱言，拱稍心动，而拱客构居正纳阶子三万金，拱以诮居正，居正色变，指天誓，词甚苦，拱谢不审，两人交遂离。会帝不豫，居正欲引保以为内助。帝疾再作，居正处分十余事，使小吏投保，拱知而迹之，吏已入，拱恚甚，面诘居正曰："密封谓何？天下事不以属我曹而属之内竖，何也？"居正面发赤，干笑而已。帝崩于卯刻，忽巳刻斥司礼监孟冲而以保代之。礼科给事中陆树德言："先帝甫崩，忽有此诏，果先帝意，何不传示数日前，乃在弥留后？果陛下意，则哀痛方深，万几未御，何暇念中官？"疏入不报。

六月甲子，初十日。太子翊钧即位，以明年为万历元年。诏祀建文朝尽节诸臣于乡，有苗裔恤录。又建表忠祠于南京，祀徐辉祖、方孝孺等。庚午，十六日。高拱罢。冯保既掌司礼监，又督东厂，总理内外，势益张。帝登极时，保升立御座旁不下，举朝大骇。拱以主上幼冲，中官专政，条奏请绌司礼权，还之内阁。又命给事中雒遵、程文合疏攻保，而己从中拟旨逐之。使人报张居正，居正阳诺之，而私以语保，保诉于太后，谓拱擅权蔑视幼君，太后颔之。至是，召群臣入，宣两宫及上诏。拱意必逐保也，亟趋入，比宣诏，则数拱罪而逐之。拱伏地不能起，居正掖之出，僦骡车出宣武门。居正乃与高仪请留拱，弗许；请得乘传，许之。拱既去，于是居正遂为首辅。七月，尊皇后为仁圣皇太后，贵妃李氏为慈圣皇太后。旧制：天子立，尊皇后为皇太后，若有生母称太后，则加徽号以别之。是时冯保媚帝生母，风居正以并尊，居正不能违。慈圣移居乾清宫，抚视帝，内任保，而大柄悉委居正。万历元年正月，妖人王大臣之狱起。大臣者，浙中佣奴，以浮荡入都，与宫中小竖交昵，窃其牌帽巾服入乾清宫，为守者所执，诏下东厂究问，冯保欲缘此陷故辅高拱，令家人辛儒饮食之，纳刃其袖中，俾言拱怨望，与陈洪谋大逆，遂发缇骑驰械高氏奴，围拱里第。居正亦请诘主使，举朝汹汹，谓且逮拱。吏部尚书杨博、左都御史葛守礼诣居正力解，居正愤曰："二公意我甘心高公邪？"奋入内，取厂中揭帖投博曰："是何与我？"揭帖有居正篡改四字，曰"历历有据"。守礼识居正手迹，密纳诸袖，居正觉曰："彼法理不谙，我为易数字耳。"守礼曰："回天非相公不能。"居正奏缓其狱。博阴嘱锦衣怵大臣吐实，又以拱仆杂稠人中，令大臣识别，茫然莫辨也。会上命守礼偕锦衣都督朱希孝会决，加刑，大臣疾呼曰："许我富贵，乃榜掠我邪？且我何处识高阁老？冯家仆教我。"希孝不敢鞫而罢。保惧，以生漆酒瘖大臣，移送法司，坐斩。拱获免。由是举朝多恶保，而不肖多因之以进。

高拱扼徐阶，居正倾高拱，三人皆良相，而恩怨权势之间相轧如此。惟徐阶之倾严嵩，则为世所美。而居正得志以后，则明于治国而昧于治身，其受报亦至酷，遂为万历初期政局之纲领。

元年二月，从居正请，御经筵。一日讲毕，上问："建文果出亡否？"居正曰："国史不载，但故老相传，披锱云游，题诗于田州，有'流落江湖四十秋'句。"上太息，命录诗进。居正因曰："此亡国事，不足观，请录皇陵碑及高祖御制集以上，见创业之艰，圣谟之盛。"先是，隆庆六年，帝登极后，居正于是冬进《帝鉴图说》，大要言前史所载兴亡治乱之迹，如出一辙，大抵以敬天法祖，听言纳谏，节用爱人，亲贤臣，远小人，忧勤惕厉，无不治者；反之则乱。因属讲官马自强稽古尧舜以来有天下之君，撮其善可为法者八十一事，恶可为戒者三十六事，每事前绘一图，取唐太宗以古为鉴之意名之。帝命图册留览，宣付史馆。至万历元年三月，进讲《帝鉴图说》时，至汉文帝劳军细柳事，因奏曰："古人言：'天下虽安，忘战必危。'今承平日久，武备废弛，文吏钳制弁员，不啻奴隶。夫平日既不能养其锋锐之气，临敌何以责其折冲之勇？嗣后将帅忠勇可任者，宜假以事权，俾得展布，庶几临敌号令严整，士卒用命。"于是乃诏内外官各举将才。

> 隆、万间军事颇振作，高拱、张居正皆善驭将。居正虽倾拱，初不改其所拔之材，若张学颜之受知于拱，《史》有明文，读之，想见宰相留意人才之美。《学颜传》："俺答封顺义王，察罕土门汗语其下曰：'俺答，奴也，而封王，吾顾弗如！'挟三卫窥辽，欲以求王。而海、建诸部日强，皆建国称汗。海西、建州两种女真，时海西强者为王台，建州强者为王杲。其云建国称汗，当是当时事实，然则建州国汗之称盖不始自清太祖矣。大将王治道、郎得功战死，辽人大恐。隆庆五年二月，辽抚李秋免。大学士高拱欲用学颜。或疑之，拱曰：'张生卓荦倜傥，人未之识也，置诸盘错，利器当见。'侍郎魏学曾后至，拱迎问曰：'辽抚谁可者？'学曾思良久，曰：'张学颜可。'拱喜曰：'得之矣。'遂以其名上。时为荆州道兵备副使。进右佥都御史，巡抚辽东。"学颜在隆庆时兴复辽镇，御破土蛮，入万历年，与李成梁筑六堡，斥地数百里，诛建州王杲，居正以倚任成大功。综万历初，居正当国之日，荐方逢时总督宣大军务，申明封贡约信，边境以安。其所用刘显、戚继光、凌云翼、李成梁、张佳允，皆一时敢战之将，应变之才尽在物色，而又发纵指示，明瞩万里，《史》称："居正当国，究心于军谋边琐，书疏往复，洞瞩机要，委任责成，使得展布，是以各尽其材，事克有济。"语见谭纶、王崇古、方逢时、吴兑、郑洛、张学颜、张佳允、殷正茂、凌云翼传赞。

张居正以一身成万历初政，其相业为明一代所仅有，而功罪之不相掩亦为政局反覆之由。读《居正传》可以尽万历初期之政，特详录之。其逐高拱而代为首辅，事已见前。为首辅之后，具见一时相业，即万历初之所以强盛也。

“帝虚己委居正，其实帝方幼冲，由太后主政。居正亦慨然以天下为己任，中外想望风采。居正劝帝遵守祖宗旧制，不必纷更，至讲学亲贤，爱民节用，皆急务，帝称善。大计廷臣，斥诸不职及附丽拱者。复具诏，召群臣廷饬之，百僚皆惕息。两宫既并尊，慈圣徙乾清宫，抚视帝，大柄悉委居正。居正为政，以尊主权、课吏职、信赏罚、一号令为主，虽万里外，朝下而夕奉行。黔国公沐朝弼数犯法当逮，朝议难之，居正擢用其子，驰使缚之，不敢动，既至，请贷其死，锢之南京。漕河通，居正以岁赋逾春发，水横溢，非决则涸，乃采漕臣议，督艘卒以孟冬月兑运，及岁初毕发，少罹水患，行之久，太仓粟可支十年。互市饶马，乃减太仆种马，而令民以价纳，太仆金亦积四百余万。又为考成法，以责吏治。初部院覆奏，行抚按勘者，尝稽不报，居正令以大小缓急为限，误者抵罪，自是一切不敢饰非，政体为肃。南京小奄醉辱给事中，言者请究治，居正谪其尤激者赵参鲁于外以悦保，而徐说保裁抑其党，毋与六部事。其奉使者，时令缇骑阴词之，其党以是怨居正，而心不附保。”“居正喜建竖，能以智数驭下，人多乐为之尽。俺答款塞，久不为害，独小王子部众十余万，东北直辽左，以不获通互市，数入寇。居正用李成梁镇辽。戚继光镇蓟门，成梁力战却敌，功多至封伯，而继光守备甚设，居正皆右之，边境晏然。两广督抚殷正茂、凌云翼等亦数破贼有功。浙江兵民再作乱，用张佳允往抚即定。故世称居正知人。然持法严，核驿递，省冗官，清庠序，多所澄汰，公卿群吏不得乘传，与商旅无别；郎署以缺少，需次者辄不得补；大邑士子额隘，艰于进取，亦多怨之者。时承平久，群盗蝟起，至入城市，劫府库，有司恒讳之，居正严其禁，匿弗举者，虽循吏必黜。得盗即斩决，有司莫敢饰情。盗边海钱米盈数，例皆斩，然往往长系或瘐死，居正独亟斩之，而追捕其家属，盗贼为衰止。而奉行不便者，相率为怨言，居正不恤也。”“帝渐备六宫，太仓银钱多所宣进，居正乃因户部进御览数目陈之，谓：‘每岁入额不敌所出，请帝置坐隅，时省览，量入为出，罢节浮费。’疏上留中。帝复令工部铸钱给用，居正以利不胜费止之。言官请停苏、松织造，不听，居正为面请，得损大半。复请停修武英殿工及裁外戚迁官恩数，帝多曲从之。帝御文华殿，居正侍讲读毕，以给事中所上灾伤疏闻，因请振，复言：‘上爱民如子，而在外诸司营私背公，剥民罔上，宜痛钳以法，而皇上加意撙节于宫中，一切用度服御，赏赉布施，裁省禁止。’帝首肯之。有所蠲贷，居正以江南贵豪怙势，及诸奸猾吏民善逋赋，选大吏精悍者严行督责，赋以时输，国藏日益充，而豪猾率怨居正”。“帝初即位，冯保朝夕视起居，拥护提抱有力，小扞格即以闻慈圣，慈圣训帝严，每切责之，且曰：‘使张先生闻，奈何？’于是帝甚惮居正。及帝渐长，心厌之。乾清小珰孙海、客用等导上游戏，皆爱幸。慈圣使保捕海、用，杖而逐之。居正复条其党罪恶，请斥逐，而令司礼及诸内侍自陈上裁去留，因劝帝戒游宴以重起居，专精神以广圣嗣，节赏赉以省浮费，却珍玩以端好尚，亲万几以明庶政，勤讲学以资治理。帝迫于太后，不得已，皆报可，而心颇嗛保、居正矣。帝初政，居正尝纂古治乱事百余条，绘图，以俗语解之，使帝易晓。至是，复属儒臣纪太祖列圣《宝训》《实录》，分类成书，凡四十：曰创业艰难，曰励精图治，曰勤学，曰敬天，曰法祖，曰保民，曰谨祭祀，曰崇孝敬，曰端好尚，曰慎起居，曰戒游佚，曰正宫闱，曰教储贰，曰睦宗藩，曰亲贤臣，曰去奸邪，曰纳谏，曰理财，曰守法，曰儆戒，曰务实，曰正纪纲，曰审官，曰久任，曰重守令，曰驭近习，曰待外戚，曰重农桑，曰兴教化，曰明赏罚，曰信诏令，曰谨名分，曰裁贡献，曰慎赏赉，曰敦节俭，曰慎刑狱，曰褒功德，曰屏异端，曰饬武备，曰御戎狄。其辞多警切，请以经筵之暇进讲。又请立起居注，纪帝言动与朝内外事，日用翰林官四员入直应制诗文及备顾问，帝皆优诏报许。”

《居正传》中叙其相业如此。而传文与居正之怙权得祸相杂，当明末议论，于居正之有功国家，非士大夫切己之事，省记而持公议者较少，惟升沉进退之际，挟旧怨以图报复者为数较多。故纪万历初事，可功可罪。以史传论，《明史稿》早成，其《居正传》即多挟诋毁成见。如戚继光之治兵，居正之任将，古今岂可多得？而当时继光之倚居正，自不得不加密，因而有馈遗以为好，亦出恒情。继光，名将，散财养士，士之依继光者极盛，其不能以避嫌而独远首相，与居正之不能法古名贤操守，居相位而不以纤芥累人以自累，此皆以圣贤望人，求全责备之意。史本传于张、戚之间，削去讥谤之语，已见公道之久而益明。当作《史稿》时，犹多采当时毁张之说。其叙边功云：“俺答款塞，久不为害，独小王子部众十余万，东北直辽左，以不获通互市，数入寇，然其人少弱，非久即退。而总兵李成梁悍勇善战，数拒却之，又数掩杀泰宁、福余诸属国以为功。居正张大其捷，帝数褒美，加恩辅臣，成梁至封伯。两广督抚殷正茂、凌云翼辈亦以破贼功，爵赏亚辽左。戚继光镇蓟门，多挟南兵从，北人嫉之，继光惧，因兵部尚书谭纶购美姬进居正，他所摹画亦多得居正指，以是畀之事权，诸督抚大臣，唯继光所择，欲不利继光者即为徙去之。而成梁、正茂等亦皆媚居正。然数人故善用兵，功多，帝谓居正运筹力，而世亦称居正知人。”此段文笔甚佳，褒贬互用，其实所褒皆成贬矣，文士笔锋，古云可畏。试取《稿》与《正史》两相比对，可以了然。

居正综核名实，不避嫌怨，于其为国而不顾身家，只应尊敬，不当与怙权而得怨之说混而为一。兹分别言之。

居正以御史在外往往凌抚臣，痛欲折之，一事不合，诟责随下。

又敕其长加考察。给事中余懋学请行宽大之政，居正以为风己，削其职。御史傅应桢继言之尤切，下诏狱杖戍。给事中徐贞明等群拥入狱视，具橐饘，亦逮谪外。御史刘台按辽东，误奏捷，居正方引故事绳督之，台抗章论居正专恣不法，居正怒甚，帝为下台诏狱，命杖百远戍，居正阳具疏救之，仅夺其职，已卒戍台。由是诸给事御史益畏居正，而心不平。当是时，太后以帝冲年，尊礼居正甚至，同列吕调阳莫敢异同，及吏部左侍郎张四维入，恂恂若属吏，不敢以僚自处。慈圣将还慈宁宫，谕居正，谓："我不能视皇帝朝夕，恐不若前者之向学勤政，有累先帝付托。先生有师保之责，与诸臣异，其为我朝夕纳诲，以辅台德，用终先帝凭几之谊。"因赐坐蟒白金彩币。未几丁父忧，帝遣司礼中官慰问，视粥药，止哭，络释道路，三宫赙赠甚厚。户部侍郎李幼孜欲媚居正，倡夺情议，居正惑之，冯保亦固留居正。诸翰林王锡爵、张位、赵志皋、吴中行、赵用贤、习孔教、沈懋学辈皆以为不可，弗听。吏部尚书张瀚以持慰留旨，被逐去。御史曾士楚、给事中陈三谟等遂交章请留。中行、用贤及员外郎艾穆、主事沈思孝、进士邹元标互继争之，皆坐廷杖谪斥有差。时彗星从东南方起，长亘天，人情汹汹，指目居正，至悬谤书通衢。帝诏谕群臣："再及者诛无赦。"谤乃已。于是使居正子编修嗣修与司礼太监魏朝驰传往，代司丧，礼部主事曹诰治祭，工部主事徐应聘治丧。居正请无造朝，以青衣素服角带入阁治政，侍经筵讲读，又请辞岁俸，帝许之。及帝举大婚礼，居正吉服从事，给事中李涞言其非礼，居正怒，出为佥事。时帝顾居正益重，常赐居正札，称"元辅张少师先生"，待以师礼。居正乞归葬父，帝使尚宝少卿郑钦、锦衣指挥史继书护归，期三月，葬毕即上道。仍命抚按诸臣先期驰赐玺书敦谕。范"帝赉忠良"银印以赐之，如杨士奇、张孚敬例，得密封言事。戒次辅吕调阳等，有大事毋得专决，驰驿之江陵，听张先生处分。居正请广内阁员，诏即令居正推，居正因推礼部尚书马自强、吏部右侍郎申时行入阁。自强素迕居正，不自意得之，颇德居正。而时行与四维皆自昵于居正，居正乃安意去。帝及两宫赐赉慰谕有加礼，遣司礼太监张宏供张，饯郊外，百僚班送。所过地，有司饬厨传，治道路。辽东奏大捷，帝复归功居正，使使驰谕，俾定爵赏，居正为条列以闻。调阳益内惭，坚卧，累疏乞休不出。居正言："母老不能冒炎暑，请俟清凉上道。"于是内阁、两都部院、寺卿、给事、御史俱上章，请趣居正还朝。帝遣锦衣指挥翟汝敬驰传往迎，计日以俟，而令中官护太夫人以秋日由水道行。居正所过，守臣率长跪，抚按大吏越界迎送，身为前驱。道经襄阳，襄王出候，要居正宴。故事：虽公侯谒王，执臣礼，居正具宾主而出。过南阳，唐王亦如之。抵郊外，诏遣司礼太监何进宴劳，两宫又各遣大珰李琦、李用宣谕，赐八宝金钉川扇，御膳饼果醪醴。百僚复班迎。入朝，帝慰劳恳笃，予假十日而后入阁，仍赐白金彩币宝钞羊酒，因引见两宫。及秋，魏朝奉居正母行，仪从煊赫，观者如堵。比至，帝与两宫复赐赉加等，慰谕居正母子，几用家人礼。居正自夺情后，益偏恣，其所黜陟，多由爱憎，左右用事之人多通贿赂。冯保客徐爵擢用至锦衣卫指挥同知，署南镇抚。居正三子皆登上第，苍头游七入赀为官，勋戚文武之臣多与往还，通姻好，七具衣冠报谒，列于士大夫，世以此益恶之。无何居正病，帝频颁敕谕问疾，大出金帛为医药资，四阅月不愈，百官并斋醮为祈祷，南都、秦、晋、楚、豫诸大吏无不建醮。帝令四维等理阁中细务，大事即家令居正平章。居正始自力，后惫甚不能遍阅，然尚不使四维等参之。及病革乞归，上复优诏慰留，称"太师张太岳先生"。居正度不起，荐前礼部尚书潘晟及尚书梁梦龙、侍郎余有丁、许国、陈经邦，已复荐尚书徐学谟、曾省吾、张学颜、侍郎王篆等可大用。帝为粘御屏。晟，冯保所受书者也，强居正荐之，时居正已昏甚不能自主矣。及卒，帝为辍朝，谕祭九坛，视国公兼师傅者。居正先以六载满，加特进，中极殿大学士；以九载满，加赐坐蟒衣，进左柱国，荫一子尚宝丞；以大婚加岁禄百石，录子锦衣千户为指挥佥事；以十二载满，加太傅；以辽东大捷，进太师，益岁禄二百石，子由指挥佥事进同知；至是赠上柱国，谥文忠，命四品京卿、锦衣堂上官、司礼太监护丧归葬。于是四维始为政，而与居正所荐引王篆、曾省吾等交恶。初帝所幸中官张诚见恶冯保，斥于外，帝使密诇保及居正。至是诚复入，悉以两人交结恣横状闻，且谓其宝藏逾天府。帝心动，左右亦浸言保过恶，而四维门人御史李植极论徐爵与保挟诈通奸诸罪。帝执保禁中，逮爵诏狱，谪保奉御居南京，尽籍其家，金银珠宝钜万计。帝疑居正多畜，心益艳之。言官劾篆、省吾，并劾居正，篆、省吾俱得罪，新进者益务攻居正，诏夺上柱国太师，再夺谥，居正诸所引用者，斥削殆尽。召还中行、用贤等，迁官有差。刘台赠官还其产。御史羊可立复追论居正罪，指居正构辽庶人宪㸅狱，庶人妃因上疏辨冤，且曰："庶人金宝万计，悉入居正。"帝命司礼张诚及侍郎邱橓偕锦衣指挥、给事中籍居正家。

神宗天性好货，嗣此遂以聚敛造成亡国之衅。当时构居正及冯保之罪，惟言其多藏为最动帝听，此即知其失人君之度矣。宪㸅事在隆庆三年，时尚以在嘉靖中奉道被宠，赐真人号，有淫虐僭拟诸罪状，宪㸅树白纛曰讼冤之纛，副使施笃臣遂以建纛为王反，居正亦憾宪㸅，主笃臣说以重宪㸅罪，遂锢之高墙，后虽讼冤，辽国亦未复也。

诚等将至荆州，守令先期录人口，锢其门，子女多遁避空室中，比门启，饿死者十余辈。诚等尽发其诸子兄弟藏，得黄金万两，白金十余万两。其长子礼部主事敬修，不胜刑，自诬服寄三十万金于省吾、篆及傅作舟等，寻自缢死。事闻，时行等与六卿大臣合疏请少缓之，刑部尚书潘季驯疏尤激楚，诏留空宅一所，田十顷，赡其母。而御史丁此吕复追论科场事，谓高启愚以舜、禹命题启愚典南畿乡试，以“舜亦以命禹”命题。为居正策禅受。尚书杨巍等与相驳，此吕出外，启愚削籍。《明史稿》本传有云：“士大夫初谀以伊命五臣，其后拟之舜、禹，居正不为怪。则竟以舜、禹命题为罪状。后言者复攻居正不已，诏尽削居正官秩，夺前所赐玺书、四代诰命，以罪状示天下，谓：“当剖棺戮尸，而姑免之。”其弟都指挥居易、子编修嗣修俱发戍烟瘴地。终万历世，无敢白居正者。天、崇间国事日棘，任事无人，乃追思居正，累复官荫赠谥。至敬修孙同敞死节于南明，与瞿式耜同烈，第五子允修亦死张献忠之难。

综万历初之政皆出于居正之手，最犯清议者乃夺情一事，不恤与言路为仇，而高不知危，满不知溢，所谓明于治国而昧于治身，此之谓也。居正之卒在万历十年，明年追夺官阶，又明年籍其家，子孙惨死狼藉。其时代明之清室，清太祖已于万历十一年弄兵于塞外，蚕食坐大，遂移国祚。经过三十余年，中朝始竟不知有此事，后渐闻其强而羁縻之。至万历四十余年稍稍传说，已立国僭号，亦不以为意，直至入犯辽、沈，然后举国震惊。庙堂若有留心边事如居正其人，何至愦愦若此？故居正没而遂入醉梦期间矣。

第二节　醉梦之期

居正既没，言官攻击不已，吴中行、赵用贤等以论夺情被杖，清议予之。至是号召群言，适中帝之积忌，而谤伤太过，适成顺旨希荣之捷径。阁臣许国愤而求去，疏言：“昔之专恣在权贵，今乃在下僚；昔颠倒是非在小人，今乃在君子。意气感激，偶成一二事，遂自负不世之节，号召浮薄喜事之人，党同伐异，罔上行私，其风渐不可长。”

自是言官与政府日相水火。

十四年二月，册郑氏为皇贵妃。妃有殊宠，先于十年八月，王恭妃生皇子常洛，至是郑妃生常洵，进封贵妃，而王妃不益封，中外谓帝将废长而立爱矣。给事中姜应麟请立元嗣为东宫，帝怒，谪应麟广昌典史。吏部员外郎沈璟请立储，谪行人司司正。大学士申时行率同列再请建储，不听。时以旱霾求直言，郎官刘复初、李懋桧等显侵贵妃。时行请帝下诏，令诸曹建言止及所司职掌，听其长择而献之，不得专达。帝甚悦之。于是言者蜂起，皆指斥宫闱，攻击执政，帝概置不问，门户之祸大起。

> 万历间言官封奏，抗直之声满天下。实则不达御前，矫激以取名者，于执政列卿诋毁无所不至，而并不得祸，徒腾布于听闻之间，使被论者愧愤求去，而无真是非可言，此醉梦之局所由成也。申时行当国，承张居正后，逆揣帝意，为此以济其怠荒，养成止有朋党而无政府之状，政事军事，一切不可为，其端实启于此，庸主济以庸臣，所以合而酿亡国之祸也。但亦间有因言事而受处分者，无非好逸恶劳，好奢恶俭，好聚敛恶用财而致然耳。

是年十月，礼部主事卢洪春上言："陛下连日以疾免朝，享庙遣官恭代。若真疾耶？则当以宗社为重，毋务为逸预以基祸；若非疾也，则当以诏旨为重，毋务为矫饰以起疑。"疏入，帝大怒，传谕内阁数百言，极明谨疾遣官之故，责洪春悖妄，命拟旨治罪，阁臣拟夺官，不从，廷杖六十斥为民，给事御史先后申救，夺俸有差。

十六年十二月，杖给事中李沂于廷，斥为民。中官张鲸掌东厂，横肆无惮，御史何出光劾鲸专擅威福，并及其党锦衣都督刘守有、序班邢尚智，尚智论死，守有除名，鲸被切让，而任职如故。御史马象乾复劾鲸，诋执政甚力，帝下象乾诏狱。申时行等力救，且封还御批，不报。许国、王锡爵复各申救，乃寝前命，而鲸竟不罪。外议谓鲸以金宝献帝获免。沂拜官甫一月，上疏曰："陛下往年罪冯保，近日逐宋坤，鲸恶百保而万坤，奈何独濡忍不去？若谓其侍奉多年，则坏法亦多年；谓痛加省改，犹足供事，则未闻可驯虎狼使守门户也。流传鲸广献金宝，多方请乞，陛下犹豫未忍断决。中外臣民，初未肯信，以为陛下富有四海，岂爱金宝？威如雷霆，岂徇请乞？及见明旨，许鲸策励供事，外议藉藉，遂谓为真，亏损圣德，夫岂浅鲜？且鲸奸谋既遂，而国家之祸将从此始，臣所大惧也。"是日，给事中唐尧钦亦具疏谏，帝独手沂疏震怒，谓："沂欲为冯保、张居正报仇。"立下诏狱严鞫。时行乞宥，不从。谳上，诏廷杖六十斥为民。御批至内阁，时行等欲留御批，中使不可，持去。帝特遣司礼张诚出监杖。时行等上疏，俱诣会极门候进止，帝言沂置贪吏不问，而独谓朕贪，谤诬君父，罪不可宥。太常卿李尚智、给事中薛三才等抗章论救，俱不报。国、锡爵以言不见用，引罪乞归，锡爵言："廷杖非正刑，祖宗虽间一行之，亦未有诏狱廷杖并加于一人者。故事：惟盗贼大逆，则有打问之旨，今岂可加之言官？"帝优诏慰锡爵，卒不听其言。初冯保获罪，实鲸为之，故帝云然。

帝以好货流闻，至谓受阉人金宝而不能问其罪，言官直见之章疏，尚复成何君道？观后来帝之举措，惟利是图，此流言固有征也。

十七年正月己酉朔日食，免元旦朝贺。嗣后每元旦皆不视朝。三月，免升授官面谢，自是临御遂简。四月，召王家屏复入阁，家屏于十二年十二月入阁，十四年九月丁忧去。抵任三月未得见。家屏以为言，帝遣中官慰家屏，奖以忠爱。家屏疏谢，请帝视朝。居数日，帝为一御门延见，自是益深居不出。是年冬，大理评事雒于仁疏上酒色财气四箴，直攻帝失，疏言："臣备官岁余，仅朝见陛下者三；此外惟闻圣体违和，一切传免，郊祀庙享，遣官代行，政事不亲，讲筵久辍。臣知陛下之疾所以致此者有由也。臣闻嗜酒则腐肠，恋色则伐性，贪财财丧志，尚气则戕生。陛下八珍在御，觞酌是耽，卜昼不足，继以长夜，此其病在嗜酒也。宠十俊以启幸门，于仁本传，十俊，盖十小阉也。溺郑妃靡言不听，忠谋摈斥，储位久虚，此其病在恋色也。传索帑金，括取币帛，甚且掠问宦官，有献则已，无则谴怒，李沂之疮痍未平，而张鲸之赀贿复入，此其病在贪财也。今日榜宫女，明日杖中官，罪状未明，立毙杖下；又宿怨藏怒于直臣，如范儁、姜应麟、孙如法辈，皆一绌不申，赐环无日，此其病在尚气也。四者之病，胶绕身心，岂药石所可治？陛下溺此四者，不曰操生杀之权，人畏之而不敢言；则曰居邃密之地，人莫知而不能言。不知鼓钟于宫，声闻于外，幽独之中，指视所集。且保禄全躯之士，可以威权惧之；若怀忠守义者，即鼎锯何避焉？臣今敢以四箴献。若陛下肯用臣言，即立诛臣身，臣虽死犹生也，惟陛下垂察。"疏入，帝震怒，会岁暮，留其疏十日，十八年元旦，召见阁臣申时行等于毓德宫，手于仁疏授之，帝自辨甚悉，将置之重典。时行等委曲慰解，见帝意不可回，乃曰："此疏不可发外，恐外人信以为真。愿陛下曲赐优容，臣等即传谕寺卿，令于仁去位可也。"帝乃颔之。居数日，于仁引疾，遂斥为民。自此章奏留中，遂成故事。二月，罢日讲。帝每遇讲期，多传免，申时行请免讲日仍进讲章，以备观览。自后讲筵遂永罢。三十一年三月，大学士沈一贯请发群臣章疏言："各衙门本章例应三日即下，自有留中之事，有奏而不发票者，有票上而不发行者，政务壅滞，且藉手作奸。"不报。

由雒于仁疏可见帝之昏惰。申时行遇事迁就，以成其过。留中之例开，言路无所施其匡救，于是庙堂争议，与君国不生效力，惟在臣僚间自为恩怨，朋党分歧，言论庞杂，任事者无所措手。其始公卿仰台谏之鼻息，其后清室日强，边氛日棘，而封疆之将帅亦颠踬于党论之交轰，其习惯皆此时所酿成也。时行、锡爵诸人，及身不见覆败，坐享太平宰相之荣，此皆祖宗所贻之泽。而万历一朝之遗殃，则虽有贤子孙且不易振刷，况重以至愚极不肖来承其后，犹必数十年而后亡，则明初之纲纪，毁坏亦正不易也。当时政局，莫善于宋纁之论，《明史·宋纁传》："石星代纁为户部，事在万历十八年三月。语纁曰：'某郡有羡馀可济国用。'纁曰：'朝廷钱谷，宁积久不用，勿使搜括无余，主上知物力充羡，则侈心生矣。'星怃然。有郎言漕粮宜改折。纁曰：'宁红朽，不可匮绌，一旦不继，何所措手？'中外陈奏，帝多不省，或直言指斥，辄曰：'此沽名耳。'不罪。于慎行称帝宽大，纁愀然曰：'言官极论得失，要使人主动心，纵罪及言官，上意犹有所儆省，概置勿问，则如痿痹不可疗矣。'后果如其言。"

帝既不视朝，不御讲筵，不亲郊庙，不批答章疏，中外缺官亦不补。二十四年七月，吏部尚书孙丕扬言："数月以来，廷推搁矣，行取停矣，年例废矣。诸臣中或以功高优叙。或以资深量迁，或服阕而除补，或覆题而注授，其生平素履原不在摈弃之列者，乞体因政设官之意，念国步多事之时，将近日推补官员章疏简发，间有注拟未当，亦乞明示别推酌补。"疏入不报。是时外官亦多缺不补，御史王以时奏言："地方缺官之害，藩司、臬司等官，职掌各有攸司，每遇员缺，则抚按必择近便者一人使之摄理，职钱谷而摄军屯，职兵戎而摄盐马，夙昔未能娴习，旦夕岂能旁通？颠末未暇究心，晷刻难于判发。聪明少有未遍，宁免乖违；才力稍有不同，辄形愆谬。舞文者乘此弄其机械，玩法者藉以恣其侵渔。文移之往来，狱讼之听断，近者数十里，远者数百里，又远者千有余里，道路奔走，岁月牵缠，费用不支，劳苦勿恤。或鬻卖其妻子，而事尚未完；或转死于沟洫，而冤莫可诉。

司道缺官，废事病民，其为害既如此。至于郡县守令，最为亲民，民之倚命于守令，不啻赤子于其乳母，使郡县而可缺官，则是赤子而可断乳也；使守令而可使常署摄，则是赤子而可终岁寄养也。盖专官如柙匮之典守，故任劳怨而不辞；摄职若传舍之经过，谁肯竭心力以从事？乞行推补。”亦不报。

万历间官缺不补之事，略类叙之，则如三十年十二月，大学士沈一贯奏御史巡差缺员。时天下御史巡行诸差务凡十有三处，至是缺其九。一贯等奏请遣御史分往受事，庶监察有所责成，而纲纪可振。不报。明年正月，复营乾清、坤宁两宫，二十四年三月两宫灾。辅臣入视工程，乃得见帝，因亟言巡漕巡仓二差，及河南、陕西巡抚缺应补授差遣。三月，吏部奏天下郡守缺员。不报。时郡守缺者几十之五。是时两北六卿正贰亦多缺不补。三十二年三月，阁臣请补司道郡守及遣巡方御史。不报。沈一贯拟各御史敕以上。不省。四月，一贯等上疏催补科道，行取考选吴道行等四员，熊鸣夏等三员，散馆题授王元翰等八员。不报。三十四年二月，大学士沈鲤、朱赓请补六部大僚，言：“臣昨同文武百官齐赴文华门候驾，见二品班内，止户部尚书赵世卿一员，其余尚书、左右侍郎，员缺甚多，官联废阙，一至于此，政务丛脞，谁为修明？理乱所关，良非细故。乞于前后会推人数内，亟赐点用，以慰中外之望。”不省。四十五年二月，大学士方从哲、吴道南言：“今早入朝，有百余人，群聚长安门外，环跪号诉，询为镇抚司监犯家属，言：‘本司理刑缺官，无人问断，监禁日久，死亡相继。’是有罪者不得速正厥法，无辜者不得早雪其冤。乞即简补问官，以便审录。”不省。

官缺不补，而求去官者亦无得请之路。三十五年正月，给事中翁宪祥言：“抚按官解任宜俟命，不宜听其自去。”不报。据《宪祥本传》："江西巡抚许弘纲以父忧径归，广西巡抚杨芳亦以忧乞免代。宪祥极言非制，弘纲贬官，芳亦被责。"据《传》以证《纪》之言不报，亦非终不报，不候代者斯时尚有处分也。三十七年《本纪》书："九月癸卯，左都御史詹沂封印自去。"三十九年又书："十月丁卯，户部尚书赵世卿拜疏自去。"四十年又书："二月癸未，吏部尚书孙丕扬拜疏自去。九月庚戌，大学士李廷机拜疏自去。"四十一年又书："七月甲子，兵部尚书掌都察院事孙玮拜疏自去。九月庚辰，吏部尚书赵焕拜疏自去。"四十二年又书："八月甲午，礼部右侍郎孙慎行拜疏自去。"然则其先犹以巡抚不俟代而贬，与乞免代而被责，其继则阁部大臣相率拜疏自去矣。未去之先，章必数十上而不报，遂以拜疏自去了之。

帝既置朝事不问矣，谓即朝无一事乎？则又非也。行政之事可无，敛财之事则无奇不有。帝之敛钱，皆用内监，而帝实非溺内监者。明史·宦官·陈矩传："自冯保、张诚、张鲸相继获罪，其党有所惩不敢大肆。帝亦恶其党盛，有缺多不补，迨晚年，用事者寥寥，东厂狱中至生青草。帝常膳，旧以司礼轮供，后司礼无人，乾清管事牌子常云独办，以故侦卒稀简，中外相安。惟四方采榷者，帝实纵之，故贪残肆虐，民心愤怨，寻致祸乱。"观此知神宗之于内官，其员缺不补，亦与外廷之臣无异。外廷阙官为失政，内官缺额则为美德矣。而帝则用采榷之监，毒遍天下。此则惟知好货，其内外缺官实为惜俸给，其采榷必遣内监，利其非士大夫，不知法纪，而可以尽搜括之能事。帝王之奇贪，从古无若帝者。

采榷之祸，详于宦者《陈增》《梁永》两传，兹略举之。《陈增传》：矿税遣官，自二十四年始。其后言矿者争走阙下，帝即命中官与其人偕往，天下在在有之。其最横者增及陈奉、高淮。是为矿监。《梁永传》：二十七年二月，命往陕西征收名马货物税。嗣有杨荣，皆为穷凶极恶，通都大邑，无不遍设。是为税监。又有两淮盐监，广东珠监，或专遣，或兼摄，大珰小监，纵横绎骚，吸髓饮血，以供进奉，人公帑不及什一，而天下生灵涂炭。撮举其最可骇异者言之：增在山东，劾福山知县韦国贤，即逮问削职。益都知县吴宗尧几死诏狱。兼征山东店税，与临清税监马堂相争，帝为和解，使堂税临清，增税东昌。增益肆，其党内阁中书程守训、中军官仝治等自江南北至浙江，称奉密旨搜金宝，募人告密，诬大商巨室藏违禁物，所破灭什伯家，杀人莫敢问。巡抚刘曰梧以状闻，盐务少监鲁保亦奏守训阻塞盐课。俱弗省。三十三年增死，肆恶山东已十年。陈奉以二十七年命征荆州店税，兼采兴国州矿洞丹砂，及钱厂鼓铸事。奉兼领数使，每托巡历，鞭笞官吏，剽劫行旅，商民恨刺骨。伺奉自武昌抵荆州，聚数千人噪于涂，竞掷瓦石击之，奉走免，遂诬襄阳、黄州、荆州、荆门州数州府官煽乱，帝立为逮谪有差。兴国州奸人漆有光，讦居民徐鼎等掘唐相李林甫妻杨氏墓，得黄金巨万，腾骧卫百户仇世亨奏之，帝命奉括进内库，奉因毒拷责偿，且悉发境内诸墓。巡按御使王立贤言："所掘墓乃元吕文德妻，非林甫妻。奸人讦奏，语多不雠，请罢不治，而停他处开掘。"不报。二十八年十二月，武昌民变，南京吏部主事吴中明奏言："奉吓诈官民，僭称千岁，其党直入民家，奸淫妇女，或掠入税监署中。王生之女、沈生之妻，皆被逼辱。士民公愤，万余人甘与同死。抚按三司护之数日，仅而得全，巡抚支可大曲为蒙蔽。"大学士沈一贯亦言："陈奉入楚，始而武昌，继之汉口、黄州、襄阳、宝庆、德安、湘潭等处，变经十起，几成大乱，立乞撤回。"帝皆置不问。奉复开谷城矿不获，胁其库金，为县民所逐。佥事冯应京劾奉，降应京杂职。奉又开枣阳矿，知县王之翰以显陵近，执不可。奉劾之翰及襄阳通判邸宅、推官何栋如，缇骑逮讯，并追逮应京。应京有惠政，民号哭送之。奉列应京罪状于通衢，民切齿复聚围奉署，奉逃匿楚王府，众投奉党耿文登等十六人于江，以巡抚可大护奉，焚其辕门。事闻，内阁及言官请撤奉。不报。而内监李道方督理湖口船税，亦奏："奉水沮商舟，陆截贩贾，征三解一，病国剥民。"帝始召奉归。奉去，挟金宝财物钜万计，可大惧为民所掠，多与徒卫，导之出疆。以一贯请，始革可大职。而言官陈维春、郭如星极言奉罪，帝不怿，降二人杂职。三十二年，始释应京归，之翰卒瘐死。马堂者，天津税监兼辖临清，始至，诸亡命从者数百人，白昼手锒铛夺人产，抗者以违禁罪之，僮告主者畀以十之三，中人之家，破者大半，远近罢市。民万余人纵火焚堂署，毙其党三十七人，皆黥臂诸偷也。事闻，诏捕首恶，株连甚众。有王朝佐者素仗义，慨然出曰："首难者我。"临刑神色不变。知府李士登恤其母妻，民立祠以祀。廷臣自大学士而下，谏者不下百余疏，悉寝不报。诸监有所纠劾，朝上夕下，辄加重谴，而以高淮及梁永为尤甚。淮采矿征税辽东，所委官激民变，淮诬系诸生数十人，巡按杨宏科疏救，不报。参随杨永恩婪贿事发，奉旨会勘，卒不问。又恶总兵马林不为己下，劾罢之。给事中侯先春疏救，遂戍林而谪先春杂职。巡按何尔健与淮互讦奏，淮遣人邀于路，锢其奏事人于狱，匿疏不以闻。三十一年夏，淮率家丁三百余，张飞虎帜，金鼓震天，声言入内谒帝，潜住广渠门外。吏部尚书李戴、刑部尚书萧大亨皆劾淮擅离信地，挟兵潜住京师，数百年未有之事。御史给事中连疏劾淮。皆不报。巡抚赵楫劾淮罪恶万端，且无故打死指挥张汝立。亦不报。淮因上疏自称"镇守关务"。兵部奏其妄，帝护淮，谬曰："朕固命之。"淮益募死士时时出塞射猎，发黄票龙旗，走朝鲜索冠珠貂马，数与边将争功，山海关内外咸被其毒。时清太祖日强，逼近辽东，淮为民驱除，大有力于清之发展。又以短抑参价为清口实。三十六年四月，前屯卫军以淮夺饷，甲而噪，誓食淮肉。六月锦州、松山军复变，淮惧，内奔，诬同知王邦才、参将李孟阳孟阳《实录》作获阳。《华钰传》亦作获阳。逐杀钦使，劫夺御用钱粮。二人皆逮问。边民益哗。总督蹇达再疏暴淮罪。乃召归，仍以通湾税监张晔兼领其事。孟阳竟死狱中，邦才至四十一年乃释。

梁永为陕西税监，本不典兵，而畜马五百匹，招致亡命，用千户乐纲出入边塞。富平知县王正志发其奸，并劾矿监赵钦。诏逮正志，瘐死诏狱中。渭南知县徐斗牛，廉吏也，永责赂，箠死县吏卒，斗牛愤恨自缢死。巡抚贾待问奏之，帝使永会勘，永反劾西安同知宋贤，并劾待问有私，请皆勘。帝从之，而宥待问。永又请兼镇守职衔，又请率兵巡花马池、庆阳诸盐池，征其课。缘是帅诸亡命，具旌盖鼓吹，巡行陕地，尽发历代陵寝，搜摸金玉，旁行劫掠，所至邑令皆逃，杖死县丞郑思颜、指挥刘应聘、诸生李洪远等，纵乐纲等肆为淫掠，私宫良家子数十人，税额外增耗数倍。复用奸人胡奉言，索咸阳冰片五十斤，羊毛一万斤，麝香二十斤。知县宋时际怒勿予。咸宁人道行遇盗，迹之，税使役也，知县满朝荐捕得之。永诬时际、朝荐劫税银。帝命逮时际，而以朝荐到官未久，镌秩一级。巡抚顾其志尽发其奸，言秦民万众共图杀永。大学士沈鲤、朱赓请械永归以安众心，帝悉不报，而亦释时际、朝荐。御史余懋衡方按陕西，永惧，使纲酖懋衡几死。讼于朝，言官攻永者数十疏，永部下诸亡命乃稍稍散。其渠魁王九功、石君章等赍重宝，辎軿盈路，诈为上供物，持剑戟弓弩，结阵以行。而永所遣解马匹者已乘邮传先发，九功等疾驰，欲追及与同出关。朝荐疑其盗，九功等后至又无验，逻兵与格斗，杀数人尽夺其装，御史懋衡以捕盗杀伤闻。永惧，使系书发中，入都讼朝荐劫上供物，杀数人投尸河中。帝震怒，曰："御史酖无恙，而朝荐代为报复。"立遣使逮朝荐，时三十五年七月也。既至下诏狱榜掠，遂长系。中外自大学士以下论救百十疏，最后四十一年秋万寿节，用大学士叶向高请，乃与王邦才、卞孔时并释归。而先一年三十四年，杨荣为云南人所杀。初，荣妄奏阿瓦猛密诸番愿内属，其地有宝井可岁益数十万，愿赐敕领其事。帝许之。既而荣所进不得什一，乃诬知府熊铎侵匿，下法司。又请诏丽江土知府木增献地听开采。巡按御史宋兴祖言："太祖令木氏世守兹土，限石门以绝西域，守铁桥以断土蕃，奈何自撤藩蔽，生远人心？"不报。荣愈怙宠，诬劾各府州官下狱提问累累，百姓恨入骨，燔税厂，杀委官张安民。荣恣行威虐，杖毙数千人，至是搒掠指挥使樊高明绝其筋，枷以示众。又以求马不获，系指挥贺瑞凤，且言将尽捕六卫官。于是指挥贺世勋等率冤民万人，焚荣第杀之，投火中，并杀其党二百余人。事闻，帝为不食者数日。欲逮问守土官，沈鲤揭争，且密属太监陈矩剖示，乃止诛世勋等。当是时，帝所遣中官，无不播虐逞凶者，史传所详，不能尽载也。

帝以溺郑贵妃故，矿税诸监率结郑氏，以妃为内主。既生常洵，外廷疑妃有立己子谋，众臣争言立储事，姜应麟等疏谓被谪，李太后闻之弗善。一日帝入侍，太后问故，帝曰："彼都人子也。"太后怒曰："尔亦都人子。"帝惶恐伏地不敢起。内廷呼宫人为都人，太后亦由宫人进，故云。皇长子由是不敢轻动。而请立储之疏累数千百，皆指斥宫闱，攻击执政，谓不能力定国本。帝以太后前语，概置不问。由是门户之祸大起。二十年，礼科都给事中李献可偕六科诸臣疏请预教，言："元子年十一矣，豫教之典，当首春举行。"帝大怒，摘疏中误字，责以违旨侮君，贬官夺俸有差。科道诸臣各具疏救，俱谴责。给事中孟养浩语尤切，略言："一字之误，本属无心，遽蒙显斥，臣愚以为有五不可：元子天下本，豫教之请，为宗社计，不惟不听，且从而罚之，是坐忍元子失学而敝帚宗社也。不可者一。长幼定序，明旨森严，天下臣民，既晓然谅陛下之无他矣，上年廷臣争请建储，得旨于二十年春举行。至九月，工部主事张有德预以仪注请，帝又怒夺其俸。阁臣申时行在告，许国、王家屏虑事有变，引前旨争，首列时行名。时行闻帝怒，密疏言实不与知。言官力诋时行，时行遂乞罢。国与家屏又请立储，遂罢国。然预教册立，本非两事，今日既迟回于预教，安知来岁不游移于册立，是重启天下之疑。不可者二。父子之恩，根于天性，预教有益元子，陛下罪之，非所以示慈爱。不可者三。古者引裾魏文时辛毗事。折槛汉成时朱云事。之事，中主能容之。陛下量侔天地，言及宗社大计，反震怒而摧折之。天下万世，谓陛下何如主？不可者四。献可等所论，实天下臣民之公言，加罪献可，是所罪者一人，而实失天下人之心。不可者五。”帝愈怒，谓养浩欺君惑众，命锦衣卫杖之百，削籍为民。是时斥谏官十一人，朝士莫不骇叹。未几，大学士王家屏亦以救李献可罢。

神宗以有所私于郑贵妃，遂以请豫教元子为罪，以致元子长而失学。

二十一年正月，帝手诏王锡爵，欲待嫡子，令元子与两弟且并封为王。锡爵奉诏拟旨，举朝大哗，事得寝，而锡爵名大损。二十二年二月，皇长子始出阁讲学。二十八年十月，给事中王德完复以请立储廷杖除名。至二十九年，皇长子年二十，册立冠婚并行，临时复令改期。阁臣封还谕旨力争，以十月己卯立皇长子常洛为皇太子。而封郑贵妃子常洵为福王，婚费邸第，十倍常制。嗣是福王不之国，而夺嫡之疑时起。三十一年，有妖书之狱。

先是刑部侍郎吕坤撰《闺范图说》，太监陈矩购入禁中，帝赐郑贵妃，妃重刻之。二十六年秋，或撰《闺范图说跋》，名曰《忧危竑议》。其文托朱东吉为问答，东吉者，东朝也，以吕坤曾有忧危一疏，因借以讽。言坤书首载明德马后，由宫人进位中宫，意以重妃。而妃之刊刻，实藉为夺嫡地。妃兄国泰，以给事中戴士衡尝纠坤，全椒知县樊玉衡并纠贵妃，疑出二人手，言于帝。帝重谪二人，事遂寝。至三十一年冬十一月，复出《续忧危竑议》，朱赓于寓门外获之，其词假郑福成为问答，谓郑氏子福王当成也。略言帝立东宫，出于不得已，他日必当更易。其用朱赓为内阁者，赓更同音，寓更易之意。词极诡妄，时谓妖书。帝敕有司大索奸人，沈一贯与郭正域、沈鲤相嫌，欲因是陷之，遂兴大狱。东厂又捕获妖人皦生光。其他告讦纷起，锒铛旁午，都城人人自危。一贯与其党欲自所获诸人引正域以及鲤，卒不能得。而太子亦有言，谓："何为欲杀我好讲官？"正域为太子出阁时讲官。诸人惧，乃归狱皦生光，磔之。

嗣是又十年，福王仍不之国，洛阳邸第以二十八万造成。廷臣请王之国者数十百奏，不报。四十一年春，复交章请，叶向高、孙慎行争尤力。帝始以明春为期，已复传旨庄田非四万顷不可。向高因言："《会典》载亲王禄米万石，养赡名目已是添设。各直省田土，大郡方有四万顷，少者止一二万。祖宗以来。封国不少，使亲王各割一大郡，天下田土已尽，非但百姓无田，朝廷亦无田矣。况圣子神孙源源未已乎？列圣遵守家法，岂无爱子？祖制不敢逾越，必如是而后万世可常行耳。福王所陈，不过引景府潞府事例，潞府就封时废府田地尚多，未尝括及民间。今田地已尽，而租银之入已过潞府，何更求多？至景府久不之国，皇考在裕邸常怀危疑，其后皇祖断然遣之，人心始安。景府屡请楚地，几至激变，当时皆讥皇祖过宠，非以爱之。景王封四年而薨，无子国除。亦前事之鉴也。"

景恭王载圳，世宗第四子。潞简王翊镠，穆宗第四子，即帝同母弟。初居京邸，王店王庄遍畿内，比之藩，悉以还官，遂以内臣司之，皇店皇庄，自此益侈。嘉靖以后，天子与民争利，皆亡国之象。《潞王传》："明初亲王岁禄外，量给草场牧地，间有以废壤河滩请者，多不及千顷。部臣得执奏，不尽从也。景王就藩时，楚地旷，多闲田，诏悉予之。景藩除，潞得景故籍田，多至四万顷。部臣无以难。至福王之国，版籍更定，民力益绌，尺寸皆夺之民间，海内骚然。论者推原事始，颇以翊镠为口实。”凡此即叶向高之所云也。祖宗时之闲田，本留以赡军，实亦无所谓闲，但不直接夺之民耳。闲田既尽，乃复夺民，益思明祖创制之宏大，子孙日失其本意，犹久而后不支。国之兴亡，要以民之有无生计为断，此万世所可鉴也。

向高等又言："福王庄田必足四万顷，则之国无日。王疏以祖制为言，臣不知所引祖制何指，惟景府以宠爱逾分致坏祖制，奈何尤而效之？今河南、山东抚按官搜括已尽，恐奸徒以投献为名，挟仇报怨，中州、齐、楚间，稍有土地者不安其生，天下从此多事矣。"又言："东宫辍讲八年，且不奉天颜者久；而福王一日两见，以故不能无疑。"会锦衣百户王曰乾与人相告讦，入皇城放炮上疏，讦郑贵妃内侍姜严山等用厌胜术，诅皇太后、皇太子，欲拥立福王。帝震怒。向高请别治奸人罪，而速定福王之国期。帝纳其言。贵妃又请留福王庆太后寿，太后曰："吾潞王亦可来祝寿乎？"妃乃不敢言。四十二年二月，福王之国，历年税使矿使所进珍羡，悉以资之，押运刘孝，自虞城至洛阳，到处挟索，横逞杀人，抚按以闻，悉置不问。庄田则群臣请减，帝谕以王意奏辞，减半给二万顷，中州腴土不足，以山东、湖广田益之。王复乞故大学士张居正所没产，及江都至太平沿江荻洲杂税，并四川盐井榷茶银以自益。伴读承奉等官，假履亩为名，乘传出河南北、齐、楚间，所至骚动。山东、河南、湖广抚按臣各疏言："王府赐地，照《会典》应令地方官每亩征银三分，王府遣人关领，不便自行勘丈管业。"并言中使诸人不法状。俱不报。后湖广田不足，又减一千顷，实给一万九千顷。王又请淮盐千三百引，设店洛阳，与民市。中使至淮扬支盐，乾没要求辄数倍。中州旧食河东盐，以改食淮扬盐故，非王肆所出不得鬻，河东引遏不行，边饷由此绌。叶向高言以藩国之尊，下侵商贾之事，差官支取，滋夹带之奸；定价贸易，无两平之理。由是河东亏课，豫民食贵，公私交困，廷臣先后请停丈田、开市二事。俱不报。

《福王传》:“帝深居久，群臣章奏率不省，独福藩使通籍中左门，一日数请，朝上夕报可。四方奸人亡命，探风旨走利如鹜，如是者终万历之世。常洵日闭阁饮醇酒，所好惟妇女倡乐。秦中流贼起，河南大旱蝗，人相食。民间籍籍谓先帝耗天下以肥王，洛阳富于大内，援兵过洛者，喧言:‘王府金钱百万，而令吾辈枵腹死贼手。’南京兵部尚书吕维祺方家居，闻之惧，以利害告，常洵不为意。”《李自成传》:“十四年崇祯正月，攻河南，有营卒勾贼，城遂陷，常洵遇害。自成兵汋王血，杂鹿醢尝之，名福禄酒。”多藏厚亡，蕴利生孽，此之谓也。

福王既之国而太子较定矣，未几又有梃击之案，是为明代后三案之。后三案之反覆，为邪正朋争报复惨杀之枢纽，明于是以亡。事历天、崇两朝，延及南渡以后，而在万历间，则先有此一案，亦郑贵妃所启夺嫡之嫌疑也。太子居慈庆宫，四十三年五月，有不知姓名男子持枣木梃入宫门，击伤守内内侍李鉴，至殿前檐下被执。皇太子奏闻，帝命法司案问，巡视皇城御史刘廷元鞫奏:“犯民张差，蓟州井儿峪人。按其迹若涉风疯癫，稽其貌实系黠猾。请下法司严讯。”时东宫虽久定，帝待之薄，中外方疑贵妃与兄国泰谋危太子。及差被执，举朝惊骇。廷元既以风癫奏，刑部郎中胡士相等复讯，一如廷元指。按律当斩，加等立决。奏定未上，提牢主事王之寀私诘差，言由内侍引导，得口词甚悉。之寀备揭其语，因侍郎张问达以闻。疏入未下，廷臣连章趣之，而郎中陆大受疏有“奸戚”字，帝恶之，与之寀疏俱不报。御史过庭训言:“祸生肘腋，宜即翦除。”大学士方从哲、吴道南斥之案言谬，请详审。于是庭训遂移文蓟州踪迹之，知州戚延龄具言致癫始末，符原勘，遂以风癫为定案。越数日，问达以员外郎陆梦龙言，令十三司会鞫，众咸嗫嚅，梦龙独详讯之，谓系庞保、刘成主使。刑部乃行蓟州道，提差所供马三道等，差供详《王之寀》《陆梦龙》两传。疏请法司提庞保、刘成对质。保、成皆贵妃内侍，中外藉藉，语侵郑国泰。国泰惧，出揭自白。给事中何士晋直攻国泰，且侵贵妃。疏入，上大怒，然不能无心动，盖其初王曰乾上变言巫蛊事，辞连刘成，至是复涉成也。乃谕贵妃善为计。妃窘，乞哀皇太子，自明无他。帝令太子白之廷臣，太子亦以事连贵妃，大惧，请帝速具狱，毋株连。帝乃于慈宁宫召大学士方从哲、吴道南及文武诸臣入见，因执太子手，谓诸臣曰："此儿极孝，朕极爱，使朕有别意，何不早更置？外臣何意，辄以浮言间朕父子耶？"因命内侍引三皇孙至石级上，令诸臣熟视曰："朕诸孙俱已长成，更何说？"顾问太子："有何语？与诸臣悉言无隐。"太子具言："疯癫之人，宜速决。"并责诸臣，言："我父子何等亲爱，而外廷议论纷如，尔等为无君之臣，使我为不孝之子。"帝复谓诸臣曰："尔等听皇太子语否？"申谕再三，诸臣始叩首出，帝不见群臣已二十五年矣。帝寻谕三法司："张差以疯癫奸徒闯入东宫，持梃伤人，罪在不赦。"因命决差于市。内官庞保、刘成，帝以涉郑氏，付外廷议益滋，潜毙之于内，言皆以创重身死。马三道等五人，命予轻比，坐流配。时帝意在调护贵妃太子，念事似有迹，故于诸言者亦不遽罪。未几，何士晋调外，王之寀削籍，陆大受夺官，而陆梦龙以张问达力，独免。

四十四年正月，清太祖建元天命，称建州国汗，自承为金后，亦称后金，而明廷未深知也，愦愦如故。是年八月，太子复出阁讲学。辍讲已十二年，群臣谏疏凡数百上，始命举行，中外大悦，然一讲而辍，后不复更举矣。

第三节　决裂之期

万历四十六年，清兵克抚顺，明人记载谓之东事起。清太祖名努尔哈赤，自万历十一年其祖及父为李成梁焚戮之后，起而诉其以忠获祸。盖太祖父祖实为明向导，以破建州酋阿台而致骈死也。明稍假借之，遂以所得之敕命，渐渐自立，以力吞并诸部，混一建州，旁及海西。李成梁始而狎之，继而畏之，且欲倚以消弭边衅。时犹称建州，亦颇自昵于明，取其尊官厚赏以自肥殖，兼并行之塞外。中朝不能顾内事，遑问边计？贡市频繁，犹以顺服视之。至抚顺陷而显然内犯，且有七大恨誓师之文。今于清与明之接触，本讲义中不求其详，别详《清史讲义》焉。

辽东三面受敌，无岁不用兵，自高淮为税使，朘削十余年，军民益困，而先后巡抚皆庸才，玩愒苟岁月，帝又置万几不理，边臣呼吁，漠然不闻，边事大坏。四十六年春，朝廷之上，方昏卧未觉祸至。二月，吏部尚书郑继之以累疏乞休不允，稽首阙下，出郊待命。帝闻，命驰传归。兵部尚书崔景荣又封印出城。御史王象恒言："十三道御史在班行者止八人，六科给事中止五人，而册封典试诸差，及巡方报满，告病求代者踵至，当亟议变通之法。"方从哲亦言："考选诸臣守候六载，艰苦备尝，乞特允部推，令受命供职。"皆不报。至四月甲辰，十五日。建州兵陷抚顺，《明史》作"大清兵克抚顺。"至《明纪》等书竟作"我太祖高皇帝起兵克抚顺。"在清代文义如此。若论史实，则其时建州未自名为清，并无满洲之名。游击李永芳叛降，千总王命印死之。巡抚李维翰趣总兵官张承荫赴援，承阴急帅副将颇廷相、参将蒲世芳、游击梁汝贵等诸营并发。庚戌，二十一日。次抚顺，甫交锋，建州兵蹴之，大溃。承荫、世芳皆战死，廷相、汝贵已溃围出，见失主将，亦陷阵死，将士死者万人，生还者十无一二，抚安、三岔儿、白家冲三堡继失。事闻，诏逮维翰，中外戒严，羽书日数十至，帝颇忧惧，章奏时下，不数月泄泄如故。

闰月庚申，初二日。杨镐为兵部左侍郎兼右佥都御史，经略辽东，周永春代李维翰，李如柏代张承荫，刘綎、柴国柱、官秉忠并佥书都督府事。杜松驰援辽阳，马林以故官从征。辽东兵事兴，骤增饷三百万。李汝华累请发内帑，不得，时内帑充积，帝靳不肯发，汝华乃借支南京部帑，括天下库藏余积，征宿逋，裁工食，开事例。会周永春请益兵加赋，八月，汝华再请发各省税银。不报。汝华乃议："天下田赋，自贵州外，亩增银三厘五毫，可得饷二百万有奇。"从之。九月辛亥，加天下田赋。是为万历间永加之第一次。是年兵事，七月丙午，二十五日。建州兵又克清河堡，副将邹储贤、参将张旆俱死，部将二十人，兵民万余歼焉。诏赐杨镐尚方剑，得斩总兵以下官，镐乃斩逃将陈大道、高炫，徇军中，征兵四方图大举。自九月以后，灾异迭见，御史熊化劾方从哲乞用灾异策免。从哲方独相，至是求罢，坚卧四十余日，阁中虚无人，慰留再三，仍视事。于是以师久饷绌，从哲及兵部尚书黄嘉善发红旗日趣杨镐进兵。四十七年正月，镐定议分四路出兵，号四十七万，以马林由开原出三岔口合北关军北关即海西女真之叶赫部。时海西已由各卫并成四部之后，而为清太祖灭其三，止余北关，即太祖高皇后之母家，太祖非兼并不可，故为明廷效用。为北路，杜松出抚顺为西路，李如柏出鸦鹘关趋清河时清河已失。清河即本溪地，建州在抚顺之东，本溪之东北。为南路，刘綎出宽甸合朝鲜军为东南路，师期为三月二日。镐无方略，中枢非但不知敌情，并不自知其所命之将，军事期会分布，先期尽泄。刘綎、杜松较勇锐，直入建州境，建州设伏以待，全军尽没；马林亦败，仅以身免；李如柏与建州有私交，自其父成梁以来，常扶助清太祖，又以李宁远成梁封宁远伯家世，为杨镐所倚赖而昵之，故独不出军救应，而称镐以令箭撤回；北关军亦未出；朝鲜军亦为建州所掳，从此不敢尽忠于明；文武将吏前后死者三百一十余人，军士四万五千八百余人，亡失马驼甲仗无算。败书闻，京师大震。言官连疏劾李如柏，如柏自杀，而朝廷又用如柏弟如桢代镇，杨镐罪亦不问，马林谪充为事官，仍守开原。林恃兀良哈酋宰赛暖图等许助兵，不设备。六月丁卯，十六日。建州又破开原，林及城守诸将副参游以下尽死。癸酉，二十二日。用熊廷弼代杨镐经略辽东，帝怠事婪财如故。甲戌，二十三日。廷臣伏文华门，请发章奏及增兵发饷，又候旨思善门。皆不报。

李如桢至辽，杨镐使守铁岭。李氏故铁岭人，乃预令其族迁避，留一空城。又以镐令还沈阳，而令参将丁碧等防守。七月丙午，二十五日。建州兵临铁岭城，如桢拥兵不救，游击哈成名等俱阵没，城又失，沈阳及诸城堡军民一时尽窜，辽阳汹汹。熊廷弼之起用，朝廷倚望甚厚，廷弼受命于开原已陷之日，上言："辽左京师肩背，河东辽河东辽镇腹心，开原又河东根本，欲保辽东，开原必不可弃。虏未破开原时，北关、朝鲜，犹足为虏腹背患，今已破开原，北关不敢不服；遣一介使朝鲜，不敢不从。虏既无腹背忧，必合东西之势以交攻，然则辽、沈何可守也？乞速遣将士，备刍粮，修器械，毋窘臣用，毋缓臣期，毋中格以沮臣气，毋旁挠以掣臣肘，毋独遗臣以艰危，以致误臣误辽兼误国也。"疏入，悉报允，且赐尚方剑以重其权。廷弼甫出山海关，闻铁岭陷，兼程进，遇逃者，谕令归，斩逃将刘遇节、王捷、王文鼎以祭死节士，诛贪将陈伦，劾如桢十不堪，罢之，以李怀信代；督军士造战车，治火器，濬濠缮城，为守御计。八月癸亥，十三日。逮杨镐下锦衣狱，论死。

辽左饷绝，廷臣数请发帑。不报。会广东进金花银，户部主事鹿善继言于尚书李汝华曰："与其请不发之帑，何如留来进之金。"汝华然之。帝怒，夺善继俸一年，趣补进，善继持不可，以死争，乃夺汝华俸一月，降善继一级调外。汝华惧，卒补银进。九月戊子，吏部尚书赵焕帅廷臣伏文华门，固请帝临朝议政。方从哲叩首仁德门，跪俟谕旨。抵暮，帝遣中官谕之退，从哲复请帝出御文华殿，召见群臣，面商战守方略。焕《疏》云："他日蓟门蹂躏，敌人叩阍，陛下能高枕深宫称疾谢却之乎？"帝终不报。自铁岭陷后，宰赛始以兵来战，为建州所擒，建州移兵攻北关，灭之。明所恃为"以夷制夷"之计者于是尽矣。

熊廷弼令严法行，守备大固，乃上方略："请集兵十八万，分布叆阳、清河、抚顺、柴河、三岔儿、镇江诸要口，首尾相应，小警自为堵御，大敌互为应援，更挑精悍者为游徼，乘间掠零骑，扰耕牧，更番迭出，使敌疲于奔命，然后相机进剿。"从之。初廷弼抵辽，令佥事韩原善往抚沈阳，惮不肯行，继命佥事阎鸣泰，至虎皮驿，痛哭而返。廷弼乃躬自巡历，自虎皮驿抵沈阳，复乘雪夜赴抚顺，总兵官贺世贤以近敌沮之，廷弼曰："冰雪满地，敌不料吾来。"鼓吹入，时兵燹后，数百里无人迹，廷弼祭诸死事者而哭之，遂耀兵奉集，相度形势而还。所至招流移，缮守具，由是人心复固。会帝从方从哲言，遣姚宗文阅视辽东军马，遂以意气相失，回京与言路数人相结倾廷弼。

是年十二月，再加天下田赋，亩三厘五毫，是为万历间二次加派。内库之积如山，帝不肯稍出，而责贡输不已。明年四十八年三月，再议增赋，复亩增二厘，三岁三增，遂为岁额。御史张铨疏言："军兴以来，所司创议加赋，亩增银三厘五毫，未几至七厘，又未几至九厘。譬之一身，辽东肩背，天下腹心也，肩背有患，犹藉腹心之血脉滋灌，若腹心先溃，危亡可立待。竭天下以救辽，辽未必安，而天下已危。今宜联人心以固根本，岂可朘削无已，驱之使乱？且陛下内廷积金如山，以有用之物置无用之地，与瓦砾粪土何异，乃发帑则叫阍不应，加派则朝奏夕可，臣殊不得其解。"不省。

四十八年五月，建州兵略地花岭，六月，略王大人屯，失亡将士四五百人，诸将贺世贤等亦有斩获，是为姚宗文等倾熊廷弼之口实。帝自四月癸丑皇后王氏崩，亦有疾，七月甲午大渐，召大臣入见宏德殿。丙申，二十一日。帝崩。诸臣出遗诏，有云："比缘多病，静摄有年，郊庙弗亲，朝讲稀御，封章多滞，寮寀半空，加以矿税烦兴，征调四出，民生日蹙，边衅渐开，夙夜思惟，不胜追悔。方图改辙，与天下更新，而遘疾弥留，殆不可起，盖愆补过，允赖后人。皇太子常洛可嗣皇帝位。"又云："内阁辅臣，亟为简任。阁臣只方从哲一人，已逾三年。卿贰大僚，尽行推补。两咨考选，并散馆科道官俱令授职。建言废弃及矿税诖误诸臣，酌量起用。一切榷税并新增织造烧造，悉停止。各衙门见监人犯，俱起送法司查审，应释者释放。东师缺饷，多发内帑以助军需，阵亡将士速加恤录。"次日丁酉，皇太子即遵遗诏发帑金百万犒边，尽罢天下矿税，起建言得罪诸臣，下前后考选之命。后二日己亥，再发帑金百万充边赏。

第四节　光宗一月之附赘

万历四十八年八月丙午朔，皇太子常洛即位，改明年为泰昌元年。丙寅，二十一日。帝不豫。戊辰，二十三日。召对英国公张惟贤、大学士方从哲等十有三人于乾清宫，命皇长子出见。甲戌二十九日。是月小建，即月尽日。大渐，复召从哲等受顾命。是日，鸿胪寺官李可灼进红丸。九月乙亥朔，崩于乾清宫。熹宗即位，从廷臣议，改万历四十八年八月后为泰昌元年。

光宗之在位也，于朝事无所补裨，而惑于女宠，促其大命。为当时党局造成红丸、移宫两案，作反覆祸国之资。红丸即李可灼所进，帝服而崩。移宫案者，光宗崩后，选侍李氏占居乾清宫，由杨涟、左光斗建议，督促辅臣，力请选侍移居哕鸾宫者也。光宗为太子时，太子妃郭氏，先薨于万历四十一年，熹宗为皇长孙，其生母王才人亦早薨。太子宫中有二李选侍，号东、西李，西李最有宠，尝抚视皇长孙。初郑贵妃侍神宗疾，留居乾清宫。及光宗嗣位犹未移，惧帝以福王事衔己，进珠玉及美姬八人啖帝，知帝宠李选侍，因请立为皇后，选侍亦为贵妃求封皇太后。乙卯，八月初十。帝不豫，召医官诊视。丁巳，十二日。帝力疾御门，以神宗遗命，趣举封后礼。方从哲即以命礼部，礼部侍郎孙如游疏言："以配而后者，乃敌体之经；以妃而后者，则从子之义。皇贵妃事先帝有年，不闻倡议于生前，而顾遣诏于逝后，岂先帝弥留之际遂不及致详耶？且王贵妃诞育陛下，岂非先帝所留意者，乃恩典尚尔有待，而欲令不属毛离里者得母其子，恐九原亦不无怨恫也。昭先帝之失言，非所以为孝，《中庸》称'达孝'为'善继''善述'。义可行则以遵命为孝；义不可行则以遵礼为孝。臣不敢奉命。"议乃寝。己未，十四日。内侍崔文昇进泄药，一昼夜三四十起，都人纷言为贵妃所使，帝由是委顿。群情疑骇，外家王、郭二戚畹遍诣朝士，泣朔宫禁危急状，言郑、李交固甚，包藏祸心。于是给事中杨涟、御史左光斗昌言于朝，与吏部尚书周嘉谟以大义责贵妃兄子郑养性趣贵妃移宫。贵妃恐，即移居慈宁。养性亦请封还皇贵妃封后成命，从之。涟遂劾文昇用药无状，刑部主事孙朝肃、徐仪世、御史郑宗周上书方从哲，责以用药乖方，请调护圣躬，速建储贰。从哲候安，因言用药宜慎。帝褒答之。戊辰，召对大臣，杨涟亦与召，皇长子侍立，帝命群臣前，连谕之曰："朕见卿等甚慰。"因谕册封李选侍为皇贵妃。选侍挽皇长子入，复推之出，告旨欲封后。群臣愕然，旋叩首退。甲戌大渐，再召对诸臣，涟亦与，涟自以小臣预顾命，感激矢报。是日，仍谕册立皇贵妃，因顾皇太子谕曰："卿等辅佐为尧、舜。"又语及寿宫，辅臣以皇考山陵对，上曰："是朕寿宫"，诸臣言圣寿无疆，何遽及此？上问："有鸿胪寺官进药者安在？"先是有鸿胪寺丞李可灼来阁门，言："有仙丹欲具本进。"时辅臣方揭请慎药，已谕之去。而可灼夙从诸御医往来思善门，与中使熟，因以上闻，从哲等弗能禁，因奏言："寺丞李可灼自云仙方，臣等未敢轻信。"帝即命中使宣可灼至诊视，具言病源及治法。帝喜命进药。诸臣出，乃令可灼与御医及诸臣商榷，未决，辅臣刘一燝言其乡两人同服，一益一损，非万全药；礼臣孙如游言此大关系，未可轻投。时复有旨趣进，诸臣复入，可灼调药进，帝饮汤辄喘，药进乃受，所谓红丸者也，帝称"忠臣"者再，日晡复进一丸出，夜昧爽帝崩。中外藉藉，以误下劫剂为疑，而从哲拟旨赏银五十两，御史王安舜首争之，言："先帝之脉雄壮浮大，此三焦火动，宜清不宜助，红铅乃阴中之阳，纯火之精，投于虚火燥热之症，不速之逝乎？以中外危疑之日，而敢以无方无制之药驾言金丹，轻亦当治以'庸医杀人'之条，而蒙殿下颁以赏格，是不过借此一举塞外廷议论也。"疏入，乃改票罚俸一年，而议者蜂起矣。时选侍据乾清宫，与心腹阉魏进忠谋挟皇太子自重。群臣入临，为群阉所格，杨涟厉声责之，得入临如礼。刘一燝诘皇长子所在，群阉不应。一燝大言："谁敢匿新天子者？"东宫伴读王安入白选侍，绐曰："第出即返。"逐挟皇长子趋出，及门，中官数辈追及，揽衣请还，涟呵退之，一燝与英国公张惟贤遂掖皇长子升辇，至文华殿，群臣叩头呼万岁，还居慈庆宫，太子宫。择日登极。时选侍图专大权，欲与皇长子同居，诸大臣虑皇长子无嫡母生母，势孤甚，亦欲托之选侍，杨涟曰："天子岂可托妇人？选侍昨于先帝召对廷臣时，强皇长子入，复推之出，是岂可托幼主者？"先是皇长子还居慈庆宫，而选侍仍居乾清宫，于是周嘉谟等合疏请选侍移居哕鸾宫。为宫妃养老之处。左光斗上言："内廷之有乾清宫，犹外廷之有皇极殿，惟皇上御天得居之，惟皇后配天得共居之，其余嫔妃，虽以次进御，遇有大故，即当移置别殿，非但避嫌，亦以别尊卑也。大行皇上宾天，选侍既非嫡母，又非生母，俨然居正宫，而殿下乃居慈庆，不得守几筵，行大礼，名分倒置，臣窃惑之。殿下春秋十六龄矣，内辅以忠直老成，外辅以公孤卿贰，何虑乏人，尚须乳哺而襁负之哉？倘及今不早断，借抚养之名，行专制之实，武后之祸将见于今。”选侍大怒，召光斗将严谴。光斗曰：“我天子法官也，非天子召不赴，若辈何为者？”选侍益怒，使内竖召皇长子，遇杨涟于麟趾门，涟曰：“殿下在东宫为皇太子，今则为皇帝，选侍安得召？他日即不奈选侍何，若曹置身何地？”怒目视之，其人退。是日，初四。请移宫疏得皇长子俞旨。次日，选侍尚在乾清，闻欲缓其移宫之期，杨涟及诸大臣集慈庆宫门外，涟语方从哲趣之，从哲曰：“迟亦无害。”涟曰：“昨以皇长子就太子宫犹可，明日为天子，乃反居太子宫以避宫人乎？两宫圣母如在，夫死亦当从子，选侍何人？敢欺藐如此！”时中官往来如织，或言选侍亦顾命中人。涟斥之曰：“诸臣受顾命于先帝，先帝自欲先顾其子，何尝先顾其嬖媵？请选侍于九庙前质之，若曹岂食李家禄者？能杀我则已；否则今日不移，死不去。”一燝、嘉谟助之，词色俱厉，声彻御前。皇长子使宣谕，乃退，复抗疏言：“宫必不可不移，臣言之在今日，殿下行之在今日，诸大臣赞决之亦惟今日。”其日选侍遂移居哕鸾宫，皇长子复还乾清。是时宫府危疑，涟与一燝、嘉谟定大事，言官惟光斗助之，余悉听涟指，一时论者称杨、左。又明日庚辰，初六日。皇长子由校即皇帝位，时廷议改元，或议削泰昌弗纪，或议去万历四十八年，即以今年为泰昌，或议明年为泰昌，后年为天启元年。左光斗请以今年八月以前为万历，以后为泰昌，明年为天启。己丑十五日。下诏，如光斗议。

第六章　天崇两朝乱亡之炯鉴

熹宗，亡国之君也，而不遽亡，祖泽犹未尽也；思宗，自以为非亡国之君也，及其将亡，乃曰有君无臣。夫臣果安往？昔日风气未坏，正人君子，屠戮之而不能遽尽，故无君而犹有臣；至崇祯时，则经万历之败坏，天启之椓丧，不得挽回风气之君，士大夫无由露头角矣。思宗而在万历以前，非亡国之君也；在天启之后，则必亡而已矣。分述如下。

第一节　天启初门户之害

门户之祸，起自万历。人主心厌言官，一切不理；言官知讥切政府必不掇祸，而可耸外间之听，以示威于政府，政府亦无制裁言官之术，则视其声势最盛者而依倚之。于是言官各立门户以相角，门户中取得胜势，而政权即随之，此朋党所由炽也。在万历间不过把持朝局，排除异己而汲引同党，至边事既起，各立门户之言官，以封疆为逞志之具，将帅之功罪贤不肖悉淆混于党论，而任事者无所措手足矣。建州坐大，清太祖逐成王业，其乘机于明廷门户之争者固不小也。

泰昌元年十月丁未，初四日。罢辽东经略熊廷弼，以佥都御史袁应泰代之。廷弼有胆略知兵，善守边，然性刚好谩骂，物情不甚附。为御史时，与姚宗文、刘国缙同在言路，并以排东林攻异己为事。及廷弼经略辽东，二人意望廷弼，不如愿，逐相失，二人比而倾廷弼。本年八月，建州兵略蒲河，边民有亡失，诸将亦有斩获，盖与五六月间，花岭、王大人屯两役，皆守边遇强敌所不能免之事。宗文还朝，疏陈辽土日蹙，诋廷弼废群策，雄独智，军马不训练，将领不部署，人心不亲附，复鼓其同类攻击。于是御史顾慥首劾廷弼出关逾年，漫无定画，蒲河失守，匿不上闻，荷戈之士，徒供挑濬，尚方之剑，逞志作威。御史冯三元劾廷弼无谋者八，欺君者三。下廷议。廷弼愤甚，抗疏极辨，且求罢。而御史张修德、给事中魏应嘉复劾之。廷弼再疏自明，缴尚方剑，力求罢斥，朝议允廷弼去。是时应泰方代周永春巡抚辽东，逐擢经略。廷弼乃上疏求勘，言："辽师覆没，臣始驱羸卒数千，踉跄出关，至杏山而铁岭又失。廷臣咸谓辽必亡，而今且地方安堵，举朝帖席，此非不操练不部署者所能致也。若谓拥兵十万，不能搴旗决胜，诚臣之罪，然求此于今日，亦岂易言？令箭催而张帅殒命；马上催而三路丧师，臣何敢复蹈前轨？"三元、应嘉、修德等复连章极论，廷弼即请三人往勘，从之。御史吴应奇给事中杨涟等力言不可，乃改命兵科给事中朱童蒙往。廷弼复上疏曰："今庙堂议论，全不知兵，冬春之际，敌以冰霜稍缓，哄然言师老财匮，马上促战，及军败始愀然不敢复言；比臣收拾甫定，而愀然者又复哄然责战矣。自有辽难以来，用武臣，用文吏，何非台省所建白，何尝有一效？疆场事当听疆场吏自为之，何用拾帖括语徒乱人意，一不从辄怫然怒哉？"及童蒙还奏，备陈廷弼功状，末言："臣入辽时，士民垂泣而道，谓数十万生灵皆廷弼一人所留，其罪何可轻议？独是廷弼受知最深，蒲河之役，敌攻沈阳，策马趋救，何其壮也！及见官兵驽弱，遽尔乞骸以归，将置君恩何地？廷弼功在存辽，微劳虽有可纪；罪在负君，大义实无可逃，此则罪浮于功者矣。”疏入，朝廷方知廷弼足用，而时袁应泰已受代矣。

应泰历官，精敏强毅，用兵非其所长。既受事，刑白马祀神，誓以身委辽，疏言：“臣愿与辽相终始，更愿文武诸臣与臣相终始。”优诏褒答，赐尚方剑，戮贪将何光先，汰大将李光荣以下十余人，遂谋进取抚顺，议用兵十八万人，廷弼交代疏中，有方略之交代，以取抚顺为先务，用兵十八万，亦廷弼原议，应泰盖遵其说而不知运用也。大将十人，上陈方略。初廷弼持法严，部伍整肃，应泰以宽矫之，多所更易。而是时蒙古诸部大饥，多入塞乞食，应泰下令招降，归者日众，处之辽、沈二城，优其月廪，与民杂居，于是敌间充塞，无守备可言矣。将领参佐皆以为言，应泰不听。天启元年三月，建州入犯。应泰方议三路出师复清河、抚顺，未行而建州兵已薄沈阳。总兵贺世贤出城逆战，不利，退欲入城，降丁断吊桥以叛，世贤战死，总兵尤世功援世贤亦死，城外兵七万人皆溃，建州遂拔沈阳，围攻仅二日耳。建州兵又败来援之兵，大将以下死者甚众，乘胜攻辽阳，五日而至，应泰方撤奉集、威宁诸军，并力守御。第一日战城外而败，应泰宿营中不入城。次日再战又败，应泰入城，与巡按御史张铨等分陴固守，诸监司高出、牛维曜、胡嘉栋及督饷郎中傅国并逾城遁。又明日战又败，薄暮醮楼火，城陷，降人导民家启扉张炬以待。不及一旬，辽沈皆陷，应泰自缢死，张铨被执，不屈，死最烈。铨以前论辽事必用熊廷弼，并言加派之害，既按辽，力言纳降之非，皆不见听。文武死者甚众。辽东之三河等五十寨及河东大小七十余城皆望风降，距廷弼之罢未半年也。

辽东既陷，沿海辽民皆航海走山东，不能达者栖止各岛间。援辽都司毛文龙率师至皮岛。岛在登莱大海，谓之东江，地广衍，有险可恃。文龙乃招集逃民马兵，分布哨船，联接登州为掎角计，朝议是之，授文龙参将，是为东江之师。其能联络朝鲜以牵制建州者为时甚久。应泰败死，以巡抚薛国用代经略，而升参议王化贞代巡抚。化贞以能得西部心，为时所倚重，盖始终挟以西制东为取巧之计，又信叛将李永芳之诱，谓在建州军中为内应，已可以不虑兵事，而坐致奇功者也。

熊廷弼既罢，人乃知其守辽功。沈阳破，廷臣复思用廷弼，给事中郭巩力诋之。及辽阳继失，河西军民尽奔，自塔山至闾阳二百余里，烟火断绝，京师大震。辅臣刘一燝曰："使廷弼在辽，当不至此。"御史江秉谦追言廷弼守辽功，且以排挤劳臣为巩罪。帝乃治前劾廷弼者，贬冯三元、张修德、魏应嘉、郭巩等秩，除姚宗文名。御史刘廷宣救之，亦被斥，乃诏起廷弼于家。六月，廷弼入朝，首请免言官贬谪，帝不可。乃建三方布置策：广宁用马步兵，列垒三岔河上；天津、登、莱各置舟师，设登莱巡抚如天津；而山海特设经略，节制三方，以一事权。遂命廷弼以兵部尚书兼右副都御史，驻山海关，经略辽东军务。廷弼因请尚方剑，请调兵二十余万，以兵马刍糗器械之属责成户、兵、工三部；请复监军道高出、胡嘉栋、督饷郎中傅国等官；又议用辽人故赞画主事刘国缙为登莱招练副使，夔州同知佟卜年为登莱监军佥事，故临洮推官洪敷教为职方主事、军前赞画，三人皆辽人，以收拾辽人心。并报允。七月廷弼行，特赐麒麟服一、彩币四，宴之郊外，令文武大臣陪饯，异数也。先是薛国用代应泰，病不任事，化贞自部署诸将，沿河设六营，营置参将一，守备二，分守诸要害，各设戍防。议既上，廷弼疏言："河窄难恃，堡小难容。今日但宜固守广宁，若驻兵河上，兵分则力弱，倘轻骑潜渡，直攻一营，力必不支，一营溃则诸营俱溃，西平诸戍亦不能守。河上止宜置游徼兵，更番出入，示以不测，不宜屯聚一处，为人所乘。自河抵广宁止宜多置烽堠，西平诸处止宜稍置戍兵，为传烽哨探之用。而大兵悉聚广宁，于城外河角立营，深垒高栅以俟。辽阳去广宁三百六十里，非飞骑一日所能到，有声息我必预知，断不宜分兵防河，先为自弱之计。”会御史方震孺亦言防河不足恃，化贞之议乃寝。化贞愠甚，尽委军事于廷弼。廷弼请申谕化贞，不得借口节制坐失事机。先是四方援辽之师，化贞悉改为平辽，辽人多不悦。廷弼言辽人未叛，乞改平辽名以安其心。自是化贞与廷弼有隙而经抚不和。而中朝固有之门户，乃用袒经袒抚为标帜，本兵及兵部用事之职方司则皆袒抚，盖廷弼为经略，同时以张鹤鸣为本兵，兵部职方司郎中耿如杞、主事鹿善继皆恶廷弼。自经抚两歧之后，廷弼所请遂无一得行者矣。

鹤鸣与廷弼论事多不合，因独喜化贞。化贞庸才好大言，鹤鸣主之，令无受廷弼节制。中外皆知经抚不和必误封疆，而鹤鸣信化贞愈笃。先是廷弼奏:“三方建置，须联络朝鲜，请遣使往劳，俾发兵连营鸭绿江上，助我声势。再诏恤辽人之避难朝鲜者，招集团练，别为一军，与朝鲜军合势。使臣即权驻义州控制联络，与登莱声息相通。更发银六万两分犒朝鲜及辽人，乞给空名劄付百道，东山矿徒能结聚千人者即署都司，五百人者署守备，一二万劲兵可立致。”因荐监军副使梁之垣充命使。帝从之。方与所司议兵饷，而毛文龙适以岛兵袭取镇江。镇江，今之安东。时建州尽占辽东，以陈良策为镇江守将，良策潜通文龙，故文龙引兵取其城。化贞遽以大捷奏，举朝皆喜，化贞遂请授文龙总兵官，设军镇皮岛。廷议亟发天津、登莱水师二万援文龙，化贞督广宁军四万进据河上，合诸蒙古军乘机进取。鹤鸣奏言:“时不可失，促进师。”廷弼言:“三方兵力未集，文龙发之太早，乱三方并进之谋，误属国联络之计。”时朝士方以镇江为奇捷，闻其言多不服。廷弼又显诋鹤鸣，谓:“臣任经略，四方援兵，宜听臣调遣，鹤鸣竟自发戍，不令臣知，臣咨部问调军之数，亦不答，臣有经略名而无其实，辽左事，听枢臣抚臣共为之。”鹤鸣益恨。化贞又言西部兵四十万且至，请速济师。廷弼言:“抚臣恃西部，欲以不战为战计，臣未敢以为可。臣初三方布置，必兵马器械舟车刍茭无一不备，克期齐举，进足战，退亦足守。今临事中乱，枢臣主谋于中，抚臣决策于外，臣犹有万一不必然之虑，而化贞则务为大言以罔中朝，谓仲秋之月可高枕而听捷音。”及期西兵不至，化贞虽渡河，亦不敢进而返。

化贞大言既一次不售，及冬河冰合，广宁人谓建州兵必渡河，竞谋窜逸。鹤鸣亦以广宁可虑，请敕廷弼出关策应。廷弼上言：“枢臣第知经略一出，足镇人心，不知徒手之经略一出，其摇动人心更甚。且臣驻广宁，化贞驻何地？鹤鸣责经抚协心同力，而枢臣与经臣独不当协心同力乎？为今日计，惟枢臣俯同于臣，臣始得为陛下任东方事也。”于是廷弼复出关至右屯。盖八月间化贞渡河，廷弼已一至右屯，即驰奏海州取易守难，不宜轻举。及是出关部署扼守甫定，化贞又信谍者言，遽发兵袭海州，旋又引还。自此十日间，化贞三出师，三引还，李永芳不应，西兵不至。廷弼乞敕化贞慎重举止，疏言：“抚臣之进，及今而五，八九月间屡进屡止，犹未有疏请也。十月二十五日之役，拜疏辄行，臣疾趋出关而抚臣归矣，西平之会，相与协心议守，犄角设营，而进兵之书又以晦日至矣。此即欲袭海州之役。抚臣以十一月二日赴镇武，臣即以次日赴杜家屯，比至中途而军马又遣还矣。初五日，抚臣又欲以轻兵袭牛庄，夺马圈守之，为明年进兵门户计。夫马圈无一敌兵，即得牛庄，我不能守，敌何损？我何益？牛庄仍即海州，隔在河东，敌反攻即难守。会将吏力持不可，抚臣亦怏怏回矣。兵屡进屡退，敌已窥尽伎俩，而臣之虚名亦以轻出而损。愿陛下明谕抚臣，慎重举止，毋为敌人所笑。”化贞上言：“愿请兵六万，一举荡平。”因请便宜行事。时叶向高当国，化贞座主也，颇右之。廷臣惟太仆少卿何乔远、御史江秉谦、周宗建等与廷弼合，余皆右化贞，令毋受廷弼节制。廷弼抗疏言：“臣以东西南北所欲杀之人，适遘事机难处之会，诸臣能为封疆容则容之，不能为门户容则去之，何必内借阁部，外借抚道以相困？”又言：“经抚不和，恃有言官；言官交攻，恃有枢部；枢部佐阙，恃有阁臣，今无望矣。”帝令群臣议两人去留，张鹤鸣请撤廷弼，专任化贞，议上未发，时已入二年正月。是月丁巳，二十一日。建州兵已渡河，取西平堡，罗一贯死之。化贞遣所信游击孙得功及参将祖大寿，令总兵祁秉忠赴援。廷弼亦檄总兵刘渠会师前进。得功，化贞所恃以约李永芳为内应，得功实与永芳昵，早与永芳约俱叛，得化贞倚为腹心，欲生缚化贞以为功者也。会战，得功辄呼败矣，与参将鲍承先奔，永芳、得功、承先，皆为清开国功臣，后入《贰臣传》。遂大败，诸将尽没，大寿独走觉华岛。建州兵顿沙岭未进。得功奔还，扬言兵已薄城，居民惊窜，参政高邦佐禁之不能止，化贞方阖署理军书，不知也，参将江朝栋排闼入，大呼曰：“事急矣，速去。”化贞莫知所为，朝栋掖之出上马，仆二人徒步从，遂弃广宁，踉跄西走。得功纠诸将甘叛国者出降，远近四十余城守御官皆降。廷弼离右屯次闾阳驿，闻败，参议邢慎言请驰救，为佥事韩初命所阻，遂退还。化贞弃城走，廷弼遇之大凌河，化贞哭，廷弼微笑曰：“六万众一举荡平竟何如？”化贞惭，议守宁远及前屯，廷弼曰：“嘻！已晚，惟护难民入关可耳。”高邦佐驰见廷弼，报广宁空城，敌未敢入，劝急驰入守，不则假以数千人用经略命自往守。廷弼不从。乃以己所将五千人授化贞为殿，尽焚积聚，与副使高出、胡嘉栋等先后入关，独邦佐至杏山驿自经死。鹤鸣惧罪，务归罪廷弼，惟恐人尚欲用其才，又假廷弼所用辽人佟卜年为叛投建州佟养性、养贞之同族，欲以通敌陷之，狱株累甚久，至魏忠贤当道，卒斩廷弼，传首九边，时化贞尚未伏诛也。

廷弼再出为经略，实处处失策。三方布置，已驻山海，而使广宁前敌，委之呆妄之王化贞，登莱、天津之师何尝一用，而御敌进止之权反由化贞为主。明代最重死节，反与化贞同以逃溃为名。邢慎言请驰救被沮，高邦佐请还守不从，视生命太重，将无欲留其身以有待耶？抑亦明于料敌而黯于谋身矣。

建州陷广宁，未敢深入，经抚偕逃，关外地尽为西部鞑靼侵占，拾取官军所遗饷械，与关上明军为市。久之以兵部侍郎王在晋为经略。在晋议关外八里筑重关，余尽委西部，恃以御建州。宁前兵备佥事袁崇焕以为非策，白之叶向高。向高不能决，孙承宗以熹宗旧讲官入阁，请身往定之，乃绌在晋议，自任经略，而调在晋为南京兵部尚书。承宗乃渐收河西地；建州亦退回河东，弃广宁不守。承宗以帝旧学，时魏忠贤尚未大肆，帝心任承宗，在晋辈百端龉龁，未能遽动也。而关外之守，暂无破裂者数年。朝廷所为门户之反复者，则以三案为亟。

泰昌元年九月庚辰，初六日。熹宗即位。戊戌，二十四日。御史贾继春信诸阉蜚语，言选侍投缳、皇八妹入井，因言："新君御极之初，不当导以违忤先帝，逼逐庶母。"先是杨涟已言，选侍既移宫，当有以安之，帝亦侍养甚备。继春有此疏，左光斗上言，乞宣召阁部九卿科道面谕以当日避宫何故，今日调御何方，不得凭中使传旨，帝是之。辛丑，二十七日。传谕内阁："朕幼冲时，选侍气凌圣母，成疾崩逝，使朕抱终天之恨。皇考病笃，选侍威挟朕躬，要封皇后。朕暂居慈庆，复遣李进忠、刘逊等命每日章奏，先奏选侍，方与朕览。朕今奉养选侍于哕鸾宫，仰遵皇考遗爱，无不体悉。其田诏等盗库首犯，事干宪典，原非株连，可传示遵行。"蜚语由宫奴田诏、刘朝于移宫时盗内府秘藏，过乾清门，金宝坠地，帝怒下法司而起。辅臣方从哲具揭封进，言皇上既仰体先帝遗爱，不宜暴其过恶，传之外廷，帝不允。南京御史王允成陈保治十事，中言："张差闯宫，说者谓疯癫，青宫岂发疯之地？庞保、刘成岂并疯之人？今郑氏四十年之恩威犹在，卵翼心腹，实繁有徒，陛下当思所以防之。比者圣谕多从中出，当则开炀灶之端，不当而臣下争执，必成反汗之势。孰若事无大小，尽归内阁。至元辅方从哲屡劾不去，陛下于选侍移宫后，发一敕谕，不过如常人表明心迹耳，从哲辄封还。夫封后之命，不闻封还，是司马昭之心，路人知之矣。”十月丁卯，二十四日。哕鸾宫灾。先是帝以贾继春误听疏传谕廷臣，于是给事中周朝瑞以继春前揭为生事，继春再揭复有入井雉经等语。杨涟恐继春说遂滋，亦上疏具陈移宫始末，帝优诏褒涟，复申谕言：“选侍前因殴崩圣母，自度有罪，每使宫人窃伺，不令朕与圣母旧侍言，有辄捕去。朕之苦衷，外廷岂能尽悉？因责继春妄生谤议，今停选侍封号，以慰圣母在天之灵，厚养选侍及皇八妹，以遵皇考之意。尔诸臣可以仰体朕心矣。”帝将严谴继春，刘一燝力救乃止。十二月，杨涟给假归里。时继春之党，以帝褒涟志安社稷，益忌之，诋涟结王安图封拜，涟不胜愤，抗疏乞归。天启元年正月，削贾继春籍。二年二月，王之寀上复仇疏，以三案为说。四月，礼部尚书孙慎行追论红丸事，劾方从哲庇李可灼，并论移宫时从哲意在濡迟下廷臣集议。都御史邹元标以下百一十余人，纷纷俱罪从哲，独刑部尚书黄克缵及给事中汪庆百等数人右之，希内廷意也。慎行复疏折克缵之谬，会王纪代克缵掌部事，复偕侍郎杨东明署议，言：“不逮可灼，无以服天下；不逮崔文升，无以服可灼；不削夺从哲官阶禄荫，无以泄天地神人之愤。”光禄少卿高攀龙亦乞亟正文升典刑，并劾戚畹郑养性。于是大学士韩爌述进药始末，与尚书张问达等合奏：“先帝服药就寝，臣等所共见闻，弑逆二字何忍言？但可灼非医官，且非知医脉者，以药尝试，龙驭即上升。从哲与臣等未能止之，均为有罪。乃从哲反赉及可灼，及御史王安舜有言，先止罚俸，继令养疾，失之太轻，何以慰皇考，服中外？宜削从哲官阶，为法任咎，然可灼罪不容诛，而崔文升当皇考哀感时，妄进大黄凉药，罪又在可灼上，法皆宜显戮，以泄公愤。”议上，可灼遣戍，文升放南京，而从哲置不问，以近习为之地也。

是时外廷之门户渐移其柄于内廷，魏进忠忠贤未改名时名进忠。忌王安有功于帝登极之始，既已杀之，于王安所赞助之移宫一案，在所必翻。帝一再谕选侍殴崩圣母之罪，并褒杨涟之功在社稷，后俱反之，何论梃击、红丸两案。盖自客、魏擅权，以前之门户，又不以旧日之党派为异同，惟有挟阉以求胜者皆变为阉党；而为阉所屠戮者，则以东林党人为多。凡终不媚阉而戮辱不悔者，自是讲求正学之效。但东林之讲学，以干预时政为宗旨，其盛时绝有势力于政局，即奔走东林者不能无奔竞之徒，此为晚明讲学之风之一变。盖以后不足复言门户，但述魏阉之肆恶，足以概天启一朝之失道矣。

第二节　天启朝之阉祸

明中叶以后，朝廷大事，成败得失，颇系于阉人之赞否。兴安之于于谦，张永之于王守仁，冯保之于张居正，事皆然矣。杨、左移宫之案，为之内主者王安，王安在万历时，为皇长子伴读，调护皇长子，使郑贵妃欲摭其遇而无所得。既立为太子。梃击事起，安为太子属草，下令旨，释群臣疑以安贵妃，帝大悦。盖当时光宗有得体之举，即出王安之手。既即位，于践祚一月之中，尚能发帑济边，起用直臣邹元标、王德完等，皆安为主动。安又用其客汪文言谋。此安之所以为士大大称贤，而文言之所以见重于正人君子，后来与于东林之党祸者也。光宗崩，而宫掖之秽恶，因李选侍之宠，又招引郑贵妃之余焰，几于复然。熹宗嗣位之初，以移宫为一大节目，而熹宗生母王才人之为选侍所凌，内忿不平者实为安，其时为选侍心腹者实为李阉进忠。进忠后复姓魏，又赐名忠贤，杀安而代之。于是移宫之是非，选侍之恩怨，忽然尽反其态度。盖熹宗为至愚至昧之童蒙，固不足预于是非恩怨之理解者也。国势之危至此，而明之主器者如彼，此即天亡之兆矣。

忠贤为肃宁无赖子，与群恶少博不胜，为所苦，恚而自宫为阉。结安名下魏朝，朝举之于安，安亦善遇之。客氏为定兴民侯二妻，选为熹宗乳媪，宫中私侍魏朝，所谓“对食”。及通忠贤，遂爱之而薄朝。安信忠贤，怒朝与忠贤争客氏，遂勒朝退。熹宗立甫逾旬日，封客氏奉圣夫人，荫其子侯国兴、弟客光先及忠贤兄钊并为锦衣千户。客、魏得志，惟忌安，天启元年五月，帝命安掌司礼监，安以故事辞，客氏劝帝从其请。与忠贤谋杀之，忠贤犹豫未忍，客氏曰：“尔我孰若西李，而欲遗患耶？”忠贤乃嗾给事中霍维华论安，是为阉党第一功。安降充南海子净军，而刘朝为南海子提督，使杀安。刘朝故李选侍私阉，移宫盗库下狱宥出者。既至，绝安食，安取篱落中芦菔啖之，三日犹不死，乃扑杀之。安死后三年，忠贤诬东林诸人与安交通，兴大狱，清流之祸极烈。崇祯初，为安立祠，赐额曰昭忠。

忠贤不识字，不得为司礼，以客氏故，遂为秉笔。《史·五行志》：“忠贤名进忠，直东宫时，有道士歌于市曰：‘委鬼当头坐，茄花遍地生。’北人读客为楷，茄又转音，为魏忠贤、客氏之兆。”天启元年三月辽、沈陷。四月立后张氏。御史刘兰、毕佐周请遣客氏出外，刘一燝亦言之，帝恋不忍舍，曰：“皇后幼，赖媪保护，俟皇考大葬后议之。”大婚礼成，荫忠贤侄二人。言官并言：“祖制非军功不袭。”不听。五月杀王安。忠贤遂阅章奏，以群阉王体乾、李永贞、石元雅、涂文辅等为心腹，先阅白忠贤议可否，然后行。帝性机巧，好亲斧锯椎凿髹漆之事，每引绳削墨，忠贤辄奏事，帝厌之，谬曰：“朕已悉矣，汝辈好为之。”忠贤因得擅威福。九月，光宗葬庆陵，以客氏保护功，命户部择田二十顷赐为香火之用，忠贤以陵工告成叙录。御史王心一疏谏被责。阁臣刘一燝等请遵前诏，葬毕遣客氏出宫，不得已从之，然思念流涕，至日旰不食，宣谕复入。给事中侯震旸疏言："徘徊眷注，稍迟其出，犹可言也；出而再入，不可言也，幺麽里妇，何堪数昵至尊？"会给事中倪思辉、朱钦相相继疏劾，并贬三官。大学士刘一燝等先后论救，不报。同官马鸣起复抗疏谏，言客氏六不可留，帝议加重谴。以一燝等言夺俸，御史王心一复疏论之，遂与思辉、钦相等并贬。廷臣请召还者十余疏，俱不省。十月，御史周宗建论客氏，言："天子成言，有同儿戏；法宫禁地，仅类民家。圣朝举动有乖，内外防闲尽废。此辈一叨隆恩，便思逾分，狎溺无纪，渐成骄恣，衅孽日萌，后患难杜。"忤旨切责。十二月，吏部尚书周嘉谟以恶霍维华倾狡，出之外。忠贤嗾给事中孙杰劾嘉谟受刘一燝属，为王安报仇，嘉谟乞罢，忠贤矫诏许之。时叶向高复入为首辅，请留嘉谟竣大计事，不报。遂罢归。

二年三月，刘一燝罢。初陵工成，忠贤欲以为功，一燝援故事，内臣非司礼掌印及提督陵工，不得滥荫，止拟加恩。诸言官论客氏被谪者，一燝皆疏救，又请出客氏于外。及言官交章论沈漼，漼疑一燝主之，与忠贤比而龁一燝。孙杰攻周嘉谟，亦力攻一燝，皆受忠贤指。一燝求去，帝稍慰留即允之。叶向高言："客氏既出复入；一燝，顾命大臣，乃不得比保姆，致使人揣摩于奥窔不可知之地，其渐当防。"不听。沈漼之入阁，在元年七月。故事：词臣教习内书堂，所教内竖执弟子礼。忠贤与刘朝皆漼弟子，漼既任，密结二人，乃奏言："辽左用兵亟，臣谨于东阳、义乌诸邑及扬州、淮安募材官勇士二百余，请以勇士隶锦衣卫，量授材官职。"忠贤、朝方举内操，选武阉，练火器，得奏大喜，诏锦衣官训练募士，授材官王应斗等游击以下官有差，于是禁中内操日盛。又日引帝为倡优声伎狗马射猎。驸马都尉王昺亦奉诏募兵，愿得帷幄重臣主其事。廷臣皆言漼与朝阴相结，给事中惠世扬、周朝瑞、御史江秉谦等劾沈漼交通阉人，弄兵大内，中旨切责。侯震旸、黄尊素等先后疏谏，皆不听。刑部尚书王纪再疏劾漼，比之蔡京，漼亦劾纪保护熊廷弼、佟卜年等，纪寻以卜年狱削籍，议者益侧目漼。阁臣叶向高与朱国祚请留纪，国祚至以去就争，皆不听。漼不自安，乃力求去。时内阁言路尚多正人，万历末三党党徒屏黜殆尽，至是方渐附忠贤求进，而清议尚有力，未遽逞也。

万历末之三党，曰齐、楚、浙，各为门户，以争攘权位。刘一燝、周嘉谟等任国事，于废籍起用正人，尽黜各党之魁。至是凡宵小谋再起者，皆知帝为童昏，惟客、魏足倚以取富贵，于是尽泯诸党，而集为阉党；其不能附阉者，亦不问其向近何党，皆为阉党之敌，于是君子小人判然分矣。神宗时庙堂无主，党同伐异，以徼利而为之，至是以阉为主，趋利者归于一途，故只有阉党非阉党之别。欲知当时之君子，大率为阉所戮辱之人；欲知当时之小人，但观崇祯初所定附阉之逆案。而君子又多在讲学之列，阉党则无不与讲学为仇。此一时朝士邪正之验也。神宗时，邹元标、冯从吾以建言削籍，里居讲学数十年。泰昌初，两人始召用，已而同官都察院，元标为左都御史，从吾为副都御史，共建首善书院于京师，御史周宗建董其事，大学士叶向高为之记。朝暇，与同志高攀龙等讲学其中，名望日重，而诸不附东林者咸忌之。会明年当京察，给事中朱童蒙、郭允厚、郭兴治虑为元标所黜，蒙乃首劾之，以讲学为门户，元标疏辨求去，帝已慰留。允厚复继劾，语尤妄诞，而魏忠贤方窃政，传旨谓："宋室之亡，由于讲学。"将加严谴，从吾言："宋之不竞，以禁讲学故，非以讲学故也。"叶向高亦力为解，且乞同去，乃得温旨。而兴治复力攻，比元标于山东妖贼，元标、从吾遂并引归。先是书院方建，御史黄尊素谓元标曰："都门非讲学地，徐文贞已从议于前矣。"谓徐阶也。元标不能用，至是群小击碎其碑，暴于门外，先师木主委弃路隅，经史典籍焚毁，独存院宇。崇祯中，徐光启率西洋人汤若望等借院修历，署曰历局，今宣武门内东城根法文学校也。

三年正月，顾秉谦、魏广微入阁。忠贤为言官周宗建等所劾，乃谋结外廷诸臣，秉谦、广微率先谄附，霍维华、孙杰之徒和之。时廷推阁臣，首列孙慎行、盛以宏，皆不用。忠贤援秉谦、广微偕朱延禧、朱国祯入阁。阁中已有叶向高、韩㸅、何宗彦、朱国祚、史继偕，又骤增四人，直房几不容坐。秉谦、广微庸劣无耻，忠贤得为羽翼，势益张，而二人曲奉忠贤俨如奴役，是为忠贤收揽政柄之始。

忠贤谓帝好察边情，常遣中官诣关门，具事状奏报，名曰较事。及三年三月，更遣其党刘朝等四十五人，赍甲仗弓矢，白金文绮，先后至山海关，颁赉将士，实觇军也。督师孙承宗方出关巡宁远，闻之，立疏言："中使观兵，自古有戒。"帝温旨报之，而不用其言。自永乐以后，颇任中官监军，至嘉靖时尽罢不设。忠贤将尽收军政，先设内操使阉人习武事，至是渐以行边先之，又非但向时镇守太监之体制矣。

是秋，客氏、忠贤矫旨赐光宗选侍赵氏自尽，选侍出光宗赐物列于庭，西向礼佛，痛哭自经。幽裕妃别宫，绝其饮食，天雨，妃匍匐承檐溜饮之而死。皇后张氏有娠，客氏秘布心腹宫人以计堕之，帝用此乏嗣。后父国纪，封太康伯。后性严正，数为帝言客、魏过恶，尝召客氏至，欲绳以法。客，魏交恨，遂诬后非国纪女，有死囚孙二自言张后己所生，非国纪女。冀惑帝听，而帝不问，及是竟损元子。又于帝郊祀日，掩杀帝所宠冯贵妃，左右无敢言者。范慧妃以谗失宠，李成妃为之乞怜，客、魏知之，亦幽成妃别宫，成妃故鉴裕妃饥死，预备食物壁间，半月不死，斥为宫人。帝于父之妾，己之妻妾，生命皆操之客、魏，此岂复有人理可言？天启朝之阉祸，非阉之恶，而明之气运将尽，产此至愚极不肖之子孙也。帝之生死未尝不操于阉，犹惮天下之臣民，不能不假以镇压耳。

十二月，忠贤提督东厂，用田尔耕掌锦衣卫事，许显纯为镇抚理刑。是时东林势尚盛，在朝多有正人，忠贤于外事未敢大肆，至是乃为罗织锻炼计矣。

是年九月，增州县兵，计亩加饷。御史冯英请。十二月，括天下库藏输京师。叶向高言："郡邑库藏已竭，藩库稍余，倘尽括之，猝有如山东白莲教之乱，将何以应？"帝不纳。

四年六月，杨涟劾忠贤二十四大罪，中旨切责涟。涟自泰昌元年以移宫事定乞归，天启二年，起为礼科都给事中，至是为左副都御史。以忠贤肆恶日甚，抗疏略言："忠贤本市井无赖，中年净身，夤入内地。初犹谬为小忠小信以市恩，继乃敢为大奸大恶以乱政。祖制以拟旨专责阁臣，而忠贤多出传奉，或径自内批。逐去顾命大臣刘一燝、周嘉谟，大臣孙慎行、邹元标、王纪、钟羽正，群臣满朝荐、文震孟、熊德阳、江秉谦、徐大相、毛士龙、侯震旸等；于枚卜则力阻首推之孙慎行、盛以宏，更为他辞以锢其出；于廷推则南太宰北少宰，皆用陪推。所陷害则上自裕妃，下及内臣王安等，擅杀擅逐，不知凡几，甚至中宫有庆，已经成男，忽焉告殒。又创用立枷法，戚畹家人，骈首毕命，意欲诬陷国戚，动摇中宫。其余良乡生员章士魁以煤窑，王思敬等以牧地，并致之死。纵野子傅应星、陈居恭、傅继教辈投匭设阱，日行倾陷，片语稍违，驾帖立下。镇抚刘侨不肯杀人媚人，则削其籍。而奸细韩宗功，宗功为辽东武员，实即建州奸细。潜入长安，实主其司房之邸。又与奸相沈潅创立内操，薮匿奸宄，安知无大盗刺客，为敌国窥伺者潜匿其中？其滥恩僭拟，则中书锦衣，袭荫日众，奖赏祠额，要挟无穷。又于河间毁人居屋，起建牌坊，镂凤雕龙，干云插汉。所营茔地，亦僭拟陵寝。其进香涿州，警跸传呼，清尘垫道；及归改驾四马，羽幢青盖，夹护环遮，俨然乘舆。一切政务，必星夜驰请，待其既旋，诏旨始下。甚至走马御前，不自伏罪，进有傲色，退有怨言，内廷畏祸而不敢言，外廷结舌而莫敢奏。间或奸状败露，又有奉圣夫人为之弥缝。无耻之徒，攀附枝叶，依托门墙，更相表里，迭为呼应。积威所劫，致掖庭之中，但知有忠贤，不知有陛下；都城之内，亦但知有忠贤，不知有陛下。陛下春秋鼎盛，生杀予夺，岂不可以自主？何为受制么麽小丑，令中外大小惴惴莫保其命？伏乞大奋雷霆，集文武勋戚，会刑部严讯，以正国法，并出奉圣夫人于外，用消隐忧。”疏上，忠贤惧甚，趋帝前泣诉，且辞东厂。帝令王体乾诵涟疏，体乾置疏中切要语不读，客氏又从旁为剖析，帝懵然不辨也，遂温谕留忠贤。次日下涟疏，令魏广微调旨切责。于是给事中魏大中等，御史袁化中等，郎中邹维琏等，太常寺卿胡世赏等，抚宁侯朱国弼等，兵部尚书赵彦等七十余人，交章论忠贤不法，皆不纳。涟既被责，愈愤，拟对仗复劾之。忠贤诇知，遏帝不御朝者三日。及帝出，群阉数百人，衷甲夹陛立，敕左班官不得奏事，涟乃止。当时中书舍人吴怀贤读涟疏，击节称叹，注其旁曰：“宜如韩魏公治任守忠故事，即时遣戍。”其奴告之，忠贤即逮怀贤，下狱拷掠死，籍其家。夫忠贤处击节涟疏者已如是，而处涟则犹迟迟，未敢即肆，岂有畏于帝，畏廷臣知纲纪者尚多耳。首辅叶向高尚谓缪昌期曰：“杨君疏太率易，人于上前时有匡正，是疏若行，安得此小心谨慎之人在上左右？”昌期愕然曰：“谁为此言以误公？可斩也。”向高色变，昌期徐起去。及廷臣相继抗章，或劝向高下其事，可决胜也，至有诟谇向高者，向高愠甚。朱国祯请容之，向高念忠贤未易除，阁臣从中挽回，犹冀无大祸，具奏称忠贤勤劳，朝廷宠待甚厚，盛满难居，宜解事权，听归私第，保全终始。礼部尚书翁正春亦以为请。忠贤矫帝旨叙己功勤，累百余言，向高骇曰："此非阉人之所能，必有代为草者。"探之则徐大化也。向高乃决计去，谓国祯曰："我去，蒲州更非其敌，公亦宜早归。"蒲州谓韩爌也。忠贤欲尽杀异己者，而畏外廷势盛，其党因导以兴大狱，体乾复导以用廷杖威胁廷臣，忠贤意遂决。

未几，工部郎中万燝劾忠贤，疏入，得旨："燝廷杖一百，斥为民。"内阁科道论救，皆不听。忠贤借燝立威，命群阉至燝邸捽而殴之，比至阙下，气息才属，杖已，绝而复苏，群阉更肆蹴踏，越四日即卒。黄尊素、李应升迭疏申理，忠贤益忿，罗织燝罪，诬以赃贿三百，世廉吏，破产乃竣。燝，恭之孙，恭以佥都御史总理河道，仕于嘉、隆之间。

向高乞归未允，其甥林汝翥为御史巡城，杖犯法内竖，忠贤传旨廷杖，言官诣内阁争其事，小珰数百拥入阁中，攘臂肆骂，黄尊素厉声曰："内阁经纶地，即司礼非奉诏不敢至，若辈安得无礼？"群阉索汝翥，汝翥逃城外，遂围向高邸大噪，都御史孙玮、御史潘云翼交章论救，不听。汝翥寻出受杖，不死，削籍归。向高言："国家二百年来，无中使围阁臣第者。臣今不去，何面目见士大夫？"帝优旨慰留。向高请益力，命行人护归。韩爌、朱国桢相继为首辅，不数月皆罢。五年正月，顾秉谦为首辅，阉党内阁成，批答无须中旨矣。向高去在四年七月，是月，封光宗选侍李氏为康妃。初上暴选侍罪状，命停其封号，前谕出王安，后旨出忠贤，帝实懵然。而移宫之案翻，梃击案自亦与联系，崔文升复用事，红丸之案亦翻，此后凡争三案者皆罪人矣。是年十一月，削吏部侍郎陈于廷、副都御史杨涟、佥都御史左光斗籍。其先于十月中，吏部尚书赵南星、左都御史高攀龙先后并罢。时东林势尚盛，南星长吏部，益搜举遗佚，布之庶位。攀龙主考察，发御史崔呈秀贪污状，南星议戍之，呈秀大窘，夜走忠贤所，叩头乞哀，言攀龙、南星皆东林，挟私排陷，复涕泣愿为养子。忠贤愤廷臣交攻，方思得外廷为助。涿州人冯铨，少年宫侍从，家居，与熊廷弼有隙，遗书忠贤侄良卿，劝兴大狱。忠贤于廷弼狱事本无预，廷弼亦仇东林，然东林中重廷弼边才者颇右之，群小欲藉忠贤力倾诸正人，相率归忠贤称义儿。且云："东林将害翁。"故忠贤欲甘心焉。得呈秀恨相见晚。呈秀又言："不去南星、攀龙等，吾辈未知死所。"忠贤大以为然，遂与定谋。会南星以山西巡抚缺，以太常卿谢应祥首列以请。魏广微以父执事南星，南星尝喟然曰："见泉无子。"见泉，广微父允贞也。广微知之，恨次骨，嗾御史陈九畴论南星举应祥，为与魏大中、夏嘉遇等朋谋，贤矫旨黜大中、嘉遇，而责南星，南星遽引罪去，复切责，放之归，攀龙亦引去。

忠贤自杖杀万爆，逐诸正人，用崔呈秀、冯铨辈，方力排东林，师辅臣孙承宗请入朝贺圣寿，面奏机宜，欲因是论忠贤罪，帝盖以十一月十四日为万寿节也。广微奔告忠贤，承宗拥兵数万，将清君侧，兵部侍郎李邦华为内主。忠贤悸甚，绕御床哭，帝令阁臣拟旨，秉谦奋笔曰："无旨离信地，非祖宗法，违者不宥。"夜启禁门召兵部尚书入，令三道飞骑止之，又矫旨谕九门守阉，"承宗若至齐化门，反接以入。"承宗抵通州，闻命而返。忠贤遣人侦之，一补被置舆中，后车鹿善继而已，意少解。而其党李蕃、崔呈秀，徐大化连疏诋之，比之王敦、李怀光，承宗乃杜门求罢，不允。自王化贞弃广宁后，承宗守关图恢复，绌王在晋八里筑重关之策，既城宁远工竣，关外守具毕备，奏言前哨已置连山、大凌河，速畀臣饷二十四万，功可立奏。帝以命所司，兵工二部文移往复，许而不与，师不果出，然支边务历五防，未有挫失，中朝得以乘暇，为阉党日增其焰。忠贤亦以承宗功高，欲亲附之，遣中官刘应坤等赍帑金十万犒将士，而赐承宗坐蟒膝襴金币，并为忠贤申意，宗不与交一言，忠贤始恨之，至是益不能安其任矣。

顾秉谦、魏广微撰《缙绅便览》一册，若叶向高、韩爌等百余人。目为邪党，而以黄克缵、王永光、徐大化等六十余人为正人，进之忠贤，俾用是为黜陟。忠贤得内阁为助，势始张，屡逐正人，即代以其党。代左光斗为佥都御史者王绍徽。又仿民间《水浒传》编东林一百八人为《点将录》，献之，以此益为忠贤所善。自是奸党日盛，后进者求速化，悉附阉党进用，天下大权悉归忠贤。时崔呈秀又造《天鉴》《同志》诸录，皆以不附忠贤者为东林党人。而争三案及辛亥、癸亥两京察，与熊廷弼狱事，皆归忠贤为排斥东林之具。十二月，复逮汪文言下镇抚司狱，而东林之祸作。

五年三月，谳汪文言狱，逮前副都御史杨涟、佥都御史左光斗、给事中魏大中、御史袁化中、太仆少卿周朝瑞、西副使顾大章。先是许显纯为北镇抚司，榜掠文言，词连赵南星、李三才及涟、光斗等二十余人，纯欲坐涟等以移宫罪，大理丞徐大化献策于忠贤曰："但坐移宫，则无赃可指，若坐纳杨镐、熊廷弼贿，则封疆事重，杀之更有名。"忠贤然之，《熊廷弼传》："论死后当行刑，令汪文言贿内廷四万金，祈缓，既而背之，魏忠贤大恨，誓速斩廷弼。乃令显纯复鞫文言，五毒备至，使引涟纳廷弼贿，文言仰天大呼曰："世岂有贪赃之杨大洪哉？"大洪，涟别字也。涟字文孺。复及光斗等，文言蹶然起曰："以此蔑清廉之士，有死不承。"显纯乃手作文言供状，文言复张目曰："任汝巧为之，吾当与面质。"遂即日毙之，而具狱辞以上。于是涟、光斗坐赃二万，大中三千，化中六千，朝瑞一万，大章四万。大中于孙承宗请缓廷弼狱时尚持不可，至是乃坐纳其贿；大章则于张鹤鸣以佟卜年陷廷弼时，持卜年非通敌甚力，故定其赃额有轻重也。其他所牵引则赵南星等十五人。中旨逮涟、光斗等六人下诏狱，南星等十五人除削籍外，仍行抚按提问追赃。

四月，诏重修《光宗实录》。先是御史杨维垣言张差疯癫之真，即碎王之寀之骨不足赎其罪。时之寀方授刑部侍郎，不数月削籍。至是给事中霍维华并论三案，乞严谕纂修诸臣，以存信史，故有是命。遂削大学士刘一燝籍，以维华论三案首诋之也。又以南京侍郎周应秋为刑部添注尚书。忠贤门下有十狗，应秋其首。时忠贤以显爵树私人，故两京大僚多添注。方治杨、左狱，故有是命。五月，以给事中杨所修、霍维华言，集梃击、移宫、红丸三案章疏，仿《明伦大典》例，编辑为书，颁示天下。六月，中旨令阁票拟，称忠贤为元臣，朱廷禧执不可，御史田新劾之，遂罢。

杨涟等六人下镇抚司狱，奉旨严刑追比，五日一回奏，俟赃完日送刑部拟罪。七月，涟、光斗、大中三人另发大监，一夕毙之。涟之死，土囊压身，铁钉贯耳，最为惨毒；光斗、大中亦皆体无完肤；越数日始报，三人尸俱已溃败，不可识矣。涟被逮时，士民数万，拥道攀号，所历村市，悉焚香建醮，祈祐生还。既死，产入官不及千金，母妻止宿谯楼，二子至乞食以养，征赃令急，乡人竞出赀助之，至卖菜佣亦为输助。光斗与兴畿辅水利，并督学政，士民德之，容城孙奇逢与定兴鹿正倡义醵金，诸生争应之，得金数千，谋代输缓狱，而光斗已前毙。其赃未竟，抚按严追，兄光齐坐累死，母以哭子死。都御史周应秋犹以所司承追不力，疏趣之，自是家族尽破。后定《三朝要典》，杨、左为移宫罪魁，议开棺戮尸，未果。大中长子学洢，以父被逮，号恸随行，大中止之，乃微服间行，探刺起居。既抵都，逻卒四布，变姓名匿旅舍，昼伏夜出，称贷完赃，未竟而大中毙。学洢恸哭几绝，扶榇归，晨夕号泣，水浆不入口，遂死。崇祯初，赠恤大中，诏旌学沖为孝子。

> 魏广微竭力事阉，每以札通忠贤，签曰“内阁家报”，时称外魏公。其为清流所鄙也，赵南星慨见泉广微父允贞别号。之无子。李应升劾词则云：“乞陛下戒谕广微，退读父书，保其家声，毋倚三窟与言官为难，他日庶可见乃父于地下。”广微父允贞，万历中，纠辅臣，抗税使，有声士大夫间。其人已极不堪矣。然杨、左之狱，为吏部尚书崔景荣函勤，乃具疏言：“纵使赃私果真，亦当转付法司，按律论罪，岂可逐日严刑，令镇抚追比？以理刑之职使之追赃，勿论伤好生之仁，抑且违祖宗之制，将朝政日乱，与古之帝王大不相侔矣。”疏入，遂忤忠贤，惧而急出景荣手书自明，景荣削籍去，广微冀可恋栈，而忠贤称诏切责廷臣，中言：“朕方率循旧章，而曰朝政日乱；朕方祖述尧舜，而曰大不相侔。”广微益惧，三疏乞休，遂去。盖忠贤之门甚广，已成仕宦之中心，名为阉党而派别分歧，彼此相轧，视为一朝堂矣。其后崔呈秀倾冯铨，顾秉谦亦不自安乞罢。忠贤高高在上，无复有思撼之者，惟有造生祠，称功德，穷思极想，以作配孔子为献媚之极端而已。

涟、光斗、大中后，袁化中、周朝瑞、顾大章先后掠毙狱中，熊廷弼亦斩决，传首九边。阉党以求索廷弼侵盗军饷，指山海关起解广宁款十七万，广宁陷后无销据。追赃不得，逼其子至自刎。廷弼妻称冤，去其两婢衣挞之，远近嗟愤。士有作诗诔廷弼者，斩孙文豸、顾同寅两人，连及孙、顾等同郡编修陈仁锡、修撰文震孟，俱削籍。孙承宗亦以所用总兵官马世龙误信建州降人刘伯漒言，袭取耀州，败于柳河，失副参两将及兵士数百，遂于是年十月罢督师职，代以阉党高第。其他追赃掠毙，亲故坐死者不胜举，皆所谓东林党人也。御史曹钦程求媚忠贤，又于《点将》等《录》外，上言：“东林自顾宪成、李三才、赵南星而外，如王图、高攀龙等谓之副帅，曹于汴、汤兆京、史记事、魏大中、袁化中谓之先锋，丁元荐、沈正宗、李朴、贺烺谓之敢死军人，孙丕扬、邹元标谓之土木魔神，请以党人姓名罪状榜示海内。”忠贤大喜，敕所司刊籍，凡党人已罪未罪者，悉编名其中，是榜遂与宋之党人碑并传，而惨烈尤过之。六年正月，以编辑三案章疏为书，正名为《三朝要典》，开馆设正副总裁，六月告成。而其间以关门易帅，清太祖又动兵，宁远奇功，为畿辅延数年之命。

孙承宗绌王在晋关外八里筑重关专守关门之说，先筑宁远，渐图东进，已进守锦州、右屯、大凌河，谓之关外三城，开屯田至五千顷，以袁崇焕为宁前道，守前屯卫及宁远。高第既代承宗，又申王在晋之说，谓关外必不可守，令尽撤移关内。承宗所用督屯通判金启倧上书崇焕，谓：“三城前锋要地，已得之封疆，再归沦没，关内外堪几次退守？”崇焕亦力争，谓：“锦右动摇，则宁前震惊，关门亦失保障。”第意实并撤宁前，且甚决，崇焕曰：“我宁前道也，官此当死此，我必不去。”第无以难，乃撤锦州、右屯、大小凌河及松山、杏山、塔山守具，尽驱屯兵入关，委弃米粟十余万，死亡载途，哭声震野，民怨而军益不振。崇焕先以父忧夺情，及是遂乞终制，帝不许，进按察使，视事如故，时在五年十二月。清太祖知新经略易与，举大军西渡辽河，清太祖于天启元年得辽、沈，二年即据辽阳为都，因辽东都司旧治所在也。五年三月，又以沈阳西逼关门，北控鞑靼，为形胜地，乃又自辽移都沈。崇焕闻，即偕总兵满桂，副将左辅、朱梅，参将祖大寿，守备何可刚等集众誓死守，刺血为书，激以忠义，为之下拜，众咸请效死，乃尽焚城外民居，携守具入城，清野以待。令同知程维楧、通判金启倧具守卒食，辟道上行人，檄前屯守将赵率教、山海守将杨麒，将士逃至者悉斩，人心始定。六年正月丁卯，二十三日。建州兵至，围攻之，戴楯穴城，矢石不能退，崇焕令闽卒罗立发西洋巨炮，伤城外军。明日再攻，复被却，围遂解，启倧亦以然炮死。《崇焕传》言："我大清举兵所向无不摧破，诸将罔敢议战守，议战守自崇焕始。"《清太祖实录》："天命十一年天启六年。二月壬午，初九。上至沈阳，谕诸贝勒曰：'朕自二十五岁征伐以来，战无不胜，攻无不克，何独宁远一城不能下耶？'不怿累日。"是年八月十一日，《清实录》书："上崩。"朝鲜记载谓："奴儿哈赤愤恚而死。"明人记载谓："奴疽发背死。"要之崇焕此捷，为东事以来所未有。高第任宁远被围，拥兵不救，事后疏言："因关门兵少，只存五万之故。"阉党大喜，将罪承宗虚报冒饷，王在晋尤鼓动是言，冀甘心于承宗。承宗告户部："第莅关已月给十一万七千人饷，今但给五万人足矣。"第乃以妄言引罪，朝议免第职，以阉党王之臣代。升崇焕为巡抚。建州汗即清太祖死，崇焕托遣吊往觇，嗣国汗即清太宗，报使议和。之臣故忌崇焕，而以崇焕新有功，不敢发，及是讦崇焕辱国通敌，朝命调之臣内任本兵，专倚崇焕。既而建州兵又至，攻锦州，满桂、赵率教却之。忠贤使其党论崇焕不救锦州为暮气，遂罢崇焕，再任之臣为经略，时已七年七月，距帝崩只月余矣。

忠贤恨缪昌期预杨涟草疏事，阉党尤指目高攀龙、周顺昌、李应昇、周宗建、黄尊素诸人及前应天巡抚周起元，再兴大狱，悉逮下狱，先后掠死。惟攀龙以大臣不受辱，闻缇骑至，自沉于园池死。逮顺昌时，吴人殴毙一旗尉。是日适逮尊素之旗尉亦至吴，泊舟胥门外，又击其舟而沉之，旗校泅水遁，失驾帖，不敢往浙，尊素囚服自诣投狱。应天巡抚毛一鹭飞章告变，东厂刺事者言："吴人谋断水道劫漕舟。"忠贤大惧，已而一鹭言："缚得倡乱者颜佩韦等五人，乱已定。"忠贤乃安。然自是缇骑不敢复出国门。五人者为苏州全城免株累，事后忠贤亦伏法，遂以一鹭所造忠贤生祠为五人之墓，迄今犹存。当时以积懦之吴人，攘臂仇阉。昌期、应升自江阴被逮至常州，知府曾樱助之赀。方开读诏书，忽署外有数千人哄声，皆言:“忠臣何故被逮？”樱素得民，力为劝谕始解散。时诸校方怖苏州事，有越垣而仆者，适有卖蔗童子过之曰:“我恨极，惜不能杀汝！”即取削蔗刀割片肉而去。遣缇骑逮诸忠，在六年二月戊戌，二十五日。苏州民变，在三月庚申，十七日。常州事在稍后，亦三月间事。

忠贤之爵上公，在六年十月戊申，以殿工成，太监李永贞归功忠贤，尚书周应秋继之，遂有是封。其侄魏良卿先已由肃宁伯晋侯，至是再晋宁国公。自是诸边筑隘口成，南京孝陵工竣，甘肃奏捷，法司捕盗，并言忠贤区画方略，诏书褒美，阁臣皆拟九锡文。半岁中，荫锦衣指挥使十七人，同知三人，佥事一人，擢其族孙希孟、希孔等世袭都督同知，甥傅之琮、冯继先俱都督佥事。章奏无巨细，辄颂忠贤，称厂臣而不名。山东奏产麒麟，大学士黄立极等票旨，言:“厂臣修德故仁兽至。”故事：内官为司礼秉笔，非公事不得出。忠贤每岁必数历畿甸，坐文轩，驾四马，笙鼓铙吹之属轰隐黄埃中，锦衣玉带靴裤而握刀者夹车左右而驰，自厨传优伶暨舆皁随者动以万数。尝自琉璃河祭水还，历西山碧云寺，士大夫皆遮道拜伏。凡有章奏，其党遣急足驰请然后下。客氏既朝夕侍上所，而每数日必出至私第，舆过乾清宫前竟不下，盛服靓妆，俨同后妃，侍卫赫奕，照耀衢路，至宅则老祖、太太、千岁之声喧呼震地，犒赉银币无算。凡忠贤浊乱朝政，毒痡海内，皆客氏为内主。七年七月乙丑朔，锦州以捷闻，上不豫，遣魏良卿告南北郊及太庙，代行礼。八月己卯，叙锦州功，封忠贤从孙鹏翼为安平伯，一时文武冒滥增秩赐荫者数百人。八月戊戌，再叙三大工功，封忠贤从子良栋为东安侯，加良卿太师，鹏翼少师，良栋太子太保，鹏翼、良栋皆在襁褓中，未能行步也。后十余日而帝崩。崩前数日，犹召见阁部科道于乾清宫，谕以魏忠贤、王体乾皆恪谨忠贞，可计大事。内阁黄立极等对曰："皇上任贤勿贰，诸臣敢不仰体。"上悦。

忠贤之建生祠，始自六年闰六月朔辛丑，浙江巡抚潘汝祯倡议，奏请祀于西湖。织造太监李实请令杭州卫百户守祠，诏赐祠额曰普德，勒石纪功德。嗣是诸方效尤，几遍天下。蓟辽总督阎鸣泰请于部内建祠至七所，费数十万，其颂忠贤有"民心依归，即天心向顺"语。开封毁民舍二千余间，创宫殿九楹，仪如王者。巡抚郭增光巡按鲍奇谟所建。巡抚朱童蒙建祠延绥，用琉璃瓦。刘诏建祠蓟州，金像冕旒。其诸祠工作之巧，像皆以沉香木为之，眼耳口鼻宛然生人，腹中肠肺皆以金玉珠宝为之，髻空穴其一，以簪四时香花。一祠木像头稍大，小竖上冠不能容，匠人恐，急削而小之以称冠，小竖抱头恸哭责匠人。凡疏辞揄扬，一如颂圣，称以尧天舜德，至圣至神。阁臣辄用骈语褒答。督饷尚书黄运泰迎忠贤像，五拜三稽首，称九千岁。都城内外，祠宇相望。有建于东华门外者，工部郎中叶宪祖曰："此天子临辟雍道也，土偶能起立乎？"忠贤闻之，即削其籍。初汝祯请建祠，巡按御史刘之侍会稿迟一日，即削籍。蓟州道胡士容以不具建祠文，遵化道耿如杞以入祠不拜，皆下狱论死。自督抚巡按而外，宗室若楚王华煃，勋戚若武清侯李诚铭、保定侯梁世勋等，廷臣若尚书邵辅忠，词臣若庶吉士李若琳，部郎若郎中曾国桢，诸司若通政司经历孙如洌、上林监丞张永祚等，下至武夫贾竖，诸无赖子，莫不攘臂争先，汹汹若不及。最后巡抚杨邦宪建祠南昌，至毁周、程三贤祠益其地，鬻澹台灭明祠，曳其像碎之，比疏至则上已崩矣。当生祠盛行时，监生陆万龄于五月己巳作疏诣司业请代奏，以魏忠贤配孔子，其父配启圣公，疏言："孔子作《春秋》，厂臣作《要典》，孔子诛少正卯，厂臣诛东林党人，礼宜并尊。"司业林釬援笔涂抹，即夕挂冠棂星门去，朱之俊为司业，遂为奏请，从之，釬坐削籍，会帝崩，并配事未及行而罢。烈皇即位，朱之俊乃纠万龄等借影射利，亦不敢侵及忠贤，林釬则于崇祯九年入阁。

帝崩无子，信王嗣立，事由张后主持。方是时，后父国纪为忠贤所撼甚危。帝尝至后宫，后方读书，帝问："何书？"对曰："《赵高传》也。"帝嘿然而出。忠贤闻其事，会有张匿名榜于厚载门者，列忠贤反状，及其党七十余人。忠贤疑国纪为之，阉党邵辅忠、孙杰欲因此兴大狱，借国纪以摇中宫，事成则立魏良卿女为后。草一疏募人上之，诸人虑祸不敢承，顺天府丞刘志选年老嗜进无厌，惑家人言，谓己老，必先忠贤死也。六年十月己未，应募上之，疏中极论国纪罪，末言："令人訾及丹山之穴，蓝田之种。"盖仍理忠贤诬后非国纪女语。疏上，事叵测，帝无所问，但令国纪自新。忠贤意大沮，而衔国纪不已。七年二月，御史梁梦环理志选前疏，故诘丹山蓝田二语，忠贤从中究其事，大学士李国樯及王体乾交沮之，事乃止，而国纪竟勒归故郡。未几帝大渐，折忠贤逆谋，传位信王者后力也。七年七月乙丑朔，帝不豫，八月乙巳，十二日。召见阁部科道诸臣于乾清宫，谕以魏忠贤、王体乾忠贞可计大事。甲寅二十一日。大渐，乙卯二十二日。崩，遗诏以皇五弟信王由检嗣皇帝位。

第三节　崇祯致亡之症结

天启七年八月乙卯，帝崩，是为二十二日，丁巳，二十四日。信王即皇帝位，大赦天下，以明年为崇祯元年。熹宗崩之日，信王奉遗诏，即夕入临，居宫中，比明，群臣始至。时崔呈秀方改兵部尚书，夺情视事，比入临，内使十余传呼呈秀甚急，呈秀入与忠贤密谋久之，语秘莫得闻，或云："忠贤欲篡位，呈秀以时未可止之也。"帝既即位于八月二十四日，至十月，乃罢崔呈秀。时阉党自危，杨所修、杨维垣、贾继春先后劾呈秀以尝帝，呈秀遂罢。又削浙江巡抚潘汝祯籍，以其建祠作俑。而阉党布在朝列，竟相持莫敢动。杨邦宪建祠疏至，帝阅而笑。忠贤辞建祠辄允。乃仅于部属中得主事钱元悫、陆澄源各一疏，又嘉兴贡生钱嘉征一疏，论劾忠贤。帝召忠贤，使内侍读疏，忠贤震恐丧魄，急以重宝啖信邸太监徐应元求解，帝斥应元。以十一月甲子朔，命："忠贤凤阳安置。"戊辰，初五。罢各边镇守太监。己巳，忠贤与其党李朝钦行至阜城，自缢，崔呈秀闻之，亦自缢。十二月，客氏及其子侯国兴、弟客光先与魏良卿皆伏诛，客氏诏赴浣衣局掠死，籍其家，良卿、国兴、光先皆弃市，家属无少长皆斩。客氏之籍也，于其家得宫女妊娠身者八人，盖将效吕不韦所为，帝大怒，命悉笞杀之。诏天下所建逆祠悉拆毁变价。逮陆万龄于狱，监候处决。崇祯元年正月，诏"中官非奉命，不得出禁门"。戮忠贤尸，寸磔悬首河间。戮崔呈秀尸，悬首蓟门。

崇祯之处忠贤当矣，罢各边镇守，禁中官出禁门。创钜痛深，宜有此明断。乃未几又悉用阉，至日后开城迎闯之曹化淳，正为帝之所尊信者，帝犹自谓"非亡国之君"，此读史者所可论定也。

元年正月，大计天下吏，杨维垣以御史佐计，以东林与崔、魏并诋，并坚持三案。是时柄国者皆忠贤遗党，无敢颂言东林者。编修倪元璐首上疏一再驳正维垣，当局以互相诋訾两解之，而公论乃渐明矣。嗣是阁中阉党黄立极、张瑞图、施凤来陆续罢。立极先以山阴监生胡焕猷劾之，不自安求去。杨维垣犹论焕猷疑出东林指使，帝为除焕猷名下吏，亦允立极去。五月，从倪元璐言，毁《三朝要典》，焚其板。阉党侍讲孙之獬闻之，诣阁大哭，天下笑之。之獬后降清，入《贰臣传》。于是罹忠贤之祸者多赠官赐谥，东林始不负罪于世，而阉党犹持朝局，动以计陷右东林者。二年三月，始定逆案，分别磔、斩、秋后处斩、及充军、坐、徒、革职、闲住各等罪名，共二百余人，诸奸亦多漏网者，维垣名在充军之列。

维垣于仇东林、翻逆案最力，为清流所深恶，然南都破后，能以一死了之；东林后辈，亦有降于闯军，列于清廷者，鼎革之际，事多难言，惟皦然不污者终以正人为多。

元年四月，起袁崇焕为兵部尚书，督师蓟辽。崇焕以忤忠贤去，忠贤诛，王之臣被劾罢，廷臣争请召崇焕，诏所司敦趣上道。七月至京师，召对平台，自任五年可复全辽，请勿令在朝诸臣以权力掣臣肘，以意见乱臣谋，帝悉从之，并假便宜赐尚方剑。崇焕又以前此熊廷弼、孙承宗皆为人排构，不竟其志，上言："恢复之计，不外臣昔年以辽人守辽土，以辽土养辽人，守为正著，战为奇著，和为旁著之说。法在渐不在骤，在实不在虚，任而勿贰，信而勿疑。驭边臣与廷臣异，军中可惊可疑者殊多，但当论成败之大局，不必摘一言一行之微瑕。事任既重，为怨实多，诸有利于封疆者，皆不利于此身者也，是以为边臣甚难。臣非过虑，中有所危，不得不告。"帝优诏答之。八月抵关，适宁远兵缺饷四月哗变，先靖其乱，即裁并诸镇，关内外止设二大将，祖大寿驻锦州，赵率教驻关门，身自居中驻宁远。请罢宁远及登莱巡抚不设，亦报可。二年六月，崇焕杀毛文龙。文龙镇东江，朝廷视为意外之兵，不能时给饷，文龙因得以自筹之说，假通商名，往来海上，多贩违禁物规利。建州所资于中国者，得之东江，而文龙亦多得建州所产参貂，赂遗朝贵，恒为阉党所乐袒庇。既拥厚利，所集刁健不逞之徒极众，建州亦颇有顾忌，而朝鲜亦赖以联中朝之声气。崇焕莅镇，疏请遣部臣理东江饷。文龙恶文臣监制，抗疏驳之，崇焕不悦。寻文龙来谒，接以宾礼，文龙不让，崇焕谋益决。至是以阅兵为名，泛海抵双岛，文龙来会，崇焕相与燕饮每至夜分，文龙不觉也。崇焕议更营制，设监司，文龙怫然，崇焕以归乡动之，文龙曰："向有此意，但惟我知东事，东事毕，朝鲜衰弱，可袭而有也。"崇焕滋不怿，朝鲜最忠于明，明廷亦无谋袭朝鲜之意，而至末代之军人，则多以此为厚自封殖之计，李成梁有此计，故益欲联络清太祖，毛文龙亦然，皆以纠集徒党太众，思开一新国土，以自雄于海外耳。遂以是月五日，邀文龙观将士射，先设幄山上，伏甲士幄外，文龙至，其部卒不得人，崇焕曰："予诘朝行，公当海外重寄，受予一拜。"交拜毕登山，因诘文龙违令数事，文龙抗辩，崇焕厉声叱之，命去冠带絷缚，文龙犹倔强，崇焕曰："尔有十二斩罪，知之乎？祖制：大将在外，必命文臣监。尔专制一方，军马钱粮不受核。一当斩。人臣之罪，莫大欺君。尔奏报尽欺妄，杀濒海难民冒功。二当斩。人臣无将，将则必诛。尔奏称：'牧马登州，取南京如反掌。'大逆不道。三当斩。每岁饷银数十万，不以给兵，月止散米三斗有半，侵盗军粮。四当斩。擅开马市于皮岛，私通海外诸国。五当斩。部将数千人，悉冒已姓，副将以下，滥给劄付千，走卒舆夫尽金绯。六当斩。自宁远剽掠商船，自为盗贼。七当斩。强取民间子女，不知纪极，部下效尤，人不安室。八当斩。驱难民远窃人参，不从则幽之岛上，僵卧死者，白骨如莽。九当斩。辇金京师，拜魏忠贤为父，塑冕旒像于岛中。十当斩。铁山之败，丧军无算，掩败为功。十一当斩。开镇八年，拥兵观望，不能恢复寸土。十二当斩。"数毕，文龙噤不能置辩，但叩头乞免。崇焕召谕其从官曰："文龙罪状当斩否？"皆惶怖唯唯，中有称文龙数年劳苦者，崇焕叱退之，乃顿首请旨出尚方剑斩文龙于帐下。然后出谕其部卒曰："诛止文龙，余无罪。"皆不敢动。分其兵为四协，以文龙子承祚及副将陈继盛等领之，犒军士，檄抚诸岛，尽除文龙虐政。还镇，以其状上闻，末言："文龙大将，非臣得擅诛，谨席藁待罪。"上骤闻意殊骇，既念文龙已死，方任崇焕，乃优旨褒答。崇焕叹上言："文龙一匹夫，不法至此，以海外易为乱也，其众合老稚四万七千，妄称十万，且民多，兵不能二万，妄设将领千，今不宜更置帅，即以副将陈继盛摄之，于计便。”又虑部下为变，请增饷银至十八万。皆报可。

崇焕诛文龙一事，流传失实之记载不可胜举，至今人有为文龙抱屈，称崇焕忌才者。然《史》文明白，合之《实录》所见，于文龙之罪状无疑也。但《史》又言：“文龙专阃海外，有跋扈声，崇焕一旦除之，自谓可弭后患，然东江屹然巨镇，文龙死，势日衰弱，且岛弁失主帅，心渐携，益不可用，其后致有叛去者。”此为后来诋议诛毛为失计说之所由来。然此皆崇焕冤死后岛兵变化之事实，若使崇焕久任以处其责，何至视刘兴祚兄弟与陈继盛相屠杀，而卒令耿仲明、孔有德、尚可喜辈遂为清廷佐命哉？诛毛部署不过三阅月，崇焕已中清太宗反间，明廷自坏长城，反信高捷、袁弘勋、史𡏖辈，为阉党报仇，兴大狱，以妄杀文龙陷辅臣钱龙锡。易代以后，流闻语尚不实，则审慎读史者之少矣。

十月，建州兵毁边墙入犯，崇焕入援。谤者以崇焕先有与建州通和之意，谓其招虏胁和，将为城下之盟。清太宗又授计叛将高鸿中，于军中所获宦官二人前故作耳语，云：“今日撤兵，袁巡抚有密约，事可立就。”纵宦官归，以闻于帝。遂再召见于平台，诘杀文龙事，缚付诏狱。祖大寿骇而毁关东奔，犹于狱中取崇焕手书召大寿，得无叛去。时阁臣钱龙锡持正，不悦阉党，阉党王永光复用，为吏部尚书，引同党御史高捷、史𡏖，为龙锡所扼，遂以龙锡与崇焕屡通书，讦议和，杀文龙为龙锡主使，并罢龙锡。时起用孙承宗御建州兵，兵退。遂于三年八月磔崇焕，九月逮龙锡，十二月下龙锡狱。阉党借议和诛毛，指崇焕为逆首，龙锡等为逆党，谋更立一逆案，与前案相抵。内阁温体仁、吏部王永光主其事，欲发自兵部，而兵部尚书梁廷栋不敢任而止，仅议："龙锡大辟，决不待时。"帝不信龙锡逆谋，龙锡亦悉封上崇焕原书及所答书，帝令长系。明年，中允黄道周申救谪外，而帝亦诏所司再谳，减龙锡死，戍定海卫，在戍十二年，两赦不原，其子请输粟赎罪，周延儒当国，尼不行，南渡后始复官归里卒。崇祯宰相五十人，龙锡尚为贤者，崇祯初与刘鸿训协心辅政，朝政稍清，两人皆得罪去。崇焕则以边事为己任，既被磔，兄弟妻子流三千里，籍其家无余赀，天下冤之。帝茫无主宰，而好作聪明，果于诛杀，使正人无一能任事，惟奸人能阿帝意而日促其一线仅存之命，所谓"君非亡国之君"者如此。二年之役，辽东大将赵率教、满桂遇建州兵，先后皆战死。

第四节　专辨正袁崇焕之诬枉

袁崇焕之狱，已叙于上节。然三百年来，公论不定，一翻明末人当时之记载，愈堕入五里雾中。论史者将谓：今日之人固不应妄断古人之狱，惟有求之故纸，凭耳目相及者之言以为断耳。岂知明季之事，惟耳目相及之人，恩怨是非，尤为纠葛。而崇焕之被谤，则于温、钱相倾之门户旧套以外，只多一虚骄爱国者之兴奋，为清太宗反间所中，久而不悟，虽有正人，只能保钱龙锡之无逆谋，不敢信袁崇焕之不通敌。北都既覆之后，弘光朝尚持此论，且出于正人君子之言，如南都吏部尚书徐石麒专论历来款虏事一疏，录之可以备见明人对建州之认识不真，对力能抗敌之疆臣猜疑太过，皆为促亡之道。

> 徐石麒《疏》见谈迁《枣林杂俎》，迁之录此，固亦援石麒之言，为足以存信史也。石麒在天启时，抗魏忠贤，勒完赃而削籍，当时已著清望。崇祯中历官卿贰，长刑部时，以申救熊开元、姜埰落职。南都再起，为马士英辈所扼而

去。去后，南都亡，朝服自缢，其正义大节，无愧完人矣。《史·本传》言："福王监国，召拜右都御史，未任，改吏部尚书，奏陈省庶官，慎破格，行久任，重名器，严起废，明保举，交堂廉七事。时方考选，与都御史刘宗周矢公甄别，以年例出御史黄耳鼎给事中陆朗于外。朗贿阉人得留用，石麒发其罪，朗恚诋石麒，石麒称疾乞休，耳鼎亦两疏劾石麒，并言其枉杀陈新甲。石麒疏辨，求去益力，马士英拟严旨，福王不许，命驰驿归。"云云。此疏即为耳鼎所劾自辨之词也。其疏云：

"奏为矫诬先帝者悖之极，欺罔圣明者奸之盛，事关封疆殷鉴，信史纪传，不得不据事验明，以存实录事。臣于十五日崇祯十七年九月。伏枕次，见黄耳鼎翻出陈新甲一案，谓臣'杀新甲以败款局'。此似耳鼎拾马绍愉之邪唾，将以颠倒成案，献媚朝廷，以为后日卖国之地，不但欲为新甲报仇起大狱已也。事关宗社封疆，臣何敢默默处此？臣请与皇上先言款事终始。我国家自有虏患以来，其讲款非一矣。天启二年，秽枢惑于王化贞之说，俾违督臣熊廷弼节制，而私与孙得功为市，得功突发犯顺，城陷身逃，而款议败；王化贞虽极愚昧偾事，然非款敌，乃欲倚孙得功购李永芳为间以图敌耳。第一段已失实，可见当时舆论庞杂已甚。其次则袁崇焕遣喇嘛僧吊老酋，因以议款，未成而崇焕去位。迨先帝初立，意在灭敌，召崇焕授兵柄，崇焕阳主战而阴实主款也，甚至杀东江毛文龙以示信。竟以杀文龙为示信于建州。嗣先帝不之许，进嗾敌阑入胁款，仍戒以勿得过关门一步，崇焕先顿兵以待，是夕敌至，牛酒相犒劳，夜未央，敌忽渝盟，拔骑突薄城下，崇焕师反殿其后，建州兵由喀剌沁蒙古为向导，入遵化、迁安之洪山、潘家、大安等口及龙井关。崇焕自辽援蓟，自然出建州兵后。疏意谓犒劳建兵，自向朝廷胁款。旋变计真犯蓟门，仓皇赴救，故反殿其后，以成反间之说。先帝于是逮崇焕诛之，而款议再败。然崇焕虽言款，其所练甲士稍精强，边备未尝弛，故诛后而祖大寿犹得以余威振于边。嗣是中外靡有敢言款者，第岁久我叛帅累累家辽西，益相狎习，边将益约节士卒，复与北菁，偷旦夕之安，而边备日弛矣，本兵未必知也。至杨嗣昌为枢密，廉得状，时敌亦适内寇，于是再以款市闻。先帝命侦实情，竟得嫚书，大怒格之，而款议复败。此事详嗣昌及卢象昇传。嗣是即新甲主款矣，新甲令石凤台与北通，而恶洪承畴挠其事，因敌困锦州，急遣张若麒往催战，欲乘间杀承畴胁款，此即向者崇焕杀文龙故智也。再提崇焕杀文龙为胁款之罪，此不惟崇焕非此意，即谓陈新甲欲杀洪承畴，亦恐非新甲本意也。不虞承畴先觉，独入松、杏城死守。若麒计不成，乘月宵遁，陷我六师。旧辅臣谢升见边事大坏，忆督臣傅宗龙临行有“枢臣计专主款”之语，发闻，先帝遂召新甲陛见，切责良久，遍询诸辅，独升对曰：“彼若果许款，款亦可恃。”议遂定，时壬午正月初八日事也。已而遣一瞽者一黜生与马绍愉偕往义州议款。贾卜瞽者周元忠，杨嗣昌议款所用，至是想仍借之。四月归，虏不具表谢，而复得嫚语，先帝知为所绐，大恨，而款事又败。建州复书见《东华录》，在明人固应谓之嫚书，然款之败，非以书故，因新甲为家童误付邸钞泄漏也。盖自辛巳张若麒倡逃后，举先帝十五年所鸠集之精锐一旦尽扫，老成谋国之臣，无不私祝，望款事之成，庶几稍有息肩，至天子亲发玺书，下明诏，首臣属草，次辅书真，诫枢臣抚使者而遣之，为使者饬冠剑，连车骑，至塞外，我边臣椎牛酾酒，张筵十六席燕敌使。此事可补史文所略。敌之酋长遣纲纪，一美少年，一庞眉皓首之老，来会，绝不语及开市事，问之，则云：‘待老憨命。’憨为汗之对音，明人多作憨字。及憨至义州，首诘诸酋长私与中国通，拟杀我使人，译事者为之祈请，叩头乞哀，马绍愉等抱头匍匐窜归，恐彼尚未见憨面，今反饰称亲到沈阳，不几梦中呓语耶？证以《东华录》，绝不如是，爱国斥和者疾视之语，国亡而虚骄自在。以下论新甲他罪从略。

《东华录》：“天聪三年，即明崇祯二年，十二月辛丑，大兵逼北京，上营于城北土地关之东，两翼兵营于东北。侦知满桂、侯世禄等集德胜门，上率右翼诸贝勒前进，又闻‘瞭见东南隅有宁远巡抚袁崇焕、锦州总兵祖大寿等以兵来援。'传令左翼诸贝勒迎击。癸卯，遣归顺王太监赍和书致明主。上率诸贝勒环阅北京城。乙巳，屯南海子。丁未，进兵距关厢二里。戊申，闻袁崇焕、祖大寿营于城东南隅，竖立栅木，令我兵逼之而营。上率轻骑往视进攻之处，谕曰：'路隘且险，若伤我军士，虽胜不足多也。'遂回营。先是获明太监二人，付与副将高鸿中，参将鲍承先、宁完我，榜式达海监收，至是回兵，高鸿中、鲍承先遵上所授密计，坐近二太监，故作耳语云：'今日袁巡抚有密约，此事可立就矣。'时杨太监者，佯卧窃听，悉记其言。庚戌，纵杨太监归，杨太监将高鸿中、鲍承先之言详奏明帝，遂执袁崇焕下狱，祖大寿大惊，率所部奔锦州，毁山海关而出。"云云。此《清太宗实录》所书，以示太宗之善用兵。其方法乃袭小说中之蒋干中计。清太祖时译《三国演义》以为兵书，此时尚得其用，而明帝之不知士大夫心迹，竟堕此等下劣诡道，自坏万里长城，并不言其蜚语之所由来，自矜烛照神秘。虚骄之正人，既不慊于前时遣吊，又不审毛文龙之当诛罪恶，捏其情事为一串，竟称崇焕通敌胁款，至国亡后尚哓哓欲传为信史。《明史》出而稍据《清实录》。于《崇焕传》雪此诬构，近又好据同时人之褒贬以为可信，则不可挟此成见也。

毛文龙东江之兵，始以明廷无饷而借口通商，以违禁物与敌为市，敌乃大得其助，而崇焕治兵，请篑东江之饷，而文龙拒之，以与敌通市为利，又不欲以领饷而暴露其兵额也。崇焕斩文龙，编制其兵，覈实其饷，东江正可有为，乃身既被戮，毛兵亦无所依赖，自相屠杀，相率降清。论者又以此为崇焕之罪，不以为杀崇焕者之罪，至今尚纠纷不已，是用揭之。

第五节　崇祯朝之用人

崇祯十七年中，用宰相至五十人。宋开国至元祐初百三十年，至司马光、吕公著、吕大防、范纯仁为相时，始为五十一人。明盛时本无宰相，至中叶以后有相矣，而崇祯中则置相如弈棋，十七年恰得五十人。再论其人格，早年为天启所遗之阉党，后来亲擢之中，入《奸臣传》者有温体仁、周延儒二人。《明史·奸臣传》除马士英之奸，在北都亡后，其余只有胡惟庸、陈瑛、严嵩三人，占二百数十年，十七年独得奸臣二人，亦极见促亡之效。孙承宗亦有阁臣之名，而从未任阁事，其他未有一担荷国事者。帝之不任大臣，惟图自用，姑举一事为例：刘鸿训于崇祯元年入阁，《本传》言："帝初甚向之，关门兵以缺饷鼓噪，帝意责户部，而鸿训请发帑三十万示不测恩，由是失帝指。"又云："鸿训居政府，锐意任事，帝有所不可，退而曰：'主上毕竟是冲主。'帝闻深衔之，欲寘之死，赖诸大臣力救，乃得稍宽。以改敕书事戍代州，卒戍所。"夫劝发帑示恩，损上益下，不失为君子之事君，纵未能从，何致遂以此失指？则帝之吝财，犹有万历遗风。闻言已为冲主，即深衔而欲寘之死。自圣至此，又好诛戮大臣，艰危之日，欲以救亡，何可得也？人主虚中求善，来者尚多面谀；示以气矜，正直之士，自知无幸。后来入阁纷纷，以卑劣之徒为多，而所谓奸臣，则温体仁久任至历八年，周延儒亦前后两任，为其较隆重者。帝谓："君非亡国之君，臣皆亡国之臣。"孰知用此亡国之臣者即凿然亡国之君也。贤士大夫受杖获谴相继，不于其中物色一二以自辅，惟奸庸者登进不已，此用相之大概也。崇祯宰相被戮者薛国观、周延儒，遣戍者刘鸿训、钱龙锡，刘、钱尤非其罪。自有阁辅以来，戮死者惟一夏言，崇祯间则再见，岂复有敬大臣之意？

又《乔允升传》言："帝在位十七年，刑部易尚书十七人，薛贞以阉党抵死，苏茂相半岁而罢，王在晋未任改兵部去，允升遣戍，韩继思坐议狱除名，胡应台独得善去，冯英被劾遣戍，郑三俊坐议狱逮系，刘之凤坐议狱论绞，瘐死狱中，甄淑坐纳贿下诏狱，改下刑部瘐死，李觉斯坐议狱削籍去，刘泽深卒于位，郑三俊再为尚书，改吏部，范景文未任改工部，徐石麒坐议狱落职闲住，胡应台再召不赴，继其后者张忻，'贼'陷京师，与子庶吉士端并降。"此文又见于《刘之凤传》，即所谓《明史》复沓之处。一部如此，他部略可想见。昔之列卿稍有名者，必叙其政绩恩遇，崇祯时之大臣，救过不遑，为国之意盖尠，如之何拨乱而反之正也？

兵部尚书之死于法者，王洽以建州兵始薄京城，下狱瘐死。《史》称洽"清修伉直，雅负时望。遵化陷，再日始得报，帝怒其侦探不明，用重典不少贷。厥后都城复三被兵，枢臣咸获免，人多为洽惜之。"则死固未当其罪也。陈新甲之死，以泄露款议，对建州有"既不能令又不受命"之心理，而所据以为罪者，则曰戮辱我亲藩七，罪又甚于薄城。战乱所及，藩国被屠，已非兵部专责，不过借此以掩其议款之耻，尤为失刑。

督抚为地方大吏。总督则见《郑崇俭传》："帝自即位以来，诛总督七人：崇俭及袁崇焕、刘策、杨一鹏、熊文灿、范志完、赵光忭也。"崇俭与张献忠战本胜，以杨嗣昌言其撤兵太早，致师败绩，不俟秋决，以五月弃市。福王时，给事中李清言："崇俭未失一城，丧一旅，因他人巧卸，遂服上刑。"崇俭冤始白。赵光忭之戮，世亦以为冤。袁崇焕之中建州反间，已见上。古有谤书盈箧，待功成而后留示其人者。丝毫无知人之明，而视任事之臣如草芥，当彼时会，乌得不亡？巡抚则见《颜继祖传》："终崇祯世，巡抚被戮者十有一人：蓟镇王应豸、山西耿如杞、宣府李养冲、登莱孙元化、大同张翼明、顺天陈祖苞、保定张其平、山东颜继祖、四川邵捷春、永平马成名、顺天潘永图，而河南李仙风被逮自缢不与焉。”国事已非，丧师失律，不尽为所犯之罪，为中枢调度不当，所陷者亦多，事各具本传，要之为人不自保而已。

第六节　李自成张献忠及建州兵事

明自中叶以后，人民起事虽时有，然旋起旋灭，至崇祯朝遂以亡明，盖由外困于建州，内民生日蹙故耳。万历之末，东事既起，饷不足而加赋无已，民失其乐生之心。兵弊于军制废弛，班军困于占役，而京营不足用，卫所之军，亦为豪家供奔走，虽一诸生可役使之，重以隐占虚冒，举天下之兵不足以任战守。而召募之说兴，于是聚游手好闲，无尺籍可稽之民，假以器械，教之技击，赴警则脱逃哗溃，既穷且悍之众遍于闾里。天启六年八月，《本纪》书：“陕西流贼起，由保宁犯广元。”是时阉党乔应甲巡抚陕西，朱童蒙巡抚延绥，皆贪黩虐民，起事比以此日众。且又连岁大饥，崇祯元年十一月，有白水王二通于县役，纠众墨其面，掠蒲城之孝童，韩城之淄川镇，由是府谷王嘉胤、宜川王左挂并起攻城堡杀官吏，安塞高迎祥、汉南王大梁复纠众应之，迎祥自称闯王，大梁自称大梁王。迎祥，李自成舅也，其闯王之号，后遂为自成所袭称。

三年春，诏以杨鹤为三边总督平乱，参政刘应遇击斩王二、王大梁，参议洪承畴击破王左挂。会建州兵薄京师，山西巡抚耿如杞勤王兵哗而西，延绥总兵吴自勉、甘肃巡抚梅之焕勤王兵亦溃，乱势益炽。鹤畏之，乃主抚，其有降者给免死牒，安置延绥、河曲间。三月，起事民众更由陕渡河入山西。六月，王嘉胤陷府谷，米脂张献忠应之。

献忠，延安卫柳树涧人，隶延绥镇为军，犯法当斩，主将陈洪范奇其状貌，请于总兵官王威释之，乃逃去。先从神一元领红旗为先锋，及是据米脂诸寨，自称八大王。是为张献忠著名之始。入山西之首领王嘉胤于崇祯四年六月为其同伙所杀，更推号紫金梁即王自用者为魁，与迎祥、献忠共三十六营，众二十余万，皆聚山西。于是迎祥甥李自成与其兄子过往从迎祥。自成时未有名，但号闯将，本米脂人，世居怀远堡李继迁寨。幼牧羊于邑大姓艾氏，及长充银川驿卒，善骑射，数犯法，知县晏子宾捕之，将置诸死，脱去为屠。至是从迎祥，是为李自成渐露头角之始。自成之起在献忠后也。

邑大姓艾氏家牧羊。《史》言自成之托始如此。《人海记》录《枣林杂俎》云："惠世扬，米脂人，万历甲辰进士，历刑部侍郎。李自成故牧卒也，尝给事世扬之家，及僭号，语人曰：'得惠先生来则甚幸。'因致书，世扬即至，拜右平章，时左平章则牛金星也。自成败，从本朝兵入燕，三年不见用，后放归。绥德副总兵王永强作乱，劫世扬从军，败于朱原镇，永强自缢，世扬不知所终。"据此则邑大姓为惠氏，所牧者马也。世扬名在东林，天启五年杨、左之狱，与赵南星等皆在削籍追赃之列。《东华录》："顺治四年八月甲戌，左副都御史惠世扬以年老致仕。"是后又降清。

三边总督杨鹤以无功遣戍，洪承畴代之，督诸将曹文诏、杨嘉谟战，所向克捷。后文诏及在籍故锦衣佥事张道濬等道濬泽州沁水人，张铨子，以难荫。先后为言官论列得罪及他调去。迎祥、献忠等复伪降突渡河，入河南、湖广，逼四川。七年春，以陈奇瑜为山西、陕西、河南、湖广、四川总督专事平乱，以卢象昇为郧阳抚治。奇瑜困迎祥、自成等于车箱峡，自成以计贿奇瑜左右伪请降，奇瑜遽许之，檄诸将按兵毋杀，所过州县为具糗传送。自成等甫渡栈即大噪，适略阳大众数万亦来会，在在告警，奇瑜坐削籍，而李自成之名大显，与张献忠相埒矣。

奇瑜削籍，洪承畴代，甫受命而东，西宁兵变不得下，迎祥、自成遂攻陷巩昌、平凉、临洮、凤翔诸府数十州县，败官军，戕道员，围陇州四十余日，承畴遣将击破之，遂东走回南，承畴奉诏出关追之。八年春正月，自成等大会于荥阳，由自成倡议，分大众抗各路官军，迎祥、献忠及自成等东出，遂陷凤阳，焚皇陵，势大炽。所树帜大书“古元真龙皇帝”。大饮合乐，声势益张。自此屡分屡合，时败时振，官兵迭有伤亡。九年七月，陕西巡抚孙传庭击迎祥盩厔，被俘死，其众乃共推自成为闯王。十一年春，承畴、传庭合力作战，大破自成，尽亡其卒，独与刘宗敏等十八骑入商洛山中不敢出。其年献忠降，自成势益衰。而辽事亟，承畴改蓟辽总督，传庭改保定总督，而传庭复以疾辞，逮下狱。传庭患失聪，而杨嗣昌劾其托疾故也。自是主持其事者为嗣昌与熊文灿。

嗣昌，湖南武陵人，万历进士。父鹤，天启间，为阉党除名，嗣昌亦引疾。崇祯初，鹤以被逮，嗣昌三疏请代，得减死。既嗣昌历官右佥都御史巡抚永平、山海诸处，复升兵部侍郎，总督宣大、山西军务。疏陈边事，帝异其才。以父忧去，复遭继母丧。崇祯九年，夺情起兵部尚书。三疏辞，不许。十年三月，抵京召对。嗣昌博涉文籍，多识先朝故事，工笔札，有口辩，帝大信爱之。前尚书张凤翼柔靡无所规画，嗣昌锐意振刷，帝益以为能，所请无不听，曰：“恨用卿晚。”嗣昌议大举进兵，请以陕西、河南、湖广、江北为四正，四巡抚分剿而专防，以延绥、山西、山东、江南、江西、四川为六隅，亦巡抚分防而协剿，是谓十面之网。总督总理二臣专任征讨。总督者，总督山西、陕西、河南、湖广、四川军务洪承畴；总理者，总理南畿、河南、山西、陕西、湖广、四川军务王家祯。嗣昌握兵柄，承帝眷，以帝急平乱，冀得一人自助，乃物色得大言自诡之熊文灿，而嗣昌挟帝所信任以为之主。

文灿，贵州永宁卫人，徙家蕲水，由进士历官至布政司。崇祯元年，以福建布政司就迁巡抚。福建海上，郑芝龙为渠帅，颇愿受抚，当事谕降之。文灿至，善遇芝龙，使为己用，芝龙屡立功，文灿遂以功擢总督两广军务，仍藉芝龙力，最后击刘香死，海上尽平，时崇祯八年。《史·文灿传》："文灿官闽广久，积赀无算，厚以珍宝结权要，谋久镇岭南。会帝疑刘香未死，且不识文灿为人，遣中使假广西采办名往觇之。文灿盛有所赠遗，留饮十日，中使喜，语及中原寇乱，文灿方中酒，击案骂曰：'诸臣误国耳，若文灿往，讵令鼠辈至是？'中使起立曰：'吾非往广西采办也，衔上命觇公，公当世才，非公不足办贼。'文灿悔失言，随言五难四不可以自遁。中使曰：'吾见上自请之，若上无所吝，即公不得辞矣。'文灿辞穷，应曰：'诺。'中使果还言之帝。文灿居蕲水，与邑人姚明恭为姻娅，明恭官詹事，又与嗣昌善，知中使誉言，因荐之嗣昌曰：'此有内援可引也。'嗣昌荐之。十年四月，拜文灿兵部尚书兼右副都御史，代王家祯为总理。文灿拜命，即请以左良玉军属己，而大募粤人及乌蛮精火器者一二千人自护，弓刀甲胄甚整，次庐山，谒所善僧空隐，僧曰：'公误矣。'文灿屏人问故，僧曰：'公自度能制贼死命乎？'曰：'不能。''诸将有可属大事不烦指挥而定者乎？'曰：'未知如何也。'曰：'上特以名使公，厚责望，一不效，诛矣。'文灿却立良久曰：'抚之何如？'僧曰：'吾料公必抚，然流寇非海寇比，公其慎之'。"是为文灿受任之原委。

嗣昌设十面之网，意在主战，与文灿主抚本不相中。文灿既至，良玉桀骜，不受节制，其下又与粤军不和，大诟，不得已遣还南军，然良玉实不为用，嗣昌言于帝，乃以边将冯举、苗有才五千人隶焉。时嗣昌号建四正六隅策，文灿则决计招降，初抵安庆，即遣人招张献忠、刘国能，二人听命，乃益刊招降檄布通都。又请尽迁民与粟闭城中，期无所掠当自退。帝怒，谯让文灿，嗣昌以既已任之，则曲为之解，仍上疏克期平定，以今年十二月至明年二月为限。当时任事者，尚有总督洪承畴，嗣昌言于帝："熊文灿任事仅三月，承畴七年不效，论者绳文灿急，而承畴纵寇莫为言。"帝知嗣昌有意左右，变色曰："督理二臣但责及时平'贼'，奈何以久近藉之口？"嗣昌乃不敢言。嗣昌建合剿之策，谓必可平定，而专任文灿。文灿则专主抚，所主张本不相合，帝亦不复诘，亦无言者。初，献忠为左良玉军所败，中箭创甚不能战，十一年春，侦知陈洪范隶文灿麾下为总兵，因遣间赍重币献洪范，愿率所部降。洪范以告文灿，受其降。献忠遂据谷城，请十万人饷。文灿又招十三家先后降。嗣昌方以逾期故，疏引罪乞代，帝不许，命察行间功罪，乃盛称文灿功而罪承畴。承畴方与陕抚孙传庭大破李自成，自成走入崤函山中。献忠则在谷城治甲仗，言者知其必反，而帝信嗣昌倚文灿，不为忧。五月，献忠合十三家一时并起，设伏败左良玉兵，帝闻变大惊，削文灿官戴罪视事。嗣昌于六月甫由兵部尚书改礼部，兼东阁大学士，入参机务，仍掌兵部事。变既闻，上疏请斥不许，帝以既挠群议用嗣昌，悟其不足倚，而犹冀其一出平乱谢天下，遂命以辅臣督师，再疏辞不允，以九月杪抵襄阳入文灿军，听文灿自诉，且檄召文灿所用知府万年策、佥事孔贞会效用军前，而河南巡按高名衡既劾文灿，又劾二人以抚愚文灿不可用。嗣昌发愤疏辨，谓："廷臣以文灿不能剿贼，诬其无才；不能用兵，诬其无算。文灿特过持重耳，流寇数十百万，不可胜诛，必抚剿并施，方可解散。文灿收拾两年，功已十成六七，独献忠再叛，八营动摇，今以一眚废置，并所用之人訾之，非公论。"此疏见《明史稿·嗣昌传》。以此曲庇文灿，而帝卒重罪之，文灿以十三年十月弃市。

十一年九月，建州又复入边，以宣大，山西总督卢象昇督师御之。象昇亦以与嗣昌议不合，遂以监军中官高起潜分其兵，又扼其饷，陷象昇阵亡。又与起潜比，谓象昇不死。有诏验视，赞画杨廷麟得其尸，嗣昌故靳之。遣三逻卒察其死状，其一人俞振龙者，归言象昇实死，嗣昌怒，鞭之三百，暴尸八十日而后殓，终嗣昌未死之日，不得议邺。象昇以对建州主战，而嗣昌在本兵因与不合陷之，并欲没其死事之烈，此为嗣昌一大罪状。方是时，文灿主抚亦当嗣昌意，嗣昌归功文灿而欲倾承畴。帝以东事亟，召承畴、传庭入援，嗣昌议移承畴督蓟辽，且尽留承畴所率入援之秦兵，属承畴东守。传庭谓嗣昌："秦军不可留。秦军妻子俱在秦，久留于边，非哗则逃，不复为吾用。安危之机不可不察。"嗣昌不听，传庭疏争之，帝不能用，不胜郁郁，耳遂聋。初传庭入卫，象昇方战殁，命代统诸镇援军，请召对决大计，嗣昌以传庭与己多不同，高起潜亦与传庭不协，合而沮之，竟不得入朝。十二年春，承畴与传庭并受命，承畴督蓟、辽，传庭督保定、山东、河北军务。复疏请陛见，嗣昌大惊，谓传庭将倾己，饬来役赍疏还之，传庭愤甚，耳益聋，不能听机事，遂乞休，嗣昌又劾其托疾，帝大怒，斥为民，下巡抚杨一俊核真伪。一俊奏言非伪，并下一俊狱，传庭长系待决。举朝知其冤，莫敢言。系狱三年，至嗣昌败后，朝士乃交荐起督陕。嗣昌主兵柄时，大将任战者，仅卢象昇、孙传庭、洪承畴为最著。嗣昌陷卢死，并仇其死后，陷孙几死，复排洪于外，所倚所庇惟有熊文灿，此其任本兵时之所为也。而其时于颠倒命将是非之外，又有残民以绝国脉之大罪。当万历末，以清犯辽东，三次加派，已驱民走险而致大乱。崇祯间，一再加派，曰剿饷，曰练饷，合前万历末所加名辽饷，共谓之三饷。剿饷、练饷，皆嗣昌主议而帝用之，拥剿饷而不剿，拥练饷而无可练。至清入关而首除三饷，遂取中国而民已多数安之，是尤为新朝造取代之资矣。谓兵事正殷，非饷不济，清方以兵取天下，较之明以兵守天下者岂不更费武力，然以首革三饷而兴，求之宫廷节约，以养战士，自有其道。明君臣当危亡之时，竭力椓丧，不恤资敌，此固亡国之臣所为，亦岂非亡国之君所信用乎？

当十年三月，嗣昌始履本兵任，议设十面之网，并荐熊文灿为总理，即议增兵十二万，增饷二百八十万，其措饷之策四：一因粮，二溢地，三事例，四驿传。因粮者，因旧额之粮量为加派，亩输粮六合，石折银八钱，伤残地不与，岁得银百九十二万九千有奇；溢地者，民间土田溢原额外者，核实输赋，岁得银四十万六千有奇；事例者，富民输资为监生，一岁而止；驿传者，前此邮驿裁省之银，以二十万充饷。崇祯三年，以给事中刘懋请裁定驿站，给邮乘传有额，而河北游民向藉食驿糈者无所得食，溃兵煽之，为陕西民变炽盛之始。户部不敢违，议上，帝传谕："不集兵无以平寇，不增饷无以饷兵，勉从廷议，暂累吾民一年。"改因粮为均输，布告天下，使知为民去害之意，是为剿饷。帝言累民一年，本以一年为限，而遂为久计矣。

十二年，清兵入边，破济南始返。未解严时，廷臣请练边兵，嗣昌议各镇练兵数至七十余万。帝又采副将杨德政议，练民兵捍乡土，不他调，天下府千、州七百、县五百，汰府通判、州判官、县主簿。府改设练备，秩次守备；州县改设练总，秩次把总。嗣昌以势有缓急，请先行畿辅、山东、河南、山西，于是有练饷之议。

剿饷在嗣昌原议一年即止，饷尽而乱未平，诏征其半。至行练饷时，反并剿饷皆全征，帝虑失信，大学士薛国观、程国祥以为可行，嗣昌复言："加赋出于土田，土田尽归有力家，百亩增银三四钱，稍抑兼并耳，贫者何害？"帝意遂决。由是剿饷之外，复增练饷七百三十万。计辽饷在神宗末为五百二十万，崇祯初又增百四十万，后再增剿饷练饷，计千万，事例所入无定，其数不计入。先后增赋一千六百七十万，民不聊生，益起为乱。迨帝知悔前失，用大学士蒋德璟言，诏罢练饷，自成兵已逼城下，有诏而不复能行矣。夫古礼家之说，年不顺成，天地祖宗可以杀礼，社稷神只可以变置。古者神权最重，而救国只有夺典礼，而不闻可以剥民生。卧薪尝胆，乃有国者自处于极苦，与军民同其生活，自能尽全国之人力物力以渡此难关。若曰暂累吾民，君与相以及有禄之士大夫则不受其累，是薪胆之苦只有人民卧且尝也。崇祯间最用事最专且久之杨嗣昌，独为帝所特简，谓非亡国之君而何？

剿饷之用途犹有可指，若练饷之用途实为可笑。各镇就旧兵而抽练之，当时论者即谓九边自有额饷，概予新饷则旧饷安归？边兵多虚额，今指为实数，饷益虚糜而练数仍不足，且抽练而其余遂不问，则旧饷之兵公然不练，而练者又仍虚文，加练饷而边防愈弱矣。至州县民兵益无实，徒糜厚饷。凡此皆以嗣昌主之，且事巨莫敢难也。此皆嗣昌居中用事之亡国成绩也，其督师以后则又有可言矣。

嗣昌入熊文灿军受代，以十月朔崇祯十二年。大誓三军，以左良玉有将才，请拜为平贼将军，报可。良玉既佩将军印，志寝骄，遣使以书谢，嗣昌不悦。会贺人龙败献忠于兴安，请进秩赐奖，欲渐贵之，以抗良玉。良玉知之甚愠。恩威不足以相服，而用术数交斗于将帅之间，武夫无肝胆可共，危急时孰能用命？当是时，官军虽新胜，而嗣昌申养锐之戒，诸将遂无斗志，虽遣将但遥相应，未令合击。代嗣昌为本兵者傅宗龙，克十二月平乱，又数趣分道进兵，嗣昌迁延至岁暮未一战，张琮、贺人龙之捷，本非嗣昌功，其所檄湖广巡抚方孔炤遣杨世恩、罗安邦两将攻罗汝才、惠登相者，则全军覆于黄草坪。孔炤本屡取胜，至是所部一败。嗣昌以孔炤先条上熊文灿主抚之误，心衔之，又忮其言中，遂独劾孔炤逮下狱。孔炤子检讨以智，伏阙讼父冤，膝行沙坂中两年，帝心动，始议前功，减死遣戍，则遇败巧中他疆臣以自免之一事也。嗣昌驻襄阳，既节制各路军，乃以楚地广衍，乱难制，驱使献忠等入蜀，冀因地险蹙之可全胜。又虑蜀兵扼险，恐彼不得入，遂调蜀锐万余为己用，使蜀中罢弱不足支。蜀抚邵捷春愤曰："督师杀我！"争之不能得。于是献忠遂西。其时总督陕西三边军务为郑崇俭，由本兵令兼督蜀军，嗣昌亦檄秦军入蜀，崇俭遂以十三年二月率副将贺人龙、李国奇会左良玉，败献忠于玛瑙山。山在达州，由楚入蜀之路。崇俭身在行间，嗣昌远处襄阳，而帝以嗣昌一出即奏捷，大悦，赏功犒师，悉归功嗣昌。既而捷春以嗣昌弱其兵，秦师入蜀者，又以崇俭奉命还关中，亦噪而西归，蜀无防御之力，献忠等尽萃蜀中。楚将奉嗣昌令追献忠入蜀者，败于土地岭。献忠攻蜀各郡县，嗣昌果委罪蜀军，斩蜀将邵仲光，而劾捷春逮下狱论死，捷春仰药死狱中。捷春清谨有惠政，被逮日，士民哭送，竞逐散来逮官旗，蜀王亦疏救，不听。则嗣昌不任弃蜀之罪而巧陷他疆臣之又一事也。蜀既陷，嗣昌为自免计，已陷捷春，又奏崇俭撤兵太早，削其籍。迨嗣昌败死，帝尚恨崇俭不与嗣昌犄角共平乱，逮下狱，不俟秋后，以五月弃市。南都时，给事中李清始讼其有胜无败，而为他人巧卸、遂服上刑之冤。则嗣昌既陷蜀，而凡稍能军之疆臣皆为卸罪之故连陷以死之又一事也。

帝于嗣昌始终眷注，慰劳赐敕，犒师发帑，一再相望。嗣昌以献忠等尽入蜀，身率师尾之，檄诸将邀击，令俱不行。下令降者授官，惟献忠不赦，擒斩者赉万金爵侯。翊日，军府自堂皇至庖湢遍题："斩嗣昌献者，赉白金三钱。"嗣昌骇愕。嗣昌小有才，躬亲簿书，军行必自裁进止，千里待报，常失机会，郧阳抚治王鳌永尝谏之，不纳，旋奏罢鳌永而代以袁继咸。鳌永上书于朝曰："嗣昌用师一年，荡平未奏，非谋虑之不长，缘操心之太苦。天下事，总挈大纲则易，独周万目甚难，况贼情瞬息更变，举数千里征伐机宜尽出一人，文牒往返，动逾旬月，坐失事机，无怪乎经年不战也。其间玛瑙山一捷，督辅本号令良玉退守兴安，若必遵之，无此捷矣。陛下任嗣昌，不必令与诸将同功罪，但责其提衡诸将之功罪；嗣昌驭诸将，不必人人授以机宜，但核其机宜之当否；则嗣昌心有余闲，自能决奇制胜，何至久延岁月，老师縻饷哉？”鳌永所陈，颇中嗣昌之病。帝令中枢饬嗣昌，嗣昌性所偏，不能从也。鳌永明亡后降清，入《贰臣传》。献忠等既横行蜀中，由蜀南而复西。十四年正月，嗣昌统舟师下云阳，檄诸军陆行追击，诸军惟猛如虎蹑其后与战黄陵城，大败，献忠入楚。嗣昌檄良玉兵不应，献忠乃轻骑一日夜驰三百里，抵襄阳，诱启城门，执襄王。献忠坐王堂下，予之酒曰：“吾欲斩杨嗣昌头，嗣昌在远，今借王头，俾嗣昌以陷藩伏法，王努力尽此酒。”遂害王。襄阳故熊文灿所驻，嗣昌来代，以其地为重镇，设守甚备，竟被破之。嗣昌在夷陵，惊悸，上疏请死，下至沙市，又洛阳已陷，福王亦遇害，益忧惧，遂不食，以三月朔日死。廷臣交章论列，嗣昌已由郧抚袁继咸、河南巡按高名衡以自裁闻，而其子则以病卒报，莫能明矣。廷臣论嗣昌罪，帝终念之，赐祭，令有司护柩还籍，且论前功，进太子太傅。后献忠陷武陵，发其七世祖墓，焚嗣昌夫妇柩，其子孙获半尸改葬焉。

嗣昌在中枢，在内阁，所倚者熊文灿，所忌而陷之者卢象昇、孙传庭。其才苟在平世，未尝不可供簿书文墨之用。要其苛察自用，无知人之明，尤根本误在柄国而不知恤民，与帝同一受病，谓其甘心祸国，有何等赃污渎职，则非也。帝固以此信之，嗣昌亦以此自信。其子山松，后作《孤儿吁天录》，到处为乃父辩诬，言其有劳无过。当清修《明史》之日，冀以此涂饰史馆诸人耳目，为作佳传。馆臣未受其误，然当时固有受误者矣，潘耒《遂初堂集》有《阅孤儿吁天录》诗云："是父有是子，忠孝声不坠。信史垂千秋，公论未宜废。"等句。竟颠倒黑白至此！

建州之为明患，清太宗之继承太祖，由天命改称天聪，乃在崇祯改元之先一年。其对明屡言愿和，亦未必非蓄锐持重本意。自袁崇焕遣使通吊以后，任事者亦非无欲和之意，在明欲休民整军，实宜许和而修内政。乃力已不竞，必争虚憍之气，欲建州屈身归罪，而后宣赦受降，其势不能。于是君臣间务为掩耳盗铃之计，意实愿和，而有人揭明和字，必引为大耻，谴责任事之臣，朝野议论，亦以言和者为卖国大罪，劫持君相，君相又无知己知彼之定力，始用反间而杀袁崇焕，使天下误信为以言和受戮。既而陈新甲在兵部主和，而帝意亦向之，惟意在委其事于本兵，或者外有虚骄之浮言，即可谴本兵以自盖其丑，君臣间先有此等巧卸谬见。一闻新甲扬言主和已得帝允，则发怒杀之，天下亦多以为主和当杀。危急时一听不负责任者之意气用事。又敢于敲剥国中，驱民走险，以自剿绝其命，此所以童昏之武宗、熹宗不亡国，时未至也；思宗而欲免于亡，非于任人恤民两事加意不可，乃俱反之，独自谓"非亡国之君"，此其所以死而不悟其非也。若自知所为足以亡国，或尚有一线之望耳，乃至殉国之日，犹曰"朕非亡国之君"，可谓至死不悟矣。至后人亦谅其非亡国之君，则美其能殉社稷，固应善善从长也。

自熊文灿主抚，杨嗣昌受代督师，皆与张献忠为相涉。李自成之起在献忠后，闯王之号本袭高迎祥旧称，迎祥与献忠为同起。至自成露头角，在车箱峡一役，用计得出险，事在崇祯七年六月。八年正月，陷凤阳，燔皇陵，自成从献忠求皇陵监小阉善鼓吹者不得，怒偕迎祥辈入陕，而与献忠分途。献忠独东下。自成在陕与洪承畴军久周旋，自成兄子过与高傑，皆为所部勇悍善战者，屡败官军，既而杰降承畴。九月，承畴与自成大战渭南、临潼，自成败，遂复偕迎祥出朱阳关，与献忠合，陷陕州，攻洛阳，出入豫、皖之间。而是时卢象昇新授总理江北、河南、湖广、四川军务。九月春，自成、迎祥等方南犯，已临江，犯江浦、六合不得逞，西攻滁州，象昇自凤阳会诸路师来援，大破之于朱龙桥。时官军屡衄，诸将畏惧不前，象昇激以忠义，军中尝绝粮三日，象昇亦水浆不入口，以是得将士心，战辄有功。迎祥等再入豫、楚、秦、蜀之交，纷集山谷，迄不能平。迎祥与自成由郧、襄山谷再分道入陕，迎祥趋兴安、汉中，自成走延绥犯巩昌，一再败官军，自成势复振。会廷议推孙传庭为陕抚，乃遣将击斩据商雒之整齐王，躬督军破迎祥，迎祥被擒，时在九年七月。自成继迎祥为闯王，李闯之称实始于是。

当传庭督战关中之日，正清太宗大举入塞之时，清兵由喜峰口入，蹂躏畿辅，京师戒严。卢象昇入援北去，改任宣大总督，承畴、传庭任军事，屡获胜，而荆、襄改任熊文灿为总理，与杨嗣昌相倚，主招抚。献忠以受抚藉饷养锐，自成则为洪、孙所迫入商洛山中，一时势焰稍衰。十一月九日，清兵再入边，嗣昌在本兵，既陷卢象昇致战死，又忌孙传庭逮之下狱，而调洪承畴督蓟辽，平乱之军事一委之熊文灿。于是自成、献忠复起。至文灿罪状昭著，嗣昌自出督师，入蜀多与献忠接触，而自成独走河南，收集众多，得阉党尚书李精白子信，以曾发粟活饥民，为民所德，归自成为之号召。又有卢氏举人牛金星、卜者宋献策皆归之。改李信名岩，听其言，散所掠财物振饥民，有“迎闯王，不纳粮”之词，儿童相歌以煽动，从自成者日众。福王常洵封于洛阳，拥厚赀不恤士，自成至，营卒与通陷其城。自成颇得饥民爱戴。一再围开封不克。会杨嗣昌已累败而死，复起孙传庭于狱中，时在十五年正月。传庭方日夜治军于关中，自成三攻开封，监军御史苏京趣传庭出关，传庭上言兵新募不堪用，帝不听，不得已出。九月抵潼关，开封已陷。自成西行逆秦师，传庭军先胜后败，天大雨，粮不至，士卒采青柿以食，冻且饥，故败，谓之“柿园之役”。传庭败归陕西，计守潼关，扼京师上游，且军新集，不利速战，益募勇士，开屯田，缮器积粟，督工严急，秦民苦之。秦士大夫乃相与哗于朝，言“秦督玩寇”。十六年五月，朝命兼督河南、四川军务，又加督山西、湖广、贵州及江南北军，赐剑趣战益急。传庭不得已，叹曰：“往不返矣，然丈夫岂能再对狱吏？”诀妻子再出师。时自成方据襄阳，号襄京，署置官属，自称新顺王。集议所向，牛金星劝走京师，杨永裕请下金陵，断北方粮道，顾君恩独曰：“金陵居下流，失之缓；直走京师，不胜退安所归？失之急；关中桑梓地，百二山河，得天下三分之二，先取之立基业，旁略三边，资其兵力攻取山西，后向京师，庶进战退守，万全无失。”自成从之。乃集众谋渡河，传庭分兵防御，既迫于朝议出师，遂与自成战大破之于郏，几禽自成。会天大雨道泞，粮车不进，自成以轻骑出汝州截粮道，传庭乃分军，自率军迎粮，其守营军于传庭既行，亦争发，自成军遂蹑其后，官军大败，传庭至潼关，不复振。十月，自成陷潼关，传庭死之，自成遂达成入关之谋。传庭两出师，皆为雨所败，亦天时人事相会以助自成，遂竟亡明。或言传庭不死，帝疑之，不予赠荫。不半载，京师亦不守矣。

自成入潼关，列城不攻自破，遂攻西安，守将开门纳之，执秦王存枢以为权将军，余宗藩及文武大吏死或降相继。乘胜取宁夏，下庆阳，执韩王亶𪣻。攻兰州，甘肃巡抚林曰瑞死之，进陷西宁，于是肃州、山丹、永昌、镇番、庄浪皆降，全陕皆没。十七年正月庚寅朔，定国号大顺，改元永昌。先得西安及属城时，已改其故乡延安府曰天保，米脂曰天保县，清涧曰天波府，至是改己名曰自晟，追尊其曾祖以下加谥号，以李继迁为太祖。设天佑殿大学士，授牛金星，置六政府尚书，设弘文馆、文谕院，谏议、直指使、从政统会尚契司、验马寺、知政使、书写房等官。复五等爵，大封功臣，侯刘宗敏以下九人，伯刘体纯以下七十二人，子三十人，男五十五人。定军制：有一马儳行列者斩之，马腾入田苗者斩之。籍步兵四十万，马兵六十万。兵政侍郎杨王休为都肆。出横门至渭桥，金鼓动地。令弘文馆学士李化鳞等草檄驰谕远近，指斥乘舆。先是自成既下全陕后，乃遣兵渡河陷平阳，杀宗室三百余人，进陷各县，至是多望风送款。二月，自成自渡河，破汾州，徇河曲、静乐，攻太原，执晋王求桂，巡抚蔡懋德死之。北徇忻、代，宁武总兵周遇吉战死，并边东陷大同，杀代王传𤏡，代藩宗室殆尽。攻宣府，总兵姜瓖降，巡抚朱之冯死之，遂趋阳和，由柳沟逼居庸，总兵唐通、太监杜之秩迎降。三月十三日焚昌平，先遣人辇重货或贾贩都市，或充部院掾吏，刺探机密，朝廷有谋议，数千里立驰报，而兵部发骑往探，辄勾之降，无一还者。游骑至平则门，京师犹不知。十七日，环攻九门，门外先设三大营悉降。京师久乏饷，乘陴者少，益以内侍，内侍专守城事，百司不敢问。十八日，攻益急，既降之大同监视太监杜勋，自成遣缒入见帝，索禅位，帝怒叱之，下诏亲征。日暝，帝所尊信之太监曹化淳启彰义门，自成军尽入，帝出宫登煤山，望烽火彻天，叹曰："苦我民耳！"归乾清宫，令送太子及永王、定王于戚臣周奎、田弘遇第，剑击长公主，趣皇后自尽。十九日天未明，鸣钟集百官，无至者，复登煤山，书衣襟为遗诏，以帛自缢于山亭，帝遂崩，明亡。综帝之世，庙堂所任，以奸谀险谄为多且久，文武忠干之臣，务摧折戮辱，或迫使阵亡，或为敌所擒。至不信外廷，专倚内侍，卒致开门引入，而当可以恤民时，君臣锐意刻剥，至临殉之日，乃叹曰“苦我民！”使早存此一念，以为辨别用人之准，则救亡犹有可望，乃有几微大柄在手，即不肯发是心，犹不自承为亡国之君，何可得也?

第七章　南明之颠沛

《明史》成于清，清入北都，早正位号，即不以明后为有国家之传统。自古征诛得国，如汉之于秦，明之于元，为民除暴，无须假借于所胜之朝。元之于宋，与清相类，其于宋后，犹列二王于瀛国公之次，附本纪之末，明乎其为宋之君也。清历世为明属，受官借势，并于急难时赐居边内以保存之，其与明较元之与宋有间。至其修史，乃深没南明，颇为人情所不顺。当《明史稿》成时，南明三主，已援元修《宋史》例，止称三王，然不次于本纪之后，而特于诸王传之外，特辟《三王传》，自为一卷，犹见其与寻常诸王不同。至正史成，而三王各附入其始封之王后，为其嗣王，位置与他嗣王等，则更掩其保明遗统之迹矣。今特矫而正之，叙事虽不能详，名义要不可终晦也。

第一节　弘光朝事

崇祯十七年三月十九日，帝后殉国。四月十二日己巳，凶问至南京，时参赞机务南京兵部尚书史可法督师勤王在浦口，诸大臣会议立君，仓猝未定，亲藩中福王、潞王避兵在淮上，前侍郎钱谦益、郎中周镳、兵部佥事雷缜祚入说兵部侍郎吕大器，言：“福王立，虑修衅三案。”大器遂与都御史张慎言、詹事姜曰广移牒可法，言：“福王伦序当立，而有七不可，曰贪，曰淫，曰酗酒，曰不孝，曰虐下，曰不读书，曰干预有司；潞王贤明，当立。”可法亦以为然。凤阳总督马士英潜与阮大铖计，议立福王，咨可法。可法以七不可告之，而士英已与黄得功、刘良佐、刘泽清、高傑发兵送福王至仪真，于是可法等迎王。王名由崧，父常洵，以神宗爱子始封福王。

此为南都定策时已开众正被摈之隙。三案之衅，皆涉郑贵妃及福王。今之嗣福王立，将为东林患，固微属东林私意，但积久之国衅，亦自以消弭为宜，且其七不可之说，实有所见，观后来弘光不道，尽应其语。以伦序言，福王为神宗孙，乃烈皇从弟；潞王为神宗侄，乃烈皇从叔，其可嫌者甚微，而潞王两世皆以轻财急公闻，详具本传，所谓贤明者不妄。明祚危悬丝发，择君宜急，不得谓尽缘东林党见也。故主立潞王者多为殉国正人。马、阮成心翻覆，挟福王为奇货，并以七不可之议告王，使与诸正人构怨，罪以二心，由是诸忠尽斥外。马、阮当权，怂恿弘光为祖母复仇，尽翻逆案，促使南都一年而覆。若拥立稍得其人，当时明室气脉相续，人望尚归一，号令易行，即清人亦有顾忌，未尝不以南北分疆为幸，何敢遽期统一哉？南都一下，情势大变，既立福王，必至于此。一废一兴，天实为之，论明事者不能不叹息痛恨于马、阮矣。

五月戊子朔，王入南京，谒孝陵及懿文太子陵，谒奉先殿，以西华门外内守备府为行宫，百官进见，王赧然欲避，史可法陈战守大计，当素服郊次，发师讨罪，示天下以必报仇之义。王唯唯不能答。庚寅，初三日。王就监国位，发大行皇帝丧，大赦，免新加练饷及崇祯十二年以后一切杂派，并十四年以前各项钱粮实欠在民者。旋以史可法、高弘图、马士英入阁，士英仍督凤阳。方廷推阁臣，诚意伯刘孔昭以附和士英有拥立功，攘臂欲并列，众以本朝无勋臣入阁例，孔昭勃然曰："即我不可，马士英何不可？"乃并推士英。又议起废，推郑三俊、刘宗周、徐石麒，孔昭独举阮大诚，可法以先帝钦定逆案沮之。士英闻以阁臣仍督师之命，大怒，以可法七不可书奏之王，而拥兵入觐，拜表即行，可法遂请督师，出镇淮扬。丙申，初九日。士英入朝。戊戌，十一日。群臣劝进。先是，张慎言主即正位，可法以太子存否未确知，或南下，姑徐之。至是急劝进，遂定十五日壬寅即皇帝位，以明年为弘光元年。于是刘孔昭讦奏张慎言定策时有二心，高弘图、姜曰广皆乞退，太常少卿李沾又劾吕大器二心。初可法、弘图、曰广、慎言等皆宿德在位，将以次引海内人望图治，而士英结操江刘孔昭、总兵高傑、刘泽清、刘良佐、黄得功等趣可法督师，留己辅政。以定策时有异议为二心，使诸宿德皆不安。而极力引大铖，大铖名在逆案。士英特言其山中致书与定策谋。又令孔昭及侯汤国祚伯赵之龙等攻慎言，而荐大铖知兵。大铖复结太监韩赞周，因以遍结群阉，备言东林与郑贵妃、福王之相阨，以倾可法等，而盛称大铖才。遂命大铖冠带陛见，旋以中旨起为兵部添注右侍郎都御史刘宗周力争，乞寝成命，有旨切责。未几，大铖兼右佥都御史巡阅江防，不数月而升尚书，悉引逆案中人，遍布言路，结勋臣刘孔昭辈，尽罢吕大器、姜曰广、刘宗周、高弘图、徐石麒诸大臣。士英独握大柄，一听大铖，日以锄正人引凶党为务。清兵南下，可法以闻，士英大笑不止。人问其故，士英曰："此史公妙用也。岁将暮，将吏应叙功，军资应稽算，此特为之地耳。"侍讲卫胤文窥士英指，论可法督师为赘，即擢胤文兵部侍郎，督高杰所部兵以分督师之权，可法益不得调遣诸镇，束手于北兵之来矣。

其生衅于内以挠边备者，左良玉拥兵镇武昌。福王之立，马士英结高傑等江北四镇居为功，良玉不预闻，既而监国诏至，诸将或劝帅兵东下，不奉诏，良玉虽不从，而迟迟不遽拜诏，九江总督袁继咸书至，言福王伦序之正，邀同入朝，乃开读如礼。马、阮以继咸疏论老成当用，举刘宗周、黄道周等名，士英恨其刺己。继咸又为姜曰广辩诬。湖广巡按御史监良玉军之黄澍劾士英，士英遣缇骑逮之，继咸为澍申理。士英积怒，遇所陈奏及题用监司郡县官悉停寝，而大铖在兵部，于继咸奏调部将给敕时索贿愈苛。马、阮党屡劾继咸。有御史黄耳鼎者，劾继咸诬以劝良玉立他宗，良玉不从，冀构继咸、良玉之隙，而良玉常以不拜监国诏自疑，闻疏语益惧。弘光元年三月，有称崇祯太子者至南都，朝廷指为伪，锢之狱中，士民不满弘光之政，藉藉谓士英等朋奸导王，谋害故太子。黄澍又在良玉军中日夜言太子冤状，请引兵除君侧恶，士英又以憾继咸裁上游诸军饷，良玉大憾，上疏请全太子，斥士英等为奸臣，并移檄远近，声士英罪。士英惧，乃悉遣阮大铖、朱大典、黄得功、刘孔昭等率兵御之，又檄江北刘良佐等兵从以西上。时清兵日南下，廷臣有言亟守淮、扬者，士英厉声叱言:“若辈东林犹藉口防江，纵左逆入犯。北兵至犹可议款，左逆至则若辈高官，我君臣死耳。”力排备御淮、扬之议。会良玉死，其子梦庚真反，连陷郡县，至采石，得功与相持，大铖、孔昭方虚张捷音，以邀爵赏，而清兵已破扬州，史可法殉，直逼都城，弘光出走太平奔得功军。士民破狱出所谓故太子者立之。数日而清兵至，勋戚及大臣挟以出降。刘良佐在降将中，请于清帅豫亲王多铎，追擒弘光自効，及之芜湖，得功自刎，良佐挟弘光归，南都亡。隆武时上尊号曰圣安皇帝。明年五月，弘光被害于北京。永历时上谥曰安宗简皇帝。弘光在位，政由马、阮，其所自为之事，惟亟选淑女，思听梨园新声。自崇祯十七年五月即位，八月间以母妃命大选淑女，群阉借端肆扰，隐匿者至邻里连坐，兵科给事中言中使四出搜巷，凡有女之家，黄纸贴额，持之以去，闾井骚然，明旨未经有司，中使私自搜采，甚非法纪。御史朱国昌亦以为言。乃命禁讹传诳惑者。寻复使太监李国辅等分诣苏、杭采访，民间嫁娶一空。是年除夕，御兴宁宫，怃然不怡，侍臣请故，曰："后宫寥落，且新春南部无新声。"内监韩赞周泣曰："臣以陛下令节思皇考先帝耳，乃作此想耶？"又元夕上自张灯，赞周曰："天下事正难措手，卧薪尝胆，犹恐不胜，躬此琐屑胡为？"曰："天下事有老马在，汝不必多言。"清兵至，各城闭门，集内官问计，韩赞周劝以亲征，不听，集梨园子弟杂坐酣饮，漏二鼓，与内官数十人跨马出通济门而去。

故太子之狱，当时哗然谓太子为真。以今考之，上年冬，太子已见于北都，清廷亦以为伪而杀之，有太子外祖周奎一家先与相认，并长公主亦在奎家，兄妹相见大哭，则此为真太子也。后周奎出首，清使明故妃嫔宫监杂辨，凡言真者杀之，自无敢辨其非伪者。且《清实录》于顺治元年五月，摄政王入北京时，书改葬明帝后及袁贵妃，后又书明熹宗妃任氏等发见给予收养，并无袁妃其人，乃于辨识故太子时，又忽书袁妃与其事，盖以袁妃为太子庶母，自应能识太子，不比天启任妃之疏远。任妃乃客氏养女，所以蛊惑熹宗者，其人流落民间，旋自出乞恩，且曾冒充天启皇后，为内监高永寿识破。此人求媚于清，而以太子为伪，自在意中，清乃又伪托为袁妃，致《实录》前后矛盾。盖北都所杀太子为真，南都太子实伪，但南中士民痛恨弘光益盼太子为真而坚信之耳。逮刘良佐挟弘光回，南都市民至夹路唾骂，投以瓦石，以此为救亡图存之主，宜其难矣。故无论北向中原，即欲仅成偏安之局亦不可得，不能不谓马、阮之拥立为速斩明祀之因也。南都伪太子一案外，又有伪妃童氏，弘光之所不认，士民则皆以为帝之蔑伦失道，事不甚系兴亡，欲详当读南明专书。马、阮之归结，或言降清后有通福京文据被诛，或言马自走死，而阮则尚有导清兵炮攻金华以报私憾之事。亡国大罪人，即一死亦不足蔽辜，传闻纵有异词，于罪恶无所轻减也。

第二节 隆武朝事

隆武帝讳聿键，为明疏属，原嗣封唐王，太祖第二十三子唐定王桱之后，父器墭为唐世子。祖端王硕熿，惑于嬖妾，欲立其爱子，囚世子十余年，王年十二从囚。世子为其弟毒死，地方守道知府怵端王以事露获罪，惧而请立王为世孙，王年二十八矣。逾三年，崇祯五年，端王薨，王嗣位。九年八月，京师戒严，王率护军勤王，又杀其两叔。事闻，下旨切责，部议以擅出境罪，废为庶人，安置凤阳高墙。凤阳陵奄索贿不得，用祖制墩锁法困苦之，有司廪禄不时，资用乏绝，王病几殆，妃曾氏刲股疗之始愈。南都立，大赦，出高墙，礼部请复故爵不许，命徙居广西之平乐府。乙酉五月，行抵杭州，南都已覆，王劝潞王监国，不听。时镇江总兵郑鸿逵、郑彩自京口，户部郎中苏观生自南都胥会于杭。逵、彩与王语及国难，沾泣襟袂，奇之，使所部卫王入闽。既而杭州文武大吏以潞王降清，二郑全师回闽，与巡抚张肯堂等议奉王监国。弘光元年六月甲戌，二十三日。次浦城。闰六月癸未，初二。各官迎谒于水口驿，南安伯郑芝龙、礼部尚书黄道周及肯堂三上笺劝进，丁亥，监国福州。鸿逵又议："不正位无以厌众心，杜后起。"丁未，二十六日。即皇帝位，大赦，改元隆武，以福建为福京，福州为天兴府。上少遭患难，慨然以复仇雪耻为务，布衣蔬食，不御酒肉，敕司礼监："行宫不得以金玉玩好陈设。"器用瓷锡，帏幄衾褥皆布帛，后宫无嫔御，执事三十人而已。郑芝龙进美女十人，留之而绝不御，中宫懿旨选女厨十人，上以为扰民不许。素好读书，博通典故，手撰三诏《登位诏》。与《鲁监国书》，群臣皆莫能及。在凤阳幽禁时，遭吏虐几殆，淮抚路振飞疏请加恩罪宗，置吏无状者石应诏于法，登极后感旧恩，募能致振飞者赏千金，秩五品。振飞至，拜太子太保，吏、兵二部尚书，文渊阁大学士。开储贤馆，定十二科取士，以苏观生领之。爱郑芝龙子郑森才，赐国姓，改名成功，命提督禁旅，即延平王也。是时宗室诸王流窜南方，臣民奉之建义者如云而起，其不忘明则同，而属望不一，无统摄号令可行，已与南都初建时物情迥异。义师前赴后继，徒为忠臣义士以死殉国之归宿。其稍能支持者，则以浙东张国维、朱大典、孙嘉绩等奉鲁王以海监国于绍兴，赖海上风涛能限戎马，入海中自保甚久。此外则倏起倏仆，亦有甫谋起事而已败死者。时李自成已一据京师而败；张献忠乃独霸于川中，以崇祯十七年之冬，十一月庚子十六日。据成都，称大西国王，大顺元年。自成死后，其众推其兄子锦为主，同自成妻高氏，归于湖广督师何腾蛟，一时增兵十余万，其属皆授总兵官，锡锦名赤心，高氏弟一功名必正，号其营为"忠贞营"，此军遂为南明之主力矣。

隆武之为君，胜于弘光者不可以道里计，而事势之不及弘光时亦不可以道里计。东南财赋之地，无一足资统摄之人，起义者数十百起，散漫，徒供清军荼毒，稍能自立之鲁监国，即与福京势不相下，何以尊国势而御外侮？此不能尽责两方之不顾大局，其威信不素立，名分不前定，同时起事，拥戴者各认所主，无天然折服之道也。弘光时则惟定一君，又惟以南都为应建国之地，故使得南都建号者早为隆武，至少可偏安暂定，以后各视机会为进退。天生马、阮以破坏之，使明臣无择君之余地，则其不欲一姓再兴，若冥冥中有主之者矣。鲁与福京之龃龉别见第四节《鲁监国事》。

隆武帝之恭俭，承弘光之后，亦若崇祯之承天启，而其见短之处，亦正与烈皇相类。《明史·路振飞传》："王每责廷臣怠玩，王即谓隆武帝。振飞因进曰：'上谓臣僚不改因循必致败亡，臣谓上不改操切亦未必能中兴也。上有爱民之心，而未见爱民之政；有听言之明，而未收听言之效，喜怒轻发，号令屡更，见群臣庸下而过于督责，因博览书史而务求明备，凡上所长皆臣所甚忧也。'其言曲中王短云。"此可知其人君之度矣。帝始为郑氏所拥戴，闽中兵事惟郑氏擅之，芝龙以海盗受巡抚熊文灿之抚，至是拥众在闽，兄弟进侯封，子侄居显职，自负勋望，与辅臣黄道周争班列，欲占其上，不得则与廷臣不睦。又张战守兵数，饷不能给，则设助饷事例，大鬻官爵。趣使出兵，则以饷绌为辞。黄道周以武臣无出兵意，自请以使相募兵江西，为进取计。既行，帝决意亲戎，而兵事皆掌于郑氏。帝将行推毂礼，芝龙乃以弟鸿逵为帅，从子彩为副，分向浙、赣，出关未越五百里，疏报饷竭而还。何腾蛟纳自成之众，兵势既盛，乃遣人迎帝入楚，杨廷麟方以兵部尚书领忠诚社兵驻赣州，迎帝入江西，各为恢复计。原任知州金堡陛见，言腾蛟可恃，帝决出赣州后幸楚。隆武元年十一月，下诏亲征。十二月甲申，初六日。发福京。壬寅，十九日。督师黄道周败绩于婺源，被执。清兵克抚州，渐迫赣南。

二年，即清顺治三年。正月己酉朔，帝在建宁，以三大罪自责，不受朝贺。江、楚迎驾疏相继至，帝决出汀入赣，与湖南为声援，郑芝龙使军民数万人遮道号呼，拥驾不得前，表请回天兴，帝不得已驻延平。芝龙有异心，其子成功不附，对帝言："受恩义无反顾，愿效死。"帝嘉之，封为忠孝伯，挂招讨大将军印，时三月戊申朔也。是日，黄道周殉节于江宁，报至，恸哭辍朝。道周与弘武朝史可法皆纯忠大节，为万世钦仰，道周学问尤高，学者称石斋先生，邃于《易》，著述极盛，世称其能前知云。帝趣出师，郑氏不应，吏部尚书张肯堂疏请北征，乃加少保，兼户、工二部尚书，总制北征军，实无一卒。肯堂孙茂滋，家居华亭，起义而败，亡命入闽，言吴淞败卒犹相保聚，招之可集。肯堂请帝由浙东亲征，己以舟师抵吴淞，招诸军为犄角，芝龙复尼之，不克行。五月丙午朔，清兵逼赣州，杨廷麟、万元吉固守。是月，浙东江上兵溃，清兵以六月一日渡钱塘江，鲁监国航海去，浙之陆地绍兴、金华、衢州、严州皆陷，张国维、朱大典等皆死。郑鸿逵闻警遁入关，芝龙即通欵于清降臣洪承畴，托言海寇至，撤兵回安平，守关将士皆随去，仙霞岭空无一人。帝犹择日赴赣州，清兵过衢州。帝于甲午二十一日。出延平，宫眷皆骑，犹载书十余簏以从。次日乙未，清兵入仙霞关。丁酉二十四日。取延平，守土之臣多死之。清统兵贝勒询知帝由汀州趋江右，自取福京，而遣降将李成栋追帝。庚子二十七日。抵汀州，明日五鼓，有数十骑称扈跸者，突入行宫，从官福清伯周之藩、给事中熊纬皆斗死，帝后皆遇害。或曰清兵挟帝后归福州，后至九泷投水死，帝死于福州。十月，赣城闻汀州之讣，全城气索。丙子，初四。城破，杨廷麟、万元吉、郭维经、杨文荐等皆死之。永历帝立，遥上尊号曰思文皇帝。丁酉春，上谥曰绍宗襄皇帝。

绍武讳聿𨮁，隆武帝第四弟，隆武改元，封唐王以主唐祀。闽事败，浮海至广州，镇将林察迎之。时两广总督丁魁楚已奉永历帝监国肇庆。故大学士苏观生先由隆武帝遣募兵南安为入赣地，自南安遣主事陈邦彦奉表勸进，贻书魁楚欲与共拥戴事，魁楚拒之。乃自南韶旋师广州，与旧辅何吾驺等以十一月癸卯朔拥王监国。丁未初五。立为皇帝，称号绍武。以都司署为行宫，封拜拥立诸人，观生独掌军国事。按日举行幸学大阅郊天祭地诸钜典，一月覃恩数次，举朝无三品以下官。凡宫室服御卤簿，仓卒不办，通国奔走，夜中如昼，至有假冠服于优伶者。永历帝闻王建号，遣给事中彭燿、主事陈嘉谟至广州谕止，复召见观生所遣劝进之陈邦彦赍敕继行。燿、嘉谟备陈天潢伦序及监国先后，并责观生诸人甚切，观生怒，执杀二人。邦彦闻之不敢入，遣人以敕授观生，观生遣师拒桂兵于三水，为桂总督林佳鼎所败。佳鼎乘胜东下，广州总兵林察招海盗数万人战海口，佳鼎败死，肇庆大震，观生意得，遂务粉饰为太平。降将李成栋率清兵自闽入广，下惠、潮，即用两府印移牒广州报平安，观生信之不为备。十二月丁亥，十五日。王方视学，百僚咸集，俄报清兵逼，观生叱之曰："昨潮州尚有报，安得惑众妄言！"斩报者。已，兵自东门入，始召兵，不能集。城陷，王被获，安置东察院，馈之食不食，曰："我若饮汝一勺水，何以见先人于地下？"遂投缳死。观生亦自缢，官属从死者数人，而何吾驺率众降。

第三节　永历朝事

永历帝，神宗孙，桂端王常瀛少子，讳由榔。端王于天启七年就国衡州。崇祯十六年，张献忠陷衡州，走广西，居梧州。南都亡，广东在籍尚书陈子壮将奉端王监国，会隆武帝立，议遂寝。端王薨于梧，长子安仁王由楥袭封，居肇庆，未几亦薨。隆武帝以由楥弟永明王袭，即帝也。帝盖于崇祯九年先封永明，至是袭封，诏中有"天下王之天下"语。又尝语群臣："永明王神宗嫡孙，统系最正，朕无子，后当属之。"隆武二年八月，汀州变闻，总督丁魁楚、巡抚瞿式耜与巡按御史王化澄等议监国，旧臣吕大器等先后至，佥谓王统系正，贤而当立，乃以十月十四日丙戌监国肇庆，颁诏楚、滇、黔、蜀，魁楚、式耜、大器皆为大学士，化澄以下进爵有差。壬辰，二十日。湖广督抚何腾蛟、堵胤锡奉表劝进。以马吉翔、郭承昊、严云从、吴继嗣为锦衣卫使，以前太监王坤为司礼监秉笔太监。坤肆恶崇祯时，弘光时亦任事，入闽不用，至是复见任。宫宦卫使有承平时宿弊。是月，清兵取兴化、漳州，守臣皆死之。十一月癸卯朔，赣州败报至，魁楚、王坤奉王奔梧州，式耜不能止。丁未，初五。闻苏观生以唐王称帝于广州，魁楚奉王以甲寅日十二日。还肇庆。十八日庚申，即皇帝位，仍称隆武二年，改明年为永历元年。十二月癸酉朔，郑成功以父芝龙降清，劝止不听，走海上起兵，鸿逵义而从之。甲戌，初二。林佳鼎为广州兵所败，内批以王化澄代佳鼎督师。王坤复疏荐人望数十，给事中刘鼒疏论坤，夺鼒官，御史童琳言事，下廷杖，式耜力持之，得寝。盖阉人用事，内批、廷杖等旧习，寖寖复行之。旋广州败报至，式耜请守峡口，不从。丁酉，二十五日。王坤又趣帝奔梧州。是月，清兵在蜀，败张献忠，献忠死于西充凤凰山，余部孙可望等陷重庆之佛图关，渐入黔。

永历元年，清顺治四年。正月癸卯朔，帝在梧州。十六日戊午，李成栋以清兵取肇庆，帝奔平乐，瞿式耜从，诸臣多弃上自去，丁魁楚降于成栋，旋为成栋所杀。式耜奉帝由平乐如桂林。成栋尽取广东属郡，又取梧州、平乐、浔州。王坤又请帝入楚，式耜止之不得，请暂驻全州，疏言："半年之内，三四播迁，兵心民心，无不惶惑。我进一步，敌亦进一步；我去速一日，敌来亦速一日。若去而不守，即拱手送敌，请得以身留桂。"乃进式耜文渊阁大学士，兼吏、兵二部尚书，留守桂林，以焦琏兵隶之。二月丙戌，十五日。帝幸全州，时定蛮侯刘承胤自武冈以兵入卫，驻全州。清兵取长沙，何腾蛟退衡州。孙可望连陷贵州列郡。三月乙卯，十四日。清兵攻桂林，式耜率琏拒战，破之。清兵既退，承胤援兵至，反与琏兵主客不和，相击斗，大抢而去。承胤逐王坤，名尊朝廷，劫驾幸武冈，改其州为奉天府，政事皆决焉，跋扈遂不可制。李成栋闻桂林有主客衅，再来犯，焦琏复大破之，桂林获全，成栋不复来窥。八月，琏复收阳朔、平乐，陈邦傅复梧州，全桂稍定。方择日迎驾返桂林，而降将孔有德、耿仲明等以清兵又由湖南克宝庆，逼奉天，刘承胤降，帝走靖州，又如柳州，复奔象州。式耜连疏请还跸桂林。清兵又连取永州、辰州，逼全州，何腾蛟御却之，复逼梧州，帝欲走南宁，道阻，乃还桂林。

二年，顺治五年。正月丁酉朔，帝在桂林。是日，降将金声桓偕其党王得仁以南昌叛清来归。得仁又克九江，寻引还。会声桓攻赣州，而桂林有郝永忠败兵入掠之乱，式耜被劫出城。帝走南宁，何腾蛟入援，清乘之取全州。式耜、腾蛟复入桂林。清兵直抵桂林北门，腾蛟督焦琏等大破之。闰三月，清历作四月。李成栋又以广东叛清，劫总督佟养甲来归，乃迎驾还肇庆。腾蛟亦复取全州、永州、衡州，诸军更连复宝庆、常德。既而军帅内讧，争驻军地不相下，尽弃湖南新复州县，楚事遂不可为矣。

三年，顺治六年。正月庚申朔，帝在肇庆。戊寅，十九日。清克南昌，杀金声桓、王得仁，江西复陷。又陷湘潭，腾蛟死之。二月甲寅，二十五日。长沙复陷。乙卯，二十六日。李成栋兵溃于信丰溺死。初，江、广反正，楚军奏捷，中外谓兴复可期，一朝崩溃，举朝大骇。是时滇中孙可望已由巡抚杨畏知招使归欵，滇境尚为明有。四年顺治七年。正月乙卯朔，帝尚在肇庆，清兵旋陷南雄，帝出奔。清兵至韶州，南澳总兵吴六奇降，进逼广州，帝至梧州。十一月，清克广州，遂入桂林，瞿式耜、张同敞死之，大臣之忠正者尽矣。帝奔浔州。五年顺治八年。二月，帝在南宁，孙可望遣兵至，杀大学士严起恒等，挟封秦王，并杀大学士杨畏知，自是政在可望。九月，陈邦傅诱杀宣国公焦琏，率浔州数叛将降清，帝闻报，发南宁。十月，次新宁。十二月，清取南宁，帝走土司中，孙可望遣兵迎扈，请移跸安隆。六年顺治九年。二月，帝至安隆所，改名安龙府。可望奏遣所部李定国拒清将孔有德，刘文秀拒吴三桂。七月，定国复宝庆、全州，有德走桂林，定国攻拔之，有德自杀，执叛将陈邦傅父子，送贵阳可望所诛之。文秀亦取叙州，三桂走绵州，进拔重庆。赏恢复川、楚功，封定国、文秀皆为王，而可望骎骎有篡国意。帝在安龙，日益穷促，将吏罕人臣礼。马吉翔掌戎政，宦官庞天寿督勇卫营，谋逼上禅位可望。可望又自设内阁六部官，尽易旧印，立太庙，享太祖高皇帝主于中，张献忠主于左，右则可望祖父，拟国号曰后明。帝闻之忧惧，遣人密敕定国，谋出险，可望亦忌定国，袭之而败，相持不发。自六年顺治九年。至十年，帝皆在安龙，时清已为顺治十三年矣。其间于八年二月，可望闻密敕事，遣人至安龙胁帝索主谋者。帝谓必外人假敕宝所为，可望杀大学士吴贞毓等多人。帝在安龙，涂韦薄以处，日食脱粟。守将承可望意，更相凌逼，挟弹乘马，直入宫门，文吏乘舆过殿，呵之不下。九年冬，仍改安龙为安隆，岁造开销银米册报可望，称："皇帝一员月支若干，皇后一口月支若干。"帝亦隐忍之，苟延残喘而已。

十年顺治十三年。正月，可望复遣兵袭定国于南宁，为所败，降其众三千人，遂进趋安龙。可望知定国既决裂，必至安龙卫帝，三月，遣所部白文选将兵迎帝入贵州，太后闻之哭，从官皆哭，文选心动，故缓行候定国至，与连和奉帝走云南，抵曲靖。守滇者刘文秀，亦怨可望，因偕扈入省垣，沐天波迎驾，帝即居可望第。沐氏世镇云南，当北都既陷，所在蠢动，云南元谋土司吾必奎反，连陷郡县，天波檄各土司讨之。既定，而后至之阿迷土司沙定洲听奸民艳称沐氏世守之富，于隆武元年十二月朔，入城辞行，呼噪焚劫，天波逸而家属尽死，赀产尽被劫，省城为所踞。伪疏达福京，行镇守府事，悉兵追天波，陷列城。时杨畏知为金沧副使，以好语给定洲，又为天波筹策，得保楚雄、永昌两地，与之相持。石屏人龙在田为副将，退窜大理，始尝从熊文灿军，文灿受张献忠降于谷城时，与献忠部下多相识，献忠死，可望入黔，逼滇境，在田使人告急乞援，可望乃入滇。定洲久围楚雄，畏知坚守不下，可望来围解，与可望战大败，遁归阿迷，可望遂据云南，故省城有其第。阿迷地险，可望遣刘文秀攻不下，定国攻之，乃尽灭沙氏，故定国兵强，遂非可望所能制。定国亦归心于帝，可望篡夺之谋惮不敢发。及是，定国合文秀、文选与天波同奉帝都于滇，改云南府为滇都。可望虽怒，而以家口在滇，未敢反。明年夏，永历十一年，清顺治十四年。帝归可望妻子。七月可望反，定国、文秀御之，文选先归黔，至是纠可望部下马进忠等悉反正，可望狼狈归黔，挈妻子奔长沙降清。帝自入滇，稍具国体，追上弘光、隆武两朝尊谥等事，皆十一年四月朔事也。自此至十二年顺治十五年。之冬，帝皆在滇都。清于十二年二月，命贝子洛托、都统卓布泰偕降臣洪承畴、吴三桂、线国安分楚、蜀、粤三路取云贵。会永昌有反者，定国讨平之，清兵入黔不及救，遂失贵州地。至十月，清三路师皆会平越，势不可敌，定国部署诸将力抗。十二月，定国战败，清兵直抵曲靖，定国奔还滇都，请上出幸。时刘文秀已前死，遗表请帝入蜀；定国主入湖南蛮中；天波主走腾越入缅甸，众多是天波。定国泣请留太子慈烜督师，以牵制缅甸，帝犹豫不忍别幼子，乃尽发滇都，定国以大兵殿后，国势既摇，人心思叛，可望余党纠众谋劫定国，定国严备之。百官扈从男妇马步数十万人，日行不过三十里，兵士乏食，取之民间，所在逃避，御前供顿缺，庶僚贫病，离次不前，乘舆奔播之艰，不可言矣。

十三年顺治十六年。正月癸巳朔，帝次永平。乙未，初三日。清兵入滇都。丙申，帝驻永昌，下诏罪己。定国还前所赐督师黄钺，请削秩，不许。清兵益逼，定国遣兵扈上入腾越，身率大军继，渡潞江，相视磨盘山之险，设三伏以待追兵，三桂果入伏，忽大理寺卿卢桂生来降，泄其计，三桂大惊，以炮发其伏，所设之伏遂失序，清兵不尽覆，犹丧都统以下十余将，精卒数千，定国亦损兵而奔。诸军在滇境踞险设守者，闻定国走皆遁。帝先自腾越出奔，行二日，闻磨盘山之败，定国远逃，踉跄逮夜犹行，迷路大谷中，群臣妻子不相顾，乱兵劫掠，火光烛天，惊扰奔驰，及天明仍在故处，而贵人宫女已失去过半。乃决意入缅，而清兵亦惩于磨盘山之役，惮险不敢穷追，留三桂镇云南班师。帝至缅境囊木河，天波谕缅人奉迎具表如常仪。既居缅，天波谋拥太子返入铁壁关，调度各营为声援，王后不可，不果行。定国以帝入缅甸，君臣俱困异域，日益为缅人所轻无益，闻白文选在木邦，就之谋再举，文选意在卫帝，意不合，自率所部入缅，缅人以兵来拒之，文选与战不胜，亦不得入。定国在孟艮集溃兵，势稍振。从臣后至者与帝相失，帝尚驻井梗，诸臣径抵缅都阿瓦城。缅人以文选之兵亦前抵阿瓦阻还，疑来者复有异图，发兵围之，有被杀者，有自缢者，亦有降缅者，有流入暹罗国者，有被安置远方者，久之无存焉。三桂兵至姚安，文武往往出降。天波在内谋奉帝出缅辄为马吉翔等所沮，定国、文选及诸遗臣在外，屡以兵迎帝出缅，缅人不允，从臣亦多不愿行，辄为缅人所使，以帝命止兵。帝于永历十三年四月，缅人备龙舟鼓乐，迎于井梗，移跸阿瓦，至则于城外五六里者梗地有草庐十余间，奉帝居之，编竹为城，守兵百余人，从臣自备竹木，结宇聚处。久而与之习，短衣跣足，与缅妇之来贸易者杂戏，踞地喧笑，呼卢纵酒，缅人益轻之。其冬十月戊子朔，尚颁历于缅。十四年，顺治十七年。正月丁巳朔，帝在者梗。其秋，文选举兵迎帝，帝居者梗，为阿瓦之旧城，缅王居新城。文选抵阿瓦，隔新城不得达者梗，急攻新城垂克，缅人绐缓师以城奉帝，稍撤退，缅复固备，再攻反为所败，望城痛哭而去。而帝左右招权纳贿，以官为市，马吉翔用事，醉梦如故，庶僚贫者饥寒褴褛，大臣有三日不举火者。吉翔辈以语激帝，帝掷皇帝之宝，令碎之以给从臣，典玺太监李国用叩头不奉诏，吉翔与李国泰竟錾以分饷，拥赀自赡不顾也。有蒲缨者，大开赌肆，昼夜呼卢，帝焚其居，缨赌如故。华亭侯王维恭与杨太监拳殴喧嚷，声彻内外，俱为缅人所哂。是年，清议省云南俸饷，撤旗兵归，裁绿营额。三桂乃请索帝于缅，绝后患。清帝重其事，戒勿轻举，而三桂为拥兵计，力持之。十五年，顺治十八年。正月辛亥朔，帝在者梗。丁巳，初七日。清世祖崩，己未，初九月。圣祖即位，以明年为康熙元年。定国、文选方连兵迎跸，缅人阻之，与战大破缅兵，斩其将边牙倮。临金沙江，缅人尽烧其江船，据险设炮以守。定国等粮少气沮，退驻海滨。三桂檄缅人献帝自效，缅王不允。王弟弑其兄自立，来索贺礼，且言供给之劳，以七月十六日邀当事大臣渡河与盟，辞不赴。逾二日再至，请盟后得贸易自便，毋使我国久奉刍粟，既盟需饮咒水为信，故请大臣尽往，乃行，缅人缚而骈杀之，自黔国公沐天波以下四十二人皆遇害，存者惟帝与太后以下二十五人，其余宫眷及诸臣妻缢死者累累，从官未遇害者亦多自缢，凡自缢有名氏可纪男女二十二人。八月，定国、文选次桐坞，以十六舟攻缅，缅人凿沉其五，文选为部将所挟先引还，定国不得已，亦退还孟艮。九月，三桂以清兵追帝于缅甸，用降将马宝单骑说文选降。十二月丙午朔，三桂驻兵缅境旧晚坡，帝以书责之，词甚哀切。越二日戊申，缅人舁上暨太后中宫以献。见三桂，责问之，三桂不觉屈膝愧汗，自是不复见。总兵邓凯前以疾不与咒水之祸，至是从帝被执归，劝帝自决，帝未允。明年，清康熙元年三月十三日丙戌，三桂以帝还云南。四月十五日戊午，辇帝及太子出，以弓弦绞于市。太子时年十二，死时亦能骂贼。定国闻滇讣，躄踊号哭，表上帝祈死，于六月十一日生辰病作，谓其子嗣兴及部将靳统武："毋降清。"越数日卒，统武亦卒，嗣兴竟以所部降，而定国遂为永历朝最后之忠臣。邓凯入昆阳普照寺为僧。帝在缅末叶之事多其所述。

第四节 鲁监国事

鲁王讳以海，太祖第十子鲁荒王檀之后，兄以派崇祯九年嗣封。十二年，清兵入边，破兖州，以派被执，死。十七年十二月，乃以王嗣封。京师陷，诸王皆南下。弘光元年四月，命移驻台州。五月，南都不守。六月，浙中潞王亦降。闰六月，九江道佥事孙嘉绩、吏科都给事中熊汝霖起兵余姚，兵部尚书张国维起兵东阳，刑部员外郎钱肃乐起兵于鄞。鄞首遣举人张煌言奉笺赴台，请王监国。同时，宁波各县以兵以饷来归者数起，旬日复上笺，而国维等表亦至，迎王即日移驻绍兴，部署卿贰庶官，列兵江上，画地戍守。总兵方国安自浙西来，王之仁故为定海总兵由定海会兵者，与浙东义师屡战清兵皆捷，浙西义师亦蜂起，然不能进取杭州，已失机会。未几，分地分饷之议起，地丁正饷尽予方、王正兵，义兵取给义饷，待富户乐输，交争不平，而国安尤横暴，并取义饷。时隆武帝立于闽，颁诏至，将吏惬惑，谣称将避返台州，国维亟驰还令勿宣诏，与汝霖议，以唐、鲁均宗室，无亲疏之别；义兵同举，无先后之分，一称臣则江上诸将须听命于闽，无号令可行，肃乐则谓大敌在前，未可先自相仇，宜权称皇太侄报命，议大不合，卒如国维指以报，而闽、浙成水火。煌言受官为行人，自请充使赴闽释嫌。用内臣安凤仪、李国辅兼制军饷，饷更不可问。十一月，监国劳军江上，驻西兴，筑坛拜方国安为帅，各营佥听节制，国安遂檄初派支应义饷之鄞县、奉化不得应给，义军饷绝，肃乐以忠义相激，尚不敢叛。而马士英、阮大铖先后窜入国安军中，请朝见，不许。十二月，监国回绍兴，以谢三宾为礼部尚书，入阁办事。三宾，鄞人，故宫太仆，家极富，清兵下浙西，往纳欵归，至肃乐起义于鄞，三宾，密书贻王之仁曰："翕翕訿訿，出自庸妄六狂生，而一稺绅和之，将军以所部来，斩此七人，则事定矣，某当奉千金为寿。"稚绅谓肃乐年未四十，六狂生则诸生董志宁、陆宇𤏡、张梦锡、华夏、王家勤、毛聚奎，首倡义邀肃乐集绅议事，而拒已受清命之降官者也。肃乐亦遣人劝之仁来归，之仁两答之，约期至，至则会乡老出三宾书，数其罪，三宾叩首乞命，愿出万金助饷。至是，贿监国妃父张国俊，入政地，外倚方、王势，内通安、李二阉，与马、阮相呼应，遂表里作奸。方、王中之仁非国安比，见江上事阘冗，疏言："义师初起，人人有直下黄龙之志，一败后遂欲以钱塘为鸿沟，天下事尚何忍言！臣愿率所部沉船决一战，今日欲死犹及于战，他日即死恐不能战也。"不报。肃乐疏陈利害，言："国有十亡无一存，民有十死无一生。"监国亦深然之而无如何，但加肃乐官以慰之，力辞不许。余姚知县王正中进县人黄宗羲监国鲁元年丙戌《大统历》，命颁行民间。铸"大明通宝"钱。

监国之立，由浙东文士，不习兵事，而拥兵者为方国安、王之仁。之仁虽忠烈卒能殉国，然其争饷自擅，固武夫恒态，义师为所窘而溃，数月间事耳。其间已用阉人，徇外戚，无大志可知。颁历、铸钱等事，行之井井，固文人之所为也。

监国元年，隆武二年，清顺治三年。正月，遣使奉书入闽。三月，谍言清兵由海道来，移肃乐守海口，久之无所得饷，乃与孙嘉绩合疏请以兵归武臣，身并从军自效，温旨慰留。诸帅嫉甚，诬其贰于闽，遣客刺之，肃乐乃弃军拜表行，监国骇叹，令往海上偕石浦、舟山镇将张名振、黄斌卿等作窥吴计。清兵入钱塘，国维、之仁拒之，获胜，遂围杭州，不克而还。隆武帝亦遣使来犒师，为方国安部兵所杀，或曰马、阮嗾国安为之，构闽、浙之隙。乃命国维分兵备闽。四月，清兵隔江炮击国安营，破其厨灶，国安以为天夺其食，遽拔营走绍兴，劫王南行，将投闽，而马、阮衔弗纳之怒，劝献监国降清，遣人守监国。守者病，监国得脱，趋海门航海去。国维退守东阳，江上师尽溃，时新举义者纷集，亦皆散去。清兵取绍兴，士大夫抗节死者甚众，义乌亦破，国维死之。王之仁入海沉其妻孥，由松江至南京，抗言于洪承畴而死。朱大典守金华不下。国安、马、阮降清，为清兵攻金华，大铖先在金华被逐，知其城有不固处，导国安炮攻之，遂陷，大典发火药全家自焚死。监国出海时，石浦守将张名振以舟师扈行，至舟山，黄斌卿不纳，乃入闽。时福京已陷，隆武帝已殂，郑彩以军入海。十一月，监国至厦门，郑芝龙已投清，令彩执监国归顺，彩不可，既而成功起兵海上，亦驻厦门，意不欲奉监国，仍用隆武年号，郑彩乃奉监国改次长垣，是为江上溃后第一次监国入闽。

监国二年永历元年，清顺治五年。正月癸卯朔，监国在长垣，海上诸军及闽陷后遁入海之遗臣皆来会。二月誓师，攻取闽、浙沿海郡县，时有得失，而占地较广，军声颇振。其冬，颁监国三年历，而成功亦颁隆武四年历，于是年海上遂有二朔。三年，永历二年，清顺治五年。监国在闽安镇，郑彩专政，监国无如何。三月，清调两广、江、浙之兵进迫，尽陷诸城，仅存宁德、福安两邑，义师中士大夫多殉节者。六月兵部尚书大学士钱肃乐卒。四年永历三年，清顺治六年。正月，监国次沙埕。三月宁德破。四月福安破，闽地悉陷。六月，张名振复健跳所，遣使奉迎七月监国复入浙，次健跳所，郑彩弃监国去。九月，名振等讨黄斌卿，诛之。十月，监国驻舟山。是冬，遣使乞师日本，不得请而返。五年永历四年，清顺治七年。正月，监国在舟山。至明年秋，清大举攻舟山，名振奉监国捣吴淞，以牵制清闽督陈锦之兵，以大学士张肯堂留守。九月舟山陷，肯堂以下死义者烈且众，清兵相谓："南下所不易拔者，江阴、泾县合舟山而三耳。"名振还救不及，与大学士沈宸荃、兵部侍郎张煌言扈王再入闽，次厦门。郑成功以礼待监国颇厚，既而稍衰，依成功者累年。成功犹敬煌言，煌言亦极推其忠。七年，永历六年，清顺治十年。煌言间行入吴淞，寻招军天台。明年，会名振之师入长江，趋丹阳，掠丹徒，登金山，望金陵遥祭孝陵，以救永历帝之急，烽火连江，江南震动，约上游相应，而失期不至。退次崇明。是年去监国号。明年，永历八年，清顺治十一年。煌言、名振再入江，掠瓜洲、仪真，薄燕子矶，上流终不应，仍东返。是年名振卒，遗言令部下属煌言，煌言始有军。监国既去号称鲁王，移南澳。至永历十一年，顺治十四年。清徙舟山之民，煌言复以军居之。上年三月，永历帝由安龙入滇都，以李定国、刘文秀力脱孙可望之厄，稍自振。鲁王去号后通表入滇。永历十二年，顺治十五年。帝遣使进郑成功延平郡王，并加煌言兵部左侍郎兼翰林院学士。成功隆武、永历两朝旧臣，煌言则从鲁监国归命。其时存鲁王为明一线之传于海上者，成功实据澎湖、厦门、金门等岛，为之地主，而以寓公礼奉鲁王。其始终从监国，由劝进而从亡，由筹策而督军，为鲁延命脉于海上者煌言一人而已。清两江总督郎廷佐以书招之，煌言复书反以廷佐为明勋旧之裔，劝令反正，其书尚传于世。

永历十二年秋，成功兴师北伐，煌言以师会，而以监军为称号，抵浙境，攻破乐清、宁海等邑。比次羊山，飓风碎巨舰百余，义阳王者亦溺焉，成功废然返。其冬，清兵迫滇都，永历帝奔永昌。明年，永历十三年，清顺治十六年。帝自永昌入腾越，遂入缅甸，李定国与吴三桂有磨盘山之恶战，虽未为获胜，又却清兵不出边者两年。而成功、煌言大举救滇，于是年五月入江，抵京口，夺瓜洲，围镇江，与清军大战，金鼓与江声相沸腾，士卒皆殊死斗，濒江列城，震惧走降相继，是为镇江之捷。煌言以偏师先下仪真，且与成功部将劝据镇江断南北之冲，使南都坐困，成功不从，煌言遂掠上游，取江浦，受芜湖降。成功以大军攻南都。煌言相度形胜，分军一出溧阳窥广德，一守池州截上流，一拔和州以固采石，一入宁国以逼徽州，传檄郡县，大江南北，相率送欵，郡则太平、宁国、池州、徽州，县则当涂、芜湖、繁昌、宜城、宁国、南陵、太平、旌德、泾县、贵池、铜陵、东流、建德、青阳、石埭、含山、巢县、舒城、庐江、建平、高淳、溧阳，州则和州、广德、无为，凡得四府三州二十二县。煌言考察官吏，黜陟廉明，江楚鲁卫人士多诣军门受约束。成功薄金陵观音门，清兵得黔中凯旋之师济之，守益固。成功轻敌，纵酒弛备，煌言与甘辉苦谏，以严城师老，猝不得拔，必生中变，令改图，复不纳。七月壬午，二十三日。清兵由仪凤门穴城出，衔枚疾走，直捣中坚，别以骑兵数万绕山后夹攻之，成功军大败，甘辉马蹶被擒死，成功退攻崇明不下，弃而归，煌言亦弃芜湖，转辗行皖南山中，由徽州达严州、台州，招集散亡，驻闽境之沙关，告败于行在。永历帝专敕慰问，进煌言兵部尚书，并以逊居国外，手敕命鲁王仍监国，成功意不欲，未行。自江南败归，成功以海上势日蹙，乃谋拓地海外，台湾时为荷兰国人所霸占，以明年永历十四年，清顺治十七年。三月，由澎湖渡台，取赤嵌城，攻荷兰所踞之王城，久不下。煌言屡劝成功争内地为恢复计，成功不从，攻荷兰王城，至岁杪乃下。又明年永历十五年，清顺治十八年。正月初七，清世祖崩，圣祖继立后，煌言尚亟劝成功出师，以台湾新定，未能应。煌言乃遣人入郧阳山中纠故十三家军，使之扰楚救滇。十三家亦已衰，无能为用。是年十二月，缅人生献永历于吴三桂军。明年清康熙元年。五月，成功亦卒于台，煌言大哭曰："吾无望矣！"会闽南诸遗老以成功卒，谋复奉鲁王监国，煌言喜，劝成功子经继父之志，经不能复振。明统已不存，煌言乃散军居南田之悬岙，从者只数人，清犹购缉之，不能得，系累其妻子族属以待，旋募得其故校，使投舟山为僧，以伺煌言。南田无粮，蓄一舟出籴米，故校识其舟子，侦得煌言迹，盖舟子以故校本隶煌言，又已为僧，意其为世外故人而不避之也，遂为所劫而吐实。以甲辰七月十七日潜入煌言所居，尽劫诸人去，清帅礼待劝降，不从。九月初七日刑于市，从者皆殉。故校得官巡海，为义士所刺死，明乃无人。十一月辛卯，十六日。鲁王殂于台湾，明亡，时为清康熙三年。